山东省高校人文社科基地
山东师范大学马克思主义理论研究中心规划项目

青年学术丛书·哲学

YOUTH ACADEMIC SERIES-PHILOSOPHY

"自由个性"及其历史生成研究

——基于马克思恩格斯文本整体解读的新视角

王盛辉 著

人民出版社

序

关于马克思主义中人的"自由个性"思想，自20世纪90年代以来，受到学界较多的关注，不少论者发表了自己的见解，拓展并深化了对马克思主义的研究。毋庸讳言，我们过去对马克思主义"自由个性"思想的认识是很不够的。长期以来，我们习惯性地把主张"自由个性"视为资产阶级"狭隘个人主义"和"极端自由主义"的表现，认为马克思主义强调的是无产阶级解放的利益，是绝大多数人的利益，最终是全人类解放的利益，所以只有重视集体主义原则，奉行阶级利益、党的利益、国家和社会利益至上的原则，才符合马克思主义的要求；否则，强调人的"自由个性"、特别是具体到每一个人的"自由个性"问题，则认为是与马克思主义的精神相悖的。由此，就将这两方面割裂开来、对立起来，从而导致了对人的"自由个性"的压抑与否定，对个人利益和需求的忽视与排斥，进而模糊了乃至曲解了无产阶级解放运动和社会主义建设事业的价值目标，造成了不应有的发展失误。反思这一问题，重识马克思主义关于人的"自由个性"思想，给"自由个性"以必要的肯定和关怀，这是思想解放的重要表现，也是以科学态度研究马克思主义的一大进步。

在众多学者对马克思主义"自由个性"思想研究的基础上，王盛辉博士对这一问题又进行了新的考究和阐述，写出了《"自由个性"及其历史生成研究——基于马克思恩格斯文本整体解读的新视角》一书。该书的突出特点是，从马克思恩格斯经典文本入手，挖掘、梳理、论证其"自由个性"思想，揭示这一理念的形成及其基本内涵，阐发它在马克思主义理论体系中的地位，最终析明它的现实理论价值与实践意义。该书用马克思的研究方法来研究马克思的思想，采用逻辑与历史相统一的原则，以从具体到抽象又到具体的思维路径，从多重视角对"自由个性"问题进行了深入研析。可以看出，作者是下了很大工夫的，没有对马克思恩格斯经典文本的大量阅读、认真思考和精心阐述，是完不成这一大部头的写作任务的。作为一位80后的尚不满30岁的年轻学者来说，能有这样潜心研究马克思恩格斯经典论著并从中阐发其重要思想的精神，能养成这样踏实的良好学风，是值得称道的。

该书依据马克思关于"自由个性"的六句经典话语，对"自由个性"的内涵作了细致分析，认为马克思所说的"自由个性"既是人的一种生存状态，又是人的一种价值诉求。一方面，"自由个性"意味着个人不断实现"个性解放"从而达到个人的独立和自由的状态；个人的"个性解放"与社会进步是内在统一的，相互促进的；最终达到每个人都能全面而自由的发展，而每个人的自由发展又是一切人自由发展的条件。这种生存状态，只有人类社会发展进入到共产主义高级阶段，才能得以实现。另一方面，"自由个性"也表明了马克思主义以人为本、尊重人、关心人、谋求人的政治和社会解放、不断满足人的物质和精神需求的价值诉求。马克思"自由个性"理念的历史生成，既是批判地承继欧洲崇尚人的个性和自由的思想文化传统的结果，更是对社会所有制，尤其是对资本以及由此引发的社会革命进行深入剖析的产物。这使"自由个性"不再仅仅作为人的主观意向而存在，而成了不断实现着又不断向更高水准进化发展的生动鲜活的历史运程。

愚意认为，"自由个性"应是人的天赋资质，或曰人的天性；甚至可以说是任何生物都具有的天性。但这种天性的存在和实现程度从来都不会是绝对的，它是在复杂的自然与社会环境中展现的，要受到各种条件和因素的影响和制约。有时它必须借助于某些条件和因素才能实现，有时又必须排除某些条件和因素才能成就。人的"自由个性"实现的过程，也就是人自身不断为之创造有利条件，同时又不断地消除制约和障碍条件的过程。每一时代人的"自由个性"较之于前人都达到了一个新的实现程度，同时不可避免地也带有需要进一步完善的局限性。每一时代人的"自由个性"的实现程度，也不会是绝对一致的、完全等同的，总会存有这样那样的差异和不尽合理之处。所以，每一时代的人对"自由个性"的追求，应当抓住最主要最迫切需要解决的问题，在环境条件允许的可能范围内争取"自由个性"实现的最大化。缘于此，马克思主义把人的"自由个性"的实现看作是一系列将把环境和人都加以改造的历史过程，把无产阶级的解放事业看作是在资本主义条件下实现人的"自由个性"必须首先要解决的任务。

即便是达到了如马克思所说的"建立在个人全面发展和他们的共同的社会的生产能力成为他们的社会财富这一基础上的自由个性"，或如恩格斯所说的人们最终"成为自然界的自觉的和真正的主人"，"成为自身的社会结合的主人"；人们自己的社会行动的规律，"将被人们熟练地运用，因而将听从人们的支配"，"变成他们自己的自由行动"。也就是说，人类社会进入了共产主义社会，人类"从必然王国进入自由王国"。那么，这是不是就意味着人的"自由个性"的终极实现呢？恐怕也未必。实现共产主义条件下人的全面而自由的发展这样一种"自由个性"，是无产阶级和共产党人在现时代确立的奋斗目标，是现时代人对"自由个性"实现程度所认识的最高理想价位。而一旦到了那个时候，人们对"自由个性"又会提出更高的要求，会有更新的追求"自由个性"的任务需要去解决。至于那时人们对"自由个性"会提出什么样的更高要求和更新任务，是今天的人们所无法预料的。如果认为人类进入共产主义社会后，人的"自由个性"就终极性地实现了，就永久性地解决了，那就会犯像马克思曾批评的黑格尔所犯的以唯心主义体系"闷死了辩证法"的错误。

当然，关心人的"自由个性"的未来发展问题，并不是没有意义的，这能为现时代的人们提供目标导向和激励精神。但是立足当前，我们更应当关心的是如何在现有条件下尽可能地来体现人的"自由个性"。我们现在正在建设中国特色社会主义伟大事业，人的"自由个性"的实现问题毫无疑问是其题中应有之意。要做到坚持以人为本，要始终把实现好、维护好、发展好最广大人民的根本利益作为一切工作的出发点和落脚点，尊重人民主体地位，发挥人民首创精神，保障人民各项权益，走共同富裕之路，促进人的全面发展，做到发展为了人民、发展依靠人民、发展成果由人民共享。要做到这一切，如果没有对马克思主义关于人的"自由个性"思想的正确理解，没有对人的"自由个性"的关怀，恐怕是难以达到预期效果的。

我虽然从事马克思主义理论教学与研究已近30年之久，但是对马克思恩格斯的"自由个性"思想还从未着意关注和研究过。但我知道这是一个很重要的理论与实践问题，很值得人们去关注和研究。所以我认为王盛辉博士对马克思恩格斯的"自由个性"思想所作的系统考论，是一件很有意义的事情，故而希望大家能去读这本书。他的这部处女作虽然在某些具体说法上还需进一步斟酌，使之更加确当；语言上也应细加修琢，使之更加精炼；但仍不失为马克思主义理论研究领域中的一部力作，是值得一读的好书。我确信读者一定会从中获得一些有益启迪的。

作者诚邀我作序，我很有些犯难。不过，一则是对青年人的盛请没有回拒的理由，二则也促使我用心去了解自己原先不太熟悉的东西，以增长见识。故而，我还是依据自己对马克思主义理论的认知积淀，妄发了以上些许议论，以充"序"用，不当之处由我个人完全负责。

李爱华

2011年盛夏，于泉城师大新村寓所

目　录

摘　要

一

在《马克思恩格斯全集》中文第一版中，仅"个性"一词就出现200多次，而"自由个性"一词也出现了至少6次，而且这6次的出处都是来自于马克思的经典著作，由此确定了马克思的确存在一种"自由个性"理念。在对马克思恩格斯多个文本整体性解读的基础上，通过对《马克思恩格斯全集》中6处"自由个性"概念的分析，对马克思的"自由个性"内涵做出了状态和价值诉求上的界定。一方面，"自由个性"意味着个人不断实现"个性解放"从而达到个人的独立和自由的状态；个人的"个性解放"与社会解放内在统一、相互促进，最后达到一种建立在对"个人的独立性"和对"人本身"确认基础之上的"每一个个人"个性独立、自由而全面的发展、社会平等和谐的社会生存状态。另一方面，"自由个性"的这一状态性确认既表明了追求个性独立和解放是人们始终追求的价值目标，也表明了马克思思想中以人为本、尊重个人、追求个性独立、自由和解放优先性、真正意义上社会平等和谐的价值诉求。也正是在这个意义上，我们才把"自由个性"看做是马克思学说的价值目标所在。

同时，"自由个性"还应当被看做与"自由人联合体"、"共产主义"、

"自由人"、"全面发展的个人"等相关概念在某种程度上一致的概念，即都是对未来某种存在状态的描述。因此，"自由个性"的生成过程正是个人个性解放和充分发展的过程；正是"自由人"的生成过程，正是"全面发展的个人"的生成过程；同时也是"自由人联合体"的生成过程；同时也是从所有制角度上来看"共产主义社会"的生成过程。在明确了"自由个性"的内涵以后，下面转入对"自由个性"历史生成的全面思考和论证。仍然是从"三个形态"的论述入手，推理出马克思"自由个性"是一种从"人的依赖关系"到"物的依赖关系"再到"建立在个人全面发展和他们的共同的社会的生产能力成为他们的社会财富这一基础上的自由个性"的历史生成过程，并由此得出马克思尤其关注"所有制"的结论。为了更好地理解这一点，首先借助于经典文献《共产党宣言》的研究思路和分析方法从总体上对马克思关于"自由个性"历史生成的思路做了分析，又可以得出马克思是从所有制、资本、革命等多个角度来研究"自由个性"的生成的结论。这是第一章的主要内容。

二

第二章正式开始分析"所有制"与"自由个性"之间的关系。在这一章本书采用与第一章同样的方法，从马克思在《资本论》里一段关于"所有制"与"自由个性"关系的阐述入手展开层层推理。从马克思对摩尔根《古代社会》的摘要入手，结合摩尔根的《古代社会》、恩格斯的《家庭、私有制和国家的起源》以及《德意志意识形态》，在对人类社会形态发展历程做出追溯的过程中可以得出伴随着所有权的个人所有，个人逐渐从血缘共同体独立出来，而个性也在此基础上以对抗的形式发展起来的结论。在奴隶制度下，是奴隶主的个性和独立性，奴隶完全没有独立性；在封建制度下，是封建领主的个性和独立性，农民或者农奴只是在自己的小块土地上才有着有限的个性和独立性；而在资本主义制度下，是资产阶级的个性和独立性，工人阶级由于自由地一无所有，所以完全丧失了个性和独立性。也正因为如此，要达到我们所设想的"自由个性"即"每一个个人"的个性独立、自由而全面发展的社会生存状态，就必须要重新恢复"每一个个人的所有制"，只有这种"每一个个人的所有制"才能够保证每一个个人的"个人所有权"，从而保证每一个个人的独立性和个性，而对于这种"每一个个人的所有制"，马克思给它取了一个确切的名字——"社会个人的所有制"。而由此我们也可以得出结论说："自由个性"的历史生成也必然表现为这种"社会个人"的历史生成，而为了保证这种"社会个人"的"自由个性"，就必须要建立起这种"社会个人的所有制"。在这个过程中，出于必要还通过对马克思1857—1858年关于原始公社与个人关系的思考再次分析了"人的依赖关系"和"物的依赖关系"下个人的生存状态，并得出"自由个性"就是在更高的层次上实现古代共同体的观点，它是要在占有现代世界创造的大量生产力的基础上实现个人和社会自由而充分的发展。这是历史的辩证法，是否定的否定。另外，特别对"社会个人的所有制"是什么做了分析，指出"社会个人的所有"＝"公有"＝"社会所有"，而无论哪一种叫法，最后都必须要保证"个人的所有权"。

三

第三章既是对第二章关于"所有制"与"自由个性"关系的进一步探讨，同时也是对马克思"自由个性"概念及其历史生成的深化和展开，更是对"自由个性"在马克思历史唯物主义视野下如何历史生成的分析。本章首先从对马克思关于"劳动者对他的生产资料的私有权是小生产的基础，而小生产又是发展社会生产和劳动者本人的自由个性的必要条件"的结论入手提出问题，在自问自答中依次分析了"自由个性"与自主活动、生产力、分工、个人、阶级、国家、世界历史等范畴的关系，并最终在历史唯物主义视野下分析了马克思"自由个性"的历史生成：在一种潜在的真正的"完美的人"的理想情结下，马克思从"现实的个人"的个人出发，在叙述历史的发展进程中来阐明人在其中所处的生存状态。起初，在自然界面前，人表现为一种无助，自然界在人们面前表现为一种异己的东西，人尚且不能实现自己的生存，个性发展更无从谈起。因此，人们联合了起来，部落出现了，然而，个人在这里是从属于部落的；随着分工的出现，人们的社会联系增多，生产力也发展起来了，但是由于这是自发的分工，对于人们是一种强迫的分工，所以人们被局限到一个小小的范围内，于是分工表现为人们的异化；与此同时，由于分工，私有制度也发展了起来，于是产生了个人的特殊利益和共同利益的冲突，这种共同利益表现为阶级的利益和它的虚幻的共同体——国家，它们在个人看来同样是自我的异化。不过，在大工业以前，由于生产者在自己的分工的范围内的局限的自主活动还能够感到一丝的满足感，所以他们还能够有自己的局限性的个性。但是，随着大工业的发展，资本主义社会发展了起来，社会日益分裂为资本和劳动，资本家阶级和无产者阶级两个极端，私有制度获得了纯粹的形式，对于无产者而言，他们一无所有，甚至他们与生产力之间的唯一联系——劳动也转变成了雇佣劳动，而这正是对工人生命力的摧残，毫无个性可言。而资本家只是人格化的资本，若资本家不占有资本了，就什么也不是，正因为如此，资本家不是作为有个性的个人存在。正因为如此，在资本主义社会里面，是资本的个性和自由，人只是为资本而活，丧失了尊严和存在的意义。那么，如何才能实现"自由个性"呢？那必然是"共产主义"的实现，"自主活动"的实现，"自由人"的实现，"自由人联合体"的实现，同时也是"完美的个人"、"真正的个人"、"有个性的个人"的实现。也正因为如此，只有联合起来的无产者通过真实的财产占有和高度而普遍发展起来的生产力；从而形成真实的集体，消除阶级、国家这种虚假的集体的假象；从而消除私有制，重新建立"劳动者的个人的所有制"；从而消除强迫的自发的分工，建立起自觉的分工；从而消除劳动的雇佣性质，使物质生产劳动同自主活动相一致起来，使劳动成为人们的第一需要；从而消除了个人的地域性存在，成为"世界历史的个人"；只有到那时，才可以说真正实现了"自由个性"，也只有到那时，才可以实现"每一个个人"的个性独立、自由而全面的发展；也只有到那时，人类社会才真正达到了古代社会的更高意义上的复归！

四

由于马克思一生致力于资本主义社会的批判，研究马克思的"自由个性"，如果不研究"资本"和"自由个性"的关系，无疑是一个很大的疏漏。因此，第四章主要从资本的角度对"自由个性"的历史生成进行分析。在这一章作者并没有简单地去论述"货币"、"资本"与"自由个性"的关系（那只是结果），而是更进一步，从马克思为什么说"货币"、"资本"与"自由个性"是这种关系入手来谈问题。也正因为如此，作者在整理、分析、总结马克思多个经济学手稿的基础上顺沿马克思的逻辑，从商品出发，依次论述了"货币"、"货币转化为资本"、"资本主义的直接生产过程"、"规模扩大的资本主义生产过程"、"资本的流通过程、总过程"与"自由个性"的关系。

对"货币"、"货币转化为资本"与"自由个性"的关系的分析，是在对比《1857—1858年经济学手稿》、《1861—1863年经济学手稿》和《资本论》论述逻辑的基础上展开的，从中我们看到马克思对这个问题具体研究思路的转化过程，例如在《1857—1858年经济学手稿》中，马克思总是时不时回过头来用"异化"来阐述货币发展的某个阶段或者职能时与人的关系，可是在他正式发表的作品《资本论》里面，马克思尽可能地掩盖（我没有用"消除"这个词）这种思路的影响，而只是保留下一条思路，采取了一种真实的事物之间关系的"从属"的概念。"异化"概念源于一种事先预定的"应然"，然后以这种"应然"为标准去衡量和评判与之相关的事物。而当"从属"的概念取代"异化"概念以后，这就表现为一种对事实的描述，但是正如我们所看到的，在其中从人本身出发对事物做出的价值判断并不因此而减少。

对"货币"与"自由个性"关系的分析主要集中在《1857—1858年经济学手稿》中。首先，作者通过对货币作为媒介和社会权力的一般分析得出结论：一，货币在对"自由个性"形成过程中所起到的双面作用，即一方面，货币的"社会权力"造成人的个性的消弭和个人与个人之间的异化；而另一方面，正因为造成其"社会权力"的"全面媒介"的功能，却也生产出个人与个人之间普遍的关系和个人能力的普遍性，而这些恰恰是"自由个性"的基础。二，"自由个性"的实现意味着货币作为媒介和社会权力的消失，而要使这种消失成为可能，就需要两个条件：（1）需要使"共同生产"成为前提，使个人的劳动一开始就是社会的，这就要求个人们"联合"起来，形成对社会财富的"社会个人的所有"。（2）需要"自由时间"，因为无论是单个人还是社会发展、社会享用、社会活动的全面性，归根结底都取决于时间的节约。而要达到时间的节约也需要两个条件才能成为可能——使生产力达到高度的发展和"共同生产"。三，"自由个性"实现的条件不仅仅是从逻辑上做出的推理，而且是在历史中正在生成并将继续生成。如分工产生出的密集、结合、协作、股份公司等等都是一种对立统一的产物，都是一种自我矛盾，这种自我矛盾必然要求突破自身。交换价值产生出了交往关系和生产关系，而这些生产关系和交往关系却必然成为创造它的主人的掘墓人。其次，通过对货币职能的分析得出结论：货币之所以能够成为全面的媒介并具有了社会权力，是因为其价值尺度和流通手段职能；货币能够对人个性消弭产生影响则是因为货币的贮藏职能，而货币成为世界货币则导致货币权力和对人的个性的消弭成为全球性的。最后指出，以货币为媒介的简单流通造成了个人与个人之间表面上的"自由"和"平等"及其局限性，之后简单分析了《资本论》和《1861—1863年经济学手稿》的论述逻辑，并指明三个手稿之间的契合性。

接下来，采取同样的方法，先是分析《1857—1858年经济学手稿》，再去分析《1861—1863 年经济学手稿》，最后去分析《资本论》中关于"货币转化为资本"的逻辑，并再次看到三个手稿的契合性，以及马克思在分析问题过程中越来越清晰的思路发展过程。并最后得出"货币转化为资本"的那一刻，工人就丧失了独立性和自由发展自己个性的可能性的观点。

而在分析资本主义直接生产过程与"自由个性"关系的时候，则放弃这种比较研究的方法，转而在马克思多个经济学手稿基础上从"自由个性"角度对马克思学说进行一种重新整合：首先，价值增值正是资本主义生产的本质特征，而价值增值的源泉是特殊的商品劳动力的使用价值。劳动力在使用过程中不但生产出了自己劳动力的价值——工资，保存了价值，而且增加了新的剩余劳动，从而生产出了剩余价值。资本的贪欲正是对剩余劳动的无限制的贪欲，而对剩余劳动的贪欲则表现为对工人无限度的压榨和剥削。因此表现为资本的趋势就是尽可能大地缩小必要劳动时间，而增加剩余劳动时间。资本追求剩余劳动（剩余价值）的本性使工人丧失了个性和"人本身"的规定性。另外，也正是资本追求剩余劳动（剩余价值）的这一过程大大发展了生产力，生产出全面的关系、多方面的需求、全面的能力的体系，生产出大量的自由时间。而在这一过程中表现出来的剩余价值率增长越来越低的事实也表明了资本主义的生产有其自身的界限，资本在一定的历史时期的确能够促进生产力的发展，但是随着生产力的发展，资本本身成为生产力发展的界限，从而资本退出历史舞台，取而代之的是"自由个性"。其次，（剩余劳动）剩余价值的生产表现为绝对剩余价值的生产和相对剩余价值的生产，而绝对剩余价值的生产表现为劳动对资本的形式上的从属，而相对剩余价值则表现为劳动对资本的实际上的从属，而由此提高相对剩余价值的各种因素、协作、分工、机器及其工厂也都成为资本的要素并表现为对单个工人的异化。而资本主义生产过程正是绝对剩余价值和相对剩余价值的结合，两种形式的结合使工人个性和非人的状态更加不堪。但是，这些劳动的形式本身也是实现"自由个性"的积极因素，一旦它们摆脱资本的属性，而为联合起来的"社会个人"所掌握，"每一个个人"个性独立、自由而全面的发展就不再是一种可能。

在对资本主义直接生产过程分析之后，转入规模扩大的资本主义生产过程的分析，并得出结论：资本的积累和资本的扩大再生产，不断再现劳动对资本的形式上和实际上的从属，而工人则好像陷入一个没有终结的恶性循环，自己作为"人本身"的规定和"个性"一步步沦丧。不过在另一方面，我们同样会看到，"资本的积累和扩大再生产"的必然趋势是"社会个人的所有制"，从而也昭示了"自由个性"状态的必然实现。

在最后又简单提到了"资本的流通过程和总过程"与"自由个性"的关系，并指出由于论文本身主题和性质的限制，并且由于先前的分析已经足够证明作者的观点，就不打算具体分析了，当然不会因为如此而妨碍了论证的力度。

五

第五章是对社会革命与"自由个性"关系的分析。通过对马克思生平的追溯，本章指出马克思不仅仅是在理论上证明了"自由个性"的历史必然性，而且其本人也正是在"自由个性"这一价值目标的引领下逐渐由政治批判走上社会革命、展开社会革命的理论和实践的。而"自由个性"理念正是在与马克思社会革命理论实践交互影响中得到不断丰富和发展的，由此也再次证明了"自由个性"是马克思思想中的价值目标地位。

与此同时，通过对马克思革命战略理论与实践的矛盾、革命策略倾向性调整、对股份制看法的转变等的分析，得出"自由个性"与"社会革命"之间存在博弈的现象，并由此引发我们对正确处理目的和手段关系的思考：一方面，我们绝对不能消极等待，而要充分发挥主观能动性，去主动实现"自由个性"这个目标，要主动并且积极地去探求如何实现我们目标的各种可能性；但是另一方面，在我们行动的时候始终应当意识到并防止一种危险的存在，即不能用手段去代替我们的目的，因为纵使我们认为手段是有利于我们的目标，但是也不能用来作为把目的换化为手段的借口。革命纵然是必需的，但是，如果把革命看做我们的最终目的，那么我们就会迷失"每一个个人"个性独立、自由而全面发展这一价值目标。

六

第六章是对马克思"自由个性"理念的历史评价问题。这首先涉及马克思"自由个性"理念在马克思学说中的地位。同时，由于马克思的"自由个性"理念是伴随着马克思学说的发展而发展，成熟而成熟，实践而实践的，因此这一章也是对马克思学说历史命运的追溯和反思。

首先，马克思"自由个性"理念在马克思学说中占据着相当重要的价值目标的位置。在前几章我们已经知道马克思关于所有制、资本、革命等的分析和判断，都是建立在这些因素对人的个性和自由所产生的影响之上，马克思一生的思考和整个学说框架的构建都是建立在对"每一个个人"个性独立、自由而全面发展这一价值目标值之上。而作者在本章则指出正是欧洲崇尚个性和自由的文化传统促成了马克思学说中追求"每一个个人"个性独立、自由而全面的发展这一永恒不变的价值目标。另外，作者在附录里对马克思"自由个性"理念与欧洲社会文化渊源的关系做了具体分析。这就涉及了马克思对不同体裁作品及同时代人物的态度，而这种态度反过来也反映了这些作品和人物对马克思产生的影响。作者指出了马克思是一个受文学、经济学、数学、生物学、哲学、历史学多重影响的一个复杂的独特的人，而马克思的这种复杂性也就决定了马克思"自由个性"理念的复杂性。同时本章还就埃斯库罗斯、斯巴达克、马丁·路德、但丁、塞万提斯、莎士比亚、巴尔扎克、笛福、伏尔泰、卢梭、狄德罗、歌德、席勒、康德、费希特、黑格尔、费尔巴哈、赫斯、恩格斯、圣西门、傅立叶、欧文、达尔文、比·特雷莫、孔德、弗列罗夫斯基等人与马克思的关系做了有趣的分析。当然，由于本书内容的限制，还有许多没有涉及的欧洲历史上的其他人，作者打算在另一篇论文里完成。

其次，作者通过分析马克思"自由个性"理念本身的缺陷，一是把所有因素纳入资本的范畴来考虑，而忽视了科学、技术、管理本身对人所产生的影响；二是缺乏微观审视人的存在和发展；三是马克思思想中强大的阶级性和革命性；四是马克思学说在传播过程中伴随着不同语境而呈现出不同的表现方式等几个方面说明了马克思"自由个性"理念本身在发展过程中随着马克思学说历史命运的沉浮表现出不同的发展命运。为此，本章首先从共产主义学说本身内部的博弈、马克思学说诞生的时代背景、马克思学说在向东方社会传播过程中的社会背景、中国人对马克思学说的接受主要受到《共产党宣言》的影响等方面讲述了马克思"自由个性"理念在东方被忽视的事实。之后指出，由于西方传统的自由主义精神和个人主义传统，以及西方社会较早拥有的对马克思"自由个性"理念的批判语境，马克思学说在西方的发展充满了强烈的现实感、时代感以及强烈的批判精神。而随着中国社会的逐渐发展，也逐渐具备了马克思学说所批判的社会语境，此情境下马克思"自由个性"理念也逐渐在中国得到了彰显，马克思学说也将会因此再次焕发出旺盛的生命力。而事实上，我们也正是要以"自由个性"即"每一个人"个性自由而全面的发展这一价值目标来重新彰显马克思主义的生命力。因此，在当前首先就要强调马克思这一"每一个个人"个性独立、自由而全面发展的价值目标，在中国确立个性解放的观念。为此特别要注重尊重个体的优先性，在倡导全面发展的同时尊重个体的差异性。同时更要在尊重个体、确立个性解放观念的基础上侧重社会公正，保证每个人都能得到健康自由地发展。

最后，作者既是从第六章也是从全文的角度对"自由个性"与资本、所有制、革命的交互关系做了深入的分析，指出资本、革命是实现"自由个性"的双刃剑，"个人所有权"是保证"自由个性"的关键。并由此得出结论：一方面我们要始终以经济建设为中心，唯有借助于发展起来的生产力，才有可能去实现"自由个性"。没有生产力的发展，我们只会不断地在陷入贫穷的平均主义的共产主义社会中。而要推动生产力的进步，就需要资本充分而全面的发展，因此，我们要采取措施保证资本有节制的发展。而另一方面，我们一定要谨记切不可陷入"唯生产力"的另一极端，切切不可忽视由于资本本性的唯利是图给人本身带来的消极影响以及由此而来的社会不公。鉴于这种思考，作者认为目前应当有两点要做：一是要继续深化改革，把生产资料的终端所有权回归个人，发展和完善股份制和社会主义市场经济体制，以调动企业和个人的生产积极性营造个体独立、自由而全面发展的基础条件；二是逐渐完善社会公平保障体系，使中国每一个个人都能平等地得到基本的生活保障，公平地共享改革发展的成果。而要做到这两点，最为关键的还是要逐步营造一个具有中国特色的公民社会。与此同时，作者再次强调"自由个性"理念在马克思学说中价值目标的地位、在实践中实现"自由个性"的必要性，并提出"自由个性"已经、正在并将继续在中国大地上实现着的观点。而在这一进程中，始终要坚持的就是一个重要原则必定是"实践"，文章到此戛然而止，也给全文找到了一个最终的落脚点。

七

结语部分则再次强调了这么一个主题："光是思想竭力体现为现实是不够的，现实本身应当力求趋向思想。"①

---

① 《马克思恩格斯全集》第 1 卷，人民出版社 1956 年版，第 462 页。

导　论

马克思说:"人们是什么,人们的关系是什么,这种情况反映在意识中就是关于人自身、关于人的存在方式或关于人的最切近的逻辑规定的概念(人的生存方式的观念是与人的历史发展最切近的逻辑规定的概念)。"① 因此我们所要探讨的主题,首先属于一种对人存在的深度思考,即人如何存在、人应当如何存在的问题。而另一方面,这一主题也是对马克思学说从价值取向上做出的一种深度解读。现在看来,"自由个性"这一概念比较简单、贴切而准确地概括了马克思整个学说的价值目标问题。

一、学术背景

不过在展开我们所要研究的主题之前,了解一下当前马克思研究的背景是有必要的,但是由于研究马克思的角度太多,我们也不可能一一论及,而且对近几年国内外马克思研究的情况,有学者也已经做过总结和分析,如北京大学聂锦芳教授的《近年来国内马克思文本研究的回顾与省思——〈中国哲学年鉴2008〉研究报告》和邹诗鹏的《国外马克思主义研究状况及前

---

① 《马克思恩格斯全集第3卷》,人民出版社1960年版,第200页。

沿》(《新华文摘》2008 年第 24 期),到目前为止这两篇文章是了解当前马克思研究现状比较好的材料。不过,如果从我们所要关注的主题出发,还是有必要把一些相关主题的研究情况介绍一下。

这里首先主要指的是我们的人学研究,学界虽然出版了大量关于人的专著和硕博论文、专著、论文集,① 发表了大量关于马克思个性自由思想、人的自由而全面发展的思想、人的全面发展的思想、自由思想、人的发展思想、个性思想、有个性的人思想、人的需求思想等方面的文章,然而 2005 年以前很长时间内并没有一篇专门以"自由个性"为题进行专题研究的文章或专著;其次指的是我们的政治经济学研究,尽管发表了大量关于马克思资本理论、货币理论、商品理论、异化理论、现代性理论、社会批判理论、劳动理论等的文章,但是仍然没有明确提出"自由个性"这一主题。例如从学界对《资本论》的研究来看,由山东人民出版社出版的比较权威的《〈资本论〉研究丛书》书系对"自由个性"关注明显不足,其中第三部《〈资本论〉第一稿研究——〈政治经济学批判(1857—1858 年草稿)的理论成就〉》虽然在书稿最后稍微涉及,但仍然是在对未来共产主义社会经济形态的角度来分析的。在教材或者体系的构建安排中,"自由个性"从来没有被作为单独一章加以重视。再次就是在对马克思学说的整体解读中,无论是在以往对马克思学说的传统三分法中,还是以后的其他分法中,都没有说明"自由个性"这一概念在其学说中的地位,更缺乏在此基础上对马克思学说的整合。

而就学术讨论会而言,一些与"自由个性"相关的论文多见于一些关于人学的研讨会中。这其中,"中国人学学会"起了中流砥柱的作用,自 1997 年起,该学会已经举办多次"全国人学研讨会",出版多部论文集。其

---

① 我国的人学研究起步于 20 世纪 80 年代,因此关于人的讨论的文章著作还是很多的。如:王锐生《论马克思关于人的学说》(辽宁出版社 1984 年版)、韩庆祥《能力本位》(中国发展出版社 1999 年版)、许俊达《超越人本主义:青年马克思与人本主义哲学》(中国人民大学出版社 2000 年版)、袁贵仁、韩庆祥《论人的全面发展》(广西人民出版社 2003 年版)、陈志尚《人学理论与历史——人学原理卷》(北京出版社 2004 年版)诸如此类等等。这些关于人的论著对我们的研究作了丰富的资源铺垫。

中中央党校哲学部副主任、教授、哲学博士贾高建先生在"全国首届人学研讨会"上提交的论文表达了对马克思自由观的看法。① 2002 年复旦大学哲学系教授陈学明先生在"中国人学学会会员代表大会暨全国第四届人学研讨会"上提交的论文《从马克思对人的本质的规定理解人的全面的发展》，论述了人的本质和人的全面发展的关系。② 2004 年在第六届人学研讨会上，武汉大学哲学学院教授、博士生导师，哲学博士汪信砚先生提交的论文《论马克思的"自由个性"概念》，对与马克思"自由个性"相关的一些概念进行了阐述。自 2005 年开始，"中国人学学会"开始举办"'全球化与人的发展'国际学术研讨会"，亦发表了不少成果。2006 年，华中师范大学社会科学部教授蒋锦洪先生在"上海市社会科学界第四届学术年会"上提交的《马克思的人本思想及其当代价值》、上海社会科学院邓小平理论研究中心谢维俭先生提交的《重新认识马克思所说的"自由人的联合体"》，从制度层面分析了一些问题。这些论文，都或多或少与"自由个性"相关，但也大都是没有以"自由个性"为主要指向。同时值得一提的是 2004 年 12 月5—6 日，重庆市委党校《探索》杂志社举办"科学发展观与马克思自由个性理论研讨会"，就科学发展观的"以人为本"和马克思的"自由个性理论"展开了探讨，并且就此专题在 2005 年相继刊登了多篇论述"自由个性"的文章。但总体而言，在之后的一段时期内，关于"自由个性"的探讨仍然没有发展起来。

就国内研究学者而言，西南政法大学政治与公共事务学院哲学教授王贵明先生从 1999 年就开始关注马克思主义的整体研究（当时王在重庆市委党校，大概是 2005 年转到西南政法大学），并最先提出和论证马克思主义的核心和实质是马克思的"自由个性"学说（他认为自由个性学说即每个人自由而全面的发展的学说）。从 2001 年至今，发表《马克思主义的自由个性

---

① 贾高健：《马克思的自由观》，载《人学与现代化——全国首届人学研讨会论文集》，广西人民出版社 1998 年版。

② 陈学明：《从马克思对人的本质规定理解人的全面发展》，《人学与现代化——中国人学学会会员代表大会暨全国第四届人学研讨会论文集》，广西人民出版社 2002 年版。

与自由主义的个人优先性》（《哲学研究》2001 年第 4 期）、《马克思每个人自由而全面发展思想的四个维度》（《现代哲学》2002 年第 4 期）、《理解马克思主义核心和实质的新提问方式与自由个性》（《马克思主义研究》2003 年第 1 期）、《共产主义传统理解的失误与社会主义本质》（《探索》2003 年第 2 期）、《马克思自由个性理论的几个问题》（《探索》2005 年第 5 期）、《"自由的困境"与乌托邦的可能性——与赵汀阳商榷》（《学术月刊》2006 年第 3 期）等多篇高质量的文章，从多角度进行了阐述。山东师范大学许庆朴教授很多年以前就开始关注这个问题，早在 1993 年在其所著的《毛泽东思想的科学体系》（中国矿业大学出版社 1993 年版）里面就在"三个社会形态"说的基础上提出过一些对"自由个性"的基本看法。近年来，在致力于"人本共产主义"研究的总体框架下对与"自由个性"相关的"个人所有制"思想、"无产者变有产者"等作了相关研究。① 我的这一选题"自由个性"本身就是作为对"人本共产主义"的反思和深入思考，并希冀有所突破。同属山东师范大学的万光侠教授则从思想政治教育与人学的结合上对"自由个性"展开了深入的研究。

从国际的角度来看，近年来专门从"自由个性"角度研究的也比较少，笔者就所掌握的国外电子资源以"individuality & marx"为主题词，进行了查询，PQDD（ProQuest Digital Dissertations）搜寻结果为"0"；Kluwer Online journals 则只有 1 篇涉及，SpringerLink 为 0 篇，Academic Search Elite（学术期刊全文库）有 17 篇涉及。虽然如此，但是在其他的研究主题比如异化、社会批判、马克思学等研究中都或多或少涉及一些内容。

由此可以看出这一时期对马克思"自由个性"研究的一个特点，即在相当长时期以来，学界对"自由个性"的研究属于一种自发状态。这一方面是指适才说的没有自觉提出"自由个性"这一概念；另一方面也表现在

---

① 可参见《对马克思"人本共产主义"理论的历史考察》（《当代世界与社会主义》2007 年第 2 期）；《论现时代中国化马克思主义的研究走向》（《马克思主义研究》2007 年第 3 期）；《"重建个人所有制"才能实现人的全面发展》（《山东师范大学学报》2005 年第 5 期）等。

虽然这些论文、专著或者讨论会没有明确提出"自由个性"的问题，但是却已经涵盖了我们要研究的主题。这不仅仅是指这些文章中曾经提及过"自由个性"这一概念，而且还实际上涉及譬如"自由个性"的主体、内涵，特征、分析方式等一系列要素的分析，我们要研究的主题实质上已经在很多层面上显现出来。因此，从问题的结果来看，现在所欠缺的似乎只是要在"自由个性"的名义下把其综合起来，换句话说，现在所欠缺的就是一个时机。在适当的时刻，我们所要研究的主题必定要呼之欲出。

2005 年是个分界点。把 2005 年作为一个分界点是因为在这一年学界开始普遍自觉地把"自由个性"作为一个专门的研究对象并且以其为中心进行系统论述。这不仅仅是因为在 2005 年，学界开始广泛发表关于马克思"自由个性"的文章，也不仅仅是因为召开了那场科学发展观与自由个性的研讨会，更主要的是因为在我最终定下这个研究主题以后，我发现相继发表了三篇硕士论文，分别是：西南大学王贵明教授指导的马克思主义理论与思想政治教育专业邱光政同学的硕士论文《马克思"自由个性"理念研究》（2007 年 6 月）；西南政法大学李春茹教授指导的马克思主义哲学专业黄伟同学的硕士论文《马克思自由个性学说研究》（2007 年 6 月）；山东师范大学万光侠教授指导的马克思主义哲学专业孙余余同学的硕士论文《马克思的"自由个性"理念及其当代意义》（2008 年 6 月）。这三篇文章从不同的角度对"自由个性"进行了探讨，其观点可以说是各有千秋，但是有一个共同点，就是已经开始自觉地从"自由个性"角度入手研究问题并试图把其系统化、理论化，按中国的研究生 3 年学制计算，从开题算起，这几篇论文应当最早开始写于 2005 年。

不过问题在于，这些论文都没有或者回避了刚才我们所提到的这样一个事实，即我们现在所做的工作与以往前辈们所做的工作之间的关系。也就是如何看待刚才我们所提到的这些思想与马克思"自由个性"之间的关系。这个问题困扰了我很久，因为从某种程度上来说，这些思想，尤其是关于人的自由而全面发展、人的异化、人的个性思想等的的确确在各方面都已经包含了我所要研究的主题的东西。在这种情况下要向前再走一步的确是困难重重。因此，我们要解决的第一个难题也必然是对诸多思想做一比较，并对当前这种状况做出一种自觉的判定。同时，由这一个问题所带来的问题就是，既然这些论文所包含的内容已经在相当程度上涵盖了我们所要研究的主题的内容，也就是说在对问题的结果的判定上，各位同仁已经论述的相当清楚了，因此如何寻求一条创新之路就成为让我头疼的事情。不过值得庆幸的是，在对各种文献的比较研究基础上，我发现一个事实就是，学者们之中听到钟声响的比较多，但是能够找到钟声从哪里发出的却比较少，[1] 多是从结论到结论的多，粗线条论述的多，从单一观点进行分析的多，而对于结论是怎么来的，他们往往缺乏耐心。为了证明自己的观点，他们只是从马克思的原文著作中摘抄（有时候断章取义）一些与他们事先拟定的主题相关的字句，并以此作为金科玉律来证明自己的结论，可是对于这些字句的背景、真实意思却言之不详，或弃之不谈。尤其是在关于马克思思想的论述逻辑线索上，以往除了在《资本论》研究中有些前辈在做这样的工作外，其他有所建树的并不多。因此，就造成了这种提出观点多，一般性论述观点多，但是作细致性探究的却很少的局面。这一事实就给我指明了一条道路，那就是正如马克思在撰写自己的博士论文时候从具体和细节入手一样，从细微入手。当时马克思为了研究"亚里士多德以后的体系，主要是伊壁鸠鲁学派、斯多亚派和怀疑派"[2]，选择了"伊壁鸠鲁的自然哲学对德谟克利特的自然哲学的关系作为这样一个例子"[3]，而为了研究二者之间的联系，马克思除了做一般的分析之外，又去研究"一些看起来好像无关紧要的细枝末节"[4]，因为在马克思看来，"凡是在细节上可以指出的差别，在这些关系以更大范围表现出来的地方就更容易指出了，反之，只作极其一般的考察，就会令人怀疑：所得出的一般结论究竟是否能在每一个别场合都得到证实"[5]。而要

---

① 《马克思恩格斯全集》第46卷（上），人民出版社1979年版，第408页。马克思说："只听钟声响不知钟声何处来的蒲鲁东。"

② 《马克思恩格斯全集》第1卷，人民出版社1995年版，第17页。

③ 《马克思恩格斯全集》第1卷，人民出版社1995年版，第18页。

④ 《马克思恩格斯全集》第1卷，人民出版社1995年版，第18页。

⑤ 《马克思恩格斯全集》第40卷，人民出版社1982年版，第196页。

做到这一点，却不得不把我引向马克思的原始文本以及他所生活的那个年代，这样，我想细致性地研究的想法与全面审视马克思的整体性研究方法就结合在了一起，这也就要求我不但要对马克思文本做细致的分析，而且要对其所生活的各个因素进行分析。也正因为如此，在我的论文中，一方面，我不但从"自由个性"角度从整体上对马克思的思想变化历程做一梳理，另一方面，还对马克思写作《资本论》（政治经济学批判）的思维逻辑过程做一番梳理和比较，同时对马克思的一生、马克思学说的发展历程做出判定，从而做到单一视角和全面视角的相结合。也正如马克思在为自己的博士论文写的新序言里所说的那样："只是现在，伊壁鸠鲁派、斯多葛派和怀疑派体系为人理解的时代才算到来了。他们是自我意识哲学家。这篇短序将表明，迄今为止这项任务解决得多么不够。"① 同样，这种从思维逻辑上来审视马克思思想的细致，以及把这种方法同整体上审视马克思思想的全面，对于我们来说，也是做得多么不够，而我这篇论文首先将证明由此做出尝试的可能性。

不过，在这之前，我首先要简要介绍一下学界已有的研究成果，我们会看到，这些研究成果对我研究思路和观点的形成起了多大的作用！

二、学界相关选题对本书研究思路的影响

（一）关于个性解放的研究情况

学界对个性解放思想的研究首先是来自于历史的反思，另一方面，也是由于当前市场经济发展的结果。迄今学界对个性解放的研究已经取得了丰硕的成果。例如关于五四运动时期个性解放思潮的兴起的原因、特征的研究；

---

① 《马克思恩格斯全集》第40卷，人民出版社1982年版，第286页。

对傅斯年、胡适、周作人、鲁迅、陈独秀、李大钊、胡绳、毛泽东、丁玲等人的个性解放思想的比较研究；对儒家文化个性主义的研究；对新文化运动与个性解放的分析。关于市场经济与个性解放的研究等。这其中都涉及马克思关于个性解放与自由的思想。① 在这里简要介绍一下几篇有代表性的硕博论文。

2000 年，陕西师范大学武天林教授指导的马克思主义哲学专业硕士生张荣生的硕士论文《市场经济与个性解放》（2000 年 4 月），该论文系统分析了西方社会产生个性解放运动的历史条件、经济基础，探究了二者的相互关系，并在此基础上结合中国社会的历史条件、经济基础和文化背景，反思中国人个性解放所走过的道路，进而说明了建立社会主义市场经济的必要性。到 2001 年，中共中央党校许全兴教授指导的博士阮青撰写的毕业论文《中国个性解放之路》（2001 年 4 月）对中国个性的历史作了回顾，并且在此基础上完成专著《中国个性解放之路》，书中引言部分对中国对"个性解放"的研究状况作了系统的描述。论文回顾了中国古代历史上各种关于个性解放的基本观点，并选取了近代以来的八大个性解放思想思潮——早期改革派、戊戌维新派、新民思潮、辛亥革命思潮、新青年思潮、自由主义思潮、以毛泽东刘少奇为代表的马克思主义思潮、以邓小平为代表的马克思主义思潮进行了研究，并在此基础上总结了阻碍中国个性解放的因素、初步探索了实现个性解放的途径。这篇博士论文的发表对研究中国个性解放思想史起了很大的推动作用。2006 年，安徽师范大学郭淑新教授指导的马克思主义哲学中国化专业硕士周荣华撰写的毕业论文《马克思的个性解放思想及其在中国的实践》（2006 年 4 月）是一篇对马克思个性解放思把握比较到位

---

① 比如宋惠昌的《五四运动与个性解放》（《中国党政干部论坛》2007 年第 5 期），黎山饶的《胡适、周作人、鲁迅、李大钊的个性解放思想及其比较研究》（《广东社会科学》1995 年第 1 期），李广贤的《儒家文化中的个性主义与当前社会的个性解放运动》（《皖西学院学报》2007 年第 6 期），毛新青的《思想自由与个性解放——刘师培论魏晋》（《兰州学刊》2008 年第 7 期），郑伯农的《从个性解放到民族解放和阶级解放》（《中华魂》2004 年第 12 期），郑仁霞的《试论五四新文化运动时期的个性解放思潮》（《青海社会科学》1996 年第 3 期），吴成年的《新文化运动的原动力—个性解放》（《江苏行政学院学报》2004 年第 4 期）等。

的文章。该文认为，人的解放是马克思人学的核心问题，而人的解放归根结底在于人的个性解放，马克思的人学中蕴涵着丰富的个性解放思想。该文通过对自文艺复兴个性解放的历史演变，说明了马克思的个性解放思想是对西方人文主义的继承与超越。然后在马克思主义哲学中国化的过程中，说明了马克思的个性解放思想在新文化运动时期和 20 世纪 80 年代的两次重大实践。最后阐明了对两次个性解放思潮的哲学思考，说明 21 世纪的中国需要个性解放，并在此基础上阐述了协调个性原则与群体认同的关系是构建和谐社会的有效途径。实际上，从某种程度上说，我的论题"自由个性"主要是在这种对"个性解放"研究的氛围下展开的，而在以后的写作过程中，我也切实地感受到我所受到的影响。

（二）关于"人的自由而全面发展"思想的研究情况

对马克思"人的自由而全面发展"思想的研究也已经很深入了。在关于"人的自由而全面发展"的思想地位上，现在越来越多的学者开始认可人的自由全面发展作为马克思主义的最高命题；既是共产主义社会的终极价值目标，也是中国特色社会主义事业的现实目标。[①] 在关于"人的自由而全面发展"的理论渊源上，中共中央党校许全兴教授认为：马克思主义哲学继承和发展了德国古典哲学及整个西方哲学崇尚自由的传统。《共产党宣言》中提出的"人的自由而全面发展"思想首先直接源于德国古典哲学如康德、费希特、黑格尔；此外可上溯到英法近代哲学，以至更远到苏格拉底。另一个重要来源是圣西门、傅立叶、欧文等空想社会主义者的思想。[②] 在关于"人的自由而全面发展"的实现路径上，学者们普遍认为：实现人的自由全面发展是长期的历史实践过程，人的自由全面发展路径的生成是在实践基础上多种因素共同作用的结果，实现人的自由全面发展的现实路径是

[①] 殷真、刘荣荣：《马克思主义的最高命题——访中共中央编译局俞可平教授》，《理论动态》第 1634 期。

[②] 许全兴：《人的自由而全面发展与现代性》，《江苏社会科学》2005 年第 1 期。

多种具体实践过程的统一。（1）坚持理论逻辑与实践生成相结合的原则，达到人的自由全面发展的历史条件与主体选择的统一。（2）坚持科学和价值相结合的原则，达到人的自由全面发展的现实关怀和终极追求的统一。（3）坚持社会本位与个人本位相结合的原则，达到人的自由全面发展的目标指向与手段选择的统一。现实路径是以生产实践为中介，在人与自然关系的和谐统一中实现人的自由全面发展；以社会实践为中介，在人与社会关系的有机结合中实现人的自由全面发展；以交往实践为中介，在人与世界历史的密切联系中实现人的自由全面发展。① 在关于人的全面发展理论上，中共中央党校韩庆祥教授指出：人的全面发展理论包含六个判断、六种理论和六种方法。人的全面发展是马克思主义追求的根本价值目标，在全面建设小康社会进程中提出人的全面发展具有现实针对性，必须确立"历史与价值相统一"的思维方法，树立以不断推进人的全面发展作为价值导向的社会主义观。人的需要的全面发展要求我们确立"需要层次分析"的方法，不断丰富、充实和完善人的需要。人的能力的全面发展是人的全面发展的核心，必须树立能力本位的发展理念，确立生成论的思维方式和以开发人力资源为核心的发展观。人是生活在一定社会关系中的人，应坚持人的尺度和人性化思维方式，追求以"利益、能力、理性和自立"为价值取向、以"能力本位"为核心理念的现代性。人是追求自由个性的人，必须树立主体性思维，把解放人和开发人作为当前我国改革开放和现代化建设的基本价值取向。人是历史的人，实现人的全面发展是一个历史过程。② 在人的自由发展和全面发展的关系上，学界普遍承认二者之间的辩证关系③，有的学者更是认为人的自由发展对人的全面发展的优先性。④ 同时，复旦大学教授俞吾金还认为，马克思和恩格斯在1848年出版的《共产党宣言》中写下了一句名言：

---

① 姚纪纲、刘晓东：《实现人的自由全面发展的现实路径选择》，《理论探索》2007年第1期。

② 韩庆祥：《人的全面发展理论及其当代意义》，《科学社会主义》2004年第1期。

③ 参见陈小鸿：《论人的自由全面发展》，人民出版社2004年版，第372—373页。

④ 许全兴：《人的自由，人的解放——关于人的自由而全面发展的一点思考》，《中共南京市委党校南京市行政学院学报》2003年第1期。

"每个人的自由发展是一切人的自由发展的前提"（die freie Entwicklung enines jeden die Bedingung fuer die freie Entwicklung aller ist）。在这里 jeden 和 aller 分别以省略的方式表示"每个人"和"一切人"。不难看出，既然马克思把每个人的自由发展看做是一切人的自由发展的前提，这就表明，在他的心目中，"每个人"和"一切人"之间不但存在着重大的差别，而且比较起来，个人居于基础性的层面上。① 叶汝贤在《中国社会科学》2006 年第 3 期撰文认为，"每个人的自由发展是一切人的自由发展的条件"是马克思理论探索和实践上为之奋斗终生的主题，也是对未来新时代精神的高度概括，并体现了社会主义的最高目标和终极价值。这是一个彻底的集体主义命题，它正确地解决了人类社会始终存在的"每个人与一切人"的关系及其所包含的诸多矛盾。

这些研究成果可以说对包括我在内的研究"自由个性"的学者提供了最为重要的理论资源。因为，这里所说的实际上已经涵盖了我们所要研究的主题的"内涵"、"实现方式"等等。不过这里有一个问题，即包括在已经发表的一些论文中我们看到，在对"自由个性"的理解及其实现路径的探讨中，会出现大量对"人的自由而全面发展思想"、"人的全面发展"、"个性解放思想"的重复，这种重复的出现一方面表明了这些思想之间的关联，譬如相当一部分学者就认为马克思的"自由个性"理念就是马克思"人的自由而全面发展"思想。而在另一个极端上，很多学者却并不自觉指出二者之间存在的关联性，只是把"人的自由而全面发展思想"换成"自由个性"就以为万事大吉了。也正是因为这一点，我在写作过程中特别指出了二者之间的关系，运用"多重视角规定"和"主体确认"的方法对这种现象做出了解释。

（三）其他相关研究

哲学界、教育界、心理学界在关于人、个性、人的全面发展、人的自由

---

① 俞吾金：《"人的全面发展"问题之我见》，《探索与争鸣》2002 年第 8 期。

等方面研究是普遍而深入的，尤其是教育界和心理学界，甚至可以说，他们的研究是远远走在马克思主义理论研究前面的。而近年来经济学界也提出了"人本经济学"的概念，有的学者由此作为切入口对西方人本主义经济思想作了回顾，其中谈到了西蒙·德·西斯蒙第、斯图亚特·穆勒、约翰·拉斯金等人①，而这些人不得不引起我们对马克思与这些人关系的思考；张一兵教授则提出了"人本经济学异化理论"的说法，指出："正是赫斯的这种将费尔巴哈宗教异化批判思想（经过鲍威尔改造了的）推广到社会经济领域的人本异化论直接影响了 1843—1844 年的青年马克思。"② 李鹏程的专著《马克思早期思想探源》（人民出版社 2008 年版）则探索了马克思早期思想与黑格尔、费尔巴哈、魏特林、赫斯、亚当·斯密、詹姆斯·穆勒等人的关系。此外，学者们在对现代社会的批判中、在对人的异化的思考中也大都涉及我们的主题。这又不得不提到西方马克思主义的观点。西方马克思主义虽然没有提及"自由个性"，但是大都涉及了人的个性，人的异化等思想，并且他们从各方面来理解人，理解个体的人，这引发了我国 20 世纪 80 年代到 90 年代初研究"异化"的高潮，以及人学的兴起，总的来看国内的一些观点，大都没有超过西方马克思主义的高度。此外，在论述马克思"社会形态"理论的文章中也往往涉及"自由个性"的内容。③ 另外，近年来还出现了诸如马克思货币伦理学、货币哲学、资本哲学、教育哲学等新兴的交叉研究领域。2003 年《中国社会科学》杂志社和上海财经大学人文学院在上海联合主办的"全国货币哲学高级研讨会"，来自哲学、经济学和社会学界的 70 余名专家学者，对马克思的货币哲学思想及其当代意义进行了比较深入的讨论。④ 2006 年，中国社会科学院哲学研究所《哲学研究》杂志社与上

---

① 邓光奇：《人本主义经济学对民族地区经济发展的启示》，《西南民族大学学报》（人文社科版）2006 年第 10 期。

② 张一兵：《赫斯：人本学经济化异化理论逻辑的初始呈现》，《福建论坛》（文史哲版）1998 年第 5 期。

③ 秦美珠：《论人的自由个性的可能性与现实性——读马克思的〈1857—1858 年经济学哲学手稿〉》，《华东理工大学学报》2003 年第 2 期。

④ 范宝舟：《马克思的货币哲学思想及其当代意义》，《人民日报》2004 年 3 月 26 日第 14 版。

海财经大学人文学院、现代经济哲学研究中心又共同在沪主办"全国资本哲学高级研讨会"。来自中国社会科学院、北京大学、南京大学、复旦大学、中共中央党校、上海财经大学等单位的 80 余名涉及哲学、经济学、社会学、历史学四大学科专业的国内知名专家和学者参加了会议。专家学者们紧紧围绕资本与现代性、资本与中国现代化、马克思《资本论》的当代意义等主题展开了热烈的讨论。① 这些广泛的探讨不但为研究"自由个性"提供了理论资源，也对我形成自己的研究思路产生了重大影响。

三、对学界自觉把"自由个性"
作为主题进行研究的分析

现在我们来看一下学界自觉把"自由个性"作为研究对象的情况。正如刚才所分析的一样，"自由个性"在很长时期内并没有被作为一个专门的课题来进行研究。从 1979—2007 年，国内以"自由个性"为题的论文仅 34 篇，若是模糊查询，仅 141 篇，涉及马克思的仅仅为 16 篇；以"马克思 & 个性"为题的论文仅 56 篇，以"自由个性"为主题的文章仅有 460 多篇论文，若从其研究内容来看，也多没有进行深入的探讨，至多是从几个方面来进行阐述，缺乏系统阐述。

（一）关于"自由个性"的内涵

学界对"自由个性"存在两种理解。一种观点将其理解为"个性的最完美状态"。1997 年谭培文先生指出：马克思主义的"自由个性"，是指共产主义"真实的联合体"中"全面发展的个人"的自由个性。既非古代人

---

① 汪传发：《资本：人性与物性的双向追问——全国资本哲学高级研讨会述评》，《哲学动态》2006 年第 10 期。

的个性，也并不是现代的个人的自由个性。这种联合体的特征是：私有制度和分工的消灭；个人是"全面发展的个人"；人与人的关系是"每个人的自由发展将是一切人的自由发展的条件"。我国当前并不是共产主义，所以说"人的自由个性是现时代的根本特征，这只能是理论的逻辑，而不是事实的逻辑，它同马克思在文本中所阐释的个人自由个性发展的事实逻辑，南辕北辙，相去甚远"①。汪信砚先生则指出，"自由个性"是作为人的个性发展的最高境界和人的发展的理想状态，"自由个性"应该被完整地理解为在个性自由的基础上而达到的个人自由而全面的发展。② 另外一种观点则认为"自由个性"就是个人的个性。③ 中山大学教育学院院长、钟明华教授在其《马克思主义人学视域中的现代人生问题》中指出"自由个性"包括三大方面：核心因素是自主精神，是"个人存在的深层尺度"；根本特征和基本条件是自觉能动性；最高表现是创造性。④ 而由山东师范大学万光侠教授指导的孙余余则在毕业论文里把"自由个性"归结为自我独特性、独立自主性、能动创造性、实践生成性。⑤ 这都有把"自由个性"看做个人的个性的意思。

（二）关于"自由个性"的主体

　　一部分学者认为"自由个性"的主体是"现实的个人"。马克思关注人的状态的起点是"现实的个人"，"自由个性"是个人的理想性的实现，马克思的终极关怀是使"现实的个人"成为有"自由个性"的人，从而实现终极价值。⑥ 另外有学者从马克思"有个性的个人"概念入手来分析问题，指出"有个性的个人"就是普遍的个人、完整的个人、自由的个人的统一，

---

① 谭培文：《"唯一者"与马克思的个性观》，《马克思主义研究》1997 年第 4 期。
② 汪信砚：《论马克思的"自由个性"概念》，《学习与探索》2004 年第 5 期。
③ 李鹤文：《"重建个人所有制"与个人自由个性的全面发展》，《人文杂志》1998 年第 4 期。
④ 钟明华、李萍：《马克思主义人学视域中的现代人生问题》，人民出版社 2006 年版，第 12—14 页。
⑤ 孙余余：《马克思"自由个性"理念探析》，《山东师范大学学报》2008 年第 4 期。
⑥ 刘胡同：《从"现实的个人"到"自由个性"——论马克思视野中的终极关怀思想》，《安徽电子信息职业技术学院学报》2006 年第 1 期。

它是社会性与个体性的统一、决定性与创造性的统一、现实性与理想性的统一。"有个性的个人"的形成是一个社会关系决定人的个性发展、人的个性发展改变社会关系并因而进一步改变和完善人的个性的辩证过程。而推动这个过程发展的主要是个体与类的矛盾、劳动与异化的矛盾、自由与必然的矛盾。社会主义为这些矛盾的解决提供了基本的历史条件,并将随着自身的不断发展而使这些矛盾逐步得到解决。① 还有一部分学者认为"自由个性"的主体是"个体"和"类"的统一,马克思"自由个性"思想中的人是"每个人"和"一切人"的统一。②

(三) 关于"自由个性"的实现

对于"自由个性"的实现,有学者把其理解为个人的自我实现,指出利己主义和自我牺牲都是个人自我实现的方式,人的"自由个性"的实现不是利己主义为特征的个人的自我实现,而是在共产主义真实联合体下的自我牺牲。③ 有学者则认为,"自由个性"是一种精神支持,提供了一种价值引导,实现"自由个性"最终只能依靠个人去探索。④ 同时,学界首先围绕着马克思"重建个人所有制"思想展开了广泛的讨论,但无一例外地认为"重建个人所有制"是马克思实现"自由个性"的物质基础。⑤ 而对"自由个性"下,人是一种什么状态,学者们普遍认为,"自由个性"下将是"人的自由而全面的发展"。如武汉大学哲学系教授汪信砚先生专门撰文指出:"自由个性"既不同于"个性自由",也不同于人的自由发展或人的全面发展,但它们之间又有着本质的内在联系。"个性自由"是"自由个性"实现的基本前提,人的自由发展是"自由个性"实现的基本途径,而人的全面

① 沈晓阳:《马克思"有个性的个人思想"探析》,《探索》2002 年第 1 期。
② 邱光政:《马克思"自由个性"理念研究》,硕士毕业论文,2007 年 6 月。
③ 谭培文:《"唯一者"与马克思的个性观》,《马克思主义研究》1997 年第 4 期。
④ 刘胡同:《从"现实的个人"到"自由个性"——论马克思视野中的终极关怀思想》,《安徽电子信息职业技术学院学报》2006 年第 1 期。
⑤ 李仙飞:《马克思主义个性观研究》,《山西青年管理干部学院学报》1999 年第 4 期。

发展则是"自由个性"实现的最切近的基础。① 王贵明教授甚至直接把"人的自由而全面的发展"当做"自由个性"来看②，认为，马克思每个人自由而全面发展的理论内蕴着四个维度的内涵：人类的历史发展导向每个人自由而全面发展；个人自由而全面发展的普遍性和全面性；从虚幻的集体到真实的集体的发展；建立在"共同占有的基础"上的"重新建立个人所有制"，③ 并且提出了初步框架：（1）个体是历史活动的主体；（2）每个人的自由发展是一切人的自由发展的条件；（3）自由个性以个人所有制作为自己存在的物质前提。④ 陈小鸿先生则在其专著《论人的自由全面发展》中也持相同的看法。⑤ 重庆工商大学政治与社会发展学院张学书先生则认为："自由个性"是人的个性发展的最高形态，是人从自然、社会和人自身获得解放而对自己本质的全面占有、丰富和完善，是人的全面而自由发展的集中表现。⑥ 韩庆祥先生则认为要实现人的全面发展，就必须高度重视人的生产力的提高，这"既是未来共产主义社会发展的根本途径，又是共产主义社会的基本原则和目标"⑦。尚东涛先生并没有从马克思的只言片语出发，而只是以此为参考，对"自由个性"和技术的关系进行了全面的分析：自由个性依赖于自由时间的增加和劳动时间的缩短，而这依赖于技术，技术成为"自由个性"发展的空间，是技术内在着"自由个性"的呈现，技术的异化不会对"自由个性"的发展构成反对，相反会使"自由个性"的充分发展获得现实的可能性。⑧ 曹晓峰先生撰文初步阐释了"自由个性"与时间的关系，指出只有到了共产主义社会，劳动时间和自由时间才能实现一体化，才

---

① 汪信砚：《论马克思的"自由个性"概念》，《学习与探索》2004 年第 5 期。
② 王贵明：《理解马克思主义核心和实质的新提问方式与自由个性》，《马克思主义研究》2003 年第 1 期。
③ 王贵明：《"马克思每个人自由而全面发展思想的四个维度"》，《现代哲学》2002 年第 4 期。
④ 王贵明：《马克思主义的自由个性与自由主义的个人优先性》，《哲学研究》2001 年第 4 期。
⑤ 陈小鸿：《论人的自由全面发展》，人民出版社 2004 年版，第 366 页。
⑥ 张学书：《马克思主义"自由个性"理论与社会主义人的全面发展》，《甘肃社会科学》2007 年第 2 期。
⑦ 韩庆祥：《能力本位》，中国发展出版社 1999 年版，第 21 页。
⑧ 尚东涛：《技术与人的自由个性》，《探索》2005 年第 2 期。

能实现人的"自由个性"。①

（四）关于马克思"自由个性"理念被忽视的原因

王贵明先生对长期以来"自由个性"理论没有得到重视的原因进行了分析，指出：马克思主义的核心和实质是什么的问题，是一个在不同的历史时期被各国的共产党人根据自己历史实践的需要，以马克思本身的理论学说为依据而不断被追问的问题。这一追问既不单纯是一个历史实践的需要问题，也不单纯是一个马克思理论本身的内容是什么的问题，而是在理论与实践的需要之间寻找一个最佳结合点的问题。原来强调马克思主义的革命的阶级斗争和无产阶级专政有其历史进步作用，但是在新的时代，要提出新的提问方式，这就是江泽民在七一讲话中提出的共产主义社会是每个人自由而全面发展，这是贯穿马克思思想的主线，是马克思主义的核心和实质。②

（五）关于马克思"自由个性"理念的意义

一些文章着眼于马克思"自由个性"理念与其他相关理论的比较研究。王贵明先生分析了马克思自由个性和自由主义的异同：自由主义的理念的基点是个人的优先性，即个人主义，口号是个人自由，基础是几百年资本主义经济的发展。马克思的自由个性其实是对自由主义的个人主义的扬弃，马克思和恩格斯肯定和承认了资产阶级的个人自由的历史进步性和合理性，同时，又提出了自己的个性自由观来批判和代替自由主义的个人主义。③ 另外一个讨论的问题是关于马克思的自由个性与自由观关系的问题，更多的人倾向于把自由个性理解为自由的一个方面。把自由个性纳入人的自由发展中来分析问题，认为"每个人的自由发展是一切人自由发展的条件"这个命题立足于个人，强调人的自由个性，每个人自由发展的互为前提及其个人的自

---

① 曹晓峰：《自由时间与人的个性发展》，《社会科学辑刊》1986年第5期。
② 参见王贵明：《理解马克思主义核心和实质的新提问方式与自由个性》，《马克思主义研究》2003年第1期；《马克思自由个性理论的几个问题》，《探索》2005年第4期。
③ 王贵明：《马克思主义的自由个性与自由主义的个人优先性》，《哲学研究》2001年第4期。

由发展是一个历史现实的过程。① 实际上，这是一个问题的两个方面，只不过是论述的侧重点不同罢了，笔者倒是倾向于认为自由个性是侧重于"个人"的内在因素，而自由则倾向于一种外在的束缚，谈及马克思的自由，必然要包含个性自由；谈及马克思的个性，必然要是自由的。同时还有一些文章主要是要说明马克思自由个性理论的当代适用性。比如 2004 年"科学发展观与自由个性理论研讨会"在重庆召开，一些专家学者就二者的关系进行了讨论。王贵明先生认为：人的"自由个性"的实现是社会规律发展的必然，也是科学发展的最终目的；共产主义是自由个性实现的社会背景，自由个性理论是马克思思想的核心和实质，与科学发展观两者之间存在内在的一致性。戚攻教授则指出二者的区别所在：自由个性是关于未来的理想，是一种超验的东西，科学发展观是基于我国的改革开放实践提出的，其未来发展是基于现实的条件。戴安良教授同样是把马克思关于人的自由而全面发展理解为"自由个性"的，他指出，马克思的人的自由而全面发展的思想是马克思主义的重要思想观点，科学发展观与马克思的自由个性理论有着不可分割的内在逻辑关系：二者都是以科学的唯物史观为理论基础，坚持了社会历史观与主体价值观的辩证统一；马克思的自由全面发展理论和群众史观是科学发展观的理论来源；实现共产主义的社会制度，是马克思的自由个性观和科学发展观共同的终极目标，也是二者内在逻辑联系的社会制度特征。② 还有学者从生态文明的角度提出：中国共产党以人为本的科学发展观的提出，有两大理论背景，其一是马克思自由个性观的红色理论，其二是当代生态世界观的绿色理论。这两大理论之所以能够一起融入科学发展观，就在于马克思共产主义思想本身具有浓厚的生态哲学意蕴。因此，科学发展观的提出反映了"红"与"绿"结合是一种历史发展的必然趋势。③ 还有的学者从和谐社会、宪政理念、网络条件下人的存在状态等角度对人的自由个

---

① 唐坤：《马克思主义关于人的自由发展思想再解读》，《江汉论坛》2006 年第 12 期。
② 戴安良：《论马克思的自由个性理论与科学发展观的内在逻辑关系》，《探索》2005 年第 2 期。
③ 廖清胜：《生态世界观、科学发展观与马克思自由个性观》，《探索》2005 年第 3 期。

性做了浅显的分析。①

综合以上论述，当前正在兴起一股研究马克思"自由个性"的热潮，而以往的研究实际上也为全面和系统研究马克思的"自由个性"提供了资料支持和思路借鉴。不过，在研究过程中也暴露出了不少的问题。一方面，我们要警惕，一定不要出现重复性劳动，一定不要出现"换汤不换药"，新瓶装旧酒现象的发生。所以，这要求在研究"自由个性"的时候首先就要处理好"自由个性"这一概念与前面我们提到的"人的自由而全面的发展"、"人的全面发展"、"人的自由发展"以及以后我们将要提到的概念的关系，如果不事先把这个问题说清楚，势必会引起概念的混乱。另一方面，在专门对"自由个性"的研究情况中存在着以下几个不足：第一，缺乏对马克思文本的深入解读。虽然已经有学者指出马克思"自由个性"的实现需要诸如"生产力的高度发展"、"个人所有制"、"强制分工的消失"等条件的形成，但是还没有人对马克思关于"自由个性"的具体生成机制进行深刻地分析，更没有对这些条件何以成为可能做出一种判定和分析；第二，缺乏一种在整体视野内对马克思思想的有机整合。比如，虽然学界已经指出"自由个性"在马克思学说中的重要地位，但是却没有深入分析"自由个性"与马克思"阶级斗争"学说、"共产主义革命"学说的关系，并进而导致缺乏对马克思学说内部诸要素之间的有机整合。第三，缺乏对马克思思想渊源的深入研究，虽然学界早已经意识到了这一点，并做出了一些努力，但是直到现在仍然桎梏于马克思主义仅仅直接来源于德国古典哲学、英国古典政治经济学、法国空想社会主义学说的说法，没有从根本观念上转变过来，而且在这一过程中更缺乏专门从微观角度分析影响马克思的人或事的研究。本文也正是针对学界存在的这些不足展开自己的思路的。

---

① 王卫斌：《从人的自由个性发展看和谐社会》，《吕梁高等专科学校学报》2005 年第 2 期。

四、研究目的和方法

（一）研究目的

首先，寻求并确认马克思学说中确有"自由个性"理念这一事实，并在研究的过程中对"自由个性"理念在马克思学说中的地位做出准确定位。初步假设"自由个性"是马克思学说核心价值目标。如果这一点被证实，那么接下来就要展开第二步：即针对当前学术界从不同角度对马克思学说的研究，以"自由个性"为核心，在整体理解马克思学说的基础上对其进行分析和整合。因此，在此基础上寻求马克思主义的理论创新是我们的第一个研究目的。其次，通过对马克思"自由个性"理念在马克思学说中占有相当重要地位的判定，来对当前社会主义市场经济条件下个性解放现象做出马克思主义的解释和论证，同时借此来重新构建马克思主义在中国焕发蓬勃生命力的增长点。第三，通过"自由个性"的历史生成来看待个性解放与所有制、资本、革命、欧洲社会、实践等相关范畴的分析，来反思我们的行为，从而为更好地建设中国特色社会主义事业提供启示。

（二）研究方法

由于研究对象是马克思，研究过程中必将面对马克思的大量文稿，所以本书采用的方法首先是在借鉴马克思本人方法的基础上形成自己的研究方法。

1. 借鉴马克思"从具体到抽象再到具体"确立层层递进的研究方法

马克思认为，人们对事物本质的认识，是从感性具体出发，通过分析达到抽象的规定，再通过综合，由抽象规定达到思维具体，是"具体—抽象—具体"的过程,"在第一条道路上,完整的表象蒸发为抽象的规定;在第二条道路上,抽象的规定在思维行程中导致具体的再现"①。一开始,通过数据统计我们发现在《马克思恩格斯全集》中文版中存在"自由个性"的描述,这是一种完整的表象,之后我们通过推理得到"自由个性"就是"每一个个人"的个性独立、自由而全面发展的状态和马克思学说的价值目标,从而由具体达到了一种抽象,而要理解这一状态和价值目标,我们必须要了解所有制、资本、革命、欧洲社会等一些具有决定意义的范畴。而当我们确定下来这些范畴并着眼于分析它们与"自由个性"的关系以后,"自由个性"才不再是一个单纯表现在《马克思恩格斯全集》中的四个字,而是有着"许多规定和关系的丰富的总体了"②。

2. 借鉴马克思"逻辑与历史统一"进行"主体确认"的研究方法

马克思认为,在研究经济范畴的发展时,要时刻把握住,无论在现实中或是在头脑中,主体是资产阶级社会,这个主体是既定的,因而范畴表现为这个主体的存在形式、存在规定,常常只是个别的侧面。因此,"把经济范畴按它们在历史上起决定作用的先后顺序来排列是不行的,错误的。它们的次序倒是由它们在现代资产阶级社会中的相互关系决定的,这种关系同表现出来的它们的自然次序或者符合历史发展的次序恰恰相反"③。受此启发,我们认为,我们要研究的主体是"自由个性",那么相应地其他范畴诸如"革命"、"所有制"、"资本"、"自由人联合体"、"自由人"、"共产主义"等就都表现为"自由个性"的存在形式、存在规定,而且仅仅是"自由个性"的个别的侧面。实际上学界对这一方法并不陌生,但是一直以来好像对其"不言自明",我在这里只不过是借马克思的方法说出来了而已。我把它称为"主体确认"。另外,我在分析过程中,也的确是力求做到逻辑和历

①《马克思恩格斯全集》第46卷(上),人民出版社1979年版,第38页。
②《马克思恩格斯全集》第46卷(上),人民出版社1979年版,第38页。
③《马克思恩格斯全集》第46卷(上),人民出版社1979年版,第45页。

史的辩证统一，这一点您尤其会在第二章、第五章、第六章中感受得到。

3．从多重视角辩证地看待"自由个性"的研究方法

与其说这是一种方法，倒不如说这是我对当前学术界在概念应用上面出现混乱情况的一种解释和态度。前面已经多次提到学界在应用"自由个性"、"自由人联合体"、"人的自由而全面的发展"、"共产主义"、"自由人"等方面出现的概念混乱，尤其是涉及实现路径的时候，一个十分有趣的现象就是，如果把主题词进行相互的转化，一篇论述"如何实现人的全面发展"的论文稍加改动就几乎可以成为一篇"如何实现人的自由发展"的论文。出现这种混乱的一个重要原因就是我们刚才提到过的"主体确认"。多个"主体确认"最后导致的结果必定是大量的重复劳动，而这种重复性的劳动却又是论证中不可避免和不可缺少的一环，这本也是无可厚非的。但是我始终觉得应当指明这一点，我始终认为只有先讲清楚这一点，我才会有底气由此进一步往下分析。也正因为如此，在第一章对"自由个性"做内涵界定的时候，我应用这种方法把"自由个性"同"自由人联合体"、"共产主义"、"人的自由而全面的发展"等范畴在某种程度上一致了起来。

4．在文献比较的基础上展开归纳和演绎的研究方法

为了要从整体上把握马克思的思想，首先不得不求助于马克思的书稿，而单纯关注马克思某一书稿又是绝对不够的，许多思想只有在结合马克思多个书稿的基础上才能够被发现和理解。例如我们关于"自由个性"的内涵界定，如果我们单纯关注《1857—1858年经济学手稿》中的论述，而忽视了《共产党宣言》和《资本论》等相关著作的相关论述，那势必是不全面的。另外，也只有借助于文献比较，我们才能够真正把握马克思思想发展的理路。马克思的思想在不同的历史时期是不一样的，是不断发展变化的，而这些，只有借助于文献比较的方法才能够读出来。通过文献比较，我试图从中归纳出某些观点，并围绕着我们的主体——"自由个性"进行演绎和论证。

五、研究的大体路径

本书借鉴马克思由抽象到具体、层层推进的方法对主题展开研究。在第一章，本书先是运用数率统计方法在《马克思恩格斯全集》中寻找"自由个性"理念的文本依据，通过统计，发现仅"个性"一词就在《马克思恩格斯全集》中文第一版中出现200多次，而"自由个性"一词也出现了至少6次，而且这6次的出处都是来自于马克思的经典著作，文章首先结合语境分析了6处"自由个性"概念，首先确定了马克思的确存在一种对"自由个性"的思考，并对"自由个性"的内涵有了一个大体的认识。

在确定马克思的确存在一种"自由个性"理念以后，本文首先从马克思论述"自由个性"最为经典的"三个形态"那段文字入手，结合《黑格尔法哲学批判导言》、《1844年经济学哲学手稿》、《共产党宣言》、《资本论》等等相关论述展开了对"自由个性"概念的分析，一步一步推理出了马克思"自由个性"概念的内涵，对其做出了状态和价值目标的双重判定。同时为了解决学术界存在的一个概念应用混乱的问题，对"自由个性"、"自由人联合体"、"共产主义"、"自由人"等进行了辨析，并从此角度对"自由个性"又做了进一步规定，而正是对这一规定的界定为我们进一步分析马克思"自由个性"的历史生成奠定了逻辑基础。

在明确了马克思"自由个性"的内涵以后，本书正式转入"自由个性"历史生成的思考。首先，本书依然从"三个社会形态"入手，推理出马克思"自由个性"是一种历史的生成，并得出马克思在对"自由个性"的历史生成中尤其关注"所有制"的结论。而为了更好地理解这一点，本书借助于经典文献《共产党宣言》的逻辑从总体上对马克思关于"自由个性"历史生成的思路做了分析，并初步得出马克思是从所有制、资本、革命等多个角度来研究"自由个性"的生成的结论。在此部分的最后，本书指出马克思尤其是对"所有制"特别关注，由此引出对"所有制"与"自由个性"关系的思考，并为第二章具体分析"所有制"与"自由个性"的关系做了铺垫。

第二章紧承第一章对"所有制"与"自由个性"关系的思考，开始具体分析"所有制"与"自由个性"之间的关系。在这一章本书采用同第一章同样的方法，从马克思在《资本论》里一段关于"所有制"与"自由个性"关系的阐述入手展开层层推理。与第一章单纯注重理论分析不同，本章一个鲜明的特色是注重逻辑与历史的统一，试图从历史的事实中得出一些结论。为此，本文从当前学术界对马克思文献研究的薄弱之处——马克思对摩尔根《古代社会》的摘要入手，结合摩尔根的《古代社会》、恩格斯的《家庭、私有制和国家的起源》以及《德意志意识形态》，在对人类社会形态发展历程做出追溯的过程中得出了个人是逐渐由共同体独立出来、所有权对保证个人独立和自由的重要作用、不同所有制下个人个性的独立性和发挥也不同、"自由个性"的历史生成也必然是"社会个人的所有制"的历史生成等重要结论。在这个过程中，除了就马克思1857—1858年关于原始公社与个人的关系做了分析以外，还特别对"社会个人的所有制"是什么做了分析和自己的解释。

第三章既是对第二章关于"所有制"与"自由个性"关系的进一步探讨，同时也是对马克思"自由个性"概念及其历史生成的深化和展开，更是对"自由个性"在马克思历史唯物主义视野下如何历史生成的分析。本章首先从对马克思关于"生产资料的私有权的小生产是形成自由个性的基础"的结论入手提出问题，在自问自答中依次分析了"自由个性"与自主活动、生产力、分工、个人、阶级、国家、世界历史等范畴的关系，并最终得出马克思"自由个性"是一种历史生成的结论。在对马克思"自由个性"的历史生成做出历史唯物主义的思考以后，第三章最后指出马克思一生致力于资本主义社会的批判，研究马克思的"自由个性"，如果不研究"资本"和"自由个性"的关系，无疑是一个很大的疏漏。由此便把我们的思路引向第四章关于"资本"与"自由个性"的分析之中。

第四章是本书的重中之重，也是最让作者费神费力费心费笔墨的一章。

本章在一开始就点明了要在对马克思各种经济学手稿整理和总结基础上，通过追踪马克思的思想逻辑并从中得出某些结论的思路。之所以选择这样的思路，直接原因就是学界在对结论的总结论述方面已经做得相当深入了，而与此同时对马克思思维逻辑的忽视却也随之增长起来。而对马克思经济学手稿作对比、整理和总结这一事实本身正是对这种忽视的反驳。所以，作者并没有单纯地去论述"货币"、"资本"与"自由个性"的关系（那只是结果），而是更进一步，从为什么说"货币"、"资本"与"自由个性"是这种关系入手来谈问题。也正因为如此，作者顺沿马克思的逻辑，从商品出发，依次论述了"货币"、"货币转化为资本"、"资本主义的直接生产过程"、"规模扩大的资本主义生产过程"、"资本的流通过程、总过程"与"自由个性"的关系。在这种论述中，作者仍旧是以一种尽可能细致的态度去考究这些范畴之间的关系，比如说对"货币"、"货币转化为资本"与"自由个性"的分析，作者是在对《1857—1858年经济学手稿》、《1861—1863年经济学手稿》、《资本论》相关论述的比较分析中讨论问题的；而在对"资本的直接生产过程"的分析中，作者实际上是在马克思多个经济学手稿的基础上从"自由个性"角度对马克思经济学说进行的一种重新整合；又比如在对"货币"与"自由个性"关系的分析中，作者不仅从货币本身具有社会媒介和社会权力的角度，而且从货币的职能角度来具体分析了"货币"与"自由个性"的关系；再比如，在对"资本主义的直接生产过程"中，作者更是借鉴了马克思《资本论》里的思路，一点一点，环环相扣地分析了"资本"与"自由个性"的关系。另外，由于论文本身主题和性质的限制，并且由于先前的分析已经足够证明作者的观点，作者没有具体去分析资本的流通过程和总过程与自由个性的关系，因此这也丝毫不会妨碍论证的力度。

如果说，通过第四章我们会了解马克思到底是以一种什么思路来辩证地理解资本对"自由个性"所产生的消极和积极的影响。那么第五章则通过对马克思生平的追溯，告诉我们马克思不仅仅是在理论上证明了"自由个性"的历史必然性，而且其本人也正是在"自由个性"这一价值目标的引领下逐渐由政治批判走上社会革命、展开社会革命的理论和实践的。而

"自由个性"理念正是在与马克思社会革命理论实践交互影响中得到不断丰富和发展的。与此同时我们还会看到"自由个性"与"社会革命"之间的博弈，并由此引发我们对正确处理目的和手段关系的思考。在分析完"社会革命"与"自由个性"的关系之后，联系以上几章对"自由个性"的分析，作者认为已经完成了对马克思"自由个性"理念"是什么"的分析。那么接下来第五章末尾随之就提出一个问题：应当如何评价马克思这一"自由个性"理念呢？

承接第五章，第六章针对马克思"自由个性"理念的历史评价展开分析。这首先涉及马克思"自由个性"理念在马克思学说中地位。同时，由于马克思的"自由个性"理念是伴随着马克思学说的发展而发展，成熟而成熟，实践而实践的，因此这一章也是对马克思学说历史命运的追溯和反思。首先，马克思"自由个性"理念在马克思学说中占据着相当重要的价值目标的位置。作者指出正是欧洲崇尚个性和自由的文化传统促成了马克思学说中追求"每一个个人"个性独立、自由而全面的发展这一"永恒不变"的价值目标。① 另外，作者在附录里对马克思"自由个性"理念与欧洲社会文化渊源的关系做了具体分析。其次，作者通过分析马克思"自由个性"理念本身的缺陷，从共产主义学说本身内部的博弈、马克思学说诞生的时代背景、马克思学说在向东方社会传播过程中的社会背景、中国人对马克思学说的接受主要受到《共产党宣言》的影响等方面讲述了马克思"自由个性"理念在东方被忽视的事实。之后指出，由于西方传统的自由主义精神和个人主义传统，以及西方社会较早拥有的对马克思"自由个性"理念的批判语境，马克思学说在西方的发展充满了强烈的现实感、时代感以及强烈的批判精神。而随着中国社会的逐渐发展，也逐渐具备了马克思学说所批判的社会

---

① 参见许庆朴先生《马克思恩格斯学说与中国现实·前言》(人民出版社 2007 年版)，许先生写道：马克思主义史证明，它的所有哲学、政治经济学和科学社会主义原理观点及共产党人制定的政策和所建立的制度，都是与时俱进、不断变化的，而且总的趋势是越变越完善，是在不断地丰富、纠正、发展中完善着；而唯有"一切人自由而全面的发展"这一基本精神或根本价值目标没有变，它仍然青春常驻，生机勃勃，"不过时"。

语境，此情境下马克思"自由个性"理念也逐渐在中国得到了彰显，马克思学说也将会因此再次焕发出旺盛的生命力。而事实上，我们也正是要以"自由个性"即"每一个人"个性自由而全面的发展这一价值目标来重新彰显马克思主义的生命力。因此，在当前首先就要强调马克思这一"每一个个人"个性独立、自由而全面发展的价值目标，在中国确立个性解放的观念。为此特别要注重尊重个体的优先性，在倡导全面发展的同时尊重个体的差异性。同时更要在尊重个体、确立个性解放观念的基础上侧重社会公正，保证每个人都能得到健康自由地发展。最后，作者既是从第六章也是从全文的角度对"自由个性"与资本、所有制、革命的交互关系做了深入的分析，指出资本、革命是实现"自由个性"的双刃剑，"个人所有权"是保证"自由个性"的关键。并由此得出结论：当前一方面我们要始终以经济建设为中心，唯有借助于发展起来的生产力，才有可能去实现"自由个性"。而另一方面，我们一定要谨记切不可陷入"唯生产力"的另一极端，切切不可忽视由于资本本性的唯利是图给人本身带来的消极影响以及由此而来的社会不公。鉴于这种思考，作者认为目前应当有两点要做：一是要继续深化改革，把生产资料的终端所有权回归个人，发展和完善股份制和社会主义市场经济体制，以调动企业和个人的生产积极性营造个体独立、自由而全面发展的基础条件；二是要逐渐完善社会公平保障体系，使中国每一个个人都能平等地得到基本的生活保障，公平地共享改革发展的成果。而要做到这两点，最为关键的还是要逐步营造一个具有中国特色的公民社会。与此同时，作者再次强调"自由个性"理念在马克思学说中价值目标的地位、在实践中实现"自由个性"的必要性，并提出"自由个性"已经、正在并将继续在中国大地上实现着的观点。而在这一进程中，始终要坚持的一个重要原则必定是"实践"，文章到此戛然而止，也给全文找到了一个最终的落脚点。而在结语部分则再次强调了这么一个主题："光是思想竭力体现为现实是不够的，现实本身应当力求趋向思想。"①

---

① 《马克思恩格斯全集》第 1 卷，人民出版社 1956 年版，第 462 页。

六、研究特色、创新点和预期贡献

（一）研究特色

本书的研究特色首先是追求在基础上的细致，于细微处寻求创新。其一，从本书的逻辑框架来看，本书没有采用传统的首先分析社会背景，而后总结内涵特征，最后得出实现方法的写作套路，而是先解决"有没有"的问题，然后才从一般意义上推理出"是什么"，而后从主题与几个范畴的关系角度具体分析"是什么"；这之后才讲"为什么"，而"怎么办"并不只是最后才讲，而是贯穿于通篇文章之中。其二，从研究思路来看，本书不想落入从结论到结论的窠臼，而是青睐于对探求结论的那段过程的分析。于是这就必然把作者引向对马克思经典原著、生活环境、生平、人格个性等的整体研究与追踪马克思思想逻辑的统一尤其是对后者的关注上来。

而这一点又涉及本书的第二个特色，即在研究态度上并不是像从前那样把马克思当做一位高高在上的神灵和导师，以致由此把文章写成政论文或刻意论证自己观点一般；相反，作者首先把马克思当做一个"人所具有的我都具有"的"人"，其次才把他当做是一位伟大的思想家和革命者，由此从其思想和行为中去总结出马克思的"自由个性"理念，而这也就避免不了对马克思本人的批评。

本书的第三个特色是在写作思路、方法和语言运用上受到了马克思的影响。首先，作者寻求从细致之处研究问题，先做一般分析，再做具体分析的思路就是得益于马克思写作博士论文的方法；其次，本书所运用的写作方法，如抽象到具体、辩证法、逻辑与历史的统一等方法都是马克思的方法，而作者正是运用马克思自己的方法来研究马克思；第三，本书的写作风格似乎是在模仿马克思，这从语言文字的运用，章节之间的承继处上可以明显地看出来。

本书的第四个特色在引言的应用上，由于目前学界对《马克思恩格斯全集》、《马克思恩格斯选集》的出版正处在一个转型期，既有《马克思恩格斯全集》中文第 1 版 50 卷，又有正在出版发行的《马克思恩格斯全集》中文第 2 版，还有 2009 年版的《马克思恩格斯文集》，这几个版本在文字翻译上都有所不同。所以，在引言的出处上，本书采取的原则是在不影响整篇文献的基础上力争优先引用《马克思恩格斯选集》1995 年版本，如若是没有则引《马克思恩格斯全集》第 1 版，如若是《马克思恩格斯全集》第 1 版没有，则引《马克思恩格斯全集》第 2 版。并且，在引用过程中，在一些作者认为必要的地方，在脚注中做出声明，说出几个版本的区别。

（二）观点上的几个创新

本书除了在研究特色上追求在基础上的细致，于细微处寻求创新的突破以外，在观点上有以下几点创新：

1. 本书的论题即"自由个性"的历史生成本身就是一个创新点。以往对"自由个性"生成的分析大都停留在"生产力的高度发展"、"个人所有制"、"强制分工的消失"等条件的论述上，但是对这些条件是如何生成的则没有深入分析。本文从几个核心的范畴——所有制、资本、革命等角度，对马克思关于"自由个性"的具体生成机制进行了深刻分析，这样，不但听到了钟声响，更弄清楚了钟声从哪里发出来的。

2. 在对"自由个性"内涵挖掘上的创新。以往对"自由个性"内涵的界定缺乏一种"炒菜"的过程，本书则着重展示对"自由个性"的界定的"为什么"和"怎么来"的推理过程。首先依据马克思关于"自由个性"及其历史生成的"三个社会形态"即"人的依赖性"、"物的依赖性"、"自由个性"的论述，结合《共产党宣言》"代替那存在着阶级和阶级对立的资产阶级旧社会的，将是这样一个联合体，在那里，每个人的自由发展是一切人的自由发展的条件"和《资本论》关于共产主义是"一个更高级的、以每一个个人的全面而自由的发展为基本原则的社会形式"的命题，得出：

马克思对"自由个性"的理解是个人不断实现"个性解放"从而达到个人独立和自由，并最终达到一种建立在对"个人的独立性"和对"人本身"确认基础之上的"每一个个人"个性独立、自由而全面的发展的生存状态。这一状态性确认既表明了追求个性独立和解放是人们始终追求的价值目标，也表明了马克思以人为本、尊重个人，追求个性独立、自由和解放优先性、真正意义上社会平等和谐的统一的价值诉求。在这个意义上，我们才把"自由个性"看做是马克思学说的价值目标。这是一种从状态到价值诉求进而到马克思学说价值目标的理解，更全面、更准确地说明了"自由个性"这一概念。

同时，通过理清"自由个性"、"自由人"、"自由人联合体"、"共产主义"等范畴的异同，挖掘出了学界在分析"自由个性"、"自由人"、"自由人联合体"、"共产主义"等过程中（尤其是论述其生成的时候）不自觉出现的重复现象的根源，并由此正式提出了"多重视角规定"的说法。指出："自由个性"应当被看做与"自由人联合体"、"共产主义"、"自由人"、"全面发展的个人"等相关概念在某种程度上一致的概念，即都是对未来某种存在状态的描述。因此，"自由个性"的生成过程正是个人个性解放和充分发展过程；正是"自由人"的生成过程，正是"全面发展的个人"的生成过程；同时也是"自由人联合体"的生成过程；同时也是从所有制角度上来看"共产主义社会"的生成过程。

3. 在对所有制与"自由个性"关系分析上的创新。以往多是单纯对"个人所有制"的讨论，零散见"个人所有制"与"自由个性"关系的分析，未尝专门就所有制与"自由个性"关系的具体分析。本书则第一次在文献比较的基础上，理论和历史的统一角度对"所有制"与"自由个性"的关系做了全面而细致的分析。一方面再现了人的个性在历史上发展的历程，另一方面指明了"个人所有权"对保证个人独立性和自由发展个性的重要性，要保证"每一个个人"的"自由个性"，就要建立一种"社会个人的所有制"。同时指出，马克思在1857—1858年与1881年这两个不同时期对人类社会的发展历史存在着一个逐渐深化的过程，但是这丝毫损害不了

1857—1858年手稿论述的精辟。另外，在历史唯物主义视野下分析了"自由个性"的历史生成过程。

4. 在对资本与"自由个性"的关系分析上的创新。以往大都局限在资本对"自由个性"造成的后果的讨论，本书则从资本如何对"自由个性"产生影响的角度进行了具体分析。第一次在文献比较的基础上，对马克思在不同时期对"资本"和"自由个性"关系的研究做了全面而细致的分析。第一次从货币的具体职能角度分析了"货币"与"自由个性"关系。第一次在追溯资本产生、发展过程中对"资本"与自由个性的关系做了分析。

5. 在对"革命"和"自由个性"的关系分析上的创新。以往在追溯马克思某一思想时思路比较单一，就事论事。本书则首先指出马克思对"自由个性"的思考是随着其对"每一个个人"的个性独立、自由而全面发展"如何实现的社会革命实践而逐步展开的，并由此得出"自由个性"是马克思思想中永恒不变的价值目标的结论。其次，革命不仅仅是实现"自由个性"的重要手段，而且本身与"自由个性"存在着博弈的现象。

6. 在对马克思学说理论渊源分析上的创新。以往大都局限在德国古典哲学、英国古典政治经济学、法国空想社会主义学说的一般论述上。本书首先在一般意义上分析了马克思学说及其"自由个性"理念是整个欧洲崇尚个性独立和自由文化传统发展的必然结果。其次具体分析了影响马克思的种种中介，文本、人物以及马克思本人个性与"自由个性"的关系。

7. 在对马克思"自由个性"理念历史评价分析上的创新。以往的挖掘尚不深入，本书则从马克思学说本身、马克思学说的时代背景、马克思学说的传播等角度全面挖掘了马克思"自由个性"理念被忽视的原因。同时理清了马克思"自由个性"理念与中国社会的发展关系，首先是中国社会的发展使人们意识到了马克思"自由个性"理念的存在，同时这种思想一旦被认识到就必然会对整个社会产生影响。

8. 在对马克思"自由个性"理念历史启示分析上的创新。在对"自由个性"与"所有制"、"资本"、"革命"等关系做了历史和理论的分析之后，最后落脚到两个方面：一是落脚于继续深化改革，把生产资料的终端所有权回归个人，发展和完善股份制和社会主义市场经济体制，以调动企业和个人的生产积极性，营造个体独立、自由而全面发展的基础条件；逐渐完善社会公平保障体系，使中国每一个个人都能平等地得到基本的生活保障，公平地共享改革发展的成果。而要做到这两点，最为关键的还是要逐步营造一个具有中国特色的公民社会。二是落脚于"实践"，指出"光是思想竭力体现为现实是不够的，现实本身应当力求趋向思想"，在此基础上提出了"自由个性"已经生成且正在生成并将继续生成的观点。

（三）预期的主要贡献

由此可以预期本书的贡献大概有以下几点：

第一，理论贡献。本书是对马克思思想的再一次全面而细致地深入挖掘，对在新世纪"重新发现马克思"这项工作，重新认识马克思主义的科学实质、现行体系做出了应有的贡献。

第二，实践贡献。首先，本书通过对马克思核心理念作"自由个性"的理解，对于在新的历史时期彰显马克思主义的生命力具有重大的现实意义；其次，本书通过回顾马克思学说和"自由个性"理念在东西方的历史命运，在使人们进一步理解东西方文化思维模式差异的基础上，对中国如何在缺失人的个性解放和自由的历史传统下高举马克思主义旗帜，在崭新的21世纪建设中国特色社会主义事业提供若干启示和裨益。

第三，方法贡献。本书的研究方法和态度是用马克思的方法和态度去写马克思，因此对于深入研究学习马克思主义，领会马克思学说的本真精神提供了方法论的借鉴。

我以上简单地介绍了一下本书的写作背景、研究目的、方法、写作思路、文章特色、主要突破以及预期的主要贡献。总之，这是一项基础性的工作，同时又是一项创新性的工作。在阅读过程中，第一章将会充分向您展示我的推理过程；第二章和第三章是姐妹章，最好放到一起来读；第四章恐怕是最难读的一章；在第五章您会看到一种十分有意思的博弈现象；而在第六章您将不会看到诸如应当怎么去做的具体说法，更多的是从历史和理论分析的角度带来的启示。附录部分完全可以当做是一份关于欧洲文化的普及消遣读物来阅读；此外，书中大量的引文也是作者费尽心机挑选引用的，如果能够在这方面给学仁带来一丝的方便，我也会感到十分荣幸的。最后我要说的是：本书是我的一次尝试，不管人们怎样评论，始终是我诚实研究、认真思考的结果。当然，这并不意味着我要固执地拒绝任何真诚的建议和批评。

第一章

关于"自由个性"
概念及其历史生成
的一般分析

马克思确有关于"自由个性"概念的论述，以《马克思恩格斯全集》中文第一版和《资本论》法文版为文本基础，经过粗略统计，笔者发现：单就"个性"一词而言，《马克思恩格斯全集》中文第一版出现200多次，"自由个性"出现6处。这6处分别出现在：第46卷（上）104页、111页；第46卷（下）158页、161页；第23卷（实际上就是《资本论》第一卷）830页；第49卷（马克思修订的《资本论》法文版草稿）244页。这其中最广为人知的是马克思对"三大形态"的描述："人的依赖关系（起初完全是自然发生的），是最初的社会形态，在这种形态下，人的生产能力只是在狭小的范围内和孤立的地点上发展着。以物的依赖性为基础的人的独立性，是第二大形态，在这种形态下，才形成普遍的社会物质交换、全面的关系、多方面的需求以及全面的能力的体系。建立在个人全面发展和他们的共同的、社会的生产能力成为他们的社会财富这一基础上的自由个性，是第三个阶段。第二个阶段为第三个阶段创造条件。因此，家长制的、古代的（以及封建的）状态随着商业、奢侈、货币、交换价值的发展而没落下去，现代社会则随着这些东西一道发展起来。"①

①《马克思恩格斯全集》第46卷（上），人民出版社1979年版，第104页。

单就"个性"而言，相关表述有"工人个性"、"自由的个性"、"个性"、"他的个性"、"天然个性"、"特殊个性"、"个人的个性"、"我的个性"、"人的个性"、"自然的个性"、"丰富的全面的个性"、"财产的个性"、"个性的充分发展"、"自由个性"、"资产阶级的个性"、"精神的个性"、"劳动者个性"、"人类个性"、"特定的个性"、"历史个性"、"偶然的个性"、"个性自由"、"有个性的人"、"个性的片面发展"、"个性的内容"、"个性本身就是阶级的个性"等等。"个性"多达200多次的出现频率说明马克思思想中一定存在某种"个性"思想。从"个性"在全集中出现的频率来看，其主要出现在第42卷、第3卷和第46卷、第45卷中。第42卷主要是《1844年经济学哲学手稿》，第3卷就是《德意志意识形态》，这两部重要的著作都是写于1844—1846年间，这表明马克思对人的个性的思考首先是集中在1844—1846年间。而第46卷、第45卷则主要是马克思1857—1858年间的思考。这说明马克思对"个性"的思考主要集中在1844—1846年和1857—1858年间，而后一段时期显然借鉴了前一段时期的想法，并且有了进一步的发展。

就"自由个性"而言，虽然仅仅是6处，却也不是表明马克思对"自由个性"不关注。一方面，对"自由个性"的研究本身要建立在对"个性"的理解上。另一方面，许多表述虽然没有用"自由个性"这个词汇，却说明了"自由个性"的内涵所在，这在文本里是很多的，比如《〈黑格尔法哲学批判〉导言》、《1844年经济学哲学手稿》、《1857年政治经济学批判导言》、《1857—1858年经济学手稿》、《1861—1863年经济学手稿》、《共产党宣言》、《资本论》等等都有相关论述。另外，从"自由个性"出现文本来看，"自由个性"出现6次，且集中在第46卷、第23卷、第49卷，第46卷主要是马克思《1857—1858年经济学手稿》，是马克思"长达十五年思考的结果"；第23卷是马克思的标志性著作《资本论》；第49卷则是关于马克思精心对《资本论》法文版的修改草稿，此6处均出自马克思的代表作，由此可见"自由个性"的确是马克思关注的对象。我们首先对这6处"自由个性"进行初步的分析，在此基础上，全面解析马克思思想中这一"自由个性"概念的内涵。

一、关于《马克思恩格斯全集》中6处
"自由个性"概念的初步分析

6处中有4处是在《1857—1858年政治经济学批判草稿》中出现的。先看第1、2、3处：

第1处，"把竞争看成是摆脱了束缚的、仅仅受自身利益制约的个人之间的冲突，看成是自由的个人之间的相互排斥和吸引，从而看成是自由的个性在生产和交换领域内的绝对存在形式。再没有比这种看法更错误的了。"① （《1857—1858年政治经济学批判草稿》）

第2处，"个人通过单纯追求他们的私人利益而实现公共的利益，或更确切些说，实现普遍的利益……一旦把竞争看做自由个性的所谓绝对形式这种幻想消失了，那么这种情况就证明，竞争的条件，即以资本为基础的生产的条件，已经被人们当做限制而感受到和考虑到了，因而这些条件已经成为而且越来越成为这样的限制了。断言自由竞争等于生产力发展的终极形式，因而也是人类自由的终极形式，这无非是说中产阶级的统治就是世界历史的终结——对前天的暴发户来说这当然是一个愉快的想法。"② （《1857—1858年政治经济学批判草稿》）

第3处，"关系当然只能表现在观念中，因此哲学家们认为新时代的特征就是新时代受观念统治，从而把推翻这种观念统治同创造自由个性看成一回事。"③ （《1857—1858年政治经济学批判草稿》）

这3处是马克思在批判"自由竞争"的基础上提出"自由的个性"、

---

① 《马克思恩格斯全集》第46卷（下），人民出版社1980年版，第158页。
② 《马克思恩格斯全集》第46卷（下），人民出版社1980年版，第161页。
③ 《马克思恩格斯全集》第46卷（上），人民出版社1979年版，第111页。

"自由个性"概念的。在一些自由资本主义学者看来，资本主义社会是万古长存的，自由竞争是永恒存在的。伴随着资本主义社会的建立，人们逐渐摆脱了人身束缚，成为有"自由的个性"的人。因此"自由竞争"就表现为社会的存在状态，就表现为人们的"自由的个性"，表现为"自由的个性"的绝对存在形式。而在马克思看来，"自由竞争"只是人们的个性在其发展过程中的一个阶段，只是"自由的个性"所采取的阶段性存在形式，并不能永恒地存在下去。"自由的个性"虽然首先意味着，伴随着人们摆脱"人的依赖"关系，即从各种人身依附关系的束缚中摆脱出来，人们逐渐有了"自由的个性"。但是，这种"自由的个性"是建立在"自由竞争"基础之上的，并不是马克思心目中所想的那种充分的"自由的个性"。所以，马克思说"自由竞争"并不是"自由的个性"的绝对存在形式。充分的"自由的个性"只能是在"自由竞争"之后的社会才能够达到。那么，马克思所设想的"自由的个性"是什么样的状态呢？如果反过来类推的话，那就是要在"联合"的基础上形成一种充分的"自由的个性"（自由个性）。马克思也并没有给我们留下悬案，在我们所要指出的第 4 处，也就是第 46 卷（上）第 104 页（《1857—1858 年政治经济学批判草稿》），马克思实际上已经全面地阐述了"自由个性"的概念，这一处也是学界认可的马克思对"自由个性"思考最为经典的论述。

第 4 处，"人的依赖关系（起初完全是自然发生的），是最初的社会形态，在这种形态下，人的生产能力只是在狭窄的范围内和孤立的地点上发展着。以物的依赖性为基础的人的独立性，是第二大形态，在这种形态下，才形成普遍的社会物质交换、全面的关系、多方面的需求以及全面的能力的体系。建立在个人全面发展和他们的共同的社会的生产能力成为他们的社会财富这一基础上的自由个性，是第三个阶段。第二个阶段为第三个阶段创造条件。因此，家长制的，古代的（以及封建的）状态随着商业、奢侈、货币、交换价值的发展而没落下去，现代社会则随着这些东西一道发展起来。"①

---

① 《马克思恩格斯全集》第 46 卷（上），人民出版社 1979 年版，第 104 页。

这一段话也历来为学界所关注，它首先要表达的是依据人的发展状况划分出的"三大社会形态"。如由卫兴华、赵家祥主编的全国高等教育自学考试指定教材——思想政治理论课《马克思主义基本原理概论》（北京大学出版社2008年版，第148页）谈道："在这里，马克思根据作为社会主体的人的发展状况，把人类历史划分为人的依赖性社会、物的依赖性社会、个人全面发展的社会三种依次更替的社会形态……人的依赖性社会或自然经济社会包括原始社会、奴隶社会、封建社会三种社会形态；物的依赖性社会或商品经济社会在马克思恩格斯那里指的就是资本主义社会，中国的社会主义初级阶段也属于商品经济社会；个人全面发展的社会或产品经济社会则指的是未来的共产主义社会。"在三种不同的社会形态中，人的生存状态依次表现为人的依赖关系——物的依赖基础上的独立性——个人的全面发展状态下的自由个性。从这里我们看到，同前三处通过直接批评"自由竞争"是"自由个性"的绝对形式的观点来表达自己对"自由个性"的思考逻辑不同，马克思在这里是通过客观地从历史的角度直观描述不同的社会状态下人的发展状况来表达对于"自由个性"的思考的。

首先，马克思认为，"物的依赖性"社会取代"人的依赖性"社会是历史的进步。只有在"物的依赖性"基础上才能摆脱各种人身束缚，形成人的独立性。这里所说的"独立性"实质上就是一种"个性解放"的结果。由于"个性解放"的内在诉求，它要求摆脱人身束缚，追求一种被解放了的"自由的个性"（自由个性）。不过这种"自由个性"并不是一次性达到的，而是在历史的进程中逐渐实现的。它首先达到的阶段是"以物的依赖性为基础的独立性"，这是在以自由竞争为特征的资本主义社会里面实现的。如果从这个角度来看，"以物的依赖性为基础的独立性"只是"自由个性"在一定历史阶段的表现形式，并且这种表现形式是在"自由竞争"状态下实现的。不过对于马克思来说，这种"以物的依赖性为基础的独立性"并不是他所认可的"自由个性"的最佳状态，在他看来，"个性解放"的最终目标应当是"建立在个人全面发展和他们的共同的、社会的生产能力成为他们的社会财富这一基础上的自由个性"。从这个角度来看，"自由个性"

又不是一般意义上的"个性解放"的结果，而是"个性解放"得到充分实现的特定状态，即个性的全面发展状态。所以，在马克思那里，"自由个性"有着广义上和狭义上的两种理解。从广义上看，"自由个性"实质就是不断实现的"个性解放"。它首先表现为脱离人身束缚后的以"物的依赖性为基础的独立性"状态，而后再进一步发展为"建立在个人全面发展和他们的共同的、社会的生产能力成为他们的社会财富这一基础上的自由个性"。从这个角度进一步引申的话，"自由个性"实质上是人们始终追求的一种价值目标。正是对这一价值目标的追求才激励着农奴从奴隶主庄园逃离出来，才激发着无产阶级要求彻底解放自己的行为，它表现为一个历史生成的过程。而从狭义上讲，这一概念特指"建立在个人全面发展和他们的共同的、社会的生产能力成为他们的社会财富这一基础上的自由个性"，即个性的全面发展状态。在马克思的行文中，这两重意思均有涉及。

其次，马克思认为，以"自由竞争"为特点的"物的依赖性"社会是"自由个性"（狭义上）实现的必经阶段。不但如此，"物的依赖性"社会还为"自由个性"的充分实现准备了充足的条件和基础。马克思认为，只有在以物的依赖性的社会状态下，才形成普遍的社会物质交换、全面的关系、多方面的需求以及全面的能力的体系。而这些恰恰是"自由个性"阶段所必需的。所以，马克思说："第二个阶段为第三个阶段创造条件。"[①] 从这一点来看，这一处对"自由个性"的描述不但延续、深化了前三处对"自由个性"概念的理解，而且涵盖了对"自由个性"如何历史生成的深度思考。

《资本论》中里有两处"自由个性"的提法。

第 5 处，"劳动者对他的生产资料的私有权是小生产的基础，而小生产是发展社会生产和劳动者扩大的自由个性的必要条件。诚然，这种生产方式在奴隶制度、农奴制度以及其他从属关系中也是存在的。但是，只有在劳动者是自己使用的劳动条件的自由私有者，农民是自己耕种土地的自由私有

---

① 《马克思恩格斯全集》第 46 卷（上），人民出版社 1979 年版，第 104 页。

者，手工者是自己运用自如的工具的自由私有者的地方，它才得到充分发展，才显示出它的全部力量，才获得适当的典型的形式。"① （《资本论》）

第6处，"劳动者对他的生产活动的资料的私有权，是农业或工业的小生产的必然结果，而这种小生产是社会生产的技艺养成所，是培养劳动者的手艺、发明技巧和自由个性的学校。"② （《〈资本论〉法文版修改草稿》）

《资本论》在这里提到的"自由个性"从字面意思来看，是把"自由个性"理解为"个性"或者"个性的自由发挥"，而且给人感觉好像是在讲"人的依赖关系"条件下人也有"自由个性"！这不就自相矛盾了吗！其实不然，这里对"自由个性"的理解，非但与前面的分析不矛盾，而且更深化了我们对马克思这一"自由个性"概念的理解。在这里涉及的问题只不过是角度稍有不同，不但如此，这里的论述与前面的分析还存在内在的统一性。

在头3处，马克思是在批判"自由竞争"的基础上讲"自由的个性"（自由个性）的，指个人在摆脱了"人的依赖"关系束缚以后获得了"自由的个性"，然而这种"自由的个性"是以"自由竞争"为基础的，是要依赖于"资本"这个"物"，因此还不是真正的人的独立性和个性，不是完全的"个性解放"。这实际上是从个人与他物（人）的关系中来审视人的独立性和个性。马克思的这种分析逻辑在其他许多地方都有所体现，比如在《共产党宣言》里，马克思指出："在资产阶级社会里，资本具有独立性和个性，而活动的个人却没有独立性和个性。"③《资本论》有很多地方是从这个角度来进行论述的。比如："现在，让我们离开鲁宾逊的明朗的孤岛，转到欧洲昏暗的中世纪去吧。在这里，我们看到的，不再是一个独立的人了，人都是相互依赖的：农奴和领主，陪臣和诸侯，俗人和牧师。物质生产的社会关系以及建立在这种生产基础上的生活领域，都是以人身依附为特征的。但

---

① 《资本论》第1卷，人民出版社1975年版，第830页。
② 《马克思恩格斯全集》第49卷，人民出版社1982年版，第244页。
③ 《马克思恩格斯选集》第1卷，人民出版社1995年版，第287页。

是正因为人身依附关系构成该社会的基础……所以，无论我们怎样判断中世纪人们在相互关系中所扮演的角色，人们在劳动中的社会关系始终表现为他们本身之间的个人的关系，而没有披上物之间即劳动产品之间的社会关系的外衣。"①《1857—1858年政治经济学批判草稿》（第4处）延续并深化了这种分析逻辑，把人类社会划分为人的依赖关系——物的依赖为基础的独立性——自由个性三种社会生存状态。指出虽然以物的依赖性为基础的独立性并不是真正的"自由的个性"，但相对于"人的依赖"阶段毕竟是一种"个性解放"，可以理解为是"自由个性"在这个阶段特殊的表现形式。并且，这个阶段为人的真正的独立性和个性创造着条件。当"建立在个人全面发展和他们的共同的、社会的生产能力成为他们的社会财富"，成为一种现实时，真正的"自由个性"状态也会随着实现。当"建立在个人全面发展和他们的共同的、社会的生产能力成为他们的社会财富基础这一基础上的自由个性"这段话实际上已经涉及一个所有制与个性解放的关系问题，即只有"他们的共同的、社会的生产能力成为他们的社会财富"，成为基础之后，"自由个性"，即真正的充分的个性解放、全面发展状态才能实现。可见，马克思非常关注所有权对个人的个性解放的关系。

《资本论》的这两段话延续了这个逻辑，进一步讨论了所有权和个性解放或者发挥的关系。"劳动者对他的生产活动的资料的私有权，是农业或工业的小生产的必然结果，而这种小生产是社会生产的技艺养成所，是培养劳动者的手艺、发明技巧和自由个性的学校"，也就是说，劳动者要达到个性的自由发挥，非常重要的条件是拥有所有权。因为小劳动者拥有所有权，所以他能够养成"自由个性"。

那么，为什么"劳动者对他的生产活动的资料的私有权，是农业或工业的小生产的必然结果，而这种小生产是社会生产的技艺养成所，是培养劳

---

① 《资本论》第1卷，人民出版社1972年版，第94页。

动者的手艺、发明技巧和自由个性的学校"① 呢？我们已经讲过，"人的依赖关系"是以"人身依附"为特征的，那么为什么会产生这种"人身依附"关系呢？主要的原因有两个，一个是生产力水平，另一个是生产资料的所有制。在原始社会，由于生产力水平低下，个人不得不依附于他人，依附于部落才能生存。而到了"欧洲昏暗的中世纪……人都是相互依赖的：农奴和领主，陪臣和诸侯，俗人和牧师。物质生产的社会关系以及建立在这种生产基础上的生活领域，都是以人身依附为特征的。但是正因为人身依附关系构成该社会的基础"②。这种人身依赖（依附）关系则主要是由于生产资料私有制的原因了，之所以产生"人身依附"，就在于生产资料私有制的存在，譬如农奴依附于领主是因为领主占有生产资料，而陪臣依附于诸侯，也正因为诸侯占有生产资料。"人身依附"的秘密就在这里。而在保留有自己所有权的范围内，个人的个性则可以得到有限的发挥。这也正是马克思说"劳动者对他的生产活动的资料的私有权"是"培养劳动者的手艺、发明技巧和自由个性的学校"的原因。

《德意志意识形态》关于"自主活动"的一部分也可以作为对这两段话解读的补充。在那里讲道："中世纪的手工业者对于从事本行专业和做好这项专业还有一定的兴趣，这种兴趣可以达到原始艺术爱好的水平。然而也正是这个原因，中世纪的每一个手工业者，对自己的工作都是兢兢业业，奴隶般的忠心耿耿，因而他们对工作的屈从程度则远远超过对本身工作漠不关心的现代工人。"③ 在小生产的条件下，劳动者不但不断再生产出自身对部落的关系，而且劳动者在这种物质生产中能够在心理上产生一种兴趣和爱好，正因为这种兴趣和爱好，使劳动者能够把这种物质生产活动看做是自己的自主活动，显示出自己的全部力量，培养出自己具有某一方面规定性的、有限的"个性"，这种"自由个性"表现为劳动者的一定局限范围内"自主活

---

① 我在第三章——《由所有制与"自由个性"关系引发的历史唯物主义探讨》关于"自主活动"部分对这一点也进行了分析。

② 《资本论》第1卷，人民出版社1972年版，第94页。

③ 《马克思恩格斯全集》第3卷，人民出版社1960年版，第59页。

动"。而大工业的生产突破了小生产的基础，破坏了以个人劳动为基础的私有制，也就打破了局限的"自由个性"的基础。

这样，在资本主义社会里，如果说有人有独立性和个性的话，那么也是"资产者"。在资本主义社会里，资产者占有生产资料，享有劳动成果，所以有个性、独立性和自由。而无产者一无所有，自然没有个性、独立性和自由。要重新"达到自主活动"①，恢复个性、独立性和自由，马克思说，"个人必须占有现有的生产力总和"②，"联合起来的个人对全部生产力的占有，消灭私有制"③。马克思说："这种自主活动就是对生产力总和的占有以及由此而来的才能总和的发挥。"④ 而这种"自主活动"也恰恰是"自由个性"的表现形式。

从这里我们再次看到，《资本论》里面第5、6处"自由个性"概念不仅不与前面几处相矛盾，反而是对前面4处的延续和进一步说明，把对"自由个性"的内涵理解和其历史生成更加深化了。这两处不但说明了"人的依赖关系"形成的所有制原因。而且从所有制角度进一步说明了"自由个性"即追求个性的独立、自由发挥和解放的确是人所始终追求的一种价值目标。

通过对以上6处"自由个性"概念的分析，我们可以得出一些结论：马克思的确有关于"自由个性"的思考，这是其一；其二，马克思眼中的"自由个性"实际上有两种含义。从广义上看，"自由个性"就是不断实现的"个性解放"。它首先表现为脱离人身束缚后的以"物的依赖性为基础的独立性"状态，而后再进一步发展为"建立在个人全面发展和他们的共同的、社会的生产能力成为他们的社会财富这一基础上的自由个性"。这一对"自由个性"的界定实质上是把其界定为引领人们始终追求的一种价值目标，因而也就表现为一个历史生成的过程。从狭义上讲，这一概念特指

---

① 《马克思恩格斯全集》第3卷，人民出版社1960年版，第76页。
② 《马克思恩格斯全集》第3卷，人民出版社1960年版，第76页。
③ 《马克思恩格斯全集》第3卷，人民出版社1960年版，第77页。
④ 《马克思恩格斯全集》第3卷，人民出版社1960年版，第76页。

"建立在个人全面发展和他们的共同的、社会的生产能力成为他们的社会财富这一基础上的自由个性",即个性的全面发展状态。不过,我们现在只不过是对文中出现"自由个性"的6处单独做了分析。就如在一开始我们所讲过的,在马克思恩格斯文本中许多表述虽然没有用"自由个性"这个概念,却实际上说明了"自由个性"的内涵所在。所以,为了深入理解马克思的"自由个性"这一概念,还需要对马克思一些主要文本进行整体性解读,并在此基础上进一步揭示其内涵所在。

二、关于"自由个性"内涵的整体性一般分析

通过以上的初步分析,我们已经对"自由个性"的概念有了初步的理解。综观学术界,学界前辈对此的分析大都以《政治经济学批判(1857—1858年草稿)》中的"三大社会形态"为出发点展开论证。也正因为如此,这一段话也被视为马克思对"自由个性"思考最为经典的表述。我深以为是,因此对"自由个性"内涵的进一步分析也以这段话为出发点。另外,为了整体性理解这一概念,我将进一步结合马克思其他一些文稿中的相关表述,采用了文本解读的方式,一步一步地推导出"自由个性"的内涵。

一些主要的文稿表述:

《〈黑格尔法哲学批判〉导言》:"人是人的最高本质"[1],"人的根本就是人本身"[2],"人本身是人的最高本质"[3]。

《1844年经济学哲学手稿》:"在这种情况下,我们每个人在自己的生产过程中就双重地肯定了自己和另一个人:(1)我在我的生产中使我的个性

---

[1]《马克思恩格斯全集》第1卷,人民出版社1956年版,第461页。
[2]《马克思恩格斯全集》第1卷,人民出版社1956年版,第460页。
[3]《马克思恩格斯全集》第1卷,人民出版社1956年版,第467页。

和我的个性的特点对象化,因此,我既在活动时享受了个人的生命表现,又在对产品的直观中由于认识到我的个性是对象性的、可以感性地直观的,因而是毫无疑问的权利而感受到个人的乐趣。(2)在你享受或使用我的产品时,我直接享受到的是:既意识到我的劳动满足了人的需要,从而使人的本质对象化,又创造了与另一个人的本质的需要相符合的物品。(3)对你来说,我是你与类之间的中介,你自己认识到和感觉到我是你自己的本质的补充,是你自己不可分割的一部分,从而我认识到我自己被你的思想和你的爱所证实。(4)在我个人的生命表现中,我直接创造了你的生命表现,因而在我个人的活动中,我直接证实和实现了我的真正的本质,即我的人的本质,我的社会的本质。"①

《共产党宣言》:"代替那存在着各种阶级以及阶级对立的资产阶级旧社会的,是这样一个联合体,在那里,每个人的自由发展是一切人的自由发展的条件。"②

《资本论》:未来的社会形式将是一个比资本主义社会"更高级的、以每一个个人的全面而自由的发展为基本原则的社会形式"③。

现在,本文以《政治经济学批判(1857—1858年经济学手稿)》中"人的依赖关系(起初完全是自然发生的),是最初的社会形态,在这种形态下,人的生产能力只是在狭小的范围内和孤立的地点上发展着。以物的依赖性为基础的人的独立性,是第二大形态,在这种形态下,才形成普遍的社会

---

① 《马克思恩格斯全集》第42卷,人民出版社1979年版,第37页。
② 《马克思恩格斯选集》第1卷,人民出版社1995年版,第294页。
③ "the full and free development of every individual forms the ruling principle",在新版的《资本论》(人民出版社2001年版)第1卷(第683页),此段话翻译为"每一个个人的全面而自由的发展",而在旧版《资本论》中,此段话则翻译为"每个人的全面而自由的发展",虽然只有"两字"之差,但语境大不相同。"每一个个人"强调的是每一个作为个体的个人,而"每个人"则强调的一种普遍性。对这一点的翻译反映了对马克思思想的理解不同,而从对"individual"的翻译来看,新版本更符合英文原文。同样,我们由此也很容易预测《共产党宣言》那段关于"the free development of each is the condition for the free development of all"每个人的自由发展是一切人的自由发展的条件"的翻译也必然会发生改变成"每一个个人的自由发展是一切人的自由发展的条件"。只是因为《马克思恩格斯选集》是在1995年第一次出版印刷,而《资本论》第1卷新版是在2001年出版的,所以,到目前为止仍然沿用前一段翻译。

物质交换、全面的关系、多方面的需求以及全面的能力的体系。建立在个人全面发展和他们的共同的、社会的生产能力成为他们的社会财富这一基础上的自由个性，是第三个阶段。第二个阶段为第三个阶段创造条件。因此，家长制的、古代的（以及封建的）状态随着商业、奢侈、货币、交换价值的发展而没落下去，现代社会则随着这些东西一道发展起来"① 的表述为出发点展开论述。

（一）"自由个性"首先是一种建立在对"个人的独立性"和对"人本身"重新确认基础之上的个性自由而充分发挥的、全面发展的个人的社会生存状态。这一状态的确认表明了追求个性的独立、自由和解放是人所始终追求的一种价值目标

1. "自由个性"是一种对人类社会形态的状态性确认

我们首先从关于"三个社会形态"这句话中可以读出，马克思是把"人的依赖性关系"、"物的依赖关系为基础的人的独立性"、"自由个性"看作是三种不同的"社会形态"的。因此，我们首先也就把"自由个性"理解为一种"社会形态"。这是我们的第一个结论。承接这一结论，我们要问的第一个问题是：马克思是在什么意义上划分"人的依赖关系"、"物的依赖关系"、"自由个性"这三种"社会形态"的呢？首先，从马克思的研究对象来看，如在上面介绍方法的时候我们已经指出的，马克思的政治经济学批判主要是对资产阶级社会的批判，"在研究经济范畴的发展时，正如在研究任何历史科学、社会科学时一样，应当时刻把握住，无论在现实中或在头脑中，主体——这里是现代资产阶级社会——都是既定的"②，"资产阶级经济只有在资产阶级社会的自我批判已经开始时，才能理解封建的、古代的

---

① 《马克思恩格斯全集》第46卷（上），人民出版社1979年版，第104页。
② 《马克思恩格斯全集》第46卷（上），人民出版社1979年版，第44页。

和东方的经济"①。正因为马克思研究的"主体"是"资产阶级社会",所以,对封建的、古代的、东方的经济的理解只是在对"资产阶级社会的自我批判"批判中才开始的。因此,"人的依赖关系"的社会形态就表现为资产阶级社会之前的"社会形态",是资产阶级社会的前史,同样,马克思称为"自由个性"的第三个阶段的"社会形态"表现为资产阶级社会以后的历史。我们暂且不作深入分析。

2. "自由个性"是一种对"个人的独立性(independence)"的关系性状态确认

如果我们进一步分析这三种不同社会形态的划分就会发现,这其中还有一条更深层次的线索,就是根据"个人"在不同社会形态下所处的生存状态进行的划分。在"人的依赖关系"的社会形态下,个人是处于一种"人的依赖"的社会生存状态,个人表现为不独立。而在"物的依赖"的社会形态下,个人是处于一种"以物的依赖为基础的独立性"的社会生存状态,而在"自由个性"的社会形态下,人的社会生存状态则表现为"既不以人的依赖,亦不以物的依赖为基础"的"人的独立性"。在这三种社会形态中,个人的独立性越来越强,自由度也越来越高。可见,马克思对三种社会形态的划分是以"人的独立性"的程度高低为标尺进行的划分。那么随之而来的第二个问题是:马克思是在什么意义上来使用"人的独立性"这个标尺的呢?

让我们来看一下马克思在《政治经济学批判〈导言〉》中有关论述:

"在这个自由竞争的社会里,单个的人表现为摆脱了自然联系等等,而在过去的历史年代,自然联系等等使他成为一定的狭隘人群的附属物。"②

"我们越往前追溯历史,个人,从而也是进行生产的个人,就越是表现为不独立,从属于一个较大的整体;最初还是十分自然地在家庭和扩大成为氏族的家庭中;后来是在由氏族间的冲突和融合而产生的各种形式的公社

---

① 《马克思恩格斯全集》第46卷(上),人民出版社1979年版,第44页。
② 《马克思恩格斯全集》第46卷(上),人民出版社1979年版,第18页。

中。只有到十八世纪，在'市民社会'中，社会联系的各种形式，对个人说来，才是表现为达到他私人目的的手段，才表现为外在的必然性。但是，产生这种孤立个人的观点的时代，正是具有迄今为止最发达的社会关系（从这种观点看来是一般关系）的时代。"①

然后我们再来看一下《1857—1858年经济学手稿》中的相关论述：

"如果考察的是产生不发达的交换、交换价值和货币制度的那种社会关系，或者有这种制度的不发展程度与之相适应的那种社会关系，那么一开始就很清楚，虽然个人之间的关系表现为较明显的人的关系，但是他们只是作为具有某种［社会］规定性的个人而互相交往，如封建主和臣仆、地主和农奴等等，或作为种姓成员等等，或属于某个等级等等。

在货币关系中，在发达的交换制度中（而这种表面现象使民主主义受到迷惑），人的依赖纽带、血统差别、教育差别等等事实上都被打破了，被粉碎了（一切人身纽带至少都表现为人的关系）；各个人看起来似乎独立地（这种独立一般只不过是幻想，确切地说，可叫做——在彼此关系冷漠的意义上——彼此漠不关心）自由地互相接触并在这种自由中相互交换；但是，只有在那些不考虑个人相互接触的条件即不考虑生存条件的人看来（而这些条件又不依赖于个人而存在，它们尽管由社会产生出来，却表现为自然条件，即不受个人控制的条件），各个人才显得是这样的。

在前一场合表现为人的限制即个人受他人限制的那种规定性，在后一场合则在发达的形态上表现为物的限制即个人受不以他为转移并独立存在的关系的限制。（因为单个人不能摆脱自己的人的规定性，但可以克服和控制外部关系，所以在第二个场合他看起来享有更大的自由。但是，对这种外部关系或这些条件的进一步考察表明，属于一个阶级等等的各个人作为全体来说如果不消灭这些关系或条件，就不能克服它们。个别人偶尔能战胜它们；受它们控制的大量人却不能，因为它们的存在本身就表明，各个人从属于而且必然从属于它们。）

---

① 《马克思恩格斯全集》第46卷（上），人民出版社1979年版，第21页。

这些外部关系决不是"依赖关系"的消除，它们只是使这种关系变成普遍的形式；不如说它们为人的依赖关系造成普遍的基础。个人在这里也只是作为一定的个人互相发生关系。这种与人的依赖关系相对立的物的依赖关系也表现出这样的情形（物的依赖关系无非是与外表上独立的个人相对立的独立的社会关系，也就是与这些个人本身相对立而独立化的、他们互相间的生产关系）：个人现在受抽象统治，而他们以前是互相依赖的。但是，抽象或观念，无非是那些统治个人的物质关系的理论表现。"①

最后让我们来看一下《资本论》（第一卷）中的论述：

"现在，让我们离开鲁宾逊的明朗的孤岛，转到欧洲昏暗的中世纪去吧。在这里，我们看到的，不再是一个独立的人了，人都是相互依赖的：农奴和领主，陪臣和诸侯，俗人和牧师。物质生产的社会关系以及建立在这种生产基础上的生活领域，都是以人身依附为特征的。但是正因为人身依附关系构成该社会的基础……所以，无论我们怎样判断中世纪人们在相互关系中所扮演的角色，人们在劳动中的社会关系始终表现为他们本身之间的个人的关系，而没有披上物之间即劳动产品之间的社会关系的外衣。"②

从这三段的引言中，我们首先会看到，无论是对"人的依赖关系"，还是对"物的依赖关系"，马克思始终都是围绕着一个中心，即"个人"的依赖展开批判的。在"人依赖于人"、在"家长制的关系，古代的共同体，封建制度和行会制度"③下，"人身依附关系"构成社会的基础，在这里，"个人"——"不再是一个独立的人了"，个人表现为不独立。而在资产阶级社会，随着封建社会形态的解体和市民社会的产生，个人从这种依附关系中独立出来，个人有了独立性。因此，我们首先得出一种观念："人的独立性"主要是以"个人"为主体，从个人与群体、他人之间的关系中引申出的范畴，它首先表现为个人不再成为"一定的狭隘人群的附属物"，个人从

---

① 《马克思恩格斯全集》第46卷（上），人民出版社1979年版，第110—111页。
② 《资本论》第1卷，人民出版社1972年版，第94页。
③ 《马克思恩格斯全集》第46卷（上），人民出版社1979年版，第104页。

对群体和他人的依附关系中独立出来的个体的独立性，在这种情形下，个人与个人之间不再表现为附属的关系，而是表现为相互独立的关系。

然而接着我们要问到的第三个问题是，在资产阶级社会里，既然个人已经从人与人之间的依附关系中独立出来，个人获得了相对于群体的这种独立性，那么为什么马克思还要说这种独立性是一种"各个人看起来似乎独立地"、"这种独立一般只不过是幻想"呢？原因仍然在于：马克思是从个人为主体引申出"人的独立性"范畴出发的，但是此时个人所面对的对象发生了变化。虽然第一阶段的人的依赖关系被打破了，个人对个人依附关系解体了，从而也成就了个人的独立性。但是个人这种独立性的获得是以"物"为基础的。在资产阶级社会里，虽然个人与个人之间不再有依附关系，个人与个人之间的社会联系却幻化成外在的物（商品、货币、资本）。个人与个人之间只有通过交换的关系才能发生联系，人们的社会联系形式，对个人说来，只是表现为他私人目的的手段。因此，"以物的依赖性为基础的人的独立性"仅仅对"人依赖于人"的社会形态还有进步的意义，如果仍以个人为主体来看待个人与物之间的关系，就会发现：个人虽然摆脱了群体，但是却没有达到真正的独立。"以物为依赖性为基础的人的独立性"这句话无疑是说，个人依附于物，物具有独立性，而个人则相对而言又再次丧失了自己的独立性。"对物的依赖"取代了"对人的依赖"而成为个人的束缚。所以，"人的独立性"还不彻底，还应当表现为个人从对物（商品、货币、资本）的依附关系中独立出来。而且，正如我们在先前指出的，马克思主要是对"资产阶级社会"为主体的批判，那么现在可以看出，这种批判也正是以个人如何从对物（主要是指资本）的依附中独立这一基点展开的。由此我们得到第二种观念："人的独立性"还指以"个人"为主体，从对个人与物——商品、货币或者资本——关系中引申出的范畴，它表现为个人的独立性不再依附于物，而当个人的这种独立性确立的时候，就是"自由个性"的实现之时。可见，"人的独立性"蕴涵了两层意思，它首先指个人从群体、人与人的依附关系中独立出来的状态；其次还指个人从对物（商品、货币、资本）的依附关系中独立出来的状态。由于资产阶级社会已经以

"物的依赖性为基础的人的独立性"取代了人依附于人的状态，所以，现在的批判集中到对"物的依赖性"的批判上了。这种"物"是由人们之间的社会联系而产生的商品、货币（后来发展成为资本），因此，对"物"的批判，就自然引申到了对商品、货币和对资本的批判。而从货币或者资本中独立出来的"个人的独立性"，马克思称之为"自由个性"。"独立"出来即意味着"自由"，"自由个性"（free individuality）中的"free"很好地表达了"独立"（independence）的意思。这是我们的第二个结论。

3. "自由个性"是一种对"人本身（human-being）"的规定性状态确认

马克思曾经在《〈黑格尔法哲学批判〉导言》中提出"人是人的最高本质"①、"人的根本就是人本身"②、"人本身是人的最高本质"③，相比较马克思在《1857—1858年经济学手稿》的论述，可以看到其中的承继性。现在让我们回到刚才的注解。马克思说，在"人依赖于人"的社会形态下，"一开始就很清楚，虽然个人之间的关系表现为较明显的人的关系，但是他们只是作为具有某种［社会］规定性的个人而相互交往，如封建主和臣仆、地主和农奴等等，或作为种族成员等等，或属于某个等级等等"④，这种规定性是一种"人的限制即个人受他人限制的规定性"。而在"物的依赖"的社会形态下，这种规定性被粉碎了。个人看起来摆脱了限制，似乎独立了。而实际上，个人受到不受个人控制的外部联系的限制，"表现为物的限制即个人受不以他为转移并独立存在的关系的限制"。"这些外部关系决不是'依赖关系'的消除，它们只是使这些关系变成普遍的形式；不如说它们为人的依赖关系造成普遍的基础。个人在这里也只是作为一定的个人互相发生关系。这种与人的依赖关系相对立的物的依赖关系也表现出这样的情形（物的依赖关系无非是与外表上独立的个人相对立的独立的社会关系，也就

---

①《马克思恩格斯全集》第1卷，人民出版社1956年版，第461页。
②《马克思恩格斯全集》第1卷，人民出版社1956年版，第460页。
③《马克思恩格斯全集》第1卷，人民出版社1956年版，第467页。
④《马克思恩格斯全集》第46卷（上），人民出版社1979年版，第110页。

是与这些个人本身相对立而独立化的、他们相互间的生产关系）：个人现在受抽象统治，而他们以前是互相依赖的。但是，抽象或观念，无非是那些统治个人的物质关系的理论表现。"① 在《资本论》中马克思说道："无论我们怎样判断中世纪人们在相互关系中所扮演的角色，人们在劳动中的社会关系始终表现为他们本身之间的个人的关系，而没有披上物之间即劳动产品之间的社会关系的外衣。"②

马克思认为，在"人的依赖关系"下，尽管个人表现为不独立，但是人与人之间的关系仍然是人与人之间的关系，只不过表现为，你表现为这种规定性，我表现为那种规定性，但无论是哪种规定性，都表现为"人的规定性"。尤其是在分析古代的共同体时，马克思说，同现代世界相比，古代的观点显得崇高的多。因为"在古代人那里，财富不表现为生产的目的"③，古代人只是通过自己的生产再生产出自己作为部落成员的资格。"人，不管是处在怎样狭隘的民族的、宗教的、政治的规定上，毕竟始终表现为生产的目的"④。再比如对于封建时代的分析，人与人之间的关系，虽然"本身在一定的范围内，在一定的阶段上具有物的性质"，但是"由于这些关系没落而转变成的物的关系，其本身具有狭隘的、为自然所决定的性质，因而表现为人的关系，而在现代世界中，人的关系则表现为生产关系和交换关系的纯粹产物"⑤。

可见，"人依赖于人"关系下，表现出来的是个人以某种规定性对他人的依附关系。而"物的依赖"关系，并没有消除这种"依赖"关系，只不过是改变了"人的依赖"关系的形式，使"依赖"关系成为普遍的形式，采取了"物"的形式，采取了与个人相对立的而独立化的，他们之间的生产关系的形式。这样，在"物的依赖"关系下，个人虽然成为单个的个人，

① 《马克思恩格斯全集》第46卷（上），人民出版社1979年版，第111页。
② 《资本论》第1卷，人民出版社1975年版，第94页。
③ 《马克思恩格斯全集》第46卷（上），人民出版社1979年版，第485页。
④ 《马克思恩格斯全集》第46卷（上），人民出版社1979年版，第486页。
⑤ 《马克思恩格斯全集》第46卷（上），人民出版社1979年版，第115页。

具有了相对于群体的独立性，但是与此同时在物的面前却丧失了作为人的某种规定性，现在个人受到"物"的统治。在第一个阶段，人还能表现出自己的某些作为人的规定性。而在"物的依赖"阶段，一方面，它丧失了那作为一定的局限性的人的规定性，这一点，是个人要从群体中独立出来所必须付出的代价；可是另一方面，这种代价换来的并不是个人的真正独立，反而是陷入另外一个困境，即陷入"物"的依附之中，而在对"物"的这种依附中，"人的关系则表现为生产关系和交换关系的纯粹产物"①。在这种场合，"个人从属于像命运一样存在于他们之外的社会生产；但社会生产并不从属于把这种生产当做共同财富来对待的个人"②。在"物"的面前，个人不但重新丧失了自己的独立性，而且表现为"人"的规定性的丧失，个人以一种"异化"状态存在。

由此我们可以得出第三个结论：马克思除了在分析"个人的独立性"之外，与之并行的第二条线索是对"人本身"的处境和存在的思考。这条线索显得更为深刻，我们把它称为对"人本身"的确认。虽然人的依赖关系是狭隘的，个人表现为不独立的依附关系，但是它仍然表现出人的规定性，人仍然表现为目的；而在"物的依赖关系"下，虽然个人从群体中解放出来，取得了"独立性"，但是又受到"物"的奴役，从而使个人获得的"独立性"成为虚幻的，而且，由于依赖"物"，在"物"面前连做人的规定性都丢掉了，表现为一种"异化"。因此，在第三个阶段"自由个性"阶段，迫切需要获得的是双重的——"人本身"的规定性和"个人的独立性"两种性质。也就是说，在这里"个人的独立性"不是以无视"人本身"的存在为前提，而是在重新获得"人本身的确认"的基础上获得真正的"个人的独立性"；同时，这里对"人本身的确认"也不像在第一个阶段上以个人的"不独立"为基础，而是表现为真正的"个人的独立"，也就是马克思称之为的"自由个性"。

---

① 《马克思恩格斯全集》第46卷（上），人民出版社1979年版，第111页。
② 《马克思恩格斯全集》第46卷（上），人民出版社1979年版，第105页。

4. "自由个性"是一种对"个人个性（individuality）"的一般性状态确认

下面我们要关注的一个概念是："个性"（individuality），"个性"（individuality）这个概念与"独立性"（independence）与"人本身"（human-being）自然是有着不同的内涵。"独立性"侧重于从束缚中的解脱；而对"人本身的确认"更侧重于个人作为"人类"的一分子所具有的那种普遍属性；而"个性"（individuality）则直接同刚才我们所提到的"个人主体"相联系，体现了个人作为独立的个体所具有的特有的规定性。个性（individuality）与个人（individual）有着十分亲密的血缘关系，个性是"个人表现形式"①。个人的性格、才能、气质、意趣、需要等等个性的规定性正是表现为个人的规定性。我们知道，在马克思的文本中，多次出现"个性"这个概念。那么，在马克思那里是如何看待个人（individual）与个性（individuality）的关系的呢？在《德意志意识形态》里，马克思认为，"对于各个个人来说，出发点总是他们自己，当然是在一定历史条件和关系中的个人，而不是思想家们所理解的'纯粹的'个人"，是"有个性的个人"②。"个人之间进行交往的条件是与他们的个性相适应的条件"③。可见，我们的理解同马克思的理解是一致的，即"个性"就是指在一定历史条件下生活的个人，具有特定的时间和空间的规定性；而"个人"就是"明确的个性"，具有特定的性格、气质、志趣、理想、才能、需要等的规定性。也正因为如此，有什么样的个人（individual），就有什么样的个性（individuality）。而我们在这里分析这个问题的意义在于：既然个人在资产阶级社会丧失了独立性和对"人本身的确认"，而个人（individual）又等同于个性（individuality），那么，个人的丧失也就意味着"个性"的丧失。正是在这个意义上，我们才能够真正理解马克思对资产阶级社会最为深刻的控

---

① 《马克思恩格斯全集》第46卷（上），人民出版社1979年版，第103页。
② 《马克思恩格斯全集》第3卷，人民出版社1960年版，第86页。
③ 《马克思恩格斯全集》第3卷，人民出版社1960年版，第80页。

诉:"在资产阶级社会里,资本具有独立性和个性,而活动着的个人却没有独立性和个性。"① 另外,个人在"物的依赖"的资产阶级社会里丧失了独立性和个性,丧失了对"人本身"的确认,那么,对这种"人的独立性"和个性的重新获得,对"人本身的重新确认"就表现为对资产阶级社会和对"物的依赖"的克服,而这种克服,马克思称之为"自由个性"的实现。可见,在马克思视野里,"自由个性"不仅仅是一般意义上的个性,更是个性的一种完美状态,而这种完美的状态,在马克思看来,是一种"全面发展的个人"。例如在《1857—1858年经济学手稿》里,马克思说:"全面发展的个人——他们的社会关系作为他们自己的共同的控制的——不是自然的产物,而是历史的产物。要使这种个性成为可能,能力的发展就要达到一定的程度和全面性,这正是以建立在交换价值基础上的生产为前提的,这种生产才在产生出个人同自己和同别人的普遍异化的同时,也产生出个人关系和个人能力的普遍性和全面性。"② 这是我们得到的第四个结论。

综合第二、三、四个结论,我们可以看出,马克思对"自由个性"的理解首先是一种个人不断实现"个性解放",达到个人独立和自由,并最终达到建立在对"个人的独立性"和对"人本身"重新确认基础之上的个性自由而充分发挥的、全面发展的个人的社会生存状态。这一社会生存状态的确认表明了追求个性的独立、自由和解放是人所始终追求的一种价值目标。对这一价值目标的确认,也实际上表明了马克思思想中尊重个人、追求"个性"、"独立性"和"自由"的价值优先性。

(二)"每个人的自由发展是一切人的自由发展的条件"确认了一种社会解放意义上的社会关系状态,这一状态表明了一种基于个人自觉自愿基础上真正意义的社会平等和谐关系

现在,仍然承继以上对马克思"自由个性"概念做出的状态性分析的

---

① 《马克思恩格斯选集》第1卷,人民出版社1995年版,第287页。
② 《马克思恩格斯全集》第46卷(上),人民出版社1979年版,第109页。

判断展开下面的分析。上面的分析中,我们已经确认了"自由个性"理念的"个人"优先性,明确了马克思思想中追求"个人"个性自由和解放的价值取向。然而这并没有穷尽问题的根本。现在,让我们回到第一个结论,即对"自由个性"是一种对人类社会形态的状态确认上来,以此为基础重新分析"人的依赖关系"、"物的依赖关系"以及"自由个性"。我们看到,"人的依赖关系"所表达的是个人处在一种"自然血缘关系和统治从属关系"①,在"自然血缘"条件下,人与人之间的平等关系是被迫的,是为了生存而在大自然面前不得不联合的结果,无论是个人或是社会,都是一种狭隘的发展,不是自由的发展。而在"统治从属关系"条件下,个人与个人之间是一种统治和被统治、从属和被从属的社会关系,这种依赖决定了被统治者对统治者之不平等和不自由。而"物的依赖关系"下,个人与个人之间的联系不再是"人的依赖关系"下那么直接,而是借助于"物",借助于"物化的交换价值"② ——货币。"在这种场合……人们信赖的是物(货币),而不是人的自身"③。结果是双重的,积极的方面在于,"物"——交换价值确立了"主体之间的全面平等",造成了"一切平等和自由的生产的、现实的基础"④。可是另一方面,也造就了个人与个人之间的"相互独立和漠不关心"⑤ 的社会关系。个人与个人彼此之间是隔绝的,相互对立的。也就是说,"物的依赖"关系下,你我之间虽然在"物"——交换价值面前虽然确立了平等的关系,但是这种平等是以我的自由发展是你的自由发展的障碍,你的自由发展则是我的自由发展的障碍为代价的。

那么,在"自由个性"的社会形态下呢,那必然表现为对"人的依赖关系"下自然血缘和统治从属关系的克服,同时也表现为对"物的依赖关系"下个人与个人处于一种敌对状态的克服。于是,就有了《共产党宣言》

①《马克思恩格斯全集》第46卷(上),人民出版社1979年版,第108页。
②《马克思恩格斯全集》第46卷(上),人民出版社1979年版,第107页。
③《马克思恩格斯全集》第46卷(上),人民出版社1979年版,第107页。
④《马克思恩格斯全集》第46卷(上),人民出版社1979年版,第197页。
⑤《马克思恩格斯全集》第46卷(上),人民出版社1979年版,第107页。

第二部分最后那段话："代替那存在着各种阶级以及阶级对立的资产阶级旧社会的，是这样一个联合体，在那里，每个人的自由发展是一切人的自由发展的条件。"① 可见，"每个人的自由发展是一切人的自由发展的条件"，恰恰是对前两种状态的扬弃，同时也是对"自由个性"状态下个人与个人关系的一种确切的描述。如我们先前分析的，"自由个性"所要表达的"个人"优先性在于要让个人达到那种既不依赖人，也不依赖物的个人的生存状态，达到那种对"人本身"确认以及"个人的独立性"双重确认基础上的个性自由而充分发挥的、全面发展的个人的社会生存状态。而现在"每个人的自由发展是一切人自由发展的条件"，则证明了以下两点：第一，这句话进一步证实了在对"自由个性"的理解上，马克思仍然强调"个人"的优先性，强调"个人"层面的自由发展，因为"一切人自由发展"的条件不是别的，恰恰是每个具有特殊个性的"个人"的自由发展。而另一方面，这句话则向我们表明了马克思在社会关系领域提出了某种类似于卢梭"社会契约论"以及费尔巴哈所主张的个人与个人之间关系的思考。"每个人的自由发展是一切人发展的条件"，这句话中的"每个人的自由发展"在主体方面实际上是侧重于"每一个个人"的自由发展，而当问题涉及"每一个"的时候，我们实际上就不得不谈论个人与个人之间的关系问题。我们已经知道，在"人的依赖关系"和在"物的依赖关系"下都做不到"每一个个人"的自由发展，至多做到统治者的自由发展或者以个人与个人之间以对彼此自由的戒备为代价而求得有限的发展，而"每个人的自由发展是一切人自由发展的条件"，则表明了一种追求个人与个人之间和谐关系的价值诉求，我的自由发展不是你的障碍，而是你自由发展的条件，同样，你的自由发展不是我的障碍，而是我自由发展的条件。用一句通俗的话讲就是"我为人人，人人为我"，这种状态自然是令人羡慕和向往的。也只有在这种状态之下，我们才都是"作为人进行生产"②。我的存在既是为我的存在

---

① 《马克思恩格斯选集》第 1 卷，人民出版社 1995 年版，第 294 页。
② 《马克思恩格斯全集》第 42 卷，人民出版社 1979 年版，第 37 页。

也是为着你的存在，你的存在既是为着你的存在也是为着我的存在，"在这种情况下，我们每个人在自己的生产过程中就双重地肯定了自己和另一个人：（1）我在我的生产中使我的个性和我的个性的特点对象化，因此我既在活动时享受了个人的生命表现，又在对产品的直观中由于认识到我的个性是对象性的、可以感性地直观的因而是毫无疑问的权利而感受到个人的乐趣。（2）在你享受或使用我的产品时，我直接享受到的是：既意识到我的劳动满足了人的需要，从而使人的本质对象化，又创造了与另一个人的本质的需要相符合的物品。（3）对你来说，我是你与类之间的中介，你自己认识到和感觉到我是你自己的本质的补充，是你自己不可分割的一部分，从而我认识到我自己被你的思想和你的爱所证实。（4）在我个人的生命表现中，我直接创造了你的生命表现，因而在我个人的活动中，我直接证实和实现了我的真正的本质，即我的人的本质，我的社会的本质。"① 也只有这种社会关系状态下，你和我才会享受一种拥有彼此的欢心和快乐，你和我才会都能够得到自由和全面的发展。

由此可见，马克思对"自由个性"的理解，除了有对个人的个性解放确认这一层面以外，还包含着一种社会解放意义的社会关系状态，即"每个人的自由发展是一切人的自由发展的条件"。这一社会关系的状态性确认实际上是一种真正意义上的社会平等和谐的社会状态，它表明了马克思在追求个人的个性解放的同时，力求达到一种基于个人自觉自愿基础上真正意义上社会平等和谐的价值取向。这一价值取向实际上就是追求个人解放和社会解放二者统一的价值取向。

（三）"每一个个人"个性的独立、自由而全面的发展概括了 "自由个性"的内涵真谛

在终其一生写成的《资本论》里，马克思明确提出了"自由人联合体"的概念，并对这一未来社会形式的基本原则做了精辟的描述。马克思说：未

---

① 《马克思恩格斯全集》第 42 卷，人民出版社 1979 年版，第 37 页。

来的社会形式将是一个比资本主义社会"更高级的、以每一个个人的全面而自由的发展为基本原则的社会形式"①。对照马克思在1857—1858年提出的"自由个性"概念以及在1848年提出的"每个人的自由发展是一切人自由发展的条件"的提法,"每一个个人的全面而自由的发展"不但进一步明确了马克思"自由个性"概念的价值理念,而且更为全面而准确地表达了"自由个性"的内涵。因为正如我们所看到的,"自由个性"这个概念本身是一个很抽象的模糊概念,需要人们在分析和判断的基础上才能做出界定。不过这一概念本身的字面意思却已经涵盖了要求"自由"和"个性"的价值诉求。而"每个人的自由发展是一切人的自由发展的条件"虽然本身表达了一种追求"每个人"真正意义上社会平等的价值诉求,正如我们所看到的,这一命题并没有提及"全面发展"的问题。而在"每一个个人的全面而自由的发展"这个命题中,既充分体现了马克思对个人追求个性自由和解放的优先性,又表达了马克思对形成一种真正意义上社会平等和谐的价值取向,同时更为具体地表达了"每一个个人"在未来社会形式下"全面而自由发展"的社会生存状态。也正是这种"每一个个人的全面而自由发展"状态进一步形成了马克思认可的"自由个性"的具体内涵。不过,由于这一命题没有把"个性"及其所蕴涵的"独立"概念融入其中,因此仍然显得有点片面。所以,"每一个个人"个性的独立、自由而全面的发展似乎更能反映出"自由个性"的概念的内涵。

　　综合以上的几个结论和在第一部分对6处"自由个性"概念的分析,本书对马克思的"自由个性"内涵做出了状态和价值诉求上的界定。一方面,"自由个性"意味着个人不断实现"个性解放"从而达到个人的独立和自由的历史生成状态;个人的"个性解放"与社会解放是内在统一的,相互促进的;最后达到一种建立在对"个人的独立性"和对"人本身"确认基础之上的"每一个个人"个性独立、自由而全面的发展、社会平等和谐的社会生存状态。另一方面,"自由个性"的这一状态性确认既表明了追求

---

① 《马克思恩格斯全集》第44卷,人民出版社2001年版,第683页。

个性独立和解放是人们始终追求的价值目标，也表明了马克思思想中以人为本、尊重个人、追求个性独立、自由和解放优先性、真正意义上社会平等和谐的价值诉求。也正是在这个意义上，我们才把"自由个性"看做是马克思学说的价值目标所在。

（四）由几个相关概念引出的对"自由个性"的另一规定性理解

不过，在做出这个对马克思"自由个性"的内涵判定以后，我们还要从另外一个角度对"自由个性"做出规定。当然，对"自由个性"的这种认定猛然看上去可能与我们的论述互相矛盾。而实际上，如果能够理解这种规定性，就会对"自由个性"的历史生成增添一份更为深刻的理解。如在我们以上分析中，我们已经在潜意识里看到，"自由个性"、"自由人联合体"、"共产主义"、"自由人"这几个名称在某种程度上存在着一致性，即都是对未来某种存在状态的描述。但是如果细细追究，它们之间也是有明显的区别的。比如"共产主义"的提法强调的是"共产"，所以无疑是从生产资料所有制角度做出的本质规定；而谈"自由人联合体"，则无疑是从侧重人的自由度的角度在社会层面做出的本质界定；而说"自由个性"，则侧重从个人个性、独立性和自由角度做出的本质界定；讲"自由人"，则无非是从人的自由度角度在个人层面做出的本质规定。然而当碰到这种情况的时候就很自然产生一个问题，即何者为第一性的问题。对这一问题的回答，从不同的角度可以做出不同的解释。然而当前学术界存在的一个普遍性的思维方式就是先入为主确立一个主题的核心所在，然后再把与这个主题在某种程度上一致的相关概念理解成为这一主题的条件或者表现形式。这种情形在马克思学说的研究中尤其明显，就比如我们要研究的主题而言，我们必须把"自由个性"作为我们的主体，而相应的"自由人联合体"和"共产主义"就表现为要实现"自由个性"的条件等等。然而，即使我们在做出这样的行为的时候，我总是认为应当首先指明这几个概念之间的一致性。而当我们指明它们之间的一致性的时候，我们对"自由个性"的生成过程就会显得更加深刻。我们会深刻地理解到："自由个性"的生成过程正是个人个性解放和充分发展的过程；正是"自由人"的生成过程，正是"全面发展的个人"的生成过程；同时也是"自由人联合体"的生成过程；也正是从所有制角度上来看"共产主义社会"的生成过程。在以下的分析中，我们也正是借此理解对"自由个性"的生成条件进行进一步分析的。

三、关于"自由个性"历史生成的一般分析

在确认马克思的"自由个性"理念是一种在最终意义上追求"每一个个人"个性的独立、自由而全面的发展的社会生存状态，并且其内在追求一种个性自由和解放以及基于个人自觉自愿基础上真正意义社会平等和谐的价值诉求以后，现在来进一步分析"自由个性"或者说"每一个个人"的个性独立、自由而全面的发展"的生成。还是让我们先回到第 46 卷《1857—1858 年经济学手稿》中那段关于"自由个性"历史生成的经典表述："人的依赖关系（起初完全是自然发生的），是最初的社会形态，在这种形态下，人的生产能力只是在狭窄的范围内和孤立的地点上发展着。以物的依赖性为基础的人的独立性，是第二大形态，在这种形态下，才形成普遍的社会物质交换、全面的关系、多方面的需求以及全面的能力的体系。建立在个人全面发展和他们的共同的社会的生产能力成为他们的社会财富这一基础上的自由个性，是第三个阶段。第二个阶段为第三个阶段创造条件。因此，家长制的，古代的（以及封建的）状态随着商业、奢侈、货币、交换价值的发展而没落下去，现代社会则随着这些东西一道发展起来。"①

马克思认为，"每一个个人"的个性独立、自由而全面的发展正是在人类历史的发展进程中不断生成的。"人的依赖关系"是第一阶段，"物的依赖"是第二阶段，"自由个性"是第三阶段，第一阶段为第二阶段取代，第

---

① 《马克思恩格斯全集》第 46 卷（上），人民出版社 1979 年版，第 104 页。

二阶段为第三阶段创造条件,"形成普遍的社会物质交换、全面的关系、多方面的需求以及全面的能力的体系"。"自由个性"或者说"每一个个人"的个性独立、自由而全面的发展首先是在这个基础上发展起来的。

在"人的依赖关系"状态下,个人表现为人的依赖,表现为一种自然血缘关系或者统治服从关系,与此同时却也表现为一种狭隘上的"全面的"发展,表现为一种狭隘的"个性"。但是正如马克思所说:"在发展的早期阶段,单个人显得比较全面,那正是因为他还没有造成自己丰富的关系,并没有使这种关系作为独立于他自身之外的社会权力和社会关系同他自己相对立。留恋那种原始的丰富,是可笑的,相信必须停留在那种完全空虚中,也是可笑的。"① 也正因为如此,无论是就个人还是社会而言都不是一种自由的发展,就个人而言更是一种"不独立"和"不自由"的发展,人的生产能力只是在狭小的范围内和孤立的地点上发展着,这种狭隘性也必然伴随着社会的发展为"物的依赖关系"所取代。

而"物的依赖关系"则突破了"人的依赖关系"下那种狭隘性,创造了一种普遍性和全面性的存在状态,即"普遍的社会物质交换、全面的关系、多方面的需求以及全面的能力的体系","在产生出个人同自己和同别人的普遍异化的同时,也产生出个人关系和个人能力的普遍性和全面性"②。而"普遍的社会物质财富"(这里我们不提交换)、"全面的关系"、"多方面的需求"、"全面的能力的体系"以及由此造成的"个人关系和个人能力的普遍性和全面性"恰恰是确立个人个性本身所涵盖的内容。正是从这个意义上讲,正是在"物的依赖性"的基础上才首先表达了马克思"自由个性"蕴涵的个人个性自由和解放的优先性的价值取向。也正因为如此,马克思评判"物的依赖性"时说道:"人们说过并且还会说,美好和伟大之处,正是建立在这种自发的、不以个人的知识和意志为转移的、恰恰以个人相互独立和毫不相干为前提的联系即物质和精神的新陈代谢上。毫无疑问,

---

① 《马克思恩格斯全集》第46卷(上),人民出版社1979年版,第109页。
② 《马克思恩格斯全集》第46卷(上),人民出版社1979年版,第109页。

这种物的联系比单个人之间没有联系要好，或者比只是以自然血缘关系和统治服从关系为基础的地方性联系要好。"① 然而，仍然不能忘记的是，"建立在交换价值基础上的生产为前提"的"物的依赖性"造就的这种个人个性自由和解放的优先性同时也是对"人本身"的漠视以及人与人之间的冷漠和彼此的敌对为代价的。"物的依赖性"在使个人摆脱一种困境（即摆脱人的依赖的束缚而独立）的同时又陷入了另一种困境，——个人由于陷入对"物"的依赖，从而导致在"物"面前个人的个性、独立性和自由的丧失以及个人之间的相互对立而存在的异己性存在。

对于这种"物的依赖性"造成的困境，马克思并不是一味地进行道德批判，相反，马克思认为"物的依赖性"是历史发展的必经阶段，"毫无疑问，在个人创造出他们自己的社会联系之前，他们不可能把这种联系置于自己支配之下……这种联系是个人的产物。它是历史的产物。它属于个人发展的一定阶段……这是个人在一定的狭隘的生产关系内的自发的联系"②。"这种联系借以同个人相对立而存在的异己性和独立性只是证明，人们还处在创造自己社会生活条件的过程中，而不是从这种条件出发去开始他们的社会生活"③。那么，马克思所认可他们的社会生活又是什么呢？如马克思所说，正是"建立在个人全面发展和他们的共同的、社会的生产能力成为他们的社会财富这一基础上的自由个性"。由此我们在这里看到：一方面，"个人全面发展"再次表明马克思追求个人的个性自由和解放，这里的全面发展是已经在"物的依赖关系"下早已经得到生成了的，是"普遍的社会物质财富"、"全面的关系"、"多方面的需求"、"全面的能力的体系"以及由此造成的"个人关系和个人能力的普遍性和全面性"；另一方面，"他们的共同的、社会的生产能力成为他们的社会财富"这段话也从另一个侧面即所有制层面表达了"每个人的自由发展是一切人发展自由发展的条件"的含

---

① 《马克思恩格斯全集》第46卷（上），人民出版社1979年版，第108页。
② 《马克思恩格斯全集》第46卷（上），人民出版社1979年版，第109页。
③ 《马克思恩格斯全集》第46卷（上），人民出版社1979年版，第108页。

义，要使这种个人与个人之间真正意义上的社会平等的和谐状态成为可能，要使这些个人摆脱彼此之间的冷漠和漠不关心，就要在对个性独立的优先确认上实现他们自由的联合，而联合的关键又在于对社会财富（尤其是生产力）实现一种社会的所有。由此可以看出，马克思对"自由个性"的实现是持一种历史生成态度的。不但如此，在对其生成的历史条件中，马克思对一个核心范畴是相当关注的，这个范畴就是"所有制"或者说"所有权"。所以本书设专章研究所有制的历史变迁及其对个性自由和解放的影响。

四、从《共产党宣言》的逻辑看"自由个性"的历史生成

为了能够更好地理解以上刚刚得出的结论，我们需要求助于《共产党宣言》的研究思路和分析方法，即从所有制、资本、革命等多重视角研究"自由个性"的历史生成。在这部全世界共产党人的经典中，我们会看到马克思不想简单地通过哲学式的批判来说明问题，相反，马克思是在描述资本主义产生、发展的过程及其后果中指出资本主义的所有制和生产关系不仅导致个人的个性和自由的丧失，而且为个人重新获得个性和自由准备着条件，并且这次重新的获得将不再是一种可怜的利己主义的获得，而是建立在一种"每个人的发展是一切人自由发展的条件"的扬弃性下的"每一个个人"的个性独立、自由而全面发展的状态。

马克思首先阐明了资本主义社会是历史发展的必然结果。资产阶级社会是从灭亡了的封建社会里产生出来的，新航路的发现，殖民地的出现，国外市场的逐步形成，促进了工业、商业、航海业这些从封建社会内部产生的革命因素的迅速发展，随着市场的扩大和需求的增加，工场手工业取代了封建的行会，工场手工业不能满足这种要求的时候，蒸汽和机器引起的工业革命，现代大工业代替了工场手工业。大工业又建立了世界市场，世界工厂、

商业、交通大规模的发展，这种发展又反过来促进了工业范围的扩大。在这个过程中，资产阶级把生产资料聚集在少数人手中，伴随着生产资料在资产阶级手中的集中，"资产阶级所有权和生产关系"逐步建立了起来。

"资产阶级的所有权和生产关系"的确立创造了巨大的生产力，并且"按照自己的面貌，为自己创造出一个世界"①。一是表现为"资产阶级在它的不到一百年的阶级统治中所创造的生产力，比过去一切世代创造的全部生产力还要多，还要大。自然力的征服，机器的采用，化学在工业和农业中的应用，轮船的行驶，铁路的通行，电报的使用，整个大陆的开垦，河川的通航，仿佛用法术从地下呼唤出来的大量人口，——过去哪一个世纪料想到在社会劳动里蕴藏有这样的生产力"②。二是表现为由于资产阶级在世界范围内的奔走，它到处落户，到处开发，到处建立联系。"资产阶级，由于开拓了世界市场，使一切国家的生产和消费都成为世界性的了"③。这同时使得过去那种地方的和民族的闭关自守和自给自足的状态消失，取而代之的是"各个民族相互往来和各地方相互的依赖"④。三是表现为资本主义的发展，它"第一个证明了，人的活动能够取得什么样的成就，它创造了完全不同于埃及金字塔、罗马水道和哥特式教堂的奇迹；它完成了完全不同于民族大迁徙和十字军征讨的远征"⑤，这证明了资产阶级在历史上的革命的作用，资产阶级提高了人们的生产能力。

与此同时，随着资产阶级占统治地位，人与人之间的社会关系，个人的生活地位、思想观念等等也发生了变化。"人们终于不得不用冷静的眼光来看他们的生活地位、他们的相互关系"⑥，资产阶级破坏了"封建的、宗法的和田园诗般"的"人的依赖关系"，取而代之的是"物的依赖关系"，人与人之间表现为赤裸裸的金钱关系。凡是资产阶级已经取得统治的地方，它

---

① 《马克思恩格斯选集》第1卷，人民出版社1995年版，第276页。
② 《马克思恩格斯选集》第1卷，人民出版社1995年版，第277页。
③ 《马克思恩格斯选集》第1卷，人民出版社1995年版，第276页。
④ 《马克思恩格斯选集》第1卷，人民出版社1995年版，第276页。
⑤ 《马克思恩格斯选集》第1卷，人民出版社1995年版，第275页。
⑥ 《马克思恩格斯选集》第1卷，人民出版社1995年版，第275页。

就把所有封建的、宗法的和淳朴的关系统统破坏了。它无情地斩断了那些使人依附于"天然的尊长"的形形色色的封建羁绊,它使人和人之间除了赤裸裸的利害关系即冷酷无情的"现金交易"之外,再也找不到任何别的联系了。正因为人与人之间的关系表现为单纯的现金交易。这导致了以下几个后果:首先,人本身所具有的特殊属性消失了,资产阶级抹去了一切素被尊崇信仰的职业的庄严光彩。它使医生、律师、牧师、诗人和学者变成了受它雇用的仆役。在这之前,这些固定的职业被赋予了个人以特殊的内涵,个人是什么,表现为他的活动是什么。可是现在,金钱奴役了这些职业,无论是什么职业,只是表现为一个属性:被货币奴役的属性。不过,这是进步!因为"它用公开的、无耻的、直接的、露骨的剥削代替了由宗教幻想和政治幻想掩盖着的剥削"①。其次,贸易自由取代了人的尊严成为社会价值的准绳。"它把宗教虔诚、骑士热忱、小市民伤感这些情感的神圣发作,淹没在利己主义打算的冷水之中。它把人的尊严变成了交换价值,用一种没有良心的贸易自由来代替了无数特许的和自力挣得的自由"②,"在现今的资产阶级生产关系的范围内,所谓自由就是贸易自由,自由买卖"③。

而就个人的个性、独立和自由而言,资本主义的生产关系使劳动者丧失了自己的个性、独立和自由。"在资产阶级社会里,资本拥有独立性和个性,而活动着的个人却没有独立性和个性。"④ 也就是说,不独立和丧失自己的个性成为劳动者的特点。任何能够促进生产力发展的因素都成为资本的

---

① 《马克思恩格斯选集》第 1 卷,人民出版社 1995 年版,第 275 页。
② 《马克思恩格斯选集》第 1 卷,人民出版社 1995 年版,第 275 页。这段话在《马克思恩格斯全集》第 4 卷,(人民出版社 1958 年版,第 468 页)翻译是:"它把高尚激昂的宗教虔诚、义侠的血性、庸人的温情,一概淹没在利己主义打算的冷水之中。它把个人的尊严变成了交换价值,它把无数特许的和自力挣得的自由都用一种没有良心的贸易自由来代替了。"
③ 《马克思恩格斯选集》第 1 卷,人民出版社 1995 年版,第 288 页。这段话在《马克思恩格斯全集》第 4 卷(人民出版社 1958 年版,第 482 页)中被翻译为"在先进资产阶级生产关系的范围内,所谓自由只不过意味着贸易的自由,买卖的自由。"
④ 《马克思恩格斯选集》第 1 卷,人民出版社 1995 年版,第 287 页。这段话在《马克思恩格斯全集》第 4 卷(人民出版社 1958 年版,第 482 页)中被翻译为"在资产阶级社会里,资本拥有独立性和个性,而劳动的个体却被剥夺了独立性和个性。"

因素。比如"资本的生存条件是雇佣劳动制",雇佣劳动的特征是资本和劳动的交换。资产阶级执行的是资本的职能,而无产阶级则从事劳动的工作。资产阶级对无产阶级的统治实际上就是无产阶级受到资本的奴役。再比如运用机器进行大生产的大工厂是劳动者劳动的场所,资本主义条件下进行生产的一个主要形式。从对宗法性的小作坊和个体手工业的角度来看,这是历史的进步。可是如果从劳动者,即无产阶级的角度来看,一方面,正是"由于推广机器和分工,无产者的劳动已经失去了任何独立的性质,因而对工人也失去了任何吸引力。工人变成了机器的单纯附属品"[①]。这成为工人的唯一属性,在这里,男女童工之间的性别和年龄差距没有任何社会意义了,"他们都只是劳动工具"[②]。另一方面,工人在工厂里面像士兵一样被编织起来,受到整批士官和将校的层层监视,他们是资产者阶级的奴隶,是资产阶级国家的奴隶,每日每时都受到机器,受到监工,工厂厂主本人的奴役,不但工人自身所处的环境是不自由的,而且这种条件使工人丝毫没有自由发展自己个性的可能性,于是我们看到,虽然资产阶级大大提高了人的生产能力,但是同样,这是以漠视人本身,摧残人的个性为前提的。

从这一事实来看,资产阶级社会相对于封建社会是进步的,资本主义生产关系的确立使个人可以摆脱人依赖于人的关系,确立了"个人的独立性"。但是由于资本的存在,个人(劳动者)在资产阶级社会里仍然表现为不自由发展,甚至表现为个性的丧失。于是,个人获得的这种独立性在资本面前被剥夺了,并且表现为资本的奴隶。那么如何消除劳动者这种被奴役的地位,恢复个人的个性、独立性和自由呢?

马克思指出,资产阶级的所有制关系是历史发展的必然,同时,资产阶级的所有制关系的消失也是历史发展的必然。一方面,生产力的发展必然突破资产阶级的所有制关系。资本主义是从封建制度中产生出来的,但是马克

---

① 《马克思恩格斯选集》第 1 卷,人民出版社 1995 年版,第 279 页。
② 《马克思恩格斯选集》第 1 卷,人民出版社 1995 年版,第 279 页。

思从经济危机的频繁发生指出:"现在,我们眼前又进行着类似的运动"①,
"社会所拥有的生产力已经不能再促进资产阶级文明和资产阶级所有制关系
的发展,相反,生产力已经强大到这种关系所不能适应的地步,它已经受到
这种关系的阻碍;而它一着手克服这种障碍,就使整个资产阶级社会陷入混
乱,就使资产阶级所有制的存在受到威胁"②。而资产阶级克服这种危机的
方法,一是破坏大量生产力,二是夺取新的市场,可是这不过是资产阶级准
备更全面更猛烈的危机的一种办法。"资产阶级用来推翻封建制度的武器,
现在却对准资产阶级自己了"③。另一方面,"资产阶级不仅锻造了置自身于
死地的武器;它还产生了将要运用这种武器的人——现代的工人,即无产
者"④,"其余的阶级都随着大工业的发展而日趋没落和灭亡,无产阶级却是
大工业本身的产物"⑤。资本主义制度,雇佣劳动制度的两极,资本和劳动
是同时发展的,而且资产阶级即资本越发展,无产阶级即现代的工人随着资
本的发展也在不断地发展。一开始是个别工人同个别资产者之间的冲突,这
个时候工人们还是分散的,相互竞争联合不起来的群众,个别工人反对机器
和工厂等都是属于自发的行为;而慢慢地越来越成为两个阶级之间的冲突,
工人们逐渐团结起来,建立起经常性团体,并且有时候斗争还演化成为起
义。无产者组成阶级,甚至组织成自己的政党。无产阶级越来越走向自觉。
马克思指出,两大阶级斗争的结果,必然是"资产阶级的灭亡和无产阶级
的胜利是同样不可避免的"⑥。而伴随着资产阶级的灭亡和无产阶级的胜利,
"代替那存在着阶级和阶级对立的资产阶级旧社会的,将是这样一个联合

---

① 《马克思恩格斯选集》第 1 卷,人民出版社 1995 年版,第 277 页。
② 《马克思恩格斯选集》第 1 卷,人民出版社 1995 年版,第 278 页。这段话在《马克思恩格斯
　全集》第 4 卷(人民出版社 1958 年版,第 472 页)被翻译为"社会所拥有的生产力已经不能
　再促进资产阶级的所有制关系的发展,相反,生产力已经增长到这种关系所不能容纳的地步,
　资产阶级的关系已经阻碍生产力的发展;而当生产力一开始突破这种障碍的时候,就使整个
　资产阶级社会陷入混乱状态,就使资产阶级的所有制的存在受到威胁。"
③ 《马克思恩格斯选集》第 1 卷,人民出版社 1995 年版,第 278 页。
④ 《马克思恩格斯选集》第 1 卷,人民出版社 1995 年版,第 278 页。
⑤ 《马克思恩格斯选集》第 1 卷,人民出版社 1995 年版,第 282 页。
⑥ 《马克思恩格斯选集》第 1 卷,人民出版社 1995 年版,第 284 页。

体，在那里，每个人的自由发展是一切人的自由发展的条件"①。

　　而要做到这一点，就需要首先实现无产阶级的解放，就要进行改变现存社会制度的革命运动。生产力的发展突破资产阶级的所有制的存在是一个大趋势，因此，无产阶级的任务也是要"废除先前存在的所有制关系"②。既然造成工人个性和自由消弭的根源在于资本主义的所有权和生产关系。那么，很自然，要消除这种现象只能是从资本主义的所有权和生产关系入手，要使个人重新获得个性、独立和自由，必须要铲除资本主义的所有权和生产关系。而这一过程就是共产主义革命，马克思说："共产主义的特征并不是要废除一般的所有制，而是要废除资产阶级的所有制。"③ 由于资产阶级的私人所有制是建立在阶级对抗和剥削上面的"生产和产品占有方式的最后而又完备的表现"，因此，"从这个意义上说，共产党人可以把自己的理论概括为一句话：'消灭私有制'。"④

　　"消灭私有制"，然而应注意的一点是，这里是马克思的假设，是马克思在假设随着工业的大发展，除了资产阶级的所有制以外，没有其他所有制的情况。可是历史并不是直线发展的，即使在大量存在资产阶级的所有制的地方，仍然可能存在一些小资产阶级、小农的所有制。如何对待这些所有制，马克思在这里并没有给我们正面的解释。他用大工业的发展早把它们消灭而且每天都还在消灭它们作为回答。但是，从中我们还是可以看出一点儿端倪。让我们看几段话：

　　一是马克思肯定了"个人挣得的、自己劳动得来的财产"，这是一种

---

① 《马克思恩格斯选集》第 1 卷，人民出版社 1995 年版，第 294 页。这段话在《马克思恩格斯全集》第 4 卷（人民出版社 1958 年版，第 491 页）中是被翻译成"代替那存在着各种阶级以及阶级对立的资产阶级旧社会的，将是一个以各个人自由发展为一切人自由发展的条件的联合体"。

② 《马克思恩格斯选集》第 1 卷，人民出版社 1995 年版，第 285 页。这段话在《马克思恩格斯全集》第 4 卷（人民出版社 1958 年版，第 480 页）中是被翻译成"消灭先前存在的所有制关系"。

③ 《马克思恩格斯选集》第 1 卷，人民出版社 1995 年版，第 286 页。

④ 《马克思恩格斯选集》第 1 卷，人民出版社 1995 年版，第 286 页。

"构成个人的一切自由、活动和独立的基础的财产"①。

二是马克思批判资产者的叫嚣，"从个人财产不能再变为资产阶级财产的时候起，你们说，个性被消灭了。由此可见，你们是承认，你们所理解的个性，不外是资产者、资产阶级私有者。这样的个性确实应当被消灭"②。

三是"把资本变为公共的、属于社会全体成员的财产，这并不是把个人财产变为社会财产。这里改变的只是财产的社会性质。它将失掉它的阶级性质"③。

四是对于工人"我们决不打算消灭这种供直接生命再生产用的劳动产品的个人占有，这种占有并不会留下任何剩余的东西使人们有可能支配别人的劳动。我们要消灭的只是这种占有的可怜的性质"④。

五是"在资产阶级社会里是过去支配现在，而在共产主义社会里则是现在支配过去"⑤。资产阶级社会里，生产资料成为资本的一个因素反过来统治个人，而到了共产主义社会，则是生产资料归属于每个个人。所以，"在资产阶级社会里，资本具有独立性和个性，而活动着的个人却没有独立性个性"⑥，而反过来说就是：在资产阶级社会里是过去支配现在，资本拥有独立性和个性；在共产主义社会里，现在支配着过去，活动着的个人恢复了独立性和个性。而实际上，在共产主义社会里，在生产资料归属于没有阶

---

① 《马克思恩格斯选集》第 1 卷，人民出版社 1995 年版，第 286 页。这段话在《马克思恩格斯全集》第 4 卷（人民出版社 1958 年版，第 480 页）中被翻译为："人们亲自获得的、用自己的劳动获得的财产"，这是一种"构成一切个人自由、活动和独立的基础的财产。"

② 《马克思恩格斯选集》第 1 卷，人民出版社 1995 年版，第 288 页。这段话在《马克思恩格斯全集》第 4 卷（人民出版社 1958 年版，第 482 页）中被翻译为："你们声明说：……从个人的所有制不能再变为资产阶级的所有制时候起，个性就被消灭了。那么，你们自己承认，你们所认为个性的，不外是资产者，即不外是资产阶级的私有者。这样的个性确实应该消失。"

③ 《马克思恩格斯选集》第 1 卷，人民出版社 1995 年版，第 287 页。

④ 《马克思恩格斯选集》第 1 卷，人民出版社 1995 年版，第 287 页。《马克思恩格斯全集》第 4 卷（人民出版社 1958 年版，第 481 页）"这种直接供生命再生产用的劳动产品的个人占有，我们决不打算消灭它，因为这种占有并不会留下任何剩余东西能为什么人造成支配别人的劳动的权力。我们要消灭的仅是这种占有的悲惨性质。"

⑤ 《马克思恩格斯选集》第 1 卷，人民出版社 1995 年版，第 287 页。

⑥ 《马克思恩格斯选集》第 1 卷，人民出版社 1995 年版，第 287 页。这段话在《马克思恩格斯全集》第 4 卷（人民出版社 1958 年版，第 481 页）中被翻译成"在资产阶级社会里，资本拥有独立性和个性，而劳动的个体却被剥夺了独立性和个性。"

级局限性的每一个个人所有的时候，每一个个人都获得了个性的独立和自由的发展。

现在我们看到，马克思对"个人的个性、独立和自由"的理解是与所有制紧密相连的。前面已经指出，马克思正是通过分析资产阶级的所有制得出个人在其中个性、独立和自由的消弭的。而实际上现在我们也可以这么说，马克思正是以"个人的个性、独立和自由"这一解放了的个性为价值标准来评判资本主义的生产过程，资产阶级的所有制的。现在，让我们进入对"所有制"与"自由个性"的进一步探讨。

第二章

关于所有制与"自由个性"关系的分析

所有制表明的是主体以何种方式对客体的占有这样一种事实。而所有权是所有制的表现形式，是对主体对客体的占有权利的一种法律确认。而恰恰是所有权这种法律确认，或者说主体对客体占有的权利对个人保持其自身独立性、发展自身的个性起着重要的保证作用。在不同的所有制下，所有权的性质也不一样，从而对主体独立性和个性的发挥也起着不同的作用。也正因为如此，个人的个性和独立性与所有制关系十分密切。马克思早就看到了这一点，所以在1867年《资本论》德文版第1卷"资本积累的历史趋势"一章中写道："劳动者对他的生产资料的私有权是小生产的基础，而小生产又是发展社会生产和劳动者本人的自由个性的必要条件。诚然，这种生产方式在奴隶制度、农奴制度以及其他从属关系中也是存在的。但是，只有在劳动者是自己使用的劳动条件的自由私有者，农民是自己耕种的土地的自由私有者，手工业者是自己运用自如的工具的自由私有者的地方，它才得到充分发展，才显示出它的全部力量，才获得适当的典型的形式。"① 而在1872《资本论》第1卷法文版中，马克思把这段话改写成："劳动者对他的生产活动的资料的私有权，是农业或工业的小生产的必然结果，而这种小生产是社会

---

① 《资本论》第1卷，人民出版社1975年版，第830页。

生产的技艺养成所，是培养劳动者的手艺、发明技巧和自由个性的学校。诚然，这种生产方式在奴隶制度、农奴制度以及其他隶属形式中也是存在的。但是只有在劳动者是自己使用的劳动条件的自由所有者、农民是自己耕种的土地的自由所有者，手工业者是自己运用自如的工具的自由所有者的地方，它才得到充分发展，才显示出它的全部力量，才获得完整的典型的形式。"①

　　这里首先要求我们理解的是"劳动者对他的生产资料的私有权"，即是谁在什么情况下对什么的私有权。如果仔细考察，我们会发现这里的劳动者指的是"农村的独立农民和城市的手工业者"，但是要阐明这一点，就需要对所有权在不同的所有制形态下的状况做一番回顾和考察，而要对所有制形态进行考察，紧接着一个范畴就是对社会形态的考察。若是按照这种思路，当我们回过头来追溯社会形态的时候，我们会看到，一方面，人类社会的起源有着同源性，而在所有制形态方面一开始都表现为共同体的所有权；另一方面，正如历史发展状况不是呈现出单线上升，而是呈现出多条线路上升的情况，社会形态表现出多样性，所有制形态也表现为多样性，而在不同的所有制形态下，"劳动者对他的生产资料的私有权"也表现为不同的形式，从而个人对公社的依附形式，个人的个性的发展也就表现为不同的形式。然而在这之前，我们还要研究的是，马克思对于所有制形态是一种什么态度。理解这一点是我们进一步理解所有制形式与"自由个性"之间关系的一个关节点。在这一过程中，我们同样看到马克思在1857年《政治经济学批判（导言）》中所下的判断："我们越往前追溯历史，个人，从而也是进行生产的个人，就越表现为不独立，从属于一个较大的整体；最初是家庭和扩大成为氏族的家庭中，后来是在由各氏族之间的冲突和融合而产生的各种形式的公社中"② 的情形。

---

① 《资本论》第 1 卷（根据作者修订的法文版第一卷翻译），中国社会科学出版社 1983 年版，第 824 页。
② 《马克思恩格斯全集》第 46 卷（上），人民出版社 1979 年版，第 16 页。

一、原始群

直至今天，对"原始群"的理解还存在着两种截然相反的争议，一种认为"原始群"是人类社会最早的社会组织形式，是原始社会的低级阶段。而另外一种看法则认为，原始群只不过是人类由动物界向人类过渡的一个阶段。① 我是赞同后一种说法的。根据马克思在对摩尔根的《〈古代社会〉一书摘要》中的说法，原始群并不是人类社会的一个组织形式。1879—1880年，马克思在读了马·柯瓦列夫斯基的《公社土地占有制，其解体的原因、进程和结果》之后所作的摘要中写道："人类社会的原始群状，没有婚姻和家庭；他们之间的关系是：共同生活和相同的营生（如战争、狩猎、捕鱼）；另一方面，则是母亲及其亲生子女之间的骨肉关系。"② 这种远古的（原始群状态）不应到已定居的部落中去寻找，而应到游动的捕鱼者和狩猎者中去寻找。③ 马克思把"人类社会的原始群状"加了黑，从这里来看好像马克思是承认"原始群"是人类社会的第一阶段的。但是，在接下来对摩尔根的《古代社会》的摘要（在接下来的分析中，我们将把马克思对摩尔根《古代社会》所作的摘要简称为《摘要》）中，马克思却这样写道："血缘家庭所表示的社会形态，表明先前‖（在原始群中!）‖存在过杂交状态，尽管达尔文对此怀疑（参看《人类的起源》第 2 卷第 360 页）。一旦原始群为了生存必须分成较小的集团，它就从杂交转变为血缘家庭；血缘家庭是第一个'有组织的社会形式。'"④ 可见，马克思认为：血缘家庭是第一个社会的组织形式。也就是说，原始群并不是人类社会，当时的人还不是人，只是"正在形成中的人"只是以"群"（horde）的形态存在。在这里，自

---

① 崔春华：《"原始群说"辨疑》，《辽宁大学学报》1984 年第 1 期。
② 《马克思恩格斯全集》第 45 卷，人民出版社 1985 年版，第 207 页。
③ 《马克思恩格斯全集》第 45 卷，人民出版社 1985 年版，第 208 页。
④ 《马克思恩格斯全集》第 45 卷，人民出版社 1985 年版，第 348 页。

然也就谈不上人的所有制和人的个性的问题。而实际上，对"群"的理解，马克思和摩尔根的看法是相同的。不过，有一点是确定的，人类社会的第一个组织形式——"血缘家庭"及其以后的"氏族"、"部落"毋庸置疑是从这种"原始群"中发展起来的。

不过，在讨论我们所认可的这一最初的社会组织形式——血缘家庭之前，我们有必要说明的是，对古代社会的研究这一贡献不应当只是归于马克思和恩格斯。如恩格斯后来在《关于原始家庭的历史》中所指出的那样，巴霍芬、麦克伦南和摩尔根是这方面的先驱。特别是摩尔根，1871年摩尔根就在《人类家庭的血亲和姻亲制度》（1871）中提出由杂婚制到各种形式的群婚制，再到一夫一妻制的婚姻家庭进化理论，提出由母系氏族到父系氏族的氏族进化理论。我们不知道马克思当时是不是看到了这本书，不过我们知道的是摩尔根在1877年《古代社会》中把古代家族分为五种顺序相承的家族形态：第一种形态：血婚制家族，由此产生马来亚式亲属制；第二种形态：伙婚制家族，由此产生土兰尼式和加诺万尼亚式亲属制；第三种形态：专偶制家族，由此产生雅利安式、闪族式和乌拉尔式亲属制度；以及介乎中间的偶婚制家族和父权制家族——这两种家族形态均未能产生任何亲属制度。马克思认真研读了摩尔根的《古代社会》一书，并作了"十分详细的摘录"，写成了《摩尔根〈古代社会〉一书摘要》。在《摘要》中，马克思改变了摩尔根原著内容叙述的次序。摩尔根的原著共分四编，马克思在《摘要》中则将第二编放在最后。不但如此，马克思在摘录摩尔根著作中的材料和论点的同时还附上了自己的评语和结论。而如恩格斯在《家庭、私有制和国家的起源》的序言中所说，《起源》这本书正是要完成马克思的遗愿，"唯物主义的历史研究得出的结论来阐述摩尔根的研究成果……原来摩尔根在美国，以他自己的方式，重新发现了40年前马克思所发现的唯物主义历史观，并且以此为指导，在把野蛮时代和文明时代加以对比的时候，在主要点上得出了与马克思相同的结果"[1]。而实际上，摩尔根对马克思和恩

---

[1]《马克思恩格斯选集》第4卷，人民出版社1995年版，第1页。

格斯的意义不仅仅是证明了他们的结果，而且更为深化了他们的历史观。由此我们也可以发现一个明显的事实，即马克思对待"家庭"的看法是有着一个深化的过程的。直到在 19 世纪 60 年代以前，马克思对人类社会的第一个组织形式"部落"及其组成"部落"的家庭的看法还是后来我们所指认的"父权制家庭"或者"专偶制家庭"，直到马克思在读了摩尔根的《古代社会》以后，马克思才清楚地认识到"专偶制家庭"只是一系列"家族形态"的最后一种形态。

对这一点的证明还表现在：恩格斯曾经在 1888 年英文版《共产党宣言》上加的注中指出："在 1847 年的时候，关于社会的史前状态，即关于全部成文史以前的社会组织，几乎还完全没有人知道。后来，哈克斯特豪森发现了俄国的公社土地所有制，毛勒证明了这种所有制是一切日耳曼部落的历史发展所由肇源的社会基础，从而逐渐搞清楚，土地公有的村社乃是或者曾经是从印度起到爱尔兰止各地社会的原始形态。最后，摩尔根发现了氏族的真正的本质及其在部落中的地位，把这个原始共产社会的典型的内部结构弄明白了。随着这种原始公社的解体，社会开始分裂为各个独特的、终于彼此对抗的阶级。"[1] 同样，在 19 世纪 "60 年代开始以前，根本谈不到家庭史。历史科学在这一方面还是完全处在摩西五经的影响之下。人们不仅毫无保留地认为那里比任何地方都描写得更为详尽的这种家长制的家庭形式是最古的形式，而且把它——除一夫多妻制外——跟现代资产阶级的家庭等同起来，这样一来，家庭似乎根本没有经历过任何历史的发展；至多认为在原始时代可能有过杂乱的性关系的时期"[2]，"家庭史的研究是从 1861 年，即巴霍芬的'母权论'出版的那一年开始的"[3]。

正因为受到这种时代局限性的影响，马克思在 19 世纪四五十年代对于这一时期的社会组织形式的理解是有限的。也正因为如此，马克思在《德

---

① 《马克思恩格斯全集》第 4 卷，人民出版社 1958 年版，第 466 页。
② 《马克思恩格斯选集》第 4 卷，人民出版社 1995 年版，第 5 页。
③ 《马克思恩格斯选集》第 4 卷，人民出版社 1995 年版，第 6 页。

意志意识形态》中提到的人类社会的第一个所有制形式"部落所有制"时，这样描述道："当时人们是靠狩猎、捕鱼、牧畜，或者多是靠务农生活的。在后一种情况下，它是以大量未开垦的土地为前提的。在这个阶段上，分工还很不发达，仅限于家庭中现有的自然产生的分工的进一步扩大。因此社会结构只局限于家庭的扩大：父权制的酋长、他们所管辖的部落成员以及奴隶。"① 这里的描述实质上是已经在血婚制家族和伙婚制家族之后的父权制家庭，但是马克思自己是毫不知情的。另外，这也说明在 19 世纪 40 年代，马克思对这种人类社会的原始状态是很不明确的。而同样在《1857—1858年经济学手稿》中，马克思提到："自然形成的共同体。家庭和扩大成为部落的家庭，或通过家庭之间相互通婚［而组成的部落］，或部落的联合。"② 马克思在这里也只是把社会的起源追溯至专偶制家族。"家庭"、"部落"在这里也仅仅指的是"专偶制家庭"。而摩尔根在《古代社会》里所做的分析恰恰是对马克思之所以受此局限性最好的说明。摩尔根认为，在他们那个年代"我们已经习惯于把专偶制家族看做自古以来一成不变的家庭形态，以为只不过在某些特殊地区间杂有父权制家族而已"。③ "那些从哲学角度去探讨社会的起源的作者们很难想象社会能够脱离作为其单元的家族而存在，或除去专偶制家族之外还能有什么其他的家族。他们觉得有必要把一对配偶视为一群人的核心，这一群人中的一部分处于隶属地位，而其全体处于权力之下，于是他们就得出了结论：社会的首次有组织化，始于父权制家族。事实上，这样的家族也是我们从拉丁、希腊和希伯来部落所能知道的最古形式。因此，父权制家庭就被认为是原始社会的典型，这种家族不是被想象为拉丁式的，就是被想象为希伯来式的，父权则是这种组织的实质"④。在这里我们看到摩尔根对马克思曾经在《德意志意识形态》和《1857—1858 年经济

---

① 《马克思恩格斯全集》第 3 卷，人民出版社 1960 年版，第 25 页。

② 《马克思恩格斯全集》第 46 卷（上），人民出版社 1979 年版，第 472 页。

③ 路易斯·亨利·摩尔根著，杨东莼、马雍、马巨译：《古代社会》，中央编译出版社 2007 年版，第 273 页。

④ 路易斯·亨利·摩尔根著，杨东莼、马雍、马巨译：《古代社会》，中央编译出版社 2007 年版，第 339 页。

学手稿》中把"家庭"理解为不变的父权制和专偶制家庭的批评。

如我们上面提到的，马克思只是在读了许多关于原始公社的书籍之后，特别是在 1880 年读了摩尔根的《古代社会》以后，才明确了"家族的观念原是经历了几个顺序相承的发展阶段才臻于成熟的，而专偶制家族乃是一系列家族形态中最后的一种形态"①，并对这段历史有了进一步清醒的认识。也正是由于这个原因，我们说马克思在晚年即 19 世纪 80 年代初与《德意志意识形态》和《1857—1858 年经济学手稿》及其 1859 年《政治经济学批判〈序言〉》中对人类社会组织起源的看法（在那里，如摩尔根所说，马克思直接或者间接受到荷马史诗的影响，而荷马时代的希腊人正是处于父权制影响之下。马克思在当时提出"亚细亚"的说法，围绕着"亚细亚"产生过很多说法，看来，在当时马克思的确是把其作为人类社会起源的第一个阶段的。对这一点我们到下面再具体分析。）相比发生了很大的转变。或者说，进一步深化了自己的看法。现在，在我们理解了这个前提之后，让我们再次回到"血缘家庭"，即刚才所说的人类社会的第一个组织形式上来。

二、个人对人身、以纯人身关系为
主要特征的原始部落的依附

摩尔根在分析问题的时候曾经提出两种组织形式。先出现的第一种方式是以人身、纯粹人身为基础的"社会"。摩尔根认为这种组织的基本单位是氏族，构成民族的是有顺序相承的氏族、胞族、部落以及部落联盟；而后来，同一地域的部落组成一个民族，从而取代了各自独占一方的几个部落的联合。第二种方式不是以人身关系为基础，而是以地域和财产为基础的国

---

① 路易斯·亨利·摩尔根著，杨东莼、马雍、马巨译：《古代社会》，中央编译出版社 2007 年版，第 273 页。

家。这种组织的基础或基本单位是用界碑划定范围的乡或区及其所辖之财产，政治社会即由此而产生。马克思在《摘要》中则做了摘抄："最古老的组织是以氏族、胞族和部落为基础的社会组织；氏族社会就是这样建立起来的，在氏族社会中，管理机关和个人的关系，是通过个人对某个氏族或部落的关系来体现的。这些关系是纯粹人身性质的。此后产生了以地域和财产为基础的政治组织；在这里，管理机关和个人的关系，是通过个人对地域，例如对乡、区和国的关系来体现的。"① 氏族，在这里被认为是原始家族部落的单位，而对氏族的起源，同样应当从血缘家庭那里谈起。

现在我们回到刚才的"原始群"，随着原始群为了生存分成较小的集团，它就从杂交转变成为"血缘家庭"。血缘家庭是最原始形式的家庭。在这种家庭组织中，已经排除了"原始群"状态下的"父母和子女之间相互的性关系"，而进步为"兄弟和姊妹"的群婚。"我的直系的或旁系的所有兄弟的妻子都既是他们的妻子，也是我的妻子；就妇女来说，她的直系的或旁系的所有姊妹的丈夫，也是她的丈夫"②。伴随着以性别为基础的组织以及倾向于兄弟和姊妹结婚的普那路亚习俗，普那路亚家庭通过逐渐排除同胞弟姐妹之间的婚姻关系的办法而从血缘家庭中产生出来。③ 它"因袭于血婚制家族而加以改革"④，通过这样的途径产生出来："一列或者数列姊妹成为一个公社的核心，而她们的同胞兄弟则成为另一个公社的核心。"⑤ 在第一个集团中，姊妹（同胞的或者血统较远的姊妹）是他们共同丈夫的妻子，但是在这些共同丈夫之中，排除了她们的兄弟；这些丈夫们彼此之间不再互称兄弟，而是称作普那路亚，也就是亲密的伙伴，即 associé，而对于这些丈夫们来说，他们的妻子却都是直系或者旁系的姊妹。同样，一列兄弟——同胞的或血统较远的——则跟若干数目的女子（只要不是自己的姊妹）共同

---

① 《马克思恩格斯全集》第45卷，人民出版社1985年版，第405页。
② 《马克思恩格斯全集》第45卷，人民出版社1985年版，第345页。
③ 《马克思恩格斯全集》第45卷，人民出版社1985年版，第348页。
④ 路易斯·亨利·摩尔根著，杨东莼、马雍、马巨译：《古代社会》，中央编译出版社2007年版，第304页。
⑤ 《马克思恩格斯选集》第4卷，人民出版社1995年版，第35页。

结婚，这些女子也互称为普那路亚。① 而随着这种家庭的建立，这两大集团就逐渐发展成为氏族。

在氏族社会中，"个人的安全依靠他的氏族来保护；血缘关系是相互扶助的强有力的因素；侵犯个人就是侵犯他的氏族"②。个人在这里是以氏族成员的身份存在的，当一个氏族成员被杀害了，就要由氏族去为他报仇，如果某人被判决赔偿损失而陷入困境的时候，氏族就提供捐助，在这里，个人的命运是与氏族的命运紧密相连。这一点也表现在个人名字的命名上，个人的名字不是来源于自己的个性，而是来源于氏族。一般来说，每一个氏族都有自己的一套个人名字，这是该氏族专有的财产，同一部落内的其他氏族不得使用。一个婴儿在出生以后，母亲要在本氏族专有的个人名字中挑选一个没有被使用过的，并取得她最近亲属的同意，把它授给婴儿，但是只有在即将召开的下次部落会议上宣布这个婴儿的出世，宣布他的名字及其所属氏族、他母亲的名字及其所属氏族、他父亲的名字等等，婴儿命名手续才算完全。并且一个人有两种名字，一种是用于童年，另一种是用于成年。一个人到了十六岁或十八岁，通常就由本氏族的一位酋长废掉他原来的名字而代之以第二种名字，然后在下一届部落会议上宣布换名，如果这个换名者是男子，就要承担成年男子的责任。当然，摩尔根还指出了换名字的其他情况，马克思对此也进行了摘录。不过由此可以看出，在这里氏族是第一位的，个人只不过作为成员，组为其中的一分子而存在，从属于氏族，个性湮没于氏族之中。对个人的这种忽视特别体现在早期氏族中，如在美洲各地的土著中，所有的氏族都以某种动物或无生物命名，从来没有以个人命名的。"在这一早期的社会状态中，人的个性消失在氏族之中"③。

不过，由于氏族是以团结亲属为其原则，所以，它对于每一个成员都要尽保护之责。"易洛魁氏族的全体成员都是人身自由的人，都有相互保护自由的义务，特有权力和个人权利一律平等；不论酋长或酋帅都不能要求任何

---

① 《马克思恩格斯选集》第4卷，人民出版社1995年版，第36页。
② 《马克思恩格斯全集》第45卷，人民出版社1985年版，第411页。
③ 《马克思恩格斯全集》第45卷，人民出版社1985年版，第416页。

优越权，他们是靠血亲纽带结合起来的同胞。自由、平等、博爱，虽然从来没有明确表示出来，却是氏族的根本原则，而氏族又是社会制度和管理制度的单位，是组织起来的印第安人社会的基础。这就可以说明，为什么印第安人具有那种受到普遍承认的独立感和自尊心。"① 可见，在这种以纯人身关系为基础的氏族中，一方面，个人的个体性、个性被湮没了，个人表现为不独立；但是另一方面，由于氏族把每一个氏族成员都看做自己的亲属，因此个人在这里感到的是受到尊重，因此也能够感到不同程度上的独立。这一点，是与资本主义社会状态下完全不一样的。

在普那路亚家庭（伙婚制）和氏族的基础上形成了土兰尼亚式的亲属和加诺万尼亚亲属制度。"在马来尼亚式制度下，一个男人称他兄弟的儿子为自己的儿子，因为他兄弟的妻子也是他的妻子。同样，他姊妹的儿子也是他的儿子，因为他的姊妹也是他的妻子。在土兰尼亚式制度下，根据同样的理由，一个男人的兄弟的儿子仍然是他的儿子，但他姊妹的儿子现在则是他的外甥了。因为，在氏族组织中他的姊妹已不再是他的妻子了"②。不过对于这里发生的详细的变化我们不想细谈，我们的主题仍然是个人在这种亲属制度之中的角色问题。摩尔根指出："土兰尼亚式亲属制度承认雅利安亲属制度中的一切亲属关系，不过除此以外，它还承认雅利安亲属制度中所没有的那些亲属关系。在日常的和正式的问候中，人们彼此以亲属的称谓相称呼，而从来不用个人的名字；如果他们之间没有亲属关系，则互称'我的朋友'"。③ "自然，在不同的部落和民族中，亲属制度也存在着某些差异，但并不是本质的差异。所有的人在作问候时都用亲属称谓；在泰米尔人中，如果受问候者比问候者年幼，则必须用亲属关系的称谓，如果比问候者年长，则用亲属称谓或个人名字均可；在美洲土著中，一律必须用亲属关系的称谓。"④ 这种称谓的表现形式也表明了一个事实，即个人依赖于亲属制度

---

① 《马克思恩格斯全集》第45卷，人民出版社1985年版，第416页。
② 《马克思恩格斯全集》第45卷，人民出版社1985年版，第340页。
③ 《马克思恩格斯全集》第45卷，人民出版社1985年版，第339页。
④ 《马克思恩格斯全集》第45卷，人民出版社1985年版，第354页。

之中，依靠人身而结成彼此之间的关系。不过，对于这种关系，个人对此是感到满足的，"对印第安人直呼其名或直接询问对方的名字，这都被视为唐突无礼的行为"①。

根据摩尔根的描述，由于氏族内部禁止通婚的原则，氏族内部有了一种反对血亲的成见；同时氏族在寻找妻子的时候，也不仅仅限于本部落甚至友好的部落，他们用谈判和购买、甚至暴力从敌对的部落里俘获妇女为妻。"当妻子变成是用购买和抢劫的方法取得的时候，男人就不愿和以前一样与他人共享妻子了，这就导致把理论上的团体中的那一部分同获得生活资料无直接关系的人排除在外，从而更加缩小了家庭的规模和婚姻制度的作用范围"②。这就或多或少出现了一男一女相配的事实，每一个男人在若干妻子中有一个主妻，反过来说女人也是如此，因此产生了向对偶制家庭过渡的倾向。不过，如果看一下这种婚姻的特征，在这种婚姻下，婚姻不是以感情为基础，而是以方便和需要为基础，子女的婚姻由母亲们安排，一般来说，将要结婚的双方并不知道议婚的情况，婚姻也无须征得他们的同意。因此，常常有不相识的男女突然间便成为夫妇的现象。在那种婚姻中，个人的意愿是不被考虑的，个人仍然是要服从氏族的需要。但是另一方面，这种婚姻制度倾向于一种彼此没有血缘关系的人们之间的婚姻，因此创造出在体力和智力上都更强健的人种；两个正在进步的部落混合在一起了，新生代的颅骨和脑髓便扩大到了综合了两个部落的才能的程度③，从而促进了个人智力和体力上的发展。并且，虽然由于武器的改良和战争的诱因的增强，野蛮社会中战争对生命的毁灭超过了蒙昧社会，而总是由男人承担战斗任务，结果就使女性过剩，从而加强了群婚制度，阻碍了对偶制家庭的发展。但是，随着栽培玉蜀黍和其他植物而来的食物的改善，促进了对偶制家庭的普遍发展。这样的家庭越巩固，它的个体性就越发展。以前，它需要从共同的家庭得到保

---

① 《马克思恩格斯全集》第 45 卷，人民出版社 1985 年版，第 413 页。
② 《马克思恩格斯全集》第 45 卷，人民出版社 1985 年版，第 363 页。
③ 《马克思恩格斯全集》第 45 卷，人民出版社 1985 年版，第 363 页。

护，现在它的生存是靠它自身、靠家庭经济以及靠夫妻各自所属的氏族。

伴随着对偶制家庭产生，父权也逐渐发展了起来。"父权的萌芽是与对偶制家庭一同产生的，随着新家庭日益具有专偶婚制的性质而发展起来。当财产开始大量产生和传财产于子女的愿望把世系由女系变成男系时候，便第一次奠定了父权的真正基础"①，随着财富的增加，丈夫在家庭中占据的比重越来越重要，于是慢慢地就发生了一场父权对母权的革命，从而确立了男子的独裁。这一点是随着专偶制家庭的发展而发展起来的。例如闪米特族的父权制家庭，起源于普那路亚家庭内酋长过着多妻的生活，但是这并不是这种家庭形式的主要特点，它的主要特点是：若干数目的非自由人和自由人在父权之下组成一个家庭，以便占有土地并看管羊群和其他畜群。沦为奴隶的人和用作仆役的人都生活在婚姻关系中，并和家长即他们的酋长一起组成一个父权制家庭。家长支配家族成员和支配家庭财产的权力是这种家庭的实质。最突出的特点是：把许多人置于前所未有的奴役和依附关系之中。支配这种集团的是父权；与此俱来的则是人的个性的较大发展。② 从中我们看到了父权制的双重意义，一方面，提高了人的个性，而另一方面，人的个性是以一种对抗的形式发展起来的。而这种对抗形式自此也开始延续到以后的专偶制家庭即现代家庭中。

正因为如此，马克思说："现代家庭在萌芽时，不仅包含着servius（奴隶制），而且也包含着农奴制，因为它从一开始就同田野耕作的劳役有关的。它以缩影的形式包含了一切后来在社会及其国家中广泛发展起来的对抗。"③ 正因为如此，马克思说道："实际上，专偶制家庭要能独立地，孤立地存在，到处都要以仆役阶级（domestic class）的存在为前提，这种仆役阶级到处都是直接由奴隶组成。"④ 但是我们仍然不能忽视这一点："父权制家庭标志着人类进步中的一个特殊时期，这是个人的个性开始升到氏族之上，

---

① 《马克思恩格斯全集》第45卷，人民出版社1985年版，第367页。
② 《马克思恩格斯全集》第45卷，人民出版社1985年版，第365页。
③ 《马克思恩格斯全集》第45卷，人民出版社1985年版，第366页。
④ 《马克思恩格斯全集》第45卷，人民出版社1985年版，第367页。

而早先却是淹没于氏族之中的"①，并且，"这种家庭的一般影响，强烈地要求建立专偶制家庭……"②

对于专偶制家庭，恩格斯论述的似乎要比摩尔根更为精辟，我们借助于恩格斯继续我们的旅程。恩格斯说，专偶制家庭是在野蛮时代的中级阶段和高级阶段交替的时期从对偶制家庭中产生的。它的出现是文明时代开始的标志。它是建立在丈夫的统治之上的，其明显的目的就是生育有确凿无疑的生父的子女；而确定这种生父之所以必要，是因为子女将来要以亲身的继承人的资格继承他们父亲的财产。恩格斯说："这种新的家庭形式的全部严酷性，我们在希腊人那里可以看到。"③ 在这里，由于夫权的至高无上，妇女的地位被贬低了，"丈夫在家中也掌握了权柄，而妻子则被贬低，被奴役，变成丈夫淫欲的奴隶，变成单纯的生孩子的工具了。妇女的这种被贬低的地位，在英雄时代，尤其是古典时代的希腊人中间，表现得特别露骨，虽然它逐渐被粉饰伪装起来，有些地方还披上了较温和的外衣，但是丝毫没有消除"④。恩格斯说："根据我们对古代最文明、最发达的民族所作的考察，专偶制家庭的起源就是如此。它决不是个人性爱的结果，它同个人性爱绝对没有关系，因为婚姻和以前一样仍然是权衡利害的婚姻。专偶制是不以自然条件为基础，而以经济条件为基础，即以私有制对原始的自然产生的公有制的胜利为基础的第一个家庭形式。丈夫在家中居于统治地位，以及生育只能是他自己的并且应当继承他的财产的子女，——这就是希腊人坦率宣布个体婚制的唯一目的。"⑤ "个体婚制"是"作为女性被男性奴役，作为整个史前时代所未有的两性冲突的宣告而出现的"，"个体婚制是一个伟大的历史的进步，但同时它同奴隶制和私有制一起，却开辟了一个一直继续到今天的时代，在这个时代中，任何进步同时也是相对的退步，因为在这种进步中

---

① 《马克思恩格斯全集》第 45 卷，人民出版社 1985 年版，第 365 页。
② 《马克思恩格斯全集》第 45 卷，人民出版社 1985 年版，第 365 页。
③ 《马克思恩格斯选集》第 4 卷，人民出版社 1995 年版，第 59 页。
④ 《马克思恩格斯选集》第 4 卷，人民出版社 1995 年版，第 54 页。
⑤ 《马克思恩格斯选集》第 4 卷，人民出版社 1995 年版，第 63 页。

一些人的幸福和发展是通过另一些人的而痛苦和受压抑而实现的"①。可见，在专偶制家庭中，个人是以对抗的形式获得个性的发展。

现在让我们回忆一下摩尔根分析问题的前提，先出现的是以人身、纯粹人身为基础的"社会"，它现在表现为我们刚才所说的各种家族、氏族、部落形式等等；而后来出现了不是以人身关系为基础，而是以地域和财产为基础的国家。政治社会即由此而产生。政治社会是按地域组织起来，它通过地域来处理财产和处理个人问题。而"专偶制家族起源于财产，正如孕育专偶制家族的偶婚制家族起源于氏族一样。当希腊部落初出现于历史舞台之时，即已有了专偶制家族；但是，要等到制定成文法规定这种家族的法律地位及其权利以后，它才完全建立起来"②。由此，我们进入到了第二个阶段，在这个阶段，对财产的占有，即所有权越来越起着重要的意义。也只有在此时，我们才真正涉及了我们要分析的问题：即所有制与个性解放之间关系的问题。

三、伴随着财产的个人所有，个人走向独立
并以对抗的形式逐渐发展起来的个性

要讨论这个问题我们仍然要从原始部落谈起，因为对"占有"这一事实并不是从专偶制家庭才开始出现，在人类一生成自己的社会组织血缘家庭时候起，就存在着对"财产"的公共的占有。而且正如摩尔根所说，由于财产最早的观念是和获得生活资料这种基本需要紧密相连的，所以财产的对象，在每个顺序相承的文化时期，随着生活资料所依赖的生存技术的增加在种类和数额上增加起来，与此同时，关于占有和继承的法规也随着发展起

---

① 《马克思恩格斯选集》第 4 卷，人民出版社 1995 年版，第 63 页。
② 路易斯·亨利·摩尔根著，杨东莼、马雍、马巨译：《古代社会》，中央编译出版社 2007 年版，第 277 页。

来，先后出现了三种不同的继承法。① 我们发现，顺序相承的三种继承法，恰恰表明了财产制度逐渐由氏族所有向个人所有的变迁，而这个过程也恰恰是个人从共同体中独立并发展出来自己个性的过程。

在蒙昧阶段，人们在生活技术方面由棍棒进步到石矛，最后进步到弓箭；由燧石刀和燧石凿进步到石斧和石槌；由柳条和藤条编成的篮子进步到涂有黏土的篮子，使它成为能在火上煮食物的容器，最后进步到制陶术。在生活资料方面，他们从有限的居住地区内的野生果实进步到海滨的鳞介水族，最后进步到淀粉块根和猎物。在社会组织方面，他们由血婚群进化到以氏族为组织的部落，从而具有了主要管理机关的萌芽。不过由此也可以看出，蒙昧人的财产是微不足道的。"他们对于财产的价值、财产的欲望、财产的继承等方面的观念还很淡薄"②。"粗糙的武器、织物、家什、衣服、燧石制的、石制的和骨制的工具以及'个人的装饰品'，这就是他们的财产的主要项目。占有的对象很少，没有占有欲；没有现在这样强有力地支配着人们心灵的 studimu lucri（贪欲）"③。土地在当时尚不构成财产而为部落共有，公共住宅则由居住者共有。纯属个人的物品随着发明的缓慢进展而增加，而强烈的占有欲这股新生力量也就从这里不断得到发展。占有者生前认为最贵重的物品，都被关进死者的坟墓，供他在冥中继续使用。第一种主要的继承法是随着氏族的建立而产生的，根据这种继承法，死者的财产被分给其他氏族成员。实际上，它们为其近亲所占有，但从一般原则上来说，财产应留在

---

① 它的发展顺序为：蒙昧阶段的财产——第一种继承法——在本氏族成员中分配财产——低级野蛮社会的财产——第二种继承法的萌芽——在同宗亲属中的分配——改善的人性——中级野蛮社会的财产——我们对其继承法还不清楚——可能是同宗继承——高级野蛮社会的财产——奴隶制——希腊部落的土地所有制——这个阶段的文化——其灿烂光辉——第三种继承法——子女独享继承权——希伯来人的部落——其继承法——奚落非哈的女儿们——财产保留在本胞族内，也可能保留在本氏族内——遗产归宗法——雅典人的继承法——子女独享继承权——遗产归宗法——财产保留在本氏族内——贵族的出现——人类财产的发展过程——人类起于同源。(此排序见摩尔根《古代社会》) 马克思对此做了摘录。

② 路易斯·亨利·摩尔根著，杨东莼、马雍、马巨译：《古代社会》，中央编译出版社 2007 年版，第 386 页。

③《马克思恩格斯全集》第 45 卷，人民出版社 1985 年版，第 380 页。

死者的氏族中并分配给它的成员。① 这说明了一个事实：一方面，财产随着死去的人一同下葬表明了这个时候已经开始有了个人的观念，另一方面，死去人的财产留给氏族同样证明了个人跟氏族群体相比而言总是微不足道的。

随着生存技术的进一步发展，出现了木栅保护村庄，用皮盾来抵御当时已经成为致命投射武器的箭，使用装有石尖或鹿角的各种棍棒的事实。同时制陶术也有了一些进步，房屋建造技术有了显著的进步。这一时期也开始栽种玉蜀黍和其他织物，这给人们提供了未经发酵的面包、印第安玉米豆粥和玉米饭。"这也导致了耕地或者园圃这种新财产的产生"②。这一时期财产的种类和数量都比蒙昧阶段增多了，但是仍然不足以引起强烈的继承心理。比如土地为部落公有，耕地的占有权这时也被承认属于个人，或某个集团，成了继承的对象。但是由于共同居住在一个公共住宅中的集体大部分属于同一氏族，因此继承法也不会容许耕地脱离氏族占有。这种现象表明氏族虽然进一步承认个人的独立存在，但是仍然是在对氏族的从属范围内承认的。这种关系还可以从丈夫和妻子财产和所有物的继承上看出来，当他们死后，他们的财产不是留给他们的子女或者对方，而是留给他们各自的氏族。不过根据摩尔根的考察，在这种分配方式中却存在着第二种继承法的萌芽，比如在易洛魁人那里，若是男子死后遗有妻子和子女，他的财产不是留给他们，而是在他的同氏族人中间来分配，他的姊妹、姊妹的子女和他的舅父获得其中的大部分；若是女子死后遗有丈夫和子女，则她的子女、姊妹、母亲和母亲的姊妹继承其财产，她的子女获得大部分。又比如在鄂吉布瓦人中，若子女的年龄达到会使用财产的岁数，则母亲的财产将分给子女，反之，如果子女没有达到这种年龄，则财产将分给姊妹、母亲和母亲的姊妹所有，但是其兄弟被排除在外。这就出现了第二种继承法的萌芽，即将财产分给同宗亲属，而将其余的氏族成员除外。由此可见，在这一时期，个人在氏族中的地位有所提高，但是仍然是从属于氏族的。

---

① 《马克思恩格斯全集》第45卷，人民出版社1985年版，第380页。
② 《马克思恩格斯全集》第45卷，人民出版社1985年版，第382页。

　　不过要注意的是，在这一阶段人类的较高的属性也开始发展了起来，"个人的尊严、口才、宗教感情、正直、刚毅和勇敢这时已成为性格的一般特点，但同时也表现出残忍、诡诈和狂热"①。这一时期产生了对偶制家庭和按胞族和氏族组成的部落联盟。同时还产生了神话、故事和传说等口头文学。单个人的个性开始逐步养成，人类的才能和能力又有了进一步的提高。

　　根据摩尔根的描述，野蛮时代的中级阶段在东半球从驯养动物开始，在西半球，则开始于村居印第安人的出现。他们的生存技术有了更进一步的发展，共同住宅更加坚固，耕种的技术有了明显提高，出现了灌溉法，另外，他们在战争技术上也有了很大的改进，制陶术有了进一步的改进。同时还出现了一种组织成教阶并以法衣为标志的僧侣团体，人格化的神及它们的偶像以及杀人祭。在这一阶段形成了众多的村落，由于在同一管理机关之下的人数增多和事务复杂化，社会中的贵族成分以微弱形式体现在民事和军事酋长中。这一时期个人财产显著增加。个人对土地的关系也发生了一些变化。土地的所有权仍旧为部落所共有；但是一部分土地已经被划分开来作为维持管理机构之用。另一部分则用于宗教方面，此外还有更为重要的一部分，即人们借以为生的那一部分则在几个氏族或居住于同一村落的各公社之间分配。至于土地和房屋，"没有人对土地或房屋拥有个人所有权，任何人都无权把它们当做自由财产任意出卖和出让。土地为氏族或公社共有、共同住宅以及各个有亲属关系的家庭聚居的方式，都不容许个人占有房屋和土地"②。并且，"属于单个人或者家庭的占有权，除了由他的或她的氏族继承者继承以外，是不能转让的"③。根据摩尔根的描述，这一时期的继承极有可能仍然是同宗继承。

　　野蛮时代的高级阶段是从东半球开始的，这一时期出现了冶铁的技术。在这一阶段的末期，"包括各个种类并且为个人所有的巨额财产，由于定居

①《马克思恩格斯全集》第45卷，人民出版社1985年版，第384页。
②《马克思恩格斯全集》第45卷，人民出版社1985年版，第387页。
③《马克思恩格斯全集》第45卷，人民出版社1985年版，第387页。

的农业、手工业、对内的商业和对外的贸易而到处都可以看到，但是旧有的土地共有制度除了部分情况外还没有被个人所有制取代"①。在这个阶段上产生了奴隶制，它与财产的产生有直接的联系。由此（即由奴隶制）产生了希伯来式的父权制家庭和拉丁部落的处于父权之下的类似的家庭，以及希腊部落的形式有所改变的这种家庭。② 由于这种情况，特别是由于田野农业使生活资料大量增加，民族开始发展起来了，一个管理机构下的人数多了起来，并且，由于部落在一定地区和设防城市中定居和人口增加，为占有最好的地盘而进行的斗争加剧了，战争技术发展了，对用武的奖励增加了，这些变化表明文明社会即将来临，这个社会将推翻氏族社会而建立政治社会。③

摩尔根通过研究希腊人、罗马人和希伯来人的法律（在文明时代开始以后，法律主要只是把他们前代体现在习惯和习俗中的经验的成果变成法律条文）得出结论：在野蛮时代高级阶段末期，占有形式有两种倾向，即国家所有和个人所有。在希腊人那里，土地有些仍然为部落共同占有，有些为胞族共同占有供宗教之用，还有一些为氏族共同占有，但大部分土地都归个人占有了。在索伦年代，雅典社会还是氏族社会，土地一般已被个人占有，人们已学会了抵押土地。

而在罗马人那里，罗马部落在最初定居的时候起，就存在着一种公有土地，即 Ager Romanus（罗马公有地）；同时又有库里亚（胞族）占有的供宗教之用的土地以及氏族和个人占有的土地。在这些社会团体消亡以后，它们共同占有的土地逐渐变成了私有财产。由此我们也可以看到，个人占有土地在这一阶段已经较前几个阶段有了很大的进步，换句话说，个人所有的这种形式的逐渐形成表现了个人从共同体中逐渐独立出来的过

---

① 《马克思恩格斯全集》第45卷，人民出版社1985年版，第389页。
② 《马克思恩格斯全集》第45卷，人民出版社1985年版，第389页。
③ 路易斯·亨利·摩尔根著，杨东莼、马雍、马巨译：《古代社会》，中央编译出版社2007年版，第395页。同时摩尔根认为："西半球的居民虽然没有参与这一阶段的经历，但是他们当时正在遵循与东半球的居民所经历的相同的过程前进。他们从人类进步的行列中落伍了，而其落后的距离正好同高级野蛮社会加上文明社会业已经过的年头相等。"（《古代社会》第395页）

程。摩尔根对此说道："这几种所有制（作者：希腊，雅典，罗马）形式表明：最早的土地所有制是部落共有；土地耕作开始以后，一部分土地便分配给各氏族，每一氏族都共同占有一份土地；随着时间的推移，就分给单个人份地，最后就成为他们个人所有。无人占据的荒地仍然是氏族、部落和氏族共有的财产。这大概是土地所有权所经历的主要过程。动产一般都是个人所有。"①

既然在野蛮时代高级阶段，土地、畜群和可交易的商品的数量大增并为个人所有以后，继承问题就越来越迫切了。由于家畜的重要作用，"占有它们便使人类心灵第一次产生了财富的概念"②，"后来随着时间的发展，开始经常地耕种土地，促使家庭与土地结成一体，并把家庭变为创造财产的组织；这种情况，在拉丁、希腊和希伯来部落中很快就表现为包括奴隶和仆从在内的父权制家庭。父亲和子女的劳动越来越同土地、家畜的繁殖、商品的制造结合为一体；这就导致家庭个体化，使子女产生出优先继承他们参加创造的财产的要求。在没有农业时，畜群自然由以亲属关系为基础而结成一个集团谋生的人们共同占有。在这种条件下，就自然确立了父方宗亲继承法。但是，一旦土地成为财产对象并把土地分给单个人从而导致了个人所有，父方宗亲继承法就必然被取代，被第三种主要继承法取代，即将死者的财产分给他的子女"③。

与此同时，在野蛮阶段晚期，一种新的因素，贵族获得了显著的发展："个人的个性和当时已为个人大量拥有的财产的增加，正在为个人的影响奠定基础。同时，奴隶制则通过永远降低一部分人的地位的方式，使个人境况的悬殊达到了以前各文化阶段不曾存在过的地步。这种情况，以及财产和官职，使贵族的感情逐渐发展起来，这种感情给现代社会以极深的影响，并抵消了由氏族创造和培育起来的民主原则。它很快就引入了不平等的特权，引

---

① 路易斯·亨利·摩尔根著，杨东莼、马雍、马巨译：《古代社会》，中央编译出版社2007年版，第395页。
② 《马克思恩格斯全集》第45卷，人民出版社1985年版，第392页。
③ 《马克思恩格斯全集》第45卷，人民出版社1985年版，第392页。

入了本民族内不同个人的不同身份，从而破坏了社会的平衡，终至成为不团结与斗争的根源。"① 马克思对此也做了摘抄。可见，在野蛮时代的高级阶段，出现了大量的私人财产，与此同时个人的个性也相应地发展了起来，但是与此同时奴隶制也发展了起来。人类社会的每一个进步都包含着退步，以致财富对人民来说成了"一种无法控制的力量"②，"人类的智慧在自己的创造物面前感到迷惑而不知所措了"③。不过，对于这种既有进步而又伴随苦痛的历史进程，马克思和摩尔根的态度是乐观的，正如马克思对摩尔根的摘抄："然而，总有一天，人类的理智一定会强健到能够支配财富……单独追求财富不是人类的最终命运。自从文明时代开始以来所经过的时间，只是人类已经经历过的生存时间的一小部分‖而且是很小的一部分，‖④只是人类将要经历的生存时间的一小部分。社会的瓦解，即将成为以财富为唯一的最终目的的那个历程的终结，因为这一历程包含着自我消灭的因素……这（即更高级的社会制度）将是古代氏族的平等、自由和博爱的复活，但却是在更高形式上的复活。"⑤

现在让我们做一小结：

在血缘家庭里，已经产生了单个人的意识，但是普那路亚和氏族表明，个人还完全湮没于氏族之中，尽管个人能够拥有自己的少量财产，但是对财产的占有意识尚未产生，他们占有的财产在死后也由他们的氏族继承；不过由于氏族的亲属原则及其氏族成员彼此之间相互信任，单个人在人身方面是自由的，而且能够感到一种得到普遍承认的独立感；在对偶制家庭里面，男女双方并不是建立在感情上的结合，而是处于氏族的利益需要结合在一起，因此是相当不稳定的，男女双方仍然是归属于自己的氏族，服从于氏族的安

---

① 路易斯·亨利·摩尔根著，杨东莼、马雍、马巨译：《古代社会》，中央编译出版社 2007 年版，第 400 页。
② 《马克思恩格斯全集》第 45 卷，人民出版社 1985 年版，第 397 页。
③ 《马克思恩格斯全集》第 45 卷，人民出版社 1985 年版，第 397 页。
④ 《马克思恩格斯全集》第 45 卷，人民出版社 1985 年版，第 398 页。"而且是很小的一部分"进一步表明了马克思的态度。
⑤ 《马克思恩格斯全集》第 45 卷，人民出版社 1985 年版，第 398 页。

排，他们的财产继承也在很大程度上属于他们的氏族。不过不可否认已经在财产继承方面越来越多地实现同宗继承。另一方面，它在人类的繁衍方面提高了人的体力和智力，人类的一些比较高级的属性也开始出现，个性开始有所发展；而随着财富的大量生产，财产越来越为个人所有，人们逐渐产生了财富的概念；与此同时发展起来的是父权在家庭中逐渐占据上风和父权制家庭的建立，当土地成为财产对象并把土地分给单个人从而导致个人所有的时候，父方宗亲继承法就被子女单独继承取代，这一方面表现了个人的个性开始升到氏族之上，而与之相伴的却是父权制度下的奴隶制度，人类社会首次出现了阶级压迫现象，也就是一部分人统治另一部分人的现象。接着是伴随着专偶制家庭的发展，继承法现在已经规定子女对父亲财产的单独继承，而以血缘为纽带的氏族也为以地域为划分标准的民族和国家所取代，这充分表明了对个人的尊重和个人相对于血缘氏族部落的独立，个性得到了更大的发展，但是由父权制家庭沿袭下来的夫权在专偶制家庭中继续占据统治地位，妇女的地位被大大贬低，同时奴隶也大量出现，一方面是拥有个人财产的男性个性得到了大大的发展，而另一方面，这是以奴隶的被压迫和妇女的个性被压抑为代价的，个性的发展就在这种对抗的形式中发展起来了。

以上的分析是基于摩尔根的《古代社会》、马克思对这本书做的摘要，以及恩格斯据此写成的《家庭、私有制和国家的起源》。从内容来看，正如恩格斯提出的"两种生产理论"那样，一定的历史时代和一定地区内人们生活其下的社会制度，受着两种生产的制约；一方面受劳动的发展阶段的制约，另一方面受到家庭的发展阶段的制约，劳动越不发展，劳动产品的数量、从而社会的财富越受限制，社会制度就越在较大程度上受血缘关系的支配。如我们刚才所看到的，不但社会制度受到血缘关系的制约，即使是单个的个人本身也在很大程度上受到血缘关系的制约，表现为不独立。而随着血缘团体为基础的旧社会逐渐被组成为国家的新社会所取代，"国家的基层单位已经不是血族团体，而是地区团体了。在这种社会中，家族制度完全受所有制支配，阶级对立和阶级斗争从此自由开展起来，这种阶级对立和阶级斗争构成了直到今日的全部成文史的内容"①。其实,恩格斯没有讲到一点,根据我们以上的分析,在向阶级对立转化的同时,随着财产也向个人所有权的转移,个人的个性和独立性也在不断地形成。

四、马克思在 1857—1858 年对共同体 （所有制） 与个人关系的分析

当我们分析到这里的时候,有必要回到 1857—1858 年间,马克思在那里曾经对财产（土地）、共同体与个人之间的关系做过精辟的分析。我们会看到,马克思在这里虽然也阐述了个人对土地的占有（所有）,但是强调的仍然是共同体（公社）对土地的所有权,以及个人对部落体的从属。

在《1857—1858 年经济学手稿》中,马克思是在对资本原始积累探究的过程中提出公社所有制概念的:雇佣劳动和资本的前提之一是"自由劳动同实现自由劳动的客观条件相分离,即同劳动资料和劳动材料相分离"②,而"首要的是,劳动者同他的天然的实验场即土地相脱离,从而自由的小土地所有制的解体,以及以东方公社为基础的公共土地所有制解体"③。马克思说,这两种形式中共同的特征是:劳动者把自己劳动的客观条件即土地当做自己的财产,"这是劳动同劳动的物质前提的天然统一。因此,劳动者[甚至]不依赖劳动就具有客观的存在。个人把自己看做所有者,看做自身现实条件的主人。个人看待其他个人也是这样"④。并且,"根据这个前提是从共同体出发,还是从组成公社的各个家庭出发,个人或是把其他个人看做财产共有者即公共财产的体现者,或是把其他个人看做同自己并存的独立的

①《马克思恩格斯选集》第 4 卷,人民出版社 1995 年版,第 3 页。
②《马克思恩格斯全集》第 46 卷（上）,人民出版社 1979 年版,第 471 页。
③《马克思恩格斯全集》第 46 卷（上）,人民出版社 1979 年版,第 471 页。
④《马克思恩格斯全集》第 46 卷（上）,人民出版社 1979 年版,第 471 页。

所有者即独立的私有者，而在这些独立的私有者之外，原来囊括一切和包罗所有人的公共财产本身，则作为特殊的公有地与这些数量众多的土地私有者一起存在"①。

由于马克思侧重于理解资本的原始积累，所以自然把土地所有作为财产的主要形式。马克思认为，资本主义原始积累所面临的对象即劳动者同土地的结合形式表现为两种形式，第一种形式是以"东方公社"为典型的公社联合体，也就是"亚细亚形式的所有制形态"。如"大多数亚细亚的基本形式"、"斯拉夫公社"、"罗马尼亚公社"、"墨西哥，特别是在秘鲁"、"古代克尔特人"等就属于此类；第二种形式是"自由的小土地的所有制"与"公有地"的并存，主要包括古代古典（古希腊罗马公社）的公社联合体和"日耳曼"公社联合。马克思还指出，这两种公社形式都是从刚才所论述的原始部落体发展起来的。不过在这两种形式中，"各个个人都不是把自己当做劳动者，而是把自己当做所有者和同时也进行劳动的共同体成员。这种劳动的目的不是为了创造价值，——虽然他们也可能造成剩余劳动，以便为自己换取他人的产品，即剩余产品，——相反，他们劳动的目的是为了保证各个所有者及其家庭以及整个共同体的生存"②。

（一）自然形成的血缘共同体

让我们先来看马克思提出的前提，这三种土地所有制形式的第一个前提就是"自然形成的共同体：家庭和扩大成为部落的家庭，或通过家庭之间互相通婚［而组成的部落］，或部落的联合"③。"部落共同体，即天然的共

---

① 《马克思恩格斯全集》第 46 卷（上），人民出版社 1979 年版，第 471 页。
② 《马克思恩格斯全集》第 46 卷（上），人民出版社 1979 年版，第 471 页。
③ 《马克思恩格斯全集》第 46 卷（上），人民出版社 1979 年版，第 472 页。由于时代的局限，马克思这个时候对"家庭"的理解还是我们所说的"专偶制家庭"，对于之前的家庭形态，马克思此时是没有经验体会的。因为当时的人们认为，"希伯来式和罗马式（父权制家庭）是最古的家庭形式，认为是这些家庭形式产生了最早的有组织的社会"（《马克思恩格斯全集》第 45 卷，人民出版社 1985 年版，第 377 页）。

同体，并不是共同占有（暂时的）和利用土地的结果，而是其前提"①。在这里马克思把其称作"原始部落体"，这种"原始部落体"，我们现在知道，就是血缘关系而结成的部落，这些部落的形成不是源于共同的占有的原因，而只是由于血缘的关系。而随着这种血缘关系的解体，由家族主导占有的情形也逐渐被所有制主导家庭的情形所取代。

对于这种自然形成的部落体，恩格斯曾经做过一番评论："部落始终是人们的界限，无论是对别一部落的人来说或者对他们自己来说都是如此：部落、氏族及其制度，都是神圣而不可侵犯的，都是自然所赋予的最高权力，个人在感情、思想和行动上始终是无条件服从的。这个时代的人们，虽然使人感到值得赞叹，他们彼此没有差别，他们都仍依存于——用马克思的话说——自然形成的共同体的脐带。这种自然形成的共同体的权力必要被打破，而且也确实被打破了。不过它是那种使人感到从一开始就是退化，一种离开古代氏族社会的淳朴道德高峰的堕落的实力所打破的。"② 在这里一个鲜明的特征就是伴随着财产的个人所有产生了三种不同形式的土地所有制度，而在不同的土地所有制度上表现出来的个人与公社之间的关系也是不尽相同的。

（二）亚细亚③（Asia）公社所有制状态下个人对共同体的依附

第一种形式即以"东方公社"为典型的公社联合体。它的第一个前提就是我们刚才所说的部落共同体，部落共同体在其中扮演着相当大的权限角色，具体表现为：

---

① 《马克思恩格斯全集》第46卷（上），人民出版社1979年版，第472页。
② 《马克思恩格斯选集》第4卷，人民出版社1995年版，第97页。
③ 亚洲是世界七大洲中面积最大，人口最多的一个洲。它的名字也最古老。全称是亚细亚洲，意思是"太阳升起的地方"。其英文名为Asia。相传亚细亚的名称是由古代腓尼基人所起。频繁的海上活动，要求腓尼基人必须确定方位。所以，他们把爱琴海以东的地区泛称为"Asu"，意即"日出地"；而把爱琴海以西的地方则泛称为"Ereb"，意为"日没地"。Asia一词是由腓尼基语Asu演化来的，其所指的地域是不很明确的，范围是有限的。到公元前1世纪Asia已成为罗马帝国的一个行政省的名称，以后才逐渐扩大，包括现今整个亚洲地区，成为一个世界最大的洲名。

　　其一，共同体的真正所有（公共所有制）与单个人的占有，不存在单个人的所有即土地的私有制。（1）"共同体"是"唯一的所有者"。土地被当做共同体的财产，而且是在活劳动中生产并再生产自身的共同体的财产。（2）每一个单个的人，只有作为这个共同体的一个肢体，作为这个共同体的成员，才能把自己看成所有者或占有者。在这里，"凌驾于所有这一切小的共同体之上的总和的统一体表现为更高的所有者或唯一的所有者，实际的公社却只不过表现为世袭的占有者。因为这种统一体是实际的所有者，并且是公共财产的真正前提，所以统一体本身能够表现为一种凌驾于这许多实际的单个共同体之上的特殊东西，而在这些单个的共同体中，每一个单个的人在事实上失去了财产，或者说，财产……对这单个的人来说是间接的财产"①。也即是说，不存在真正的土地的个人私有，土地表现为"公社的财产"。"单个的人只是占有者。只有公共财产，只有私人占有"②，"不存在个人所有，只有个人占有；公社是真正的实际所有者；所以，财产只是作为公共的土地财产而存在"③。

　　其二，生产方式表现为："这种财产大部分是在一个小公社范围内通过手工业和农业相结合而创造出来的，因此，这种公社完全能够独立存在，而且在自身中包含着再生产和扩大生产的一切条件。"④

　　这种生产方式的基本组成单位是"小公社"、"家庭"。因而或是表现为："单个的人同自己的家庭一起，独立地在分配给他的份地上从事劳动"⑤，或是表现为：统一体使劳动过程本身具有共同性——要么这种共同性能够成为整套制度。这种部落体内部的共同性还可能表现为：统一体由一个家庭的首领来代表，或是各个家长彼此间的联系。也就是说，在这里，公社的基本组织单位是"小公社"、"家庭"，一个部落就是由许多家族组成的

---

① 《马克思恩格斯全集》第 46 卷（上），人民出版社 1979 年版，第 473 页。
② 《马克思恩格斯全集》第 46 卷（上），人民出版社 1979 年版，第 478 页。
③ 《马克思恩格斯全集》第 46 卷（上），人民出版社 1979 年版，第 481 页。
④ 《马克思恩格斯全集》第 46 卷（上），人民出版社 1979 年版，第 473 页。
⑤ 《马克思恩格斯全集》第 46 卷（上），人民出版社 1979 年版，第 473—474 页。

一个集团，由一位占主导的"家长"担任族长并且进行管理。由此在这第一种形式中，个人与共同体的关系表现为个人完全依附于共同体并湮没于共同体中，"共同体是实体，而个人则只不过是实体的附属物，或者是实体的纯粹天然的组成部分"①。

（三）古代古典的所有制形态下的个人对公社的依附

第二种形式即"自由的小土地的所有制"与"公有地"的并存的情况。它"也像第一种形式一样，曾经在地域上、历史上等等发生一些重大的变化——是原始部落更为动荡的历史生活、各种遭遇以及变化的产物，它要以共同体作为第一个前提，但不像在第一种情况下那样：共同体是实体，而个人则只不过是实体的附属物，或者是实体的纯粹天然的组成部分"②。它的典型的表现形式是古典古代的公社联合体形式。③

第一，它不是以土地作为自己的基础，而是以城市作为农民（土地所有者）的已经建立的居住地。耕地表现为城市的领土，而不是村庄表现为土地的单纯附属物。

第二，公社财产（表现为国有土地财产，公有地）与单个人的所有（单个人占有小块土地）并存。"公社财产——作为国有财产，公有地——在这里是和私有财产分开的"④，这里，既存在着以公有地形式出现的公社财产，同时也并存着单个人对"归他和他的家庭独立耕作的那块土地——

---

① 《马克思恩格斯全集》第46卷（上），人民出版社1979年版，第474页。
② 《马克思恩格斯全集》第46卷（上），人民出版社1979年版，第474页。
③ 我们之所以称它为"古代古典的所有制形态"是因为在西方19世纪中叶，人们把古希腊罗马时期称作是古代、之后是中世纪、然后是近代，之前，再加史前时代或原始时代，就是历史的四大时期的划分。这种划分甚至延续到今天的历史学家研究中。不过要提到的一点题外话是：摩尔根则是将史前时代称作是古代，而把古希腊罗马时期称作是近代，而且正对应摩尔根所说的野蛮时代高级阶段末期和文明时代。摩尔根认为，在那时，占有形式有两种倾向，即国家所有和个人所有。而在1857—1858年间，马克思正是在对当时已经知道的古希腊罗马城邦土地所有制的条件下，对土地所有制、公社与个人的关系做了分析。
④ 参见《马克思恩格斯全集》第46卷（上），人民出版社1979年版，第475页。

特殊的小块土地"①。

第三，公社和单个人通过身份的纽带发生联系。"公社（作为国家），一方面是这些自由的和平等的私有者间的相互关系，是他们对抗外界的联合；同时也是他们的保障。在这里，公社制度的基础，既在于它的成员是由劳动的土地所有者即拥有小块土地的农民所组成，也在于拥有小块土地的农民的独立性是由他们作为公社成员的相互关系来维持的，是由确保公有地以满足共同的需要和共同的荣誉等等来维持的。公社成员的身份在这里依旧是占有土地的前提，但作为公社成员，每一个单个的人又是私有者。他把自己的私有财产看做就是土地，同时又看做就是他自己作为公社成员的身份；而保持他自己作为公社成员的身份，也正等于保持公社的存在，反过来也一样，等等"②。也就是说，一方面，共同体存在的前提必须表现为，组成共同体的那些自由而自给自足的农民之间保持平等，以及作为他们财产继续存在的条件的本人劳动。而另一方面，就个人而言，"个人被置于这样一种谋生的条件下，其目的不是发财致富，而是自给自足，把自己作为公社成员再生产出来，作为小块土地的所有者再生产出来，并以此为资格作为公社的成员再生产出来"③。也就是说，个人依附于公社而存在，个人要成为所有者，必须首先成为公社成员。因为个人对"自己劳动的所有"，是"由对劳动条件的所有即对一块耕地的所有来作媒介的"④，而"对劳动条件的所有则是由公社的存在而得到保障的，公社又是由公社成员的服兵役等等形式的剩余劳动而得到保障的"⑤。在这里，生产的目的不是为了财富而生产自己，而是为了保存联合体的共同利益而再生产自己，"土地私有者只是作为罗马人才是土地私有者，但是，作为罗马人，他一定是土地私有者"⑥。

实际上，如果我们再深究就会发现，由于马克思这个时候的出发点是分

---

① 《马克思恩格斯全集》第46卷（上），人民出版社1979年版，第475页。
② 《马克思恩格斯全集》第46卷（上），人民出版社1979年版，第476页。
③ 《马克思恩格斯全集》第46卷（上），人民出版社1979年版，第477页。
④ 《马克思恩格斯全集》第46卷（上），人民出版社1979年版，第477页。
⑤ 《马克思恩格斯全集》第46卷（上），人民出版社1979年版，第477页。
⑥ 《马克思恩格斯全集》第46卷（上），人民出版社1979年版，第477页。

析资本主义的原始积累，因此要分析的只是涉及个人同生产资料——土地的分离，所以马克思在这里的分析一开始只是涉及占有土地所有制、个人、共同体的关系。二是马克思在这里并没有去具体论述这种情况下开始产生的父权制和奴隶制萌芽。马克思对奴隶制的分析仍然是在分析共同体与部落成员之间关系的范畴下进行的，因为在马克思看来："在奴隶制、农奴制等等之下，劳动者本身表现为服务于某一第三者个人或共同体的自然生产条件之一（这不适用于例如东方的普遍奴隶制；这仅仅是从欧洲的观点来看的）；这样一来，财产就已经不是亲身劳动的个人对劳动客观条件的关系了。奴隶制、农奴制等等总是派生的形式，而决不是原始的形式，尽管它们是以共同体为基础的和以共同体下的劳动为基础的那种所有制的必然的和当然的结果。"① 而在《德意志意识形态》里马克思曾经谈过这一点："第二种所有制形式是古代公社所有制和国家所有制。这种所有制是由于几个部落通过契约或征服联合为一个城市而产生的。在这种所有制下仍然保存着奴隶制。除公社所有制以外，动产的私有制以及后来不动产的私有制开始发展起来，但它们是作为一种反常的、从属于公社所有制的形式发展起来的。公民仅仅共同占有自己的那些做工的奴隶，因此就被公社所有制联系在一起的。这是积极公民的一种共同私有制，他们在奴隶面前不得不保存这种自发产生的联合形式。"② 在这里又一次验证了两点：一是所有权对发展个人个性和独立性的影响，二是个人的个性的发展是以对抗的形式发展起来的，一部分人个性的发展是以另一部分人个性的丧失为条件的。③

第四，从生产方式的角度来看，主要表现为小农业生产以及小手工业生产，即"集中于城市而以周围土地作为领土；为直接消费而从事劳动的小农业；作为妻女家庭副业的那种工业（纺和织），或仅在个别生产部门才得

---

① 《马克思恩格斯全集》第46卷（上），人民出版社1979年版，第496页。
② 《马克思恩格斯全集》第3卷，人民出版社1960年版，第26—27页。
③ 其实对于这一阶段的分析，马克思侧重于土地所有制与共同体、个人之间的关系的阐述，而恩格斯则在《家庭、私有制和国家的起源》中则强调了奴隶制度的产生。

到独立发展的工业（fabri 等等）"①。很多学者已经指出，古罗马共和国的经济结构是以自由农民为主，奴隶制仅是小农经济的一种补充。对这一经济结构，马克思指出："小农经济和独立的手工业生产，一部分构成封建生产方式的基础，一部分在封建生产方式瓦解以后又和资本主义生产方式并存。同时，它们在原始的东方公有制解体以后，奴隶制真正支配生产以前，还构成古典社会全盛时期的经济基础。"② 马克思在《资本论》第 3 卷中如此说道："自耕农的这种自由小块土地所有制形式，作为占统治地位的正常形式，一方面，在古典古代的全盛时期，形成社会的经济基础，另一方面，在现代各国，我们又发现它是封建土地所有制解体所产生的各种形式之一。"③这也正是在本章开头马克思所说的"农民对生产资料私有权"状况下的一种土地所有制。马克思说："土地的所有权是这种生产方式充分发展的必要条件，正如工具的所有权是手工业生产自由发展的必要条件一样。在这里，土地的所有权是个人独立发展的基础。它也是农业本身发展的一个必要的过渡阶段。"④ 希腊氏族到城邦到罗马共和国再向罗马帝国转变的那一段历史和社会结构的变化再次让我们看到一个明显的事实：伴随着自耕农的这种小农经济的被吞噬和解体，随之而来的是自耕农变为奴隶以及奴隶制度的形成。从中我们再次体会到财产所有权对保证一个人自身自由和独立所起到的重要作用。⑤

（四）日耳曼公社下个人与共同体的关系

第三种形式是日耳曼的所有制。它既不同于亚细亚所有制形式下，土地为公社所有，单个成员本身只是一块特定土地的占有者，只存在公共财产，只有私人占有，没有私人所有；也不同于古典古代所有制形式下，土地为公

---

① 《马克思恩格斯全集》第 46 卷（上），人民出版社 1979 年版，第 476 页。
② 《资本论》第 1 卷，人民出版社 1975 年版，第 371 页。
③ 《资本论》第 3 卷，人民出版社 1975 年版，第 909 页。
④ 《资本论》第 3 卷，人民出版社 1975 年版，第 909 页。
⑤ 许多研究西方社会的历史学家已经明确指出了这一事实。有兴趣的读者可以去翻阅一些这段历史的书籍。

社占领，一部分是公有地，留给公社本身支配，另一部分则分割给每一个公社成员。"古典古代的历史是城市的历史，不过这是以土地财产和农业为基础的城市；亚细亚的历史是城市和乡村无差别的统一"①，日耳曼公社是从乡村这个舞台出发，并在城市和乡村的对立中得到进一步发展。在日耳曼人那里，由于各个家长住在森林之中，彼此相隔很远的距离。所以，公社只是表现为集会，而不是表现为如城市那样的单独存在，"公社表现为一种联合而不是联合体，表现为以土地所有者为独立主体的一种统一，而不是表现为统一体"②，"公社只是在这些个人土地所有者本身的相互关系中存在着"③。至于日耳曼人的那种不同于单个人的财产的公有地（猎场、牧场、采樵地等等），它并不表现为与私有者并列的国家的特殊经济存在，而只是表现为"个人财产的补充"④。在这里，"个人土地财产既不表现为同公社土地财产相对立的形式，也不表现为以公社为媒介，而是相反，公社只是在这些个人土地所有者本身的相互关系中存在着。公社财产本身只表现为各个个人的部落住地和所占有土地的公共附属物"⑤。因此，日耳曼公社表现出来以下的特征：一方面，它是以语言、血缘为中介的共同体，是个人所有者存在的前提；另一方面，它只是存在于公社为了共同目的而举行的实际集会中。而就公社具有一种特殊的经济存在（表现为共同使用猎场、牧场等等）而言，"它是被每一个个人所有者以个人所有者的身份来使用，而不是以国家代表的身份（像在罗马那样）来使用的。这实际上是个人所有者的公共财产，而不是在城市中另有其特殊存在方式而与单个人相区别的那种个人所有者联合体的公共财产"⑥。

我们现在作一下总结：在亚细亚的所有制形式下，这里主要是指的东方的专制制度下的所有制情况，"统一体"是实际的所有者。在这些单个的共

---

① 《马克思恩格斯全集》第46卷（上），人民出版社1979年版，第480页。
② 《马克思恩格斯全集》第46卷（上），人民出版社1979年版，第480页。
③ 《马克思恩格斯全集》第46卷（上），人民出版社1979年版，第482页。
④ 《马克思恩格斯全集》第46卷（上），人民出版社1979年版，第481页。
⑤ 《马克思恩格斯全集》第46卷（上），人民出版社1979年版，第482页。
⑥ 《马克思恩格斯全集》第46卷（上），人民出版社1979年版，第482页。

同体中，每一个单个的人在事实上失去了财产，财产对单个的人而言是间接的财产，"每一个单个的人，只有作为这个共同体一个肢体，作为这个共同体的成员，才能把自己看成所有者或占有者"①。因此，在这种情形下，"单个人的财产并不是同公社分开的个人的财产，相反，个人只不过是公社财产的占有者"②，"不存在个人所有，只有个人占有，公社是真正的实际所有者"③。而在第二种形式，古典古代的所有制形式。这主要指的是欧洲希腊罗马时期的所有制形式，在这里，共同体是私有者的联合，"财产是魁里特的财产，是罗马人的财产；土地私有者只是作为罗马人才是土地私有者，但是，作为罗马人，他一定是土地私有者"④。在这里，个人同样要依附于共同体，虽然个人有自己的私有财产，但是在自己是罗马人的时候，才会拥有自己的财产。而且，这里的个人是指的罗马的"公民"，并不包括那些奴隶。而在日耳曼的所有制形式下，公社不是使单个的人表现为偶然因素的实体，也不是一个独立的经济存在物。一方面，它是个人所有的前提，另一方面，它只是个人所有的补充，只是表现为个人所有者的共同财产，个人在这里的独立性是这三种所有制形式中最高的。

（五）三种所有制形式的共同性：个人从属于部落，个性的狭隘性、对"人本身"的确认以及必然解体

我们已经分析了三种不同的土地所有制形式，对三者彼此的不同也做了比较。如马克思所说，现在的关键在于：这三种所有制形式中，"土地财产和农业构成经济制度的基础，因而经济的目的是生产使用价值，是在个人对公社（个人构成公社的基础）的一定关系中把个人再生产出来"⑤。

在这三种所有制形式中，一方面，个人把大地当做劳动的个人的财产来

---

① 《马克思恩格斯全集》第 46 卷（上），人民出版社 1979 年版，第 472 页。
② 《马克思恩格斯全集》第 46 卷（上），人民出版社 1979 年版，第 475 页。
③ 《马克思恩格斯全集》第 46 卷（上），人民出版社 1979 年版，第 481 页。
④ 《马克思恩格斯全集》第 46 卷（上），人民出版社 1979 年版，第 477 页。
⑤ 《马克思恩格斯全集》第 46 卷（上），人民出版社 1979 年版，第 483 页。

看待。在所有这些形式中,对劳动的自然条件的占有,即对土地的占有,不是通过劳动进行的,而是劳动的前提,个人把劳动的客观条件简单地看做是自己的东西,看做是使自己的主体性得到自我实现的无机自然。劳动的主要客观条件本身并不是劳动的产物,而是已经存在的自然。也正因为如此,"个人一开始就不表现为单纯劳动者的个人……而是拥有土地财产作为客观的存在方式,这种客观的存在方式是他的活动的前提,并不是他的活动的简单结果",这种客观的存在方式直接要以"个人作为某一公社成员的自然形成的、或多或少历史地发展了的和变化了的存在,要以他作为部落等等成员的自然形成的存在为媒介"①。

因此,个人要劳动,他同劳动条件的关系不是个人本身对劳动条件的关系,而是以他作为公社成员的身份同劳动条件发生关系。无论是在哪种所有制形式下——无论是在公共所有制(在这种情况下,单个人只是占有者,不存在土地私有制),还是在国家所有同私人所有相并列的双重形式下(在这种情况下,只有国家公民才是并且必定是私有者。但另一方面,作为国家公民,他的所有制又同时具有特殊的存在),还是在公社所有制仅仅表现为个人所有制的补充(在这种情况下,个人所有制表现为公社所有制的基础,而公社本身,除了存在于公社成员的集会中和他们为共同目的的联合中以外,完全不存在)。在所有这些形式中,发展的基础都是单个人对公社的原有关系,"公社或部落成员对部落土地(即对于部落所定居的土地)的关系的这种种不同的形式,部分地取决于部落的天然性质,部分地取决于部落在怎样的经济条件下实际上以所有者的资格对待土地"②。这实际上还是在说个人对公社的不独立,个人对部落体的高度的从属和依附。这种不独立,在亚细亚形式中保存的最为顽强,也最为长久。

这样实际上造成了双重后果:

第一个后果就是:一方面,个人要占有财产必须首先是部落的一个成

---

① 《马克思恩格斯全集》第 46 卷(上),人民出版社 1979 年版,第 483 页。
② 《马克思恩格斯全集》第 46 卷(上),人民出版社 1979 年版,第 484 页。

员。另一方面，在这种形式下，单个的人从来不能成为所有者，而只不过是占有者，所以他本身实质上就是作为公社统一体的体现者的那个人的财产，即奴隶。而奴隶制在这里既不破坏劳动的条件，也不改变本质的关系。① 第二个后果就是：在古代人那里财富并不是表现生产的目的，古代的学者研究土地所有制的目的也不在于哪一种土地所有制最有生产效能，而在于能够造就最好的国家公民。因此，同现代世界相比，古代的观点显得崇高得多。根据古代人的观点："人，不管是处在怎样狭隘的、民族的、宗教的、政治的规定上，总是表现为生产的目的。"② 而在"现代世界，生产表现为人的目的，而财富表现为生产的目的"③。财富，马克思做了一个假设："如果抛掉狭隘的资产阶级形式"来看财富呢？财富不正是在普遍交换中造成的个人的需要、才能、享用、生产力等等的普遍性吗？财富不正是人对自然力的统治和自身能力的充分发展吗？财富不正是人的创造天赋的绝对发挥吗？但是，事实上，"在资产阶级经济以及与之相适应的生产时期中，人的内在本质的这种充分发挥，表现为完全的空虚，这种普遍的物化过程，表现为全面的异化，而一切既定的片面目的的废弃，则表现为为了某种纯粹外在的目的而牺牲自己的目的本身"④。也就是说，人在现代世界里为了追逐财富而牺牲了自己的目的的本身，即在现代世界，虽然个人可能摆脱了民族的、宗教的、政治上的等等片面上的规定性，但是与此同时，追求财富这一外在目的却使个人在废弃人的片面目的的过程中表现为牺牲"人本身"这一最为重要的东西。也正因为如此，马克思说："稚气的古代世界显得较为崇高。"⑤

但是，我们绝对不能够因此把马克思理解为是一个复古主义者，在1867 年出版的《资本论》第 1 卷中，马克思对这一原始时期个人与公社的关系做了一个结论："在古亚细亚的、古希腊罗马的等等生产方式下，产品

---

① 《马克思恩格斯全集》第 46 卷（上），人民出版社 1979 年版，第 493 页。
② 《马克思恩格斯全集》第 46 卷（上），人民出版社 1979 年版，第 486 页。
③ 《马克思恩格斯全集》第 46 卷（上），人民出版社 1979 年版，第 486 页。
④ 《马克思恩格斯全集》第 46 卷（上），人民出版社 1979 年版，第 486 页。
⑤ 《马克思恩格斯全集》第 46 卷（上），人民出版社 1979 年版，第 486 页。

变为商品、从而人作为商品生产者而存在的现象，处于从属地位，但是共同体越是走向没落阶段，这种现象就越是重要……这些古老的社会生产机体比资产阶级的社会生产机体简单明了得多，但它们或者以个人尚未成熟，尚未脱掉同其他人的自然血缘联系的脐带为基础，或者以直接的统治和服从的关系为基础。"① 尽管古代社会相对于现代社会，生产的最终目的是人本身，但是它是以古代社会十分狭隘的关系为前提的。在这里，个人要以公社为媒介才发生对土地的关系，个人在这里表现为对部落的依附，"古代世界在人们力图寻求闭锁的形态、形式以及寻求既定的限制的一切方面，确实较为崇高"②。但是，它自身的这种狭隘性决定了个人和社会都不可能有自由而充分的发展。由于这种局限，"这里，在一定范围内可能有很大的发展。个人可能表现为伟大的人物。但是，在这里，无论个人还是社会，都不能想象会有自由而充分的发展，因为这样的发展是同原始关系相矛盾的"③。对于这种狭隘性，马克思批评道："在发展的早期阶段，单个人显得比较全面，那正是因为他还没有造成自己丰富的关系，并且没有使这种关系作为独立于他自身之外的社会权力和社会关系同他自己相对立。留恋那种原始的丰富，是可笑的。"④

而这种狭隘性也决定了它的必然解体。马克思说，所有这些古代的所有制形式中，"发展的基础都是单个人对公社的原有关系（或多或少是自然形成的或历史地产生但已变成传统的关系）的再生产，以及他对劳动条件和对劳动同伴、对同部落人等等的关系上的一定的、对他来说是前定的、客观的存在，——因此，这种基础从一开始就是有局限的，而随着这种局限的消除，基础就崩溃和灭亡了"⑤。例如，古典古代那里，"奴隶制的发展、土地占有的集中、交换、货币关系、征服等等，正是起着这样的作用"⑥。

---

① 《资本论》第 1 卷，人民出版社 1975 年版，第 96 页。
② 《马克思恩格斯全集》第 46 卷（上），人民出版社 1979 年版，第 486 页。
③ 《马克思恩格斯全集》第 46 卷（上），人民出版社 1979 年版，第 485 页。
④ 《马克思恩格斯全集》第 46 卷（上），人民出版社 1979 年版，第 109 页。
⑤ 《马克思恩格斯全集》第 46 卷（上），人民出版社 1979 年版，第 485 页。
⑥ 《马克思恩格斯全集》第 46 卷（上），人民出版社 1979 年版，第 485 页。

如果突破这种局限，在全新的基础上重新生产出这种古代的观点，不是很完美和幸福的么！由此，我们可以回忆马克思在《政治经济学批判导言》中对希腊艺术和史诗仍然能给我们以艺术享受的解释："一个成人不能再变成儿童，否则就变得稚气了。但是，儿童的天真不使成人感到愉快吗？他自己不应该努力在一个更高的阶梯上把儿童的真实再现出来吗？每一个时代的固有的性格不是纯真地活跃在儿童的天性中吗？"① 这是马克思对人生的看法，即成人如果能够在更高的阶梯上把儿童的真实再现出来，这是一种美。由此，马克思实际上是在感慨自己的社会理想："为什么历史上的人类童年时代，在它发展得完美的地方，不该作为永不复返的阶段而显示出永久的魅力呢？"② 当然，说到人类历史的童年时代："有粗野的儿童，有早熟的儿童。古代民族中有许多是属于这一类的。希腊人是正常的儿童。"③ 在马克思心中，童年的天性与真实能否在未来的人类社会中体现出来呢？这是马克思的一个愿望和一种社会理想。这实际上是古代的崇高的观点在高层次上的复归！

要实现这种复归，要实现这种人的本真状态的充分发挥，"除了先前的历史发展之外没有任何其他前提，而先前的历史发展使这种全面的发展，即不以旧有的尺度来衡量的人类全部力量的全部发展成为目的本身。在这里，人不是在某一种规定性上再生产自己，而是生产出他的全面性；不是力求停留在某种已经变成的东西上，而是处在变易的绝对运动之中"④。而这里的历史发展，马克思指出："全面发展的个人——他们的社会关系作为他们自己的共同的关系，也是服从于他们自己的共同的控制的——不是自然的产物，而是历史的产物。要使这种个性成为可能，能力的发展就要达到一定的程度和全面性，这正是以建立在交换价值基础上的生产为前提的，这种生产才在生产出个人同自己和同别人的普遍异化的同时，也产生出个人关系和个

①《马克思恩格斯全集》第46卷（上），人民出版社1979年版，第49页。
②《马克思恩格斯全集》第46卷（上），人民出版社1979年版，第49页。
③《马克思恩格斯全集》第46卷（上），人民出版社1979年版，第49页。
④《马克思恩格斯全集》第46卷（上），人民出版社1979年版，第486页。

人能力的普遍性和全面性。"① 由此，我们联想在文章开始我们所提的"物的依赖性"，可见，资产阶级经济的发展是实现全面发展的个人的一个必经阶段，正是在这个基础上才能为生产出全面发展的个人，也就是我们所说的"自由个性"所必需的一系列条件。但是，另一方面，如我们所看到的，在这个阶段，"人的内在本质的这种充分发挥，表现为完全的空虚"②。因此，马克思说，留恋原始公社狭隘的个性是可笑的，同样，"相信必须停留在那种完全的空虚之中，也是可笑的"③。

可见，在"人的依赖关系"下的古代社会，人表现为不独立，表现为对部落的依赖。一方面，正因为这种"人的依赖"，生产的目的在于不断再生产出"部落成员"。因此，生产的目的是为了人，尽管是在相当片面上的人的规定性，它体现了人在某种规定上的个性，这是他的崇高；但是，另一方面，恰恰是因为生产的目的仅在于生产出自身的规定性这种局限，却不能带来个人和社会的自由而充分的发展，同时这种局限性也必然导致它的解体。这种局限性的解体就是进入了"物的依赖"关系阶段，生产的目的是财富，而不再是人。"物的依赖关系"克服了那种"狭隘的生产能力"的局限性，大规模地提高了生产力，形成了"普遍的社会物质交换、全面的关系、多方面的需求以及全面的能力体系"，但是，由于生产的目的是财富，财富在这种形式下表现为一种物，结果人的内在本质的这种发挥就表现为了全面的异化。个人虽然摆脱了部落，摆脱了人的依赖，有了一定的"独立性"，但是这种独立性是以物的依赖为基础的，而恰恰因为这种"物的依赖"，个人实际上不具有独立性，个人从属于资本，并且人在其中丧失了自己的个性。这又构成了"物的依赖性"的二律背反。而"物的依赖"本身即现代的资产阶级社会本身的矛盾和局限也必然导致其转向一个更高级的形态。这个形态是在第二阶段创造的全部的生产力的基础上形成的，是以"普遍的社会物质交换、全面的关系、多方面的需求以及全面的能力体系"

---

① 《马克思恩格斯全集》第 46 卷（上），人民出版社 1979 年版，第 108—109 页。

② 《马克思恩格斯全集》第 46 卷（上），人民出版社 1979 年版，第 486 页。

③ 《马克思恩格斯全集》第 46 卷（上），人民出版社 1979 年版，第 109 页。

为基础的。不同的是它改变了资产阶级的所有制形式，一方面，变为社会财富，社会共同占有已经发展起来的生产力；另一方面，在此基础上重新实现了新的个人所有，从而改变了人必须依赖物而获得自己的独立性的现实，并且在获得独立性的同时，人的内在本质得到全面的发展，人的个性得到充分发挥。这一阶段就是"自由个性"。可见"自由个性"就在更高的层次上实现了古代的观点，生产的目的再次成为人；并且，它已经突破了古代形态的局限，在占有现代世界创造的大量生产力的基础上实现着个人和社会自由而充分的发展。这是历史的辩证法，是否定之否定。

五、个人对以人身依附关系为特征的封建的或者 等级社会的依附以及有限的独立性和个性

我们已经对原始部落和古典古代社会进行了分析，继续我们的旅程，我们进入欧洲的封建社会。前面我们已经提到，这是与日耳曼人本身部落的特性以及对罗马的征服息息相关。如马克思所说："在日耳曼的军事制度的影响下，现存关系以及受其制约的实现征服的方式发展了封建所有制。这种所有制与部落所有制和公社所有制一样，也是以某种共同体为基础的。但是作为直接进行生产的阶级而与这种共同体相对立的，已经不是古代世界的奴隶，而是小农奴。"[1]"在城市中和这种封建的土地占有结构相适应的是行会所有制，即手工业的封建组织。这里的财产主要是各个人的劳动……这种制度在城市里产生了一种和农村等级制相似的等级制。"[2] 因此，"封建时代的所有制的主要形式，一方面是地产和束缚在地产上的农奴劳动，另一方面是拥有少量资本并支配着帮工劳动的自身劳动。这两种所有制的结构都是由狭

---

[1]《马克思恩格斯全集》第 3 卷，人民出版社 1965 版，第 27 页。
[2]《马克思恩格斯全集》第 3 卷，人民出版社 1965 版，第 28 页。

隘的生产关系——粗陋的土地耕作和手工业式的工业所决定的。"① 可见，这一时期同样表现为个人对共同体的依附和个人在片面规定性上的发展。"虽然个人之间的关系表现为较明显的人的关系，但是他们只是作为具有某种规定性的个人而互相交往，如作为封建主和臣仆、地主和农奴等等，或作为种姓成员等等，或者属于某个等级等等。"② 而事实上封建制度也的确如马克思所说的那样，人与人之间存在着依附和被依附的关系。首先，是封臣和封地制度。我们知道，在公元六七世纪的时候，有很多自由人自愿委身于国王或大贵族门下，为其做事，他们被称作封臣；而主人则给封臣一块土地作为报偿。这样，从国王往下，层层分封，国王以大封建领主向他提供若干骑士为条件，将土地封给大封建领主，而大封建领主又以同样的方式再往下分封。这样，在封土制度下，绝大多数贵族既是封君又是封臣，而且由于其封臣的地位，没有对土地的所有权，而只能是依靠封臣的身份取得对封地的占有权，并且封土不能世袭和买卖转让。其次，是一些租种领主土地的身份自由的农民，他们要向领主缴纳地租，但是同样没有对土地的所有权。他们与领主之间的关系也表现为依附与被依附的关系。然后就是农奴，他们同样对土地没有所有权，不但如此，他们对自己的劳动力和动产也没有完整的所有权。

不过随着商品经济的发展，典型的封臣封土制度开始瓦解，封建领主对土地的财产权利取得了重要发展，占有权、使用权或用益权逐渐向所有权趋近。一是它表现为封土世袭制度的确立；二是出现了封土的自由转移；三是出现了土地买卖的现象。而且，这一现象还逐渐得到法律的保护，法学家们开始日益强调私有权的重要性。伴随这一过程的还有公有地制度的衰落和私人对土地财产权利的发展，到 17 世纪，绝对私人所有权在西欧正式获得了法律的确认，18、19 世纪，资本主义私有财产神圣不可侵犯原则在西方政治经济生活中确立了支配地位。与此同时，原有的人与人之间的那种依附关

---

① 《马克思恩格斯全集》第 3 卷，人民出版社 1965 版，第 28 页。
② 《马克思恩格斯全集》第 46 卷（上），人民出版社 1979 年版，第 110 页。

系也解体了，被资本主义社会条件下"人依赖于物"的关系所取代了——在这种情况下，一方面，直接生产者、劳动者从对土地的束缚、对行会的束缚、和对他人的从属和隶属地位中解放出来，"直接生产者，劳动者，只有当他不再束缚于土地，不再隶属或从属于他人的时候，才能支配自身"①。但是另一方面，"新被解放的人只有在他们被剥夺了一切生产资料和旧封建制度给予他们的一切生存保障之后，才能成为他们自身的出卖者。而对他们的这种剥夺的历史是用血和火的文字载入人类编年史的"②。尤其是在资本雇佣劳动关系下，资本具有独立性和个性，而劳动者彻底丧失了对生产资料的所有权，只拥有对自身"劳动力"的"自由所有权"，不得不从属和依附于资本自身的生产，从而在资本面前再次丧失了独立性和个性。对这一点的分析我们将在第四章中具体阐述。

六、社会个人的所有制是实现
"自由个性"的重要保证

通过马克思对古代和封建的这些所有制度的分析，我们看到所有权对于保证个人的自由和独立所起到的重要的作用。由此，当我们回过头来重新来看本章开头那句话的时候，就会有更深刻的理解。正是劳动者对生产资料的所有权保证了劳动者的独立和自由个性的发展，奴隶和农奴没有生产资料的所有权，因此个性和独立性受到相当大的局限，而在封建所有制下，劳动者虽然有一定的生产资料所有权，却是以对封建主的依附为条件的，因此，独立性和自由个性的发展也受到很大的限制。而在资产阶级所有制条件下，工人阶级丧失了所有的生产资料，"自由"地一无所有，在资本面前丧失了一

---

① 《资本论》第 1 卷，人民出版社 1975 年版，第 783 页。
② 《资本论》第 1 卷，人民出版社 1975 年版，第 783 页。

切个性、独立和自由。那么，要重新使劳动者恢复个性和自由，很显然需要恢复劳动者对生产资料的所有权，从此出发建立的所有制就应当是一种否定之否定意义上的"个人所有制"。由此，我们对"从资本主义生产方式产生的资本主义占有方式，从而资本主义的私有制，是对个人的、以自己劳动为基础的私有制的第一个否定。但资本主义生产由于自然过程的必然性，造成了对自身的否定。这是否定的否定。这种否定不是重新建立私有制，而是在资本主义时代的成就的基础上，也就是说，在协作和对土地及其靠劳动本身生产的生产资料的共同占有的基础上，重新建立个人所有制"①，也便有了更深层次的理解。这种"重新建立的个人所有制"既不是以小农所有制条件下以"孤立生产者"自己的劳动为基础，更不是建立在"以剥削劳动为基础"的奴隶所有制、封建所有制和资产阶级社会所有制，而是建立在劳动者协作以及对生产资料共同占有基础上的个人所有制，这是联合起来的"社会个人"对生产资料的共同占有，是重新恢复的"个人所有制"。不过，这里首先存在着第一个问题。即"社会个人的所有制"、"社会所有制"、"公有制"的关系问题。尽管马克思在这里说是"个人所有制"，但是马克思自己也曾经确实说过"社会所有制"、"公有制"。如马克思在给《祖国纪事》杂志编辑部的信中说："在那一章末尾（《资本论》原始积累章），资本主义生产的历史趋势被归结成这样：'资本主义生产本身由于自然变化的必然性，造成对自身的否定'；它本身已经创造出了新的经济制度的要素，它同时给社会劳动生产力和一切生产者个人的全面发展以极大的推动；实际上已经以集体生产方式为基础的资本主义所有制只能转变为社会所有制。"②又如马克思在《资本论》第 1 卷刚刚说过"重新建立个人所有制"以后，接着说："以个人自己劳动为基础的分散的私有制转化为公有制比较起来，自然是一个长久得多、艰苦得多、困难得多的过程。前者是少数掠夺者剥夺

---

① 《资本论》第 1 卷，人民出版社 1975 年版，第 832 页。总的来看，重新建立个人所有制更像是对日耳曼形式的扬弃。
② 《马克思恩格斯选集》第 3 卷，人民出版社 1995 年版，第 341 页。

人民群众，后者是人民群众剥夺少数掠夺者。"①

恩格斯更是在多个场合使用"社会所有"和"公有"。在这个问题上学术界至今仍在争论不休。中共中央编译局宋书声局长、马列著作编译部王锡君主任、世界社会主义研究所副所长王学东在联名发表的《马克思著作中表述未来社会所有制的几个概念辨析》通过探讨马恩原著中的"gemeinschaftliches Eigentum, Gemeineigentum"（公有）和"gesellschaftliches Eigentum, Gesellschaftseigentum"（社会所有）的使用情况得出这样一个结论："在马恩著作中，就未来社会而言，公有制和社会所有制这两个概念的内涵和外延是完全一致的。"② 我是同意他们这一观点的。但是，这种"社会所有"和"公有"，如《共产党宣言》所说："把资本变为公共的、属于社会全体成员的财产（gemeinschaftliches Eigentum），这并不是把个人财产变为社会财产（gesellschaftliches Eigentum）。这里所改变的只是财产的社会性质。它将失掉它的阶级性质。"③ 可见，无论是"社会所有"还是"公有"，所有权的主体既不是"社会"也不是"公有体"，而是"社会个人"，即"联合起来的个人"。因此这里的所有权也就表现为"联合起来的个人"的所有权，"是他们社会地占有而不是作为各个私的个人占有这些生产资料"④。因此，我们可以得出一个结论，从某种程度上讲，"社会所有"＝"公有"＝"社会个人的所有"。

为了证明我们这一观点，我们再举出以下几个例子。第一，马克思的《哥达纲领批判》。马克思指出：在共产主义的初级阶段："在一个集体的、以生产资料公有为基础的社会中，生产者不交换自己的产品；用在产品上的劳动，在这里也不表现为这些产品的价值，不表现为这些产品所具有的某种物的属性，因为这时，同资本主义社会相反，个人的劳动不再经过迂回曲

---

① 《资本论》第 1 卷，人民出版社 1972 年版，第 832 页。

② 宋书声，王锡君，王学东：《马克思恩格斯著作中表述未来社会所有制的几个概念辨析》，《求是》1995 年第 18 期。

③ 《马克思恩格斯选集》第 1 卷，人民出版社 1995 年版，第 287 页。

④ 《马克思恩格斯全集》第 48 卷，人民出版社 1985 年版，第 21 页。

的道路，而是直接作为总劳动的组成部分存在着。"① 而劳动者则通过"按劳分配"的形式从"社会储存中领得一份耗费同等劳动量的消费资料"②。在这里，"除了个人的消费资料，没有任何东西可以转为个人的财产。"③ 而在未来的共产主义社会的高级阶段，表现为以下几个特征：一，迫使奴隶般地服从分工的情形已经消失。换句话说，非奴隶般地服从分工成为现实，至于这里还存不存在分工，还是自愿分工，不是我们要讨论的问题。二，脑力劳动和体力劳动的对立消失，换句话说，个人的能力发展已经不再存在脑体分别。三，劳动不仅仅是谋生的手段，而且本身成了生活的第一需要，换句话说，劳动不再是仅仅满足人的生命存在的手段，性质发生了变化，成为人们生活的第一需要。四，随着个人的全面发展，生产力也增长起来了。这就为集体总产品的源源不断涌现提供了条件。五，随着生产力的增长，集体财富的一切源泉充分涌流。这一点表明了两点：第一点表明由于生产力的增长，财富大大的增加；第二点表明这是"劳动者自己的集体财产"。这就为分配方式提供了条件。六，在分配方式上，消费资料的任何一种分配，都不过是生产条件本身分配的结果，在资本主义生产方式的基础上，物质的生产条件以资本和地产的形式掌握在资产阶级手中，而人民大众只有人身的生产条件，即劳动力，既然生产的要素这样分配，那么消费资料的分配就只能是以利润和工资的形式出现。而在共产主义社会里，一方面，这种集体的财产源源不断地涌现，另一方面，是由于物质的生产条件是劳动者集体的财产，所以不需要交换就可以获得。正因为如此，消费资料的分配"各尽所能，按需分配"。相比较初级阶段和高级阶段，可以看出二者的区别在于消费资料的性质上，在初级阶段，由于消费资料是劳动者的"个人的财产"，并且

---

① 《马克思恩格斯选集》第3卷，人民出版社1995年版，第303页。这段话在《马克思恩格斯全集》第19卷（人民出版社1963年版，第20页）被翻译为"在一个集体的、以共同占有生产资料为基础的社会里，生产者并不交换自己的产品；耗费在产品生产上的劳动，在这里也不表现为这些产品的价值，不表现为他们所具有的某种物的属性，因为这时和资本主义社会相反，个人的劳动不再经过迂回曲折的道路，而是直接地作为总劳动的构成部分存在着。"

② 《马克思恩格斯选集》第3卷，人民出版社1995年版，第304页。

③ 《马克思恩格斯选集》第3卷，人民出版社1995年版，第304页。

存在着劳动者之间的"等量劳动的交换";而在高级阶段,消费资料实行的是"按需分配",它的性质不再是劳动者的"个人的财产",而是劳动者的集体的财产。劳动者作为这个集体中的一员,是从中拿取自己所需要的生活资料,劳动者与劳动者之间也不再存在什么交换,因为从性质上讲,这是集体的财产,是劳动者共同的财产,社会的财产,而劳动者都是集体的一员,也就是说都是财产的所有者。这一点,让我们想起刚才我们分析过的马克思在《1857—1858年经济学手稿》中对古代联合体的情形,想起了马克思的愿望,想起了"重建个人的所有制"思想。① 同时也让我想起了马克思在《资本论》第1卷中对所设想的"自由人联合体"的描述:"这个联合体的总产品是社会的产品。这些产品的一部分重新用作生产资料。这一部分依旧是社会的。而另一部分则作为生活资料由联合体成员消费。因此,这一部分要在他们之间进行分配。这种分配的方式会随着社会生产机体本身的特殊方式和随着生产者的相应的历史发展程度而改变。"②

第二,马克思在《德意志意识形态》中对施蒂纳的批判。马克思说,施蒂纳为了驳斥共产主义消灭私有财产这一观点,办法是首先把私有财产变为"有",然后又把"有"这个动词说成是不可缺少的字眼、永恒的真理,因为在共产主义社会中,也可能发生施蒂纳"有"胃疼这样的事。现在他也是完全这样地论证私有财产的不可消灭,他把私有财产变为财产的概念,利用 Eigentum〔财产〕和 eigen〔自有的〕这两个词的字源学上的联系,把"自有的"这个词说成是永恒真理,因此在共产主义制度下也可能发生他"自有"胃疼这样的事。马克思说,经过这样的转化,财产=自有的,而共

---

① 其实,关于未来社会的所有制形式到底是什么样子,在马克思恩格斯在世的时候就引起了广泛的争论。其中杜林就说马克思所说的未来的所有制是"既是个人的又是公共的所有制的混沌世界"(《马克思恩格斯选集》第3卷,人民出版社1995年版,第472页)。恩格斯对此做了批判,指出"靠剥夺剥夺者而建立起来的状态,被称为以土地和靠劳动本身生产的生产资料的公有制为基础的个人所有制的恢复。对任何一个懂德语的人来说,这就是,公有制包括土地和其他生产资料,个人所有制包括产品即消费品。"(《马克思恩格斯选集》第3卷,人民出版社1995年版,第473页)。在论述过程中恩格斯引用了马克思在《资本论》中关于"自由人联合体"的情况。马克思在那里描述了一个鲁宾逊,他希望每个人都成为鲁宾逊。
②《资本论》第1卷,人民出版社1975年版,第95页。

产主义社会要消灭私有财产，那么就是消灭"自有"，消灭个人。这样，"社会升为最高所有者"①，而这是"为了人类利益而对个人进行的第二次掠夺"②，马克思说，不对！"其实共产主义只是对'个人掠夺到的东西'的彻底'掠夺'。"③ 实际上，马克思说，施蒂纳在玩弄字眼 Eigentum［财产］和 Eigenheit［独自性］的把戏，事实上，私有财产和个性没有任何关系，"现实的私有财产恰好是最普遍的东西，是和个性没有任何关系、甚至是直接破坏个性的东西。只要我表现为私有者，我就不能表现为个人——这是一句每天都为图金钱而缔结的婚姻所证实的话。"④ "实际上，我只有在有可以出卖的东西的时候才有私有财产，而我固有的独自性却是根本不能出卖的物品。"⑤ 也即是说，私有财产与个性（这里表现为独自性）完全没有关系。而且恰恰相反，"私有财产不仅夺去人的个性，而且也夺去物的个性……金钱是财产的最一般形式，它与个人的独特性很少有共同点，它甚至还直接与个人的独特性相对立。"⑥ 其实，施蒂纳的这种伎俩，只不过是些陈词滥调。马克思说，早在他之前的 30 年前，以及以后一段时期，德斯杜特·德·特拉西与很多人一样以及在很多人之后，就曾经讲过这种把私有财产和个性相等同的话，而且讲得比施蒂纳要好得多。⑦ 德斯杜特·德·特拉西这个法国人试图"证明 propriété［财产］，individualité［个性］和 personnalité［个人］是一回事，证明在"我"之中已有"我的东西"，并且认为私有财产的自然基础就在于：'自然界赋予人以一种不可避免的和不可转让的财产，即对自己的个性的所有。'……——'即使不是凡在有感觉的个人存在的地方都存在着财产，至少是凡在有愿望的个人存在的地方一定存在着财产。'"⑧

---

① 《马克思恩格斯全集》第 3 卷，人民出版社 1960 年版，第 226 页。
② 《马克思恩格斯全集》第 3 卷，人民出版社 1960 年版，第 226 页。
③ 《马克思恩格斯全集》第 3 卷，人民出版社 1960 年版，第 226 页。
④ 《马克思恩格斯全集》第 3 卷，人民出版社 1960 年版，第 254 页。
⑤ 《马克思恩格斯全集》第 3 卷，人民出版社 1960 年版，第 254 页。
⑥ 《马克思恩格斯全集》第 3 卷，人民出版社 1960 年版，第 254 页。
⑦ 《马克思恩格斯全集》第 3 卷，人民出版社 1960 年版，第 251 页。
⑧ 《马克思恩格斯全集》第 3 卷，人民出版社 1960 年版，第 252 页。

对于这个法国人的这种伎俩，马克思说，德斯杜特·德·特拉西把私有财产和个人等同起来的这种行为，实质上是在玩弄 propriété［财产］和 propre［自己的，独自的］这两个字眼。"这些是最通俗的"、已成为传统的对共产主义的反驳。马克思说，照这个法国人的说法，"大多数的人、无产者早就该失去一切个性了，然而现在看来，正是在他们之中个性发展得最为强烈"①。

在这里，马克思关于个性与私有财产毫无关系的分析似乎与前面我们关于生产资料的所有权是发展自由的个性的基础的观点相矛盾。合理的解释似乎可以是这样，第一种解释是，如果注意一下马克思对施蒂纳的批判，这是在 1846 年做出的判决，而前面的分析则是在 1857 年之后，也就是说，马克思在对所有制与个性之间的考虑发生了少许的变化。第二种解释则是，马克思在分析施蒂纳尤其是德斯杜特·德·特拉西的时候，是把"私有财产"理解为"资产者"的私有财产的。就如马克思在批判施蒂纳关于"社会升为最高所有者"是对个人进行的第二次掠夺的观点是说："其实共产主义只是对'个人掠夺到的东西'的彻底'掠夺'……对于资产者认为是'个人的'东西，共产主义毫无疑问是要加以'掠夺'的。"② 就如马克思在批判德斯杜特·德·特拉西时所说的那样，"如果目光短浅的资产者对共产主义者说，当你们消灭财产即消灭我作为资本家、地主、工厂主的存在以及你们作为工人的存在的时候，你们也就消灭我的以及你们的个性，当你们剥夺我剥削你们工人的可能性，剥夺我获取利润、利息或地租的可能性的时候，你们也就剥夺了我作为个人的存在的可能性；如果因此资产者对共产主义者说，当你们消灭我作为资产者的存在的时候，你们也就消灭我作为个人的存在"③。可见，马克思在这里说的私有财产，主要指的就是资产者的财产，而对于这种资产者的财产，在《共产党宣言》里，我们已经看得很清楚了

---

① 《马克思恩格斯全集》第 3 卷，人民出版社 1960 年版，第 255 页。
② 《马克思恩格斯全集》第 3 卷，人民出版社 1960 年版，第 227 页。
③ 《马克思恩格斯全集》第 3 卷，人民出版社 1960 年版，第 252—253 页。

（如上面所分析的），"共产主义的特征并不是要废除一般的所有制，而是要废除资产阶级的所有制"。而由于"现代的资产阶级私有制是对建立在阶级对立上面、建立在一些人对另一些人的剥削上面的产品生产和占有的最后而又完备的表现"①，所以，"从这个意义说，共产党人可以把自己的理论概括为一句话：消灭私有制"②。这两种解释中，我是比较认可第二种解释的。③由此可见，马克思认可的"自由个性"的实现必定是包含着私有财产的消失。而与之相应必然是"把资本变为公共的、属于社会全体成员的财产，这并不是把个人财产变为社会财产。这里所改变的只是财产的社会性质。它将失掉它的阶级性质"④。而与之相应建立的所有制必然是重建的"社会个人的所有制"。由此我们可以回忆1871年在巴黎公社起义爆发后，马克思曾经说巴黎公社正是要消灭"那种将多数人的劳动变为少数人的财富的阶级所有权。它曾想剥夺剥夺者。它曾想把现在主要用作奴役和剥削劳动的工具的生产资料、土地和资本变成自由集体劳动的工具，以实现个人所有权"⑤。"社会个人的所有制"的最终目的也正是要实现"个人所有权"。

第三，恩格斯在《社会主义从空想到科学的发展》中的说法。恩格斯指出，一方面，生产力掌握在"联合起来的生产者手中"⑥，"当人们按照今天的生产力终于被认识了的本性来对待这种生产力的时候，社会的生产无政府状态就让位于按照全社会和每个成员的需要对生产进行的社会的有计划的调节。那时，资本主义的占有方式，即产品起初奴役生产者而后又奴役占有者的占有方式，就让位于那种以现代生产资料的本性为基础的产品占有方式：一方面由社会直接占有，作为维持和扩大生产的资料，另一方面由个人

---

① 《马克思恩格斯选集》第1卷，人民出版社1995年版，第286页。
② 《马克思恩格斯选集》第1卷，人民出版社1995年版，第286页。
③ 同时也可以看出，在马克思的分析中，始终围绕着一个主题进行批判，资本的批判，即使在对个性的分析中，马克思仍然主要是在个性与资本的分析中来进行分析，因此这里十分有必要对资本与个性的关系进行分析，而这正是第四章要讲的内容。
④ 《马克思恩格斯选集》第1卷，人民出版社1995年版，第287页。
⑤ 《马克思恩格斯全集》第17卷，人民出版社1963年版，第362页。
⑥ 《马克思恩格斯选集》第3卷，人民出版社1995年版，第754页。

直接占有，作为生活资料和享乐资料"①。恩格斯指出："一旦社会占有了生产资料……人才在一定意义上最终地脱离了动物界，从动物的生存条件进入真正人的生存条件……人们第一次成为自然界的自觉的和真正的主人，人们自己的社会行动的规律……将被人们熟练地运用起来……人们的社会结合……现在变成他们自己的自由行动了。一直统治着历史的客观的异己的力量，现在处于人们自己的控制之下了。只是从这时起，人们才完全自觉地自己创造自己的历史……这是人类从必然王国进入自由王国的飞跃。"②"人终于成为自己的社会结合的主人，从而也就成为自然界的主人，成为自身的主人——自由的人。"③一方面，我们看到生产力和人的发展在这里达到了统一，共同占有成为"自由个性"发展的必要条件。社会直接占有生产资料，个人直接占有消费资料，这是"重建的个人所有制"、"社会个人的所有制"、"社会所有制"的又一注解。这些说法，本质上是一样的。同我们看待"自由个性"、"自由人联合体"、"共产主义"时候看法一样，是从不同的角度对未来社会状态做出的不同的规定。如"重建的个人所有制"侧重的是个人的所有权；而"社会个人的所有制"侧重的是未来社会下个人的一种生存状态——联合起来的个人；而社会所有制，则侧重的是社会对财产的所有权。实际上，他们是同义反复，社会的就是个人的，个人的就是社会的，社会是由联合起来的个人构成的，个人是社会的个人。如果从"自由个性"的角度来看，这种"社会的个人"或者说"个人的社会"是对"自由个性"某一方面的规定性，譬如说"自由个性"的主体。自然，建立在这种新人和新社会的基础上的所有制，自然表现为"自由个性"（这种社会的个人，或者个人的社会）的独立性和个性的必要条件。另一方面，如刚才所说，"自由个性"的主体，即"社会个人"也将是"自由的人"，"社会个人"是自由的，而"自由的人"是社会的，它们也是同义反复，从不同的角度做出的本质的规定性。因此，从"自由个性"的角度来看，"自由

---

① 《马克思恩格斯选集》第3卷，人民出版社1995年版，第754页。
② 《马克思恩格斯选集》第3卷，人民出版社1995年版，第757—758页。
③ 《马克思恩格斯选集》第3卷，人民出版社1995年版，第760页。

的人",成为自然的主人、社会关系的主人、自己本身的主人既是"自由个性"的实现条件,更是"自由个性"的表现形式。试想,人的内在本质力量的充分发挥,难道人的独立性和个性的充分发挥,不正是表现为对自然、社会的和自身的占有么!

现在我们来做一下总结:通过以上的分析,我们首先可以看到所有权对个人个性自由和独立性的重要性。而且,存在着一个明显的趋势是所有权由共同体向个人的过渡以及个人个性和独立性的发展。但是由于在不同的所有制度下,所有权的表现形式也不同,从而导致社会中"每一个个人"独立性和个性的发挥存在着明显的不同,在奴隶制度下,是奴隶主的个性和独立性,奴隶完全没有独立性;封建制度下,是封建领主的个性和独立性,农民或者农奴只是在自己的小块土地上才有着有限的个性和独立性;而在资本主义制度下,是资产阶级的个性和独立性,工人阶级由于自由地一无所有,所以完全丧失了个性和独立性。也正因为如此,要达到我们所设想的"自由个性"即"每一个个人"的个性独立、自由而全面发展的社会生存状态,就必须要重新恢复"每一个个人的所有制",只有这种"每一个个人的所有制"才能够保证每一个个人的"个人所有权",从而保证每一个个人的独立性和个性。而对于这种"每一个个人的所有制",马克思给它取了一个确切的名字——"社会个人的所有制"。而由此我们也可以得出结论说:"自由个性"的历史生成也必然表现为这种"社会个人"的历史生成,而为了保证这种"社会个人"的"自由个性",就必须要建立起这种"社会个人的所有制"。

第三章

由所有制与"自由个性"关系引发的历史唯物主义探讨

　　这里所要讨论的一个问题实际上是对马克思如此重视所有制与"自由个性"之间关系的进一步探讨。另一方面，又是对马克思"自由个性"概念及其历史生成的深化和展开。而实际上，更是对"自由个性"与马克思历史唯物主义中相关概念的联系的分析。在前面的分析中，我们已经知道，由于对生产资料的占有程度不同，人的个性发挥也不同，小生产基础上的劳动者因为对生产资料的所有权，在属于自己所有的范围内是表现为一种"自由个性"的充分发展，"农民是自己耕种的土地的自由私有者，手工业是自己运用自如的工具的自由私有者的地方，它才得到充分的发展，才显示出它的全部力量"①。但是这种"自由个性"只是生产出劳动者在某方面的规定性，这是一种在某种规定性上的十分有限的"自由个性"。而随着社会化大生产的建立，随着社会的生产资料为联合起来的个人所占有，为社会个人的所有，在此基础上的劳动者因为对生产资料的社会的所有，因此他的所有权扩大到了社会的范围，此时他就表现为在整个社会范围内的自由所有者，"自由个性"也就摆脱了某种狭隘的规定性上的限制，表现为一种社会

---

① 《马克思恩格斯选集》第 2 卷，人民出版社 1995 年版，第 267 页。

范围内的个性的充分发挥，表现为一种劳动者在全面性上的规定性，于是，成为一种全面规定性上的"自由个性"。

一、自主活动与"自由个性"

马克思说对生产资料的私有权的小生产是形成"自由个性"的基础，是什么理由使马克思这么说呢？一方面，是因为在这种情况下，生产的目的不是为了交换价值，不是为了财富，无论它有多么大的局限性，它的生产目的始终表现为人（这一点我们已经分析过）。而另一方面，是因为劳动者在这种小生产中能够有一定范围内的自主活动。个性的发挥总是要表现为一定的活动，凭借自己的狭小的所有权，"农民是自己耕种的土地的自由私有者，手工业是自己运用自如的工具的自由私有者的地方，它才得到充分的发展，才显示出它的全部力量"①（换句话说，农民作为在自己耕地的自由私有者在自己的土地上耕作，手工业者作为自己工具的自由私有者熟练地使用自己的工具）。这是物质活动的生产，但是同时在劳动者看来，在农民看来，在手工业者看来，却也表现为一定程度上的自主活动，在这种自主活动中生成劳动者的自由个性，而劳动者的自由个性也就表现为自主活动的实现。虽然，在这种情况下，无论是自主活动或者说自由个性，都是有相当大的局限的，但仍然是局限的满足，是局限性的自主活动，是特殊规定性的自由个性。而进一步讲突破这种局限的自主活动的自主活动不正是表现为全面规定性上的自由个性么！

马克思在《德意志意识形态》中关于自主活动的一段论述对这一点的诠释更为深刻。马克思在《德意志意识形态》里面主要是阐明了历史唯物主义。从自主活动的角度来讲，马克思写道："在过去，自主活动和物质生

———————
① 《马克思恩格斯选集》第2卷，人民出版社1995年版，第267页。

活的生产是分开的。这是因为他们是不同人的命运，同时物质生活的生产，由于个人本身的局限性，还被认为是自主活动的次要形式。"①

自主活动在前资本主义社会状态之前，是与物质生活的生产相分离的，它们体现为"不同人的命运"。也就是说，自主活动和物质活动的生产是为不同的人所享有的。自主活动应当是一部分人的命运，而物质活动的生产则是另外一部分人的命运。前者就是能够自主活动，而后者也就是只能够进行物质生活的生产，却不能够自主活动，这是他们不同的命运。那么，谁的命运是自主活动，谁的命运是物质生产的活动呢？劳动者的命运是物质生产的活动，而统治者，不劳动的阶级的命运却是自主活动。自主活动和物质活动生产开始了分裂。同时在这里，我们也看到马克思的立场，劳动者阶级的立场。

但是，马克思接着指出，对于劳动者而言，在资本主义社会以前，"同时物质生活的生产，由于个人本身的局限性，还被认为自主活动的次要形式"②。为什么物质生活的生产还被认为是自主活动的次要形式呢？因为，"中世纪的手工业者对于从事本行专业和做好这项专业还有一定的兴趣，这种兴趣可以达到原始艺术爱好的水平。然而也正是这个原因，中世纪的每一个手工业者，对自己的工作都是兢兢业业，奴隶般的忠心耿耿，因而他们对工作的屈从程度则远远超过对本身工作漠不关心的现代工人。"③ 在小生产的条件下，劳动者不但不断再生产出自身对部落的关系，而且劳动者在这种物质生产中能够在心理上产生一种兴趣和爱好，正因为这种兴趣和爱好，使劳动者能够把这种物质生产活动看做是自己的自主活动，显示出自己的全部力量，培养出自己具有某一方面规定性的自由个性。也正因为如此，此时物质生活的生产同自主活动还没有完全分裂。也就是说，劳动者还有一定的自主活动，或者说物质活动的生产在劳动者看来表现为有限的自主活动，从而

---

① 《马克思恩格斯全集》第 3 卷，人民出版社 1960 年版，第 75—76 页。
② 《马克思恩格斯全集》第 3 卷，人民出版社 1960 年版，第 75 页。
③ 《马克思恩格斯全集》第 3 卷，人民出版社 1960 年版，第 59 页。

也就表现为一定程度上的自由个性。

马克思告诉我们，为什么劳动者在前资本主义社会的物质生产过程中，能够把这种"虚假"的自主活动看做是自主活动，并且形成一种兴趣和爱好，并培养出自己的这种自由个性呢？是因为小生产，是因为私人的所有制，还因为，分工的不发达，"在城市中各行会之间的分工还是〔非常原始的〕，而在行会内部，各劳工之间则根本没有什么分工。每个劳工都必须熟悉全部工序，凡是他的工具能够做的一切他都应当会做；商业的不发达、各城市之间联系的不密切、居民的稀少和需求的有限，都妨碍了分工的进一步发展，因此每一个想当师傅的人都必须全盘掌握本行手艺"①。正是由于分工的不发达，小生产，及其对生产工具的简单占有，使劳动者能够全面地熟知整个生产过程，能够全面地掌握这个生产过程，劳动者还表现为生产过程的掌控者，表现为他的工具的主人，表现为他的生产成果的创造者。因此马克思也指出：交往形式本身的生产"在上述矛盾出现以前，个人之间进行交往的条件是与他们的个性相适应的条件，这些条件对于他们来说不是什么外部的东西，它们是这样一些条件，在这些条件下，生存于一定关系中的一定的个人只能生产自己的物质生活以及与这种物质生活有关的东西，因而它们是个人自主活动的条件，而且是由这种自主活动创造出来的"②。

然而大工业的生产突破了小生产的基础，破坏了以个人劳动为基础的私有制，也就打破了局限的自由个性的基础。"在大工业和竞争中，各个个人的一切生存条件、一切制约性、一切片面性都融合为两种简单的形式——私有制和劳动。"③表现为，积累起来的劳动和现实的劳动之间的对立。由于大工业，私有制获得了私有制的现代形式，资产阶级的形式，这种占有形式是对原有小生产条件下劳动者占有私有制的否定，是纯粹的私有制形式，劳动者，现在表现为无产者。而分工，"从最初起就包含着劳动条件、劳动工

---

① 《马克思恩格斯全集》第3卷，人民出版社1960年版，第59页。
② 《马克思恩格斯全集》第3卷，人民出版社1960年版，第81页。
③ 《马克思恩格斯全集》第3卷，人民出版社1960年版，第74页。

具和材料的分配，因而也包含着积累起来的资本在各个私有者之间的劈分，从而也包含着资本和劳动之间的分裂以及所有制本身的各种不同的形式。分工愈发达，积累愈增加，这种分裂也就愈强烈。劳动本身只有在这种分裂的条件下才能存在"①。结果，在资本主义社会里，对劳动者而言，自主活动和物质活动的生产却表现为完全的分裂。——现在他们相互分离竟达到这般地步，以致物质生活一般都表现为目的，而这种物质生活的生产即劳动（它现在是自主活动的唯一可能形式，然而正如我们所看见的，也是自主活动的否定的形式）则表现为手段。而物质生活的生产，即劳动，"在他们那里已经失去了任何自主活动的假象，它只是用摧残生命的东西来维持他们的生命"②。"大工业不仅使工人与资本家的关系，而且使劳动本身都成为工人不堪忍受的东西。"③ 工人的劳动，或者说物质生活的生产在这里表现为劳动者自主活动的丧失，工人的自由个性也就丧失了。那么，如何恢复劳动者的自主活动呢？

在劳动者的自主活动消失的地方，要"达到自主活动"④，马克思说，"个人必须占有现有的生产力总和"⑤，"联合起来的个人对全部生产力的占有，消灭私有制"⑥。马克思说："这种自主活动就是对生产力总和的占有以及由此而来的才能总和的发挥。"⑦ 可见，对生产力总和的占有以及由此而来的才能的总和表现为个人才能的发挥，这是马克思理解的"自由个性"的内涵的一方面。马克思说：只有这时，"自主活动才同物质生活一致起来，而这点又是同个人向完整的个人的发展以及一切自发性的消除相适应的。同样，劳动转化为自主活动，同过去的被迫交往转化为所有个人作为真

---

① 《马克思恩格斯全集》第3卷，人民出版社1960年版，第75页。
② 《马克思恩格斯全集》第3卷，人民出版社1960年版，第75页。
③ 《马克思恩格斯全集》第3卷，人民出版社1960年版，第75页。
④ 《马克思恩格斯全集》第3卷，人民出版社1960年版，第76页。
⑤ 《马克思恩格斯全集》第3卷，人民出版社1960年版，第76页。
⑥ 《马克思恩格斯全集》第3卷，人民出版社1960年版，第77页。
⑦ 《马克思恩格斯全集》第3卷，人民出版社1960年版，第76页。

正个人参加的交往，也是相互适应的"①。由此可见，自主活动的实现就是自由个性的实现，自主活动不过是自由个性的外在发挥，自由个性不过是自主活动的内在基础。不过，这种自由个性的发挥必须要建立在所有的个人对全部生产力的总的占有，那么为什么要达到个人对全部生产力的总和的占有呢？

二、生产力与"自由个性"

现在涉及的一个范畴就是生产力。马克思说，在大工业和竞争中，各个人的一切生存条件、一切制约性、一切片面性都融合为两种简单的形式——私有制和劳动。在这里存在的是资本和劳动的分裂和对立。于是，在这里表现为两个事实：

第一个事实，"生产力表现为一种完全不依赖于各个人并与他们相分离的东西，它是与各个人同时存在的特殊世界，其原因是，个人（他们的力量就是生产力）是分散和彼此对立的，而这些力量从自己方面来说只有在这些个人的交往和相互联系中才能成为真正的力量。"②

马克思说："一方面是生产力的总和，这种生产力好像具有一种物的形式，并且对个人本身说来它们已经不是个人的力量，而是私有制的力量，因此，生产力只有在个人成为私有者的情况下才是个人的力量"，而在过去任何一个时期的情况下，生产力都没有采取过"这种对于作为个人的个人的交往漠不关心的形式，因为他们的交往本身还是很狭隘的"③。在资本主义私有制度下，生产力的力量不是表现为个人力量而是表现为私有制度力量，表现为一种物的形式与个人相分离。

---

① 《马克思恩格斯全集》第 3 卷，人民出版社 1960 年版，第 77 页。
② 《马克思恩格斯全集》第 3 卷，人民出版社 1960 年版，第 75 页。
③ 《马克思恩格斯全集》第 3 卷，人民出版社 1960 年版，第 75 页。

第二个事实，"另一方面是和这些生产力相对立的大多数个人，这些生产力是和他们分离的，因此这些个人丧失了一切现实生活内容，成了抽象的个人，然而正因为这样，他们才有可能作为个人彼此发生联系"①。毫无疑问，这里的"大多数个人"指的是无产阶级。他们一无所有，由于资本主义私有制的存在，生产力＝私有制，所以，他们就与生产力绝缘了，丧失了一切现实的东西，成了"抽象的个人"。但是另一方面，正因为他们一无所有，才能不受束缚地去寻求自身个性的解放，他们才更有可能作为个人彼此发生联系。正由于他们一无所有，如前面所分析过的，他们与生产力保持联系的唯一的形式，劳动失去了任何自主活动的假象，他的劳动表现为对他自己生命的摧残。而这一切，都归结为资本主义的私有制，归结为资本主义私有制对生产力的独占。因此，要使个人达到自主活动，就必须占有全部生产力的总和，换句话说，消灭资本主义私有制。不过，这种占有受到几个条件的制约：

第一个条件是：必须是对普遍发展起来的生产力的占有。首先，马克思说："这种占有，首先受到必须占有的对象制约，受自己发展一定总和并且只有在普遍交往的范围内才存在的生产力所制约。"② 也就是说，生产力应当是在普遍范围内发展起来的发达的生产力。"对这些力量的占有本身不外是同物质生产工具相适应的个人才能的发挥。仅仅因为这个缘故，对生产工具的一定总和的占有，也就是个人本身的才能的一定总和的发挥。"③

第二个条件是：这种占有应当是无产者的占有。④ 马克思说："这种占有受到占有的个人的制约。"⑤ 马克思说："只有安全失去了自主活动的现代无产者，才能够获得自己的充分的、不再受限制的自主活动，这种自主活动就是对生产力总和的占有以及由此而来的才能总和的发挥。"⑥ 为什么只能

① 《马克思恩格斯全集》第 3 卷，人民出版社 1960 年版，第 75 页。
② 《马克思恩格斯全集》第 3 卷，人民出版社 1960 年版，第 76 页。
③ 《马克思恩格斯全集》第 3 卷，人民出版社 1960 年版，第 76 页。
④ 《马克思恩格斯全集》第 3 卷，人民出版社 1960 年版，第 76 页。
⑤ 《马克思恩格斯全集》第 3 卷，人民出版社 1960 年版，第 76 页。
⑥ 《马克思恩格斯全集》第 3 卷，人民出版社 1960 年版，第 76 页。

是无产者呢，因为无产者一无所有，而原来的"过去的一切革命的占有都是有局限性的；个人的自主活动受到有限的生产工具和有限的交往的束缚，他们所占有的是这种有限的生产工具，因此他们只是达到了新的局限性"①。他们的生产工具成了他们的财产，而同时他们本身也就始终屈从于分工和自己所有的生产工具，在过去的一切占有制下，许多个人屈从于某种唯一的生产工具。而在无产阶级的占有制下，许多生产工具应当受到每一个个人支配，而财产则受所有的个人支配。同时这种支配绝不是单个的个人孤立的支配，而"只有通过受全部个人支配的途径"②。

第三个条件是：这种占有必须通过联合才能实现。马克思说："占有还受实现占有所必须采取的方式的制约。"③ "占有只有通过联合才能得到实现，由于无产阶级所固有的本性，这种联合只能是普遍的，而且占有也只有通过革命才能实现，在革命中一方面旧生产方式和旧交往方式的权力以及旧社会结构的权力被打倒，另一方面无产阶级的普遍性质以及无产阶级为实现这种占有所必需的毅力得到发展，同时，无产阶级将抛弃旧的社会地位所遗留给它的一切东西"④。

其实，三个条件化作一个条件就是，"联合起来的（个人）无产者普遍的对普遍发展起来的生产力的革命的占有"是保证"自由个性"的必要条件。只有这样，"自主活动才同物质活动一致起来，而这点又是同个人向完整的个人的发展以及一切自发性的消除相适应的。同样，劳动转化为自主活动，同过去的被迫交往转化为所有个人作为真正的个人参加的交往，也是相互适应的"⑤。

这里是讨论自主活动，但是我们又一次看到所有制与"自由个性"的关系。通过马克思对自主活动的论述，我们一方面明确——自主活动是

---

① 《马克思恩格斯全集》第3卷，人民出版社1960年版，第76页。
② 《马克思恩格斯全集》第3卷，人民出版社1960年版，第76页。
③ 《马克思恩格斯全集》第3卷，人民出版社1960年版，第76页。
④ 《马克思恩格斯全集》第3卷，人民出版社1960年版，第76—77页。
⑤ 《马克思恩格斯全集》第3卷，人民出版社1960年版，第77页。

"自由个性"的外在发挥,"自由个性"是自主活动的内在基础。另一方面,再次挖掘出了"自由个性"概念的内涵和历史生成。其一,自主活动的实现就是自主活动和物质活动的生产一致起来,劳动(物质活动的生产)的性质发生了转变,成为在劳动者看来表现为自主活动的劳动,劳动者的物质活动的生产就是自主活动。这一点,构成了"自由个性"实现条件和表现形式;其二,自主活动的实现意味着个人向完整个人的转化,这种完整的人实际上就是全面规定上的人,是人的全面发展,而人的全面发展正是"自由个性"的生成;其三,人们之间的关系表现为由以往的被迫交往变为真正的人的交往,被迫的交往转变成为自愿自觉地联合,这难道不就是"自由人联合体"吗?其四,联合起来的个人占有全部生产力的总和,消灭私有制。是联合起来的个人共同占有生产力的总和,这突破了小生产所有制的局限性,克服了资本主义生产中劳动者的所有制的阙如,从而在更高层次上为"自由个性"的实现奠定了基础。而这里的实现,就是共产主义,也就是说,共产主义是自主活动的实现,同时也是"自由个性"的实现。

三、异化、个人与"自由个性"

我们已经讨论过,说共产主义与"自由个性"是一种同义反复,"自由个性"是从人的独立性和个性角度做出的本质规定,共产主义是所有制层面做出的本质规定,因此,从"自由个性"的角度来看,共产主义表现为"自由个性"的必要条件和表现形式,那么共产主义的实现条件就应当也表现为"自由个性"的必要条件。而现在,我们之所以再对其进行讨论,倒是因为自主活动的缘故了。在先前的分析中,我们首先已经看到自主活动和"自由个性"也是一种同义反复,是从物质生产活动或者说劳动对人自身的表现的角度做出的本质规定性,因此,相对于"自由个性",自主活动本身也是"自由个性"的充要条件或者说表现形式。而根据我们分析的结果,自主活动的达到实际上是以"联合起来的个人对全部生产力的占有"为必要条件的，而这种占有，实际上只有在共产主义社会里才能够达到。于是可以这样说，自主活动的达到是共产主义的实现，二者之间也是同义反复。

在《德意志意识形态》中，马克思在论述共产主义实现的时候，指出共产主义是对由于分工而产生的"异化"的消除。我们姑且不管分工是如何发展起来的（因为这里还不是我们的研究重点），我们要关注的是马克思所说的由于分工导致的这种"异化"。

马克思说："只要分工还不是处于自愿，而是自发的，那么人本身的活动对人来说就成为一种异己的、与他对立的力量，这种力量驱使着人，而不是人驾驭着这种力量。"[1]

"受分工制约的不同个人的共同活动产生了一种社会力量，及扩大了的生产力，由于共同活动本身不是自愿地而是自发地形成的，因此这种社会力量在这些个人看来就不是他们自身的联合力量，而是某种异己的、在他们之外的权力。"[2]

对于消除这种"异化"，要实现共产主义，消除分工导致的"异化"，马克思说：就"要使这种异化成为一种'不堪忍受的'力量，要成为革命所要反对的力量当然只有在具备了两个实际前提之后才会消灭。就必须让它把人类的大多数变成完全'没有财产的人'，同时这些人又和现存的有钱的有教养的世界相对立，而这两个条件都是以生产力的巨大增长和高度发展为前提的。"[3] 而为什么生产力的巨大增长和高度发展如此成为绝对的必需的实际前提。马克思说道：

其一，只有这样，共产主义才会有丰富的财富的积累的基础。"如果没有这种发展，那就只会有贫穷的普遍化；而在极端贫困的情况下，就必须重新开始争取必需品的斗争，也就是说，全部陈腐的东西又要死灰复燃。"[4]

---

① 《马克思恩格斯全集》第 3 卷，人民出版社 1960 年版，第 37 页。
② 《马克思恩格斯全集》第 3 卷，人民出版社 1960 年版，第 39 页。
③ 《马克思恩格斯全集》第 3 卷，人民出版社 1960 年版，第 39 页。
④ 《马克思恩格斯全集》第 3 卷，人民出版社 1960 年版，第 39 页。

其二，只有这样，共产主义才能成为"世界历史性"的存在。"只有随着生产力的这种普遍发展，人们之间的普遍交往才能建立起来；由于普遍的交往，一方面，可以发现在一切民族中同时都存在着'没有财产的'群众这一事实（普遍竞争），而其中每一民族同其他民族的变革都有依存关系，最后，狭隘地域性的个人为世界历史性的、真正普遍的个人所代替。"① "共产主义一般只有作为'世界历史性的'存在才有可能实现"②，而共产主义，我们知道在马克思的视野里，是从所有制层面对未来社会的概括，是"私有制的消灭"③。

所以，"对高度发达而且普遍发达的生产力的共同占有"是共产主义实现的必要条件——在这里，我们看到了先前在分析自主活动的结论："联合起来的个人占有全部生产力的总和"。我们曾经说过：自由个性是以"个人全面发展和他们的共同的、社会的生产能力成为他们的社会财富"为基础——由此进一步说明，在马克思的视野里，自由活动的达到同共产主义的实现是同一回事，自主活动、共产主义、自由个性是一回事。

不过，我们还忽略一个因素：个人。分工导致的"异化"是针对个人的，联合起来对生产力的占有是个人的占有，在先前的分析中我们也多次谈到人的独立性、自由、人的全面发展，甚至已经做出判断，"自由个性"是"每一个个人"的个性独立性、自由而全面的发展。那么，马克思思想中理解的个人、人是什么呢？这一点是很重要的，从某种层面来讲，只有在这个问题上搞清楚，才能够为我们以上的论证做出铺垫。我们现在来看马克思对"个人"的理解。

在马克思的视野中，个人的概念有双重的含义，一层意思是现实的个人，一层意思是理想的个人，尤其是后者，马克思称为"真正的个人"、"完美的个人"。

---

① 《马克思恩格斯全集》第3卷，人民出版社1960年版，第39页。
② 《马克思恩格斯全集》第3卷，人民出版社1960年版，第40页。
③ 《马克思恩格斯全集》第3卷，人民出版社1960年版，第40页。

（一）现实的个人

在《德意志意识形态》中，马克思是在批判德国的"思辨哲学"过程中阐明对"个人"看法的。马克思指出，在观察问题的过程中有两种方法，第一种观察方法是"从意识出发，把意识看做是有生命的个人"①，如"一般人"、"类"、"唯一者"、"人"，这样一来，"人们的一切关系都可能从人的观念、想象的人、人的本质、'人'中引申出来"②。"思辨哲学就是这么做的。"③ 这是马克思所批判的一种方法。第二种观察方法则是"应该根据现有的经验的材料来考察和研究"④，"按照事物的本来面目及其产生根源来理解事物，任何深奥的哲学问题（后面将对这一问题作更清楚的说明）都会被简单地归结为某种经验的事实"⑤。即"从现实的、有生命的个人本身出发，把意识仅仅看做是他们的意识"⑥。

第一，马克思认为，在这里首先需要具体确认的事实是这种"有生命的个人"。马克思说："任何人类历史的第一个前提无疑是有生命的个人的存在"⑦，是这些个人的肉体组织以及他们与自然界的关系。而个人的活动就是个人的存在。所以，"有生命的个人的存在"也就是"有生命的个人的活动的存在"。换句话说，"有生命的个人"要生存就需要生活，而"首先需要衣、食、住以及其他东西"⑧ 等最基本的需要。因此，所要确认的第一个历史的事实是："生产满足这些需要的资料，即生产物质生活本身"；第二个事实是人的新的需要。"已经得到满足的第一个需要本身、满足需要的活动和已经获得的为满足需要用的工具又引起新的需要。"⑨ 第三个事实是

① 《马克思恩格斯全集》第 3 卷，人民出版社 1960 年版，第 30 页。
② 《马克思恩格斯全集》第 3 卷，人民出版社 1960 年版，第 55 页。
③ 《马克思恩格斯全集》第 3 卷，人民出版社 1960 年版，第 55 页。
④ 《马克思恩格斯全集》第 3 卷，人民出版社 1960 年版，第 33 页。
⑤ 《马克思恩格斯全集》第 3 卷，人民出版社 1960 年版，第 49 页。
⑥ 《马克思恩格斯全集》第 3 卷，人民出版社 1960 年版，第 30 页。
⑦ 《马克思恩格斯全集》第 3 卷，人民出版社 1960 年版，第 23 页。
⑧ 《马克思恩格斯全集》第 3 卷，人民出版社 1960 年版，第 30 页。
⑨ 《马克思恩格斯全集》第 3 卷，人民出版社 1960 年版，第 32 页。

新的社会关系的产生和扩大。"每日都在重新生产自己生活的人们开始生产另外一些人，即增殖。"起初"家庭是唯一的社会关系"，后来，"需要的增长产生了新的社会关系"。这三个因素，从历史的最初时期起，从第一批人出现时，三者就同时存在着，而且就是现在也还在历史上起着作用。"①这样，生活的生产就表现为双重关系——自然关系和社会关系：多个人的合作。于是可以看到，"一定的生产方式或一定工业阶段始终是与一定的共同活动的方式或一定的社会阶段联系着的，而这种共同活动方式本身就是'生产力'，由此可见，人们所达到的生产力的总和决定着社会状况，因而，始终必须把'人类的历史'同工业和交换的历史联系起来。"②因此，第四个事实是社会联系是由生产方式决定的。人与人之间的联系（社会关系）是"由需要和生产方式决定的，它的历史和人的历史一样长久；这种联系不仅采取新的形式，因而就呈现出'历史'"③。马克思说道："只有现在，当我们已经考察了最初的历史的关系的四个因素、四个方面之后，我们才发现：人也具有'意识'。"④从言语中可以感觉出马克思对"意识"的蔑视的态度，而这也正表明了马克思的唯物主义倾向，马克思讨厌思辨哲学家从先验的概念规定入手来研究问题，"应该根据现有的经验的材料来考察和研究"⑤。"现实的个人"的前提就是从这意义上讲的。这一"经验的"出发点在此时刻总是被马克思提及，受到如此的重视，恰恰是因为当时德意志浓厚的唯心主义氛围。

从马克思对施蒂纳的批判（很长时间以来，很多人不理解马克思为什么要批判施蒂纳，其实问题很简单，因为施蒂纳是通过黑格尔的哲学来理解历史的。"施蒂纳式的人们以及他们的世界的各种'转变'只不过是全部世界史转变为黑格尔哲学的形体，转变为怪影，而这些怪影只在外表上是这位

---

①《马克思恩格斯全集》第3卷，人民出版社1960年版，第33页。
②《马克思恩格斯全集》第3卷，人民出版社1960年版，第34页。
③《马克思恩格斯全集》第3卷，人民出版社1960年版，第34页。
④《马克思恩格斯全集》第3卷，人民出版社1960年版，第34页。
⑤《马克思恩格斯全集》第3卷，人民出版社1960年版，第33页。

柏林教授的思想的'异在'。在'现象学'这本黑格尔的圣经中,在'圣书'中,个人首先转变为'意识',而世界转变为'对象',因此生活和历史的全部多样性都归结为'意识'和'对象'的各种关系。"①)也可以看出这一点,马克思说:施蒂纳"断言我'从无中'把我自己例如作为'说话者'创造出来,这是绝对不正确的。这里作为基础的无其实是多种多样的某物,即现实的个人、他的语言器官、生理发育的一定阶段、现存的预言和它的方言、能听的耳朵以及从中可以听到些什么的人周围的环境等等。"②同时,这种个人也是有欲望和需要的,在批判施蒂纳时马克思说道:"基督教一直未能使我们摆脱欲望的控制,纵使从圣麦克斯偷偷塞进基督教的那种狭隘的小市民意义上去理解这种欲望的控制。"③"任何人如果不同时为了自己的某种需要和为了这种需要的器官而做事,他就什么也不能做。"④同时,现实的个人还有一种个人的天赋和发展的可能性。马克思说,欲望是否成为固定,是否许可发展全部的欲望,"又决定于我们的生活条件容许全面的活动因而使我们的一切天赋得到充分的发挥。"⑤可见,这种经验的"现实的个人"首先是生物学意义上的"有生命的个人"。

第二,这种经验的"现实的个人"是处在"社会生产中的个人"。马克思说道:"我们开始要谈的前提不是任意想出的,它们不是教条,而是一些只有在想象中才能加以抛开的现实的前提。这是一些现实的个人,是他们的活动和他们的物质生活条件,包括他们得到的现成的和由他们自己的活动所创造出来的物质生活条件。"⑥"个人怎样表现自己的生活,他们自己也就怎样。因此,他们是什么样的,这同他们的生产是一致的——既和他们生产什么一致,又和他们怎样生产一致。因此,个人是什么样,这取决于他们进行

---

① 《马克思恩格斯全集》第3卷,人民出版社1960年版,第163页。
② 《马克思恩格斯全集》第3卷,人民出版社1960年版,第158页。
③ 《马克思恩格斯全集》第3卷,人民出版社1960年版,第285页。
④ 《马克思恩格斯全集》第3卷,人民出版社1960年版,第286页。
⑤ 《马克思恩格斯全集》第3卷,人民出版社1960年版,第286页。
⑥ 《马克思恩格斯全集》第3卷,人民出版社1960年版,第23页。

生产的物质条件。"① 因此这里的个人，"不是某种处在幻想的与世隔绝、离群索居状态的人，而是处在一定条件下进行的、现实的、可以通过经验观察到的发展过程中的人，只要描述出这个能动的生产过程，历史就不再像那些本身还是抽象的经验论者所认为的那样，是一些僵死事实的搜集，也不再像唯心主义者所认为的那样，是想象的主体的想象的活动。"② 在 1857 年《政治经济学批判导言》中马克思则指出出发点是："在社会中进行生产的个人，——因而这些个人的一定社会性质的生产，当然是出发点。"③ 这里说明了两点，一是指个人不是"孤立的猎人和渔夫"，而是社会中的人；二是指个人是生产的个人。马克思此时没有再在"意识"和"有生命的个人"上面纠缠，而是把眼光放在个人与个人的关系上，放在历史发展过程中个人的独立性逐步增长上，放在个人与社会的关系上。比如马克思这样说道："我们越往前追溯历史，个人，从而也是进行生产的个人，就越表现为不独立，从属于一个较大的整体。"④ 最初是家庭和扩大成为氏族的家庭中，后来是在由各氏族之间的冲突和融合而产生的各种形式的公社中。"在过去的这些历史时代，自然联系等等使他成为一定的狭隘人群的附属物。"⑤ 然后到了 18 世纪，在这个自由竞争的社会里，在"市民社会"中，单个的人表现为摆脱了自然联系，社会联系的各种形式，对个人来说，才只是表现为达到他私人目的的手段，人于是成为"孤立的个人"。但是，马克思认为，正是产生这种孤立个人观点的时代，却是迄今为止最发达社会关系的时代。所以，马克思说：人，"不仅是一种合群的动物，而且是只有在社会中才能独立的动物。"⑥ 也就是说，人是一种社会性的动物，而也只有在社会中人才能够做到独立。

由此可见，到现在为止，马克思对个人的理解首先是强调生物学意义上

---

① 《马克思恩格斯全集》第 3 卷，人民出版社 1960 年版，第 24 页。
② 《马克思恩格斯全集》第 3 卷，人民出版社 1960 年版，第 30 页。
③ 《马克思恩格斯全集》第 46 卷（上），人民出版社 1979 年版，第 18 页。
④ 《马克思恩格斯全集》第 46 卷（上），人民出版社 1979 年版，第 21 页。
⑤ 《马克思恩格斯全集》第 46 卷（上），人民出版社 1979 年版，第 18 页。
⑥ 《马克思恩格斯全集》第 46 卷（上），人民出版社 1979 年版，第 21 页。

来讲的"有生命力的个人";当然也没有否定个人的意识,也就是"有意识的个人";同时,马克思对个人的理解还表现在把其理解为"在社会中生产的个人";除此以外,马克思对个人的理解还包括"阶级的个人",对这一点的分析,我们准备放到"分工的后果"那里去进行阐述。

(二) 真正的个人

除了对个人的这种"现实的个人"的理解以外,实际上马克思还有一种对个人的理解先验的态度,这是一种价值判断上的态度,然而这种价值判断的态度在表面上看来却是马克思所批判的态度:就是哲学家们对"人"的所做的规定性。马克思批判道:"哲学家们在已经不再屈从于分工的个人身上看见了他们名之为'人'的那种理想,他们把我们所描绘的整个发展过程看做是'人'的发展过程,而且他们用这个'人'来代替过去每一历史时代中所存在的个人,并把他描绘成历史的动力。这样,整个历史过程被看成是'人'的自我异化过程,实际上这是因为,他们总是用后来阶段的普通人来代替过去阶段的人并赋予过去的个人以后来的意识。由于这种本末倒置的做法,即由于公然舍弃实际条件,于是就可以把整个历史变成意识发展的过程了。"① 马克思否认哲学家们事先抽象出这种规定性:"人"、"人的本质"、"类"。

马克思反对他们先入为主从先验的概念出发论证的那种唯心主义的方式,反对他们舍弃实际条件对"人"做出抽象的规定,然后在这个抽象的规定上研究问题的思维方式。因为这是一种本末倒置,"人"的这种规定性本身蕴涵在实际条件中,应当从实际条件中得出"人"的这种规定性,而不是反过来,用"人"的概念去论证条件。所以,马克思所要做的工作就是把这种本末倒置的方法再次颠倒过来。用实际条件去说明"人"的规定性。在对实际条件的把握上去说明"人"的这种理想,这样"人"就不再是表现为单纯概念的抽象,而是具有具体的内容了。正因为如此,马克思指

---

① 《马克思恩格斯全集》第3卷,人民出版社1960年版,第77页。

出，要从经验的、现实的个人出发，去研究问题。

然而，是不是说马克思就是要反对哲学家们的"人"的那种理想呢？马克思反对哲学家们那种从抽象的概念和理想出发来论述问题的唯心主义方式，哲学家们"用后来阶段的普通人来代替过去阶段上的人并赋予过去的个人以后来的意识"①。这是问题的实质。但是同时哲学家们做出这种对"人"的规定性恰恰也是一种站在人的角度上的一种价值判断，马克思并没有否定这种价值判断，相反，马克思是对他们那种本末倒置的方式再次进行了颠倒，用实际的条件去说明"人"的规定性，去说明哲学家们对人所做的那种规定性，同时力图隐藏这种先验的价值判断。

我们再来看一段马克思先前论述自主活动的分析。马克思说："联合起来的个人对全部生产力的占有的阶段"，"只有在这个阶段上，自主活动才同物质活动一致起来，而这点又是同个人向完整的个人的发展以及一切自发性的消除相适应的。同样，劳动转化为自主活动，同过去的被迫交往转化为所有个人作为真正的个人参加的交往，也是相互适应的。"②

"完整的个人"、"真正的个人"，这是马克思的价值判断。不过，马克思与哲学家们的不同在于，虽然在对"人"这一概念的规定上，也就是价值判断上是一致的。但是马克思不是抽象的去说明这一点，马克思是用经验、用条件、用过程来说明"人"的这一规定，"现实的个人"，"个人向完整的个人的发展"。马克思所认可的论证应当是由实际条件决定的"现实的个人"由不完整到完整的这一过程，这一过程同时也是"现实的个人"由"不真正的个人"达到"真正的个人"的过程。这一过程的完成也即是隐藏在马克思内心深处的价值判断"真正的个人"的完成。这样，"真正的个人"的形成就表现为不是哲学家们的抽象的价值判断，（当然，也不表现为马克思的那种先验的价值判断）而是表现为现实运动的过程和结果。

---

① 《马克思恩格斯全集》第 3 卷，人民出版社 1960 年版，第 77 页。
② 《马克思恩格斯全集》第 3 卷，人民出版社 1960 年版，第 77 页。

——而这样分析的时候,"人"这一"抽象的规定在思维行程中导致具体的再现"①,就成为"一个许多规定和关系的丰富的总体"②。所以,在这里又显示出了马克思的研究方法,而这种研究方法,在马克思看来才是科学的。——也即是说,马克思在批判哲学家的时候既继承了他们站在人的角度做出的价值判断,同时又改变了他们思考和论证的方式。

其实,当我们说"自主活动",当我们说"自由个性",不都是这种"先验的个人"在其中起作用吗?尽管马克思力图在他的研究和论述过程中避免出现这种先验,而只是从对"现实的个人",经验的个人这一前提出发并论证,但是在马克思的视野中,只有"完整的个人"才算是"真正的个人"。这种建立在"现实的个人"基础上的"真正的个人"的生成不就是"自由个性"的生成吗?换句话说,由"现实的个人"向"真正的个人"的转变,或者说"真正的个人"成为"现实的个人"的这一过程,不也正是"自由个性"的逐渐生成过程吗?

四、自然界、分工与"自由个性"

现在,我们再回过头来看一下马克思所说的分工造成的个人的这种"异化"的过程。这种"异化"的产生,一方面是事实,另一方面是从马克思视野中那种先验的"真正的个人"出发做出的价值判断。但是,这种对"异化"的论述,马克思认为,不应当从这种"真正的个人"的角度为出发点(它应当表现为结果)进行论述,而是应当反过来,从"现实的个人"角度出发。其实,当我们从这个角度出发,同样可以得出马克思"自由个性"的一些元素。

---

① 《马克思恩格斯全集》第46卷(上),人民出版社1979年版,第38页。
② 《马克思恩格斯全集》第46卷(上),人民出版社1979年版,第38页。

　　从"现实的个人"出发，马克思在《德意志意识形态》里这样说道：

　　起初，自然界作为"一种完全异己的、有无限威力的和不可制服的力量与人们对立的，人们同他的关系完全像动物同它的关系一样，人们就像牲畜一样服从它的权力，因而，这是对自然界的一种动物式的意识"①（异己的、对立的，是马克思对德国古典哲学的吸收）。这不是"异化"，但是，在这种情况下，人表现为自然界的奴隶，表现为"自然界和人的同一性质"②，表现为人和自然界之间的狭隘关系，而这种狭隘的关系却也制约着人与人之间的狭隘的社会关系。在这种情况下，人的意识带有典型的"动物性质"，纯粹的"畜群的意识"。这是"现实的个人"的首个状态。在这里，存在的是人与自然界之间的对立，因此，要成为"真正的个人"，要达到"自由个性"，首先就要从人与自然界的这种狭隘的关系中，从自然界中摆脱出来，成为自然界的主人。

　　后来，随着生产效率的提高，需要的增长以及作为前二者基础的人口的增多，人们的意识获得了进一步发展，同时分工也发展起来了。分工首先是自发地或"自然地的分工"，分工不断地发展，"不仅使物质活动和精神活动、享受和劳动、生产和消费由不同的人来分担这种情况成为可能，而且成为现实"③。然而，这种社会分工"使每个人就有了一定的特殊的活动范围，这个范围是强加于他的，他不能超出这个范围：他是一个猎人、渔夫或者牧人，或者是一个批判的批判者，只要他不想失去生活资料，他就始终应该是这样的人"④。看来，这种分工是自发的，对个人来讲是强迫的，这种强迫使每个人都有了自己的特殊的规定性，片面的规定性，这种片面的规定性由于分工或者说私有制（其实，分工和私有制是两个同义词，讲得是同一件事情，一个就活动而言，另一个是就活动的产品而言）而固定化。这种固定化实质上是限制了个人全面发展的可能性。要达到这一点，就需要消灭这

---

① 《马克思恩格斯全集》第3卷，人民出版社1960年版，第35页。
② 《马克思恩格斯全集》第3卷，人民出版社1960年版，第35页。
③ 《马克思恩格斯全集》第3卷，人民出版社1960年版，第36页。
④ 《马克思恩格斯全集》第3卷，人民出版社1960年版，第37页。

种"强迫的社会分工"①。由于社会分工导致"社会的活动的这种固定化，我们本身的产物聚合为一种统治我们的、不受我们控制的、与我们愿望背道而驰的并抹煞我们的打算的物质力量"②。于是，我们看到第一点：由于受到这种强迫的社会分工，而导致的社会的活动的固定化导致个人受到人本身产物的统治，社会力量表现为个人异己的、之外的权力。不但如此，由分工导致的后果也进而造成对个人的"异化"。

现在我们来看一下由于分工导致的后果与个性之间的关系。

马克思说，与分工同时出现的还有分配，而且是劳动及其产品的不平等分配，因而也产生了所有制。马克思说："其实，分工和私有制是两个同义语，讲的是同一件事情，一个是就活动而言，另一个是就活动的产品而言。"③ 因此，"随着分工的发展便产生了个人利益或单个家庭的利益与所有相互交往的人们的共同利益之间的矛盾"④，这种共同的利益作为彼此分工的个人之间的相互依存关系存在于现实之中。⑤ 也正因为如此，出现了私人利益和公共利益之间的分裂。由于私人利益和公共利益之间的这种矛盾，才使公共利益以国家的姿态而采取一种和实际利益（不论是单个的还是共同的）脱离的独立形式，也就是说采取一种虚幻的共同体的形式。马克思接着说，这种虚幻的共同体即国家的产生是在血缘关系、语言联系、较大规模的分工联系、利害关系及其各阶级利益的基础上产生的。这些阶级由于分工而分离开来，就在每一个这样的人群中这样分离开来，其中一个阶级统治其他一切阶级。因此，马克思指出，国家内部的一切斗争都只不过是一些虚幻的形式，在这些虚幻的形式下是进行着各个不同阶级间的真正的斗争。并且，"每一个力图取得统治的阶级，如果它的统治就像无产阶级的统治那

---

① 除了这种社会分工，在工场手工业、大工厂里也存在这种分工，在那里的分工对自由个性的生成也产生着影响，对这一点，我们曾经在分析自主活动的时候涉及一些，但是并不深入，在这里我也并不想过多地涉及，对于分工与自由个性的讨论，留待第四章详细论述。
② 《马克思恩格斯全集》第3卷，人民出版社1960年版，第37页。
③ 《马克思恩格斯全集》第3卷，人民出版社1960年版，第37页。
④ 《马克思恩格斯全集》第3卷，人民出版社1960年版，第37页。
⑤ 《马克思恩格斯全集》第3卷，人民出版社1960年版，第37页。

样，预定要消灭整个旧的社会形态和一切统治，都必须首先夺取政权，以便把自己的利益说成是普遍的利益，而这是它在初期不得不如此做的"①。由此可见，由于分工，出现了个人的利益和公共利益的分裂和矛盾，这里的共同利益表现为虚幻的形式和实际的形式，虚幻的形式是表现为国家利益，而实际的形式则是表现为阶级利益。国家这个虚幻的共同体的背后隐藏的是阶级之间的利益纷争。这样，我们看到，这就与个人本人的利益相背离了。但是，国家和阶级之所以产生，不也正是人们自己的产物么？由此马克思说："正因为各个个人所追求的仅仅是自己的特殊的、对他们说来是同他们的共同利益不相符合的利益（普遍的东西一般说来是一种虚幻的共同体的形式），所以他们认为这种共同利益是'异己的'，是'不依赖'于他们的，也就是说，这仍旧是一种特殊的独特的'普遍'利益，或者说、是他们本身应该在这种分离的界限里活动，这种情况也发生在民主制中。"② 也即是说，每个个人都有自己的特殊的利益，这同他们的共同利益，或者说阶级利益不符合，虽然，他们是通过阶级利益的实现来实现自己个人利益的，但是，由于每个人的最终目的是自己的特殊的利益，因此，他们就把追求这种共同利益（阶级利益）看做是自己的"异化"。于是这些特殊的利益始终"真正地反对共同利益和虚幻的共同利益，这些特殊利益的实际斗争使得通过以国家姿态出现的虚幻的'普遍'利益来对特殊利益进行实际的干涉和约束成为必要"③。

于是我们看到第二点：由于分工，出现了阶级（共同利益），进而出现了国家（虚幻的共同体，虚幻的共同利益），于是，阶级和国家作为"受分工制约的不同个人的共同活动产生了一种社会力量，即扩大了的生产力。由于共同活动不是自愿地而是自发地形成的，因此这种社会力量在个人看来就不是他们自身的联合的力量，而是某种异己的、在他们之外的权力。关于这

---

① 《马克思恩格斯全集》第3卷，人民出版社1960年版，第38页。
② 《马克思恩格斯全集》第3卷，人民出版社1960年版，第38页。
③ 《马克思恩格斯全集》第3卷，人民出版社1960年版，第38页。

种权力的起源和发展趋向，他们一点而不了解；因而他们也不再能驾驭这种力量，相反地，这种力量现在也经历着一系列独特的、不仅不以人们的意志为转移的，反而支配着人们的意志和行为的发展阶段"①。

对于这种"异化"的事实，马克思在批判施蒂纳先生把"普遍利益和个人利益的斗争变成斗争的幻想，变成宗教幻想中的简单反思，然后以他们的宗教信仰来解释他们的宗教信仰"② 的时候做出了另一番解释："个人利益总是违反个人的意志而发展为阶级利益，发展为共同利益，后者脱离单独的个人而获得独立性，并在独立化过程中取得普遍利益的形式，作为普遍利益又与真正的个人发生矛盾，而在这个矛盾中既然被确定为普遍利益，就可以由意识想象成为理想的，甚至是宗教的、神圣的利益，这是怎么回事呢?"③ 马克思说："在个人利益变为阶级利益而获得独立存在的这个过程中，个人的行为不可避免地受到物化、异化，同时又表现为不依赖于个人的、通过交往而形成的力量，从而个人的行为转化为社会关系，转化为某些力量，决定着和管制着个人，因此，这些力量在观念中就成为'神圣的'力量? 如果桑乔哪怕有一天懂得这样一个事实，就是在一定的、当然不以意志为转移的生产方式内，总有某些异己的、不仅不以分散的个人也不以他们的综合为转移的实际力量统治着人们……"④

可见，个人的这种"异化"一方面是由于自发分工导致的社会的固定化，另一方面是由于随着分工而出现的阶级及其虚幻的共同体。现在我们接着分析阶级和个人之间的关系。

---

① 《马克思恩格斯全集》第 3 卷，人民出版社 1960 年版，第 39 页。
② 《马克思恩格斯全集》第 3 卷，人民出版社 1960 年版，第 273 页。
③ 《马克思恩格斯全集》第 3 卷，人民出版社 1960 年版，第 273 页。
④ 《马克思恩格斯全集》第 3 卷，人民出版社 1960 年版，第 274 页。

五、阶级与"自由个性"

对于阶级和个性的这种关系，除了上面的论述以外，马克思在《德意志意识形态》里还讲道："单独的个人所以组成阶级只是因为他们必须进行共同的斗争来反对某一另外的阶级；在其他方面，他们本身就是相互敌对的竞争者。另一方面，阶级对个人来说又是独立的，因此各个人可以看到自己的生活条件是早已确定了的，阶级决定他们的生活状况，同时也决定他们的个人命运，使他们受它支配。这和个人屈从于分工是同类的现象，这种现象只有通过消灭私有制和消灭劳动本身才能消除。至于个人受阶级支配怎样同时发展为受各种各样观念支配，这一点我们已经不只一次地指出过了。"[1]

马克思还说："某一阶级所结成的、受他们反对另一阶级的那种共同利益所制约的社会关系，总是构成这样一种集体，而个人只是作为普通的个人隶属于这个集体，只是由于他们还处在本阶级的生存条件下才隶属于这个集体；他们不是作为个人而是作为阶级的成员处于这种社会关系中的。"[2] 这样，在阶级这种集体条件下，个人的自由发展和运动的条件"是受偶然性支配的，并且是作为某种独立的东西同各个个人对立的，这是由于他们作为个人是分散的，是由于分工使他们有了一种必不可免的联合，而这种联合又因为他们的分散而成了一种对他们来说是异己的联系"[3]。马克思说："个人隶属于一定阶级的这一现象，在那个除了反对统治阶级以外不需要维护任何特殊的阶级利益的阶级还没有形成之前，是不可能消灭的。"[4] 因此，在这样的基础上，马克思说，食利者和资本家等不再是有个性的个人了，因为，

---

[1]《马克思恩格斯全集》第 3 卷，人民出版社 1960 年版，第 61 页。
[2]《马克思恩格斯全集》第 3 卷，人民出版社 1960 年版，第 84 页。
[3]《马克思恩格斯全集》第 3 卷，人民出版社 1960 年版，第 85 页。
[4]《马克思恩格斯全集》第 3 卷，人民出版社 1960 年版，第 86 页。

他们的个性是受非常具体的阶级关系所制约和决定的。①

因此，马克思得出结论说："有个性的个人与阶级的个人的差别，个人生活条件的偶然性，只是随着那个自身是资产阶级产物的阶级的出现才出现的。只有个人相互之间的竞争和斗争产生和发展了这种偶然性。因此，在资产阶级的统治下个人似乎要比先前更自由些，因为他们的生活条件对他们说来是偶然的；然而事实上，他们当然更不自由，因为他们更加受到物的力量的统治。"② 可见要成为有个性的个人，只有在个人不再隶属于阶级的条件下才能成为可能。同样，无产者"应当推翻国家，使自己作为有个性的个人确立下来"③。

而要做到这一点，马克思说："个人力量（关系）由于分工转化为物的力量这一现象，不能靠从头脑抛开关于这一现象的一般观念的办法来消灭，而只能靠个人重新驾驭这些物的力量并消灭分工来消灭。没有集体，这是不可能实现的。"④ 马克思说："只有在集体中，工人才能获得全面发展其才能的手段，也就是说，只有在集体中才可能有个人自由"⑤，但是这绝对不是"阶级"、"国家"这样的"冒充的集体"、"虚构的机体"、"虚幻的集体"，那样的集体"不仅是完全虚幻的集体，而且是新的桎梏"⑥。

只有在"真实的集体"中，只有在"真实的集体的条件下，各个个人在自己的联合中并通过这种联合获得自由。"⑦ 只有在"真实的集体"中，他们才是作为个人处于这种社会关系中。

这种"真实的集体"是这样的集体，是"控制了自己的生存条件和社会全体成员的生存条件的革命无产者的集体"⑧。"在这个集体中个人是作为个人参加的。它是个人的这样一种联合（自然是以发达的生产力为基础

① 《马克思恩格斯全集》第3卷，人民出版社1960年版，第86页。
② 《马克思恩格斯全集》第3卷，人民出版社1960年版，第86页。
③ 《马克思恩格斯全集》第3卷，人民出版社1960年版，第87页。
④ 《马克思恩格斯全集》第3卷，人民出版社1960年版，第84页。
⑤ 《马克思恩格斯全集》第3卷，人民出版社1960年版，第84页。
⑥ 《马克思恩格斯全集》第3卷，人民出版社1960年版，第84页。
⑦ 《马克思恩格斯全集》第3卷，人民出版社1960年版，第84页。
⑧ 《马克思恩格斯全集》第3卷，人民出版社1960年版，第84页。

的），这种联合把个人的自由发展和运动的条件置于他们的控制之下。"① 而这个"真实的集体"不就是自由人联合体，不就是共产主义社会吗？而在这种集体个人表现出来的不正是"自由个性"吗？

六、世界历史与"自由个性"

在先前分析分工与个性的关系的时候，马克思曾经说过，由于社会分工导致个人的活动的固定化，这是一种强迫的社会分工，不是自愿的，因此，导致社会力量成为一种统治个人的力量，成为"不受我们控制的、与我们愿望背道而驰的并抹煞我们的打算的物质力量"②。马克思说，"这是过去历史发展的主要因素之一"③。在那里，马克思还说，不但如此，"单独的个人随着他们的活动扩大为世界历史的活动，愈来愈受到异己力量的支配，受到日益扩大的、归根结底表现为世界市场的力量的支配；这种情况在过去的历史中也绝对是经验的事实。"④

但是，另外还有一种事实，马克思说道："每一个人的单独的个人的解放的程度是与历史完全转变为世界历史的程度一致的。"⑤ 只有在世界历史中，各个单独的个人才能够摆脱各种不同的民族局限和地域局限，而同整个世界的生产发生实际联系，并且有可能利用全球的这种全面生产。而由"各个个人的全面的依存关系、他们的这种自发形成的世界历史性的共同活动的形式，由于共产主义革命而转化为对那些异己力量的控制和自觉的驾驭。"⑥ 共产主义革命是对个人异化的克服，而异化的克服不正是个人的解

---

① 《马克思恩格斯全集》第 3 卷，人民出版社 1960 年版，第 85 页。
② 《马克思恩格斯全集》第 3 卷，人民出版社 1960 年版，第 37 页。
③ 《马克思恩格斯全集》第 3 卷，人民出版社 1960 年版，第 37 页。
④ 《马克思恩格斯全集》第 3 卷，人民出版社 1960 年版，第 42 页。
⑤ 《马克思恩格斯全集》第 3 卷，人民出版社 1960 年版，第 42 页。
⑥ 《马克思恩格斯全集》第 3 卷，人民出版社 1960 年版，第 42 页。

放,"自由个性"的生成吗?马克思说:"共产主义一般只有作为'世界历史性的'存在才有可能实现",那么同样可以这么说,"自由个性"的生成也只有作为"世界历史性的"存在才有可能实现。

现在,让我们引用《德意志意识形态》中的一段话,这段话表明了马克思对我们要研究主题的想法:"一个人的发展屈居于和他直接或间接进行交往的其他一切人的发展;彼此发生关系的个人的世世代代是相互联系的,后代肉体的存在是由他们的前代决定的,后代继承着前代积累起来的生产力和交往形式,这就决定了他们这一代的相互关系,总之,我们可以看到,发展不断进行着,单个人的历史决不能脱离他以前的或同时代的个人的历史,而是由这种历史决定的。

个人关系向它的对立面即向纯粹的物的关系的转变,个人自己对个性和偶然性的区分,这正如我们已经指出的,是一个历史过程,它在发展的不同阶段上具有不同的、日益尖锐和普遍的形式。在现代,物的关系对个人的统治、偶然性对个性的压抑,已具有最尖锐最普遍的形式,这样就给现有的个人提出了十分明确的任务……确立个人对偶然性和关系的统治,以之代替关系和偶然性对个人的统治……这个由现代关系提出的任务和按共产主义原则组织社会的任务是一致的。

我们在前面已经指出,要消灭关系对个人的独立化、个性对偶然性的屈从、个人的私人关系对共同的阶级关系的屈从等等,归根结底都要取决于分工的消灭。

我们也曾指出,只有交往和生产力已经发展到这样普遍的程度,以致私有制和分工变成了它们的桎梏的时候,分工才会消灭。

我们还会指出,私有制只有在个人得到全面发展的条件下才能消灭,因为现存的交往形式和生产力是全面的,所以只有全面发展的个人才可能占有它们,即才可能使它们变成自己的自由的生活活动。

我们也会指出,现代的个人必须去消灭私有制,因为生产力和交往形式已经发展到这样的程度,以致它们在私有制的统治下竟成了破坏力量,同时还因为阶级对立达到了极点。

最后，我们会指出，私有制和分工的消灭同时也就是个人在现代生产力和世界交往所建立的两个基础上的联合。

在共产主义社会中，即在个人的独创的和自由的发展不再是一句空话的唯一的社会中，这种发展正是取决于个人间的联系，而这种个人间的联系则表现在下列三个方面，即经济前提，一切人的自由发展的必要的团结一致以及在现有生产力基础上的个人的共同活动方式。因此，这里谈的是一定历史发展阶段上的个人，而决不是任何偶然的个人，至于不可避免的共产主义革命就更不用说了，因为它本身就是个人自由发展的共同条件。"[1]

由此，我们可以读出我们的主题：个人之间的关系由于他们的交往，从人的依赖关系到向物的依赖关系的转变，是一个现实的历史过程。在物的依赖关系下，不是个人对物和关系的统治，而是物对个性的压抑。要消灭这种关系对个人的独立化以及对个性的压抑，归根结底要取决于分工（私有制）的消灭，然而，要达到这一点，就需要生产力和个人之间的交往达到普遍而高度发达的程度，而这一过程实质上也就是世界历史的生成过程。而与此同时发展起来的是个人的全面发展。因此，马克思认为，由于生产力和交往形式已经发展到私有制成为破坏力量的程度了，而且阶级独立也发展到极点了，所以，就需要现代的个人去消灭私有制，而这个过程实质上也就是发展生产力、个人在现代生产力和世界交往所建立基础上的联合、实施共产主义革命的过程。

七、结论

在这章我们实际上是从历史唯物主义的视野来分析"自由个性"的历史生成。我们看到在一种潜在的"完美的人"的理想情结下，马克思"从

---

[1]《马克思恩格斯全集》第3卷，人民出版社1960年版，第516页。

现实的个人"的个人出发，在叙述历史的发展进程中来阐明人在其中所处的生存状态。起初，在自然界面前，人表现为一种无助，自然界在人们面前表现为一种异己的东西，人尚且不能实现自己的生存，个性发展更无从谈起，因此，人们联合了起来，部落出现了，然而，个人在这里是从属于部落的；随着分工的出现，人们的社会联系增多，生产力也发展起来了，但是由于这是自发的分工，对于人们是一种强迫的分工，所以人们被局限到一个小小的范围内，于是分工表现为人们的异化；与此同时，由于分工，私有制度也发展了起来，于是产生了个人的特殊利益和共同利益的冲突，这种共同利益表现为阶级的利益和它的虚幻的共同体—国家，它们在个人看来同样是自我的异化。

不过，在大工业以前，由于生产者在自己的分工的范围内的局限的自主活动还能够感到一丝的满足感，所以他们还能够有自己的局限性的个性，但是，随着大工业的发展，资本主义社会发展了起来，社会日益分裂为资本和劳动，资本家阶级和无产者阶级两个极端，私有制度获得了纯粹的形式，对于无产者而言，他们一无所有，甚至他们与生产力之间的唯一联系，劳动转变成了雇佣劳动，而这正是对工人生命力的摧残，毫无个性可言。而资本家只是人格化的资本，若资本家不占有资本了，就什么也不是，正因为如此，资本家不是作为有个性的个人存在。正因为如此，在资本主义社会里面，是资本的个性和自由，人只是为资本而活，在这里丧失了尊严和存在的意义。那么，如何才能实现"自由个性"呢？那必然是"共产主义"的实现，"自主活动"的实现，"自由人"的实现，"自由人联合体"的实现，同时也是"完美的个人"、"真正的个人"、"有个性的个人"的实现。也正因为如此，我们才看到，联合起来的无产者通过占有高度而普遍发展起来的生产力；从而形成真实的集体，消除阶级、国家这种虚假的集体的假象；从而消除私有制，重新建立"劳动者的个人的所有制"；从而消除强迫的自发的分工，建立起自觉地分工；从而消除劳动的雇佣性质，使物质生产劳动同自主活动相一致起来，使劳动成为人们的第一需要；从而消除了个人的地域性存在，成为"世界历史的个人"；只有到那时，才可以说真正实现了"自由个性"，也只有到那时，才可以实现了"每一个个人"的个性独立、自由而全面的发展，也只有到那时，人类社会才真正达到了古代社会的更高意义上的复归！

此外，我们知道，马克思对"自由个性"的分析是建立在对资本主义社会批判之上的。如果说历史唯物主义是论述"自由个性"历史生成的一般性论证，那么对资产阶级社会的专门性批判，则是阐明"自由个性"历史生成的重点特殊论证。对这一点的考察，我们在下一章具体阐述。

第四章

关于资本与"自由个性"关系的分析

现在，我们已经知道"自由个性"即"每一个个人"的个性独立、自由而全面的发展的历史生成意味着"共产主义"的生成，意味着"自主活动"的生成，意味着"自由人联合体"的生成，意味着"自由人"的生成，同时也意味着"真正的个人"、"完整的个人"、"有个性的个人"的生成，意味着"社会个人的所有制"的生成等。如果说这是我们对马克思"自由个性"及其历史生成的一般性认识，或者说还是停留在一种较为抽象的状态。当我们对资产阶级社会或者说对资本进行批判时，我们才会更加了解适才所涉及的与"自由个性"相关的概念（比如劳动、分工、异化等），由此进一步理解马克思对"自由个性"的历史生成态度。马克思曾经这样评价《政治经济学批判》第二分册《资本》："我认为这个分册具有决定性的重要意义，实际上，这是全部资产阶级污垢的核心。"① 如果不从资本批判的角度来进行分析，就不能获悉这一资本主义生产方式内部隐藏的秘密，也就无从谈起对马克思"自由个性"的理解了。因此，也只有对"资本"与"自由个性"的关系进行分析之后，我们才可以说，我们对"自由个性"及其历史生成的理解进一步达到了具体，并有着更为深刻的认识。也只有当我们

---

① 《马克思恩格斯〈资本论〉书信集》，人民出版社 1976 年版，第 152 页。

清楚了这些，马克思的"自由个性"才会作为有着丰富的具体内容的存在呈现在我们的面前。① 而在对资产阶级社会为主体的批判中，马克思正是在对资产阶级社会的核心范畴——资本进行彻底的批判的过程中，进一步阐明了个人在其中发生"异化"、个性和独立性消弭及其"自由个性"即"每一个个人"个性独立、自由而全面发展逐步实现的生成机制。

而当我们转入这一领域的时候，我们首先面对的便是马克思为写作《资本论》而撰写的大量手稿。如何处理这些手稿呢？

摆在我们面前的有两条思路。一条思路是顺延马克思写作文本的时间顺序来追踪。这样做的好处是我们能够尽可能地接近马克思在不同时期的思想；而另一条思路则是在第一条思路的基础上，根据马克思编订的提纲草稿等来追踪。这样我们对马克思的整体思想会有一个全面的把握。两种思路相结合，我们才能够更深入了解马克思的思想。在这个基础上，我们若是以"自由个性"为切入点顺延，则会挖掘出更多的东西。

在第一条思路中，我们看到：在马克思对资本的批判中，主要涉及的文本有《1844年经济学哲学手稿》（1844），《评弗里德里希·李斯特的著作〈政治经济学的国民体系〉》（1844—1845），《〈政治经济学批判〉导言》（1857），《1857—1858年经济学手稿》（1857—1858），《政治经济学批判（第一分册）》（1858—1859），《1861—1863年经济学手稿》（1861—1863），《工资、价格和利润》（1865），《1863—1867年经济学手稿》（1863—1867），《资本论》第一卷（1867），《资本论》第一卷法文版（1872—1875），《资本论》第一卷续篇，《资本论》第二卷草稿，《资本论》第三卷（1894）等。

在第二条思路中，《〈政治经济学批判〉导言》、《政治经济学批判序

---

① 在前三章中，我们实际上是通过历史的观照来分析马克思的"自由个性"，或者说，我们把马克思的学说看做是一种"历史哲学"来分析问题。尽管马克思说自己的学说不是"历史哲学"，但是如我们所看到的，历史唯物主义在解释世界方面是比其他方法更有成效的一种方法，在解释世界的一般发展（不是特殊发展）中，有着强有力的话语权。同时我们知道的是，对资产阶级社会，对资本的批判构成了马克思一生的主题。

言》以及马克思对自己的手稿所做的索引和提纲成为我们分析的主要入口。这里体现了马克思研究的主要思路。然后,我们根据掌握的马克思的这个主要的思维框架,再去结合马克思在 1857—1858 年,1861—1863 年的手稿去展开分析。因为这些手稿除了一部分是马克思自己的创造以外,还有很大的一部分是马克思对一些文章的摘录和评价,有一些马克思的思想还是重复论述的,正因为如此,我们应当做出一些整理和总结。而此刻离我们最近的,就是从马克思所做的索引和提纲出发,这是最直接的。

1859 年 2 月,马克思为了写作《政治经济学批判》第三章,整理了1857—1858 年手稿,制订了七个笔记本的新的索引,题为《我自己的笔记本的提要》。在这个提要的基础上,马克思写下了《〈政治经济学批判〉第三章提纲草稿》,其中对手稿的内容按照四个部分:即(I)资本的生产过程;(II)资本的流通过程;(III)资本和利润;(IV)《其它问题》。这也成为马克思后来《资本论》的结构的基础。1863 年 1 月,马克思在 1861—1863 年手稿第 XVIII 本又拟订了一个"《资本论》第一部分和第三部分的计划草稿"。其中第一部分:《资本的生产过程》,第三部分:《资本和利润》,第三部分第二章论述一般利润率的形成。事实上,《资本论》后来也是基本按照这种思路进行的。毋庸置疑的是,马克思研究的重点是"资本",而通过对马克思这样一种思路的追踪,我们试图发现马克思如何在研究资本的前提、形成、发展过程及其后果中看待人的个性的消失以及人的个性即"自由个性"的扬弃性回归的。

因此,分析资本的生产过程固然要从马克思对资本研究的最完备的形态《资本论》入手,可是我却也不能忽略他为写作《资本论》而留下的那些手稿。在那些手稿里面,虽然在一些理论范畴上和表现形式上没有《资本论》那么完美,可正是在这些手稿中,才真正体现着马克思的思维过程,而且正是在这些手稿中隐藏着马克思在《资本论》中并没有体现出来,但是对我们研究的主题有用的因素。尤其是在《1857—1858 年经济学手稿》和《1861—1863 年经济学手稿》里面,这种辩证式的分析表现得淋漓尽致。另一方面,这些手稿还有助于我们进一步理解《资本论》的主要思路,并在某些方面对其做了有益的补充。例如，我们发现马克思在不断地写作过程中，力求客观还原资本主义发展过程，而对资本主义在不同的发展阶段人所处的生存状态的"异化"概念越来越少，但是其"异化"的内涵和精神却没有丝毫的改变。如在对货币进行分析的时候，在《1857—1858 年经济学手稿》中，马克思总是时不时回过头来用"异化"来阐述货币发展的某个阶段或者职能与人的关系，可是在他正式发表的作品里面，马克思尽可能地掩盖（我没有用"消除"这个词）这种思路的影响，而只是保留下一条思路，采取了一种真实的事物之间关系的"从属"的概念。"异化"概念源于一种事先预定的"应然"，然后以这种"应然"为标准去衡量和评判与之相关的事物，而当"异己"和"从属"的概念取代"异化"概念以后，这就表现为一种对事实的描述，但是正如我们所看到的，在其中从人本身出发对事情的发展做出价值判断并不因此而减少。

而就具体的方法而言，辩证法在这里得到了鲜明地体现。我们首先看到，在矛盾的分析中马克思一步一步走到我们的主题，在矛盾的分析中由商品推导出货币，货币再一步步变为资本，人一步步沦为雇佣劳动，沦为资本的要素，并不断丧失自己的生命力和个性。而与此同时，资本也在消弭人的个性的同时为"每一个个人"的个性独立、自由而全面发展准备着条件。

让我们用马克思的一句话作为开场白。马克思说：自由竞争的自由是在有局限性的基础上，即"资本统治的基础上的自由发展。因此，这种个人自由同时也是最彻底地取消任何个人自由，而使个性完全屈从于这样的社会条件，这些社会条件采取物的权力的形式，而且是极其强大的物，离开彼此发生关系的个人本身而独立的物。"[1] 而这里所说的"物"，首先指的是商品，其次指的是货币，最后指的是资本，它们作为资本主义生产方式的范畴，都表现为"一种在物的外壳掩盖下的人与人之间的关系"[2]。为此，我们从商品出发，先从对货币与"自由个性"的关系论起。

---

[1]《马克思恩格斯全集》第 46 卷（下），人民出版社 1980 年版，第 161 页。
[2]《马克思恩格斯全集》第 16 卷，人民出版社 1964 年版，第 277 页。

一、货币与"自由个性"的历史生成

在这一部分，为了表明马克思的研究思路，我们先是通过马克思在《1857—1858 年经济学手稿》、《1861—1863 年经济学手稿》和《资本论》中的对比分析来说明问题。

（一）《1857—1858 年经济学手稿》对货币与"自由个性"关系的分析

1. 关于货币与"自由个性"关系的一般分析

（1）货币作为媒介和社会权力造成个人之间全面依赖，同时也造成人的个性消弭和个人与个人之间的异化

在《1857—1858 年经济学手稿》中，马克思从商品交换这一现象出发，先阐明了交换价值的存在，而后以此为基础推理到货币的产生。他说："产品成为商品，也就是说，成为单纯的交换要素。商品转化为交换价值。为了使商品同作为交换价值的自身相等，商品换成一个符号，这个符号代表作为交换价值本身的商品。然后，作为这种象征化的交换价值，商品又能够按一定的比例同任何其他商品相交换。由于产品成为商品，商品成为交换价值，产品开始在头脑中取得了二重存在。这种观念上的二重化造成（并且必然造成）的结果是，商品在实际交换中二重地出现：一方面作为自然的产品，另一方面作为交换价值。也就是说，商品的交换价值取得了一个在物质上和商品分离的存在。可见，产品作为交换价值的规定，必然造成这样的结果：交换价值取得一个和产品分离即脱离的存在。同商品界本身相脱离而自身作为一个商品又同商品界并存的交换价值，就是货币。"[1] 由此可见，货币首

---

[1]《马克思恩格斯全集》第 46 卷（上），人民出版社 1979 年版，第 89 页。

先是作为一个媒介而出现的。

而随着生产的发展交换价值本身越来越成为每一个生产者的依赖，交换价值越来越成为生产的直接目的。随着生产的社会性的发展，"货币的权力也在同一程度上发展，也就是说，交换关系固定为一种对生产者来说是外在的、不依赖于生产者的权力。最初作为促进生产的手段出现的东西，成了一种对生产者来说异己的关系"①。"货币本来是一切价值的代表；在实践中情况却颠倒过来，一切实在的产品和劳动竟成为货币的代表"②，这种货币权力随着生产的社会性呈现出同一程度的发展，即生产越呈现出社会化，越是有纯粹的交换价值，那么货币的权力就越大。在这种情况下，就出现了生产者和交换的手段的异己关系。"生产者在什么程度上依赖于交换，看来，交换也在什么程度上不依赖于生产者。作为产品的产品和作为交换价值的产品之间的鸿沟也在什么程度上加深。货币没有造成这些对立和矛盾；而是这些矛盾和对立的发展造成了货币的似乎先验的权力。"③

由于货币的出现，交换行为被分为两个相互独立的行为：商品换货币，货币换商品；买和卖。买和卖在空间和时间上的直接同一消失了。随着买和卖的分离，交换的总运动本身也同交换者，商品生产者相分离，为交换而交换同为商品而交换相分离。在生产者之间出现了只为卖而买，或只为买而卖，即只是为了要占有产品的商品，只是要取得交换价值本身即货币的商人阶层。并且，与交换价值脱离产品而在货币的形式上对立化相适应，交换（商业）也作为脱离交换者的职能而独立化，商业的出现使商品交换的目的不再是以往的消费，而是直接为了谋取货币，谋取交换价值。因此，交换价值进一步普遍化了。而随着交换价值的进一步普遍化，货币权力也进一步普遍化了。

随着"一切产品和活动转化为交换价值……每个人的生产，依赖于其

①《马克思恩格斯全集》第 46 卷（上），人民出版社 1979 年版，第 91 页。
②《马克思恩格斯全集》第 46 卷（上），人民出版社 1979 年版，第 94—95 页。
③《马克思恩格斯全集》第 46 卷（上），人民出版社 1979 年版，第 91 页。

他一切人的生产；同时，他的产品转化为他本人的生活资料，也要依赖于其他一切人的消费……交换渗入一切生产关系，这些只有在资产阶级社会里，自由竞争的社会里，才能得到充分发展，并且发展得越来越充分。"① 也正因为如此，以交换价值为媒介造成了"毫不相干的个人之间的相互的和全面的依赖，构成他们的社会联系"②。而换句话说，个人与个人之间"这种相互依赖，表现在不断交换的必要性上和作为全面媒介的交换价值上"③。而反过来说，也正因为把交换价值（货币）作为全面的媒介，从而也进一步导致了个性的消弭以及个人与个人之间的异化。

首先，在这种以交换价值为全面媒介的依赖关系下，交换价值成为一切个性、特征都被否定和消灭的一般的东西。"不管活动采取怎样的个人表现形式，也不管这种活动具有怎样的特性，活动和这种活动的产品就是交换价值，即一切个性，一切特性都已被否定和消灭的一种一般的东西。"④ 而恰恰是因为交换价值成为一般的东西，所以，交换价值才可以使社会上甚至毫不相识的人也可以形成相互和全面地依赖，于是，交换价值实质上已经成为了一种社会权力。"毫不相干的个人之间的相互的和全面的依赖，构成他们的社会联系。这种社会联系表现在交换价值上，因为只有在交换价值上，每个个人的活动或产品对他来说才成为活动或产品；他必须生产一般产品——交换价值，或孤立化和个体化的交换价值，即货币。另一方面，每个个人行使支配别人的活动或支配社会财富的权力，就在于他是交换价值或货币的所有者。他在衣袋里装着自己的社会权力和自己同社会的联系。"⑤ "个人的产品或活动必须先转化为交换价值的形式，转化为货币，才能通过这种物的形式取得和表明自己的社会权力。"⑥

其次，在这种以交换价值为全面媒介的依赖关系下，活动的社会性表现

---

① 《马克思恩格斯全集》第46卷（上），人民出版社1979年版，第102页。
② 《马克思恩格斯全集》第46卷（上），人民出版社1979年版，第105页。
③ 《马克思恩格斯全集》第46卷（上），人民出版社1979年版，第102页。
④ 《马克思恩格斯全集》第46卷（上），人民出版社1979年版，第103页。
⑤ 《马克思恩格斯全集》第46卷（上），人民出版社1979年版，第103页。
⑥ 《马克思恩格斯全集》第46卷（上），人民出版社1979年版，第105页。

为对个人是异己的物的东西。"活动的社会性"① 在这里 "表现为对于个人是异己的东西,表现为物的东西;不是表现为个人相互间的关系,而是表现为他们从属于这样一些关系,这些关系是不以个人为转移存在的,并且是从毫不相干的个人相互冲突中产生出来的。活动和产品的普遍交换已成为每一单个人的生存条件,这种普遍交换,他们的相互联系,表现为对他们本身来说是异己的、无关的东西,表现为一种物"②。"在交换价值上,人的社会关系转化为物的社会关系;人的能力转化为物的能力。"③

其三,在这种以交换价值为全面媒介的依赖关系下,个人从属于社会生产。因此生产者之间是一种全面的依赖但同时又以生产者的私人利益完全隔离和社会分工为前提,"这种社会分工的统一和相互补充,仿佛是一种自然关系,存在于个人之外并且不以人为转移"④。而个人们的生产在这种情形下,不是直接的社会的生产,不是本身实行分工的联合体的产物。"个人从属于像命运一样存在于他们之外的社会生产;但社会生产并不从属于把这种生产当做共同财富来对待的个人。"⑤ 由此可见,这是个人对交换价值的全面的依赖,对"物"的全面依赖,而正是这种对"物"的全面依赖,使个人丧失了自己的一切,人的一切成了物的一切,人的关系转为物的社会关系,人的能力转为"物"的能力,人的个性转化为货币(交换价值)的个性。

但是为什么货币能充当这种全面的媒介,为什么人们信赖物呢?马克思给出了解释:"显然,仅仅是因为这种物是人们相互间的物化的关系,是物化的交换价值,而交换价值无非是人们相互间的生产活动的关系。任何别的抵押品本身都可以直接对抵押品持有者有用,而货币只是作为'社会的抵押品'才对他有用,但货币所以是这种抵押品,只是由于它具有社会的

---

① 《马克思恩格斯全集》第 46 卷(上),人民出版社 1979 年版,第 103 页。
② 《马克思恩格斯全集》第 46 卷(上),人民出版社 1979 年版,第 103 页。
③ 《马克思恩格斯全集》第 46 卷(上),人民出版社 1979 年版,第 103—104 页。
④ 《马克思恩格斯全集》第 46 卷(上),人民出版社 1979 年版,第 104 页。
⑤ 《马克思恩格斯全集》第 46 卷(上),人民出版社 1979 年版,第 107 页。

（象征性）的属性，货币所以能拥有社会的属性，只是因为各个人让他们自己的社会关系作为物同他们自己相异化。"① 可见，货币权力的产生是由于人们之间社会关系同人自己发生异化的结果，而这种异化正是由于商品交换的结果，是由于劳动者的特殊劳动时间不能直接同任何其他特殊劳动时间相交换的结果，它的这种一般交换能力还需要通过媒介而取得，因此，"它必须取得与本身不同的、物的形式，才能获得这种一般交换能力"②。于是，造成了货币的社会权力。

（2）货币权力的消除和"自由个性"的历史生成

因此，要消除这种社会权力，就需要改变人们的社会关系。马克思进一步指出，只有在把"个人的独立生产为出发点"的生产变为以"共同生产"为前提的生产，那么单个人的劳动才能一开始就不是特殊劳动，而是一般劳动（也就是说，一开始就成为一般生产的环节），那么他们生产的产品也就表现为不是一定的特殊产品，而是共同生产中的一定份额，因此，也就不用去交换。在这种情况下，"前提本身起媒介作用"，"生产的社会性是前提，并且个人分享产品界，参与消费，并不是以互相独立的劳动或劳动产品之间的交换为媒介。它是以个人在其中活动的社会生产条件为媒介的"③。而货币的媒介作用就消失了，相应地货币权力也就消失了。所以，要消除货币权力，首先应当使"共同生产"成为前提。

同时，马克思指出："如果共同生产已成为前提，时间的规定当然仍有重要意义。"④ "正像单个人的情况一下，社会发展、社会享用和社会活动的全面性，都取决于时间的节省。一切节约归根到底都是时间的节约。"⑤ 因此，"时间的节约，以及劳动时间在不同的生产部门之间的有计划的分配，在共同生产的基础上仍然是首要的经济规律。这甚至在更加高得多的程度上

---

① 《马克思恩格斯全集》第 46 卷（上），人民出版社 1979 年版，第 107 页。
② 《马克思恩格斯全集》第 46 卷（上），人民出版社 1979 年版，第 118 页。
③ 《马克思恩格斯全集》第 46 卷（上），人民出版社 1979 年版，第 119—120 页。
④ 《马克思恩格斯全集》第 46 卷（上），人民出版社 1979 年版，第 120 页。
⑤ 《马克思恩格斯全集》第 46 卷（上），人民出版社 1979 年版，第 120 页。

成为规律"①。由此可见，时间的节约是消除这种货币权力的一个必要条件。

　　另一方面，马克思指出，在以交换价值为基础的资产阶级社会内部，本身酝酿着这种货币权力消失的条件。对于这种物的依赖阶段，马克思认为这种依赖关系的发展是历史的产物，是一种进步的发展。"毫无疑问，这种物的联系比单个人之间没有联系要好，或者比只是以自然血缘关系和统治服从关系为基础的地方性联系要好"，"这种联系是各个人的产物。它属于个人发展的一定阶段。这种联系借以同个人相对立而存在的异己性和独立性只是证明，人们还处于创造自己社会生活条件的过程中，而不是从这种条件出发去开始他们的社会生活。这是各个人在一定的狭隘的生产关系内的自发的联系。"②　而由"分工产生出密集、结合、协作、私人利益的对立或阶级利益的对立、竞争、资本集聚、垄断、股份公司，——全都是对立的统一形式，而统一又引起对立本身，——同样，私人交换产生出世界贸易，私人的独立性产生出对所谓世界市场的完全的依赖性，分散的交换行为产生出银行和信用制度"③，因此，在以交换价值为基础的资产阶级社会内部，产生的这些交往关系和生产关系，它们同时又是炸毁这个社会的地雷。④

　　到时，个人将会发生一个崭新的变化，"全面发展的个人"将会产生。但是，如马克思所说的，这种"全面发展的个人——他们的社会关系作为他们自己的共同的关系，也是服从于他们自己的共同的控制的——不是自然的产物，而是历史的产物。要使这种个性成为可能，能力的发展就要达到一定的程度和全面性，这正是以建立在交换价值基础上的生产为前提的。这种生产才在产生出个人同自己和同别人的普遍异化的同时，也产生出个人关系和个人能力的普遍性和全面性"⑤。

---

① 《马克思恩格斯全集》第46卷（上），人民出版社1979年版，第120页。

② 《马克思恩格斯全集》第46卷（上），人民出版社1979年版，第108页。

③ 《马克思恩格斯全集》第46卷（上），人民出版社1979年版，第105页。

④ 但是，马克思又告诉我们"如果我们在现在这样的社会中没有发现隐蔽地存在着无阶级社会所必需的物质生产条件和与之相适应的交往关系，那么一切炸毁的尝试都是唐·吉诃德的荒唐行为"（《马克思恩格斯全集》第46卷（上），人民出版社1979年版，第107页）。

⑤ 《马克思恩格斯全集》第46卷（上），人民出版社1979年版，第109页。

　　从以上的推理首先可以看出马克思实质上此时已经涉及"全面发展的个人"即"自由个性"的生成问题。第一，马克思指出了货币在对"全面发展的个人"形成过程中所起到的双面作用，即一方面，货币的"社会权力"造成人的个性的消弭和个人与个人之间的异化；而另一方面，正因为造成其"社会权力"的"全面媒介"的功能，却也生产出个人与个人之间普遍的关系和个人能力的普遍性，而这些恰恰是"全面发展的个人"或者说"自由个性"的基础。第二，"自由个性"的实现意味着货币作为媒介和社会权力的消失，而要使这种消失成为可能，就需要两个条件。首先需要使"共同生产"成为前提，使个人的劳动一开始就是社会的，这就要求个人们"联合"起来，形成对社会财富的"社会个人的所有"。其次需要时间，也就是我们以后要讲到的"自由时间"，因为无论是单个人还是社会发展、社会享用、社会活动的全面性，归根结底都取决于时间的节约。而要达到时间的节约就也需要两个条件才能成为可能，一是使生产力达到高度的发展（而这就必然涉及科学的问题，不过我们在这里不做讨论），二就是刚才我们说过的"共同生产"，因为只有在"共同生产"的基础上才能够有计划地利用时间并且节约时间。第三，马克思指出，"自由个性"实现的条件不仅仅是从逻辑上做出的推理，而且历史正在生成并将继续生成。如分工产生出的密集、协作、股份公司等都是一种对立统一的产物，都是一种自我矛盾，这种自我矛盾必然要求突破自身。交换价值产生了生产形式和社会关系，而这些生产形式和社会关系却必然成为创造它的主人的掘墓人。

　　由此，我们也进一步理解了马克思关于"自由个性"历史生成的那个判断："交换手段拥有的社会力量越小，交换手段同直接的劳动产品的性质之间以及同交换者的直接需求之间的联系越是密切，把个人相互联结起来的共同体的力量就必定越大——家长制的关系，古代共同体，封建制度和行会制度"。① 在以交换价值为媒介的社会中，"每个人以物的形式占有社会权

---

① 《马克思恩格斯全集》第46卷（上），人民出版社1979年版，第104页。

力。如果你从物那里夺去这种社会权力，那你就必须赋予人以支配人的这种权力"①。于是，"人的依赖关系（起初完全是自然发生的），是最初的社会形式，在这种社会形式下，人的生产能力只是在狭小的范围内和孤立的地点上发展着。以物的依赖性为基础的人的独立性，是第二大形式，在这种形式下，才形成普遍的社会物质交换、全面的关系、多方面的需求以及全面的能力的体系。""因此，家长制的、古代的（以及封建的）状态随着商业、奢侈、货币、交换价值的发展而没落下去，现代社会则随着这些东西同步发展起来。"也就是说，现代社会实质上就是"以物的依赖性为基础"为特征的社会。由此马克思得出预测："建立在个人全面发展和他们的共同的、社会的生产能力成为从属于他们的社会财富这一基础上的自由个性，是第三个阶段。第二个阶段为第三个阶段创造条件。"②

而用马克思另外的一段叙述就是：第一阶段，"以个人之间的统治和服从关系（自然发生的或政治性的）（不管这种统治和服从的性质是家长制的，古代的或是封建的）（在这种情况下，真正的交换只是附带进行的，或者大体说来，并未触及整个共同体生活，不如说只发生在不同共同体之间，决没有支配全部生产关系和交往关系）为基础的分配"③ 的社会形态。第二阶段，"一切劳动产品、能力和活动进行私人交换"④ 的社会形态。第三阶段，"共同占有和共同控制生产资料的基础上联合起来的个人所进行的自由交换（这种联合不是任意的事情，它以物质和精神条件的发展为前提）。"⑤在这里我们又再次看到要使这种"自由个性"成为可能，除了刚才所说的客观因素以外，还需要个人主观的觉悟的大大提高。

2. 关于货币与"自由个性"关系的具体分析：货币职能与"自由个性"

除了在一般意义即货币的媒介和社会权力角度来论述人的个性丧失及其

---

① 《马克思恩格斯全集》第46卷（上），人民出版社1979年版，第104页。
② 《马克思恩格斯全集》第46卷（上），人民出版社1979年版，第104页。
③ 《马克思恩格斯全集》第46卷（上），人民出版社1979年版，第105页。
④ 《马克思恩格斯全集》第46卷（上），人民出版社1979年版，第105页。
⑤ 《马克思恩格斯全集》第46卷（上），人民出版社1979年版，第105页。

"自由个性"的生成以外，马克思又逐次渐进分析了货币具有的价值尺度、流通手段、作为财富的物质代表（货币贮藏）、和世界货币职能，在分析过程中，马克思不仅仅指出了这些范畴的内在关系，而且从个人（个性）的角度对其做出了价值判断。在上面对货币的一般分析中，我们已经可以看到，货币之所以能够成为全面的媒介，并且具有了社会权力，首先就是因为货币的价值尺度和流通手段的职能。而表现货币权力和人的个性的消弭鲜明体现在货币的贮藏手段中。

马克思通过分析指出，如果就货币本身来考察，货币是财富本身，货币是财富的一般物质代表。财富（既作为总体又作为抽象的交换价值），在其他一切商品被排斥后，作为个体化在金银上的财富而存在，作为个别的可以捉摸的对象而存在。因此，货币是商品中的上帝。因而，"一般财富在可以捉摸的形式上被单个的人所占有，货币从它表现为单纯流通手段这样一种奴仆身份，一跃而成为商品世界中的统治者和上帝"①。而个性在这个过程中就慢慢丧失掉了。"每种形式的自然财富，在它被交换价值取代以前，都以个人对物的本质关系为前提，因此，个人在自己的某个方面把自身物化在物品中，他对物品的占有同时就表现为他的个性的一定的发展；拥有羊群这种财富使个人发展为牧人，拥有谷物这种财富使个人发展为农民，等等。"②

"与此相反，货币是一般财富的个体，它本身是从流通中产生的，它只代表一般，纯粹是社会的结果，它完全不以自己占有者的任何个性关系为前提；占有货币不是占有者个性的某个本质方面的发展，倒不如说，这是占有没有个性的东西，因为这种社会关系同时作为一种可以被感觉的外在对象而存在着，它可以机械地被占有，也可以同样丧失掉。"③"因此，货币对个人的关系，表现为一种纯粹偶然的关系，而这种对于同个人个性毫无联系的物的关系，却由于这种物的性质而赋予个人对于社会，对于整个享乐和劳动等

---

① 《马克思恩格斯全集》第46卷（上），人民出版社1979年版，第171页。
② 《马克思恩格斯全集》第46卷（上），人民出版社1979年版，第171页。
③ 《马克思恩格斯全集》第46卷（上），人民出版社1979年版，第171页。

等世界的普遍支配权。"① 但是，如先前我们分析过的，这种支配权实质上是货币的社会权力。

在另外一段话里，马克思说："货币作为纯抽象财富——在这种财富形式上，任何特殊的使用价值都消失了，因而所有者和商品之间的任何个人关系也消失了——同样成为抽象人格的个人的权力，同他的个性发生异己的和外在的关系。但是货币同时赋予他作为他的私人权力的普遍权力。"② 但也正是因为如此，"他所运用的这种社会权力也表现为某种完全偶然的，对他说来是外在的东西"③。也就是说，货币有增强人的权力的特征，但是，同时这种权力是以其个性的消弭为代价的，因为他所谓的权力实质上是货币的权力。对于这种矛盾，马克思引用了莎士比亚《雅典的太门》一段话来评价货币："那种可以献身于一切并且一切皆可为之献身的东西，表现为普遍的收买手段和普遍的卖淫手段。"④

货币作为世界货币导致货币权力和人的个性的消弭成为全球性的。货币作为国际支付手段和国际购买手段，作为世界铸币具有了社会权力（货币的存在方式与货币的概念在世界货币这个范畴上适合了）。⑤ 货币本身是世界主义的。⑥ "金银会在开辟市场方面，在使社会物质变换超越一切地方的、宗教的、政治的和种族的区别方面成为异常有力因素。"⑦ 当货币越出国内市场，在世界市场上充当流通手段、支付手段的时候，作为社会财富的代表在国与国之间转移或者货币贮藏职能的时候，（世界货币是货币最适合的存在方式，因此世界货币职能表现为在世界范围内的执行一般支付手段的职能、一般购买手段的职能和一般财富的绝对社会化身的职能）货币的权力就扩张到了全世界和全球。这句话同样可以说成，全人类从属于货币，全球

① 《马克思恩格斯全集》第 46 卷（上），人民出版社 1979 年版，第 171 页。
② 《马克思恩格斯全集》第 46 卷（下），人民出版社 1980 年版，第 453—454 页。
③ 《马克思恩格斯全集》第 46 卷（下），人民出版社 1980 年版，第 431 页。
④ 《马克思恩格斯全集》第 46 卷（下），人民出版社 1980 年版，第 454 页。
⑤ 《资本论》第 1 卷，人民出版社 1975 年版，第 163 页。
⑥ 《马克思恩格斯全集》第 46 卷（下），人民出版社 1980 年版，第 435 页。
⑦ 《马克思恩格斯全集》第 46 卷（下），人民出版社 1980 年版，第 435 页。

的每一个人都同货币相异化。正是在这些意义上，马克思说道："货币所表现的一切规定，即价值尺度、流通手段和货币本身，实际上都反映了个人参加总生产或把他自己的生产当做社会生产来对待时所处的各种不同的关系。但是，个人相互间的这些关系表现为物的社会关系。"①

3. 以货币为媒介的简单流通造就了个人与个人之间表面上的"自由"和"平等"

现在我们要说的是，因为货币的媒介作用，除了造就"普遍的社会物质交换、全面的关系、多方面的需求以及全面的能力的体系"以外，还造就了个人与个人之间的"自由"和"平等"。为什么在"自由"和"平等"上加引号，不是为了强调，只是要说明这里的"自由"和"平等"只是一种纯粹经济形式上的，表面上的"自由"和"平等"。

马克思说，在简单流通中，个人相互之间的行为，按其内容来说，是彼此关心满足自身的需要，按形式来说，只是交换，设定为等价物。"实际上，只要把商品或劳动还只是看做交换价值，只要把不同商品相互之间发生的关系看做这些交换价值彼此之间的交换，看做它们之间的等同，那就是把进行这一过程的个人即主体只是单纯地看做交换者。只要考察的是形式规定——而且这种形式规定是经济规定，是个人借以相互发生交往关系的规定，是他们的社会职能或彼此之间的社会关系的指示器——那么在这些个人之间就绝对没有任何差别……作为交换的主体，他们的关系是平等的关系。在他们之间看不出任何差别，更看不出对立，甚至连丝毫的差异也没有。"②

在这种纯粹的经济形式中③，马克思认为在我们面前的是三种要素：关系的主体即交换者，他们处在同一规定中；交换的对象，等价物；交换行为即媒介作用。马克思首先分析了这种交换行为，指出：首先，由于交换的商

---

① 《马克思恩格斯全集》第46卷（下），人民出版社1980年版，第447页。
② 《马克思恩格斯全集》第46卷（上），人民出版社1979年版，第193页。
③ 注意一点就是，马克思在这里设定了研究的范围规定，只是纯粹形式——即关系的经济方面，也就是说，马克思并没有考虑人的需要等等，这是不言自明的，在历史唯物史观里面已经说过了。

品的自然属性和交换者的特殊需要，他们之间要进行交换，"只有他们在需要上和生产上的差别，才会导致交换以及他们在交换中的社会平等。因此这种自然差别是他们在交换行为中的社会平等的前提，而且也是他们相互作为生产者出现的那种关系的前提。从这种自然差别来看，个人 A 是个人 B 所需要的某种那个使用价值的所有者，B 是 A 所需要的某种使用价值的所有者。从这方面说，自然差别又使他们相互发生平等的关系"①。其次，这种自然差别除了使个人之间作为交换者被假定为和被证明为平等的人以外，还导致了自由这一规定。"尽管个人 A 需要个人 B 的产品，但他并不是用暴力去占有这个商品，反过来也一样，相反地他们相互承认对方是所有者，是把自己的意志渗透到商品中去的人。因此，在这里第一次出现了人的法律因素以及其中包含自由的因素。谁都不用暴力占有他人的财产。每个人都是自愿地出让财产。"②"从交换行为来看，个人，每一个个人，都自身反映为排他的并占支配地位的（具有决定作用的）交换主体。因而这就确立了个人的完全自由：自愿的交易；任何一方都不使用暴力；把自己当做手段，或者说当做提供服务的人，只不过是使自己成为自我目的、使自己占支配地位和主宰地位的手段；最后，是自私利益，并没有更高的东西要去实现；另一个人也被承认并被理解为同样是实现其自私利益的人……共同利益恰恰只存在于双方，多方以及存在于各方的独立之中，共同利益就是自私利益的交换。一般利益就是各种自私利益的一般性。"③ 对于这种说法，马克思炫耀式地进行了说明：（1）每个人只有作为另一个人的手段才能达到自己的目的；（2）每个人只有作为自我目的（自为的存在）才能成为另一个人的手段（为他的存在）；（3）每个人是手段同时又是目的，而且只有成为手段才能达到自己的目的，只是把自己当做自我目的才能成为手段，也就是说，这个人只有为自己而存在才把自己变成为那个人而存在，而那个人只有为自己才把自己

---

① 《马克思恩格斯全集》第 46 卷（上），人民出版社 1979 年版，第 194 页。
② 《马克思恩格斯全集》第 46 卷（上），人民出版社 1979 年版，第 196 页。
③ 《马克思恩格斯全集》第 46 卷（上），人民出版社 1979 年版，第 197 页。

变成为这个人而存在。①

由此，马克思得出结论："因此，如果说经济形式，交换，确立了主体之间的全面平等，那么内容，即促使人们去进行交换的个人材料和物质材料，则确立了自由。可见，平等和自由不仅在以交换价值为基础的交换中受到尊重，而且交换价值的交换是一切平等和自由的生产的、现实的基础。"②马克思说，这种相互关联是一个必然的事实，它作为交换的自然条件是交换的前提。

然而，马克思紧接着指出了这其中的局限。首先，马克思指出这种平等和自由是以个人与个人之间的毫不关心为前提的。"这种相互关联本身，即对交换主体双方中的任何一方来说，都是他们毫不关心的，只有就这种相互关联把他的利益当做排斥他人的利益，不顾他人的利益而加以满足这一点来说，才和他有利害关系。"③

其次，马克思指出这种分析只是一种表面的分析，不是从"历史意义上"提出的，它只是"抓住交换价值本身的简单规定性"④，在比较发达的经济关系中，"个人不再仅仅表现为交换者即买者和卖者，而是出现在一定的相互关系中，不再是所有的人都处于同一的规定性之中"⑤。"从科学的进程来看，这些抽象规定恰恰是最早的和最贫乏的规定；它们部分地在历史上也是这样出现过的；比较发达的规定是较晚出现的规定。在现存的资产阶级社会的总体上，商品表现为价格以及商品的流通等等，只是表面的过程，而在这一过程的背后，在深处，进行的完全是不同的另一些过程，在这些过程中个人之间表面上的平等和自由就消失了。"⑥

因为，这种分析忽略了以下几点：首先，交换价值作为整个生产制度的客观基础这一前提，才能够一开始就已经包含着对个人的强制。个人的直接

---

①《马克思恩格斯全集》第 46 卷（上），人民出版社 1979 年版，第 196 页。
②《马克思恩格斯全集》第 46 卷（上），人民出版社 1979 年版，第 197 页。
③《马克思恩格斯全集》第 46 卷（上），人民出版社 1979 年版，第 196 页。
④《马克思恩格斯全集》第 46 卷（上），人民出版社 1979 年版，第 200 页。
⑤《马克思恩格斯全集》第 46 卷（上），人民出版社 1979 年版，第 200 页。
⑥《马克思恩格斯全集》第 46 卷（上），人民出版社 1979 年版，第 201 页。

产品不直接是为个人的，只有通过社会过程才能成为自己的产品，个人只有作为交换价值的生产者才是存在的，而这种情况已经包含着对个人的自然存在的完全否定，因而个人完全是由社会所决定的；其次，交换要以分工为前提，个人在分工中所处的关系已经不是单纯交换者的关系了。交换价值的前提是一个历史的前提，它已经把个人当做是社会决定的人了。再次，那些存在着交换或靠交换来实现的生产联系的较高级的形式绝不会停留在这么一个简单的规定性上。最后，在交换价值和货币的简单规定中已经潜在地包含着工资和资本的对立。因此，马克思指出，在交换制度上形成的平等和自由的实现，"这种平等和自由证明本身就是不平等和不自由"①。

（二）《资本论》对货币与"自由个性"关系的分析

作为一个成品，《资本论》关于"商品"和"货币拜物教"的阐述在显得简洁干练的同时抽掉了《1857—1858 年经济学手稿》中关于个人在货币转化为社会权力过程中的异化及其个性消弭的这一论述。但是在脚注 92 里面马克思通过引用表明了对货币的一种厌恶的态度。而这种态度反过来讲正是马克思出于"人本身"的一种尊重。②

马克思在这里也是首先论述了商品的二重属性③：使用价值和价值，接着马克思指出这是由于生产商品的劳动——具体劳动和抽象劳动引起的；然后马克思具体分析了价值的形式的发展，从而揭示了货币的本质是一般等价物。最后，马克思做出价值判断，指出了商品的拜物教和秘密："商品形式在人们面前把人们本身的劳动的社会性质反映成劳动产品本身的物的性质，反映成这些物的天然的社会属性，从而把生产者同总劳动的社会关系反映成存在于生产者之外的物与物之间的社会关系。由于这种转换，劳动产品成了

---

① 《马克思恩格斯全集》第 46 卷（上），人民出版社 1979 年版，第 201 页。
② 参见《资本论》第 1 卷，人民出版社 1975 年版，第 154 页。
③ 首先要注意的一点是，在这其中，马克思的一些概念和术语是发生了变化的。比如说，在《政治经济学批判》（包括手稿）里面，马克思是把商品的属性看做是"使用价值"和"交换价值"，尽管其中"交换价值"已经有了后来《资本论》的"价值"的实质含义，但是在《1857—1858 年经济学手稿》中，交换价值具有后来"价值"和"交换价值"的双重理解。

商品，成了可感觉而又超感觉的物或社会的物。"① 这样，"人们自己的一定的社会关系，但它在人们面前采取了物与物的关系的虚幻形式。"② 这就是拜物教。而这种商品拜物教，马克思指出这实际上是来源于生产商品的劳动的私人劳动和社会劳动的矛盾。所以，"正是商品世界的这个完成形式——货币形式，用物的形式掩盖了私人劳动的社会性质以及私人劳动者的社会关系，而不是把它们揭示出来"③。马克思接着阐述了交换过程，并且在最后指出"人们在自己的社会生产过程中的单纯原子般的关系，从而，人们自己的生产关系的不受他们控制和不以他们有意识的个人活动为转移物的形式，首先就是通过他们的劳动产品普遍采取商品形式这一点而表现出来"④的结果，因此，货币拜物教的谜就是商品拜物教的谜，只不过变得明显了，耀眼了。随后，马克思对货币的职能做了分析，在分析过程中，马克思也阐述道："随着商品流通的扩展，货币——财富的随时可用的绝对社会形式——的权力也日益增大。"⑤ 社会权力成为私人的私有权力。

由此可见，这一点的论述是与《1857—1858 年经济学手稿》在总体思路上相契合的，都是在论述货币逐步具有社会权力的这一过程及其实质：人与人之间的关系转化为物与物的关系。但是与《1857—1858 年经济学手稿》不同的是，马克思此时在正文中却不再去阐述在这个过程中个人与货币之间的关系的转变，不再去阐述个人在这个过程中发生的异化及其个性的迷失。但是我们看到，在脚注（91）、（92），马克思还是对货币做出了一种价值判断，在1857—1858 年马克思曾经引用过的莎士比亚的"土块"又再次出现，而这种对货币的厌恶的态度不正是建立在货币对人的否定的价值基础上的么？可见，即使是在《资本论》中，马克思仍然有关于自己价值判断的论述，尽管马克思力图尽可能多地抹掉这种痕迹，但是，作为一种潜藏于他心

---

① 《资本论》第 1 卷，人民出版社 1975 年版，第 89 页。
② 《资本论》第 1 卷，人民出版社 1975 年版，第 89 页。
③ 《资本论》第 1 卷，人民出版社 1975 年版，第 92 页。
④ 《资本论》第 1 卷，人民出版社 1975 年版，第 111 页。
⑤ 《资本论》第 1 卷，人民出版社 1975 年版，第 151 页。

中的价值理念却始终在不经意间在字里行间流露出来。于是，这实际上是一种经济学中的哲学思考，马克思的经济学批判不是单纯地阐述事实，而是要从中分析人在其中的生存状态，也就是说《资本论》中有着潜在的哲学底蕴。

（三）《1861—1863年经济学手稿》对货币拜物教的回顾

因为《1861—1863年经济学手稿》起初是作为《政治经济学批判》（1859）第三章"资本一般"而开始着手的，所以，一开始没有具体分析货币的这种拜物教或者货币权力。而是在一开始就论述"货币转化成资本"。但是，在阐明"资本的生产性"一章开始，马克思简要地提到了这种"商品拜物教"和"货币拜物教"。"因为活劳动——由于资本同工人之间的交换——被并入资本，从劳动过程一开始就作为属于资本的活动出现，所以社会劳动的一切生产力都表现为资本的生产力，就和劳动的一般社会形式在货币上表现为一种物的属性的情况完全一样。同样，现在社会劳动的生产力和社会劳动的特殊形式，表现为资本的生产力和形式，即物化劳动的，劳动的物的条件（它们作为这种独立的要素，人格化为资本家，同活劳动相对立）的生产力和形式。这里，我们又一次遇到关系的颠倒，我们在考察货币时，已经把这种关系的颠倒的表现称为拜物教。"[1] 这也由此转入我们分析的第二个层面，即在资本主义生产过程中，我们研究的主题是一种什么样的情形呢?[2] 而首先我们所要分析的就是"货币转化为资本"的时候人在其中的存在状态。

---

[1]《马克思恩格斯全集》第48卷，人民出版社1985年版，第36页。
[2] 似乎从论述货币转化为资本开始，马克思"异化"这个词语就开始很少用了，而是在经济范畴的概念里卖弄进行推理，但是，那种价值判断仍然时不时可以在1861—1863手稿中找到。

二、货币转化为资本与工人个性和自由的丧失

在我们继续分析之前，有必要指出的是，在《1857—1858 年经济学手稿》及其《1861—1863 年经济学手稿》中，马克思在谋篇布局的时候，是把"货币转化为资本"划入"资本的生产过程"中，但是，在正式出版的《资本论》中，"货币转化为资本"被单独化为一（章）篇。这可能是为了更好地让读者理解的缘故。从思想的延展来看，货币转化为资本是一个过渡，这个过程也是资本主义生产过程对劳动使用的开始，同时也是工人开始丧失自由和个性的开始。

（一）《1857—1858 年经济学手稿》对货币转化为资本与"自由个性"关系的分析

我们已经看到，马克思相继指出了货币的价值尺度、流通手段和货币贮藏职能，并且阐释了人与货币关系的颠倒以及个性在其中的消弭。但是，对于货币的第三种规定，马克思运用辩证法接着进行了分析。马克思指出："它是流通的第二种形式 G—W—W—G 的直接的产物，在这种形式中，货币不是仅仅表现为手段，也不是表现为尺度，而是表现为目的本身，因而就像一旦完成自己的循环并从贸易品变成消费品的一定商品一样，离开了流通。"① 因此，"货币作为离开流通并同流通相对立的独立物，是货币作为流通手段和尺度这两种规定的否定（否定的统一）"②。这种贮藏是与货币在取得前两种规定以前的贮藏规定不同的，只有当金银已经存在于前两种规定中的一种规定上，它们才能作为货币积累起来，只有当货币在前两种规定上已

---

① 《马克思恩格斯全集》第 46 卷（上），人民出版社 1979 年版，第 166 页。
② 《马克思恩格斯全集》第 46 卷（上），人民出版社 1979 年版，第 178 页。

经发展，它才能以发展的形式出现在第三种规定上。否则，它的积累就只是金银积累，而不是货币积累。

现在，货币在流通之外具有了独立存在，货币从货币形式变成了奢侈品、金银饰品的形式，作为货币积累起来，从而成为贮藏货币。马克思指出，在第三种规定性上：第一，货币是对流通手段的否定。货币在这种规定性上不表现为价值；货币作为一般商品，作为世界铸币，不必回到出发点，流通成为不必要。第二，货币是它作为商品价格的单纯实现的否定，货币不再表现为其他商品的价格，而是作为"财富的特殊实体同各种商品相对立"①。第三，货币是对它作为交换价值尺度这一规定的否定，"货币作为财富的一般形式和作为财富的物质代表，不再是其他东西的观念尺度，不再是交换价值的价值尺度。因为货币本身是交换价值的最适当的现实，它在自己的金属存在上才是这种现实。尺度规定在这里存在于货币本身上。货币是它自身的单位，并且货币价值的尺度，即作为财富、作为交换价值的货币的尺度，就是货币自己表现自己的量"②。货币在作为价值尺度规定的时候，数目是无关紧要的；在充当流通手段的时候，材料是无关紧要的，但是作为这第三种规定，"作为一定的物质的量的货币本身的数目就是重要的了"③。也就是说，货币成为了一般财富，"谁占有的货币越多，他就越富；而无论对个人还是对国家来说，唯一重要的事情就是积累货币"④。因此，"从流通中取出货币并贮存起来，这就表现为致富欲的主要对象和致富的主要过程"⑤。于是，黄金成了一般财富的代表，因此把黄金保存起来而不把它投入流通。

然而，在这种情况下货币仅仅是实际财富的纯粹抽象，保留在这种抽象上的货币只是一种空想，"在财富显得是以完全物质的、可感觉的形式本身存在的地方，财富仅仅存在于我的头脑里，是一种纯粹的幻想……货币作为

---

① 《马克思恩格斯全集》第 46 卷（上），人民出版社 1979 年版，第 180 页。
② 《马克思恩格斯全集》第 46 卷（上），人民出版社 1979 年版，第 180 页。
③ 《马克思恩格斯全集》第 46 卷（上），人民出版社 1979 年版，第 180 页。
④ 《马克思恩格斯全集》第 46 卷（上），人民出版社 1979 年版，第 180 页。
⑤ 《马克思恩格斯全集》第 46 卷（上），人民出版社 1979 年版，第 180 页。

一般财富的物质代表,只有当它重新投入流通,和个别特殊形式的财富相交换而消失的时候,才能够实现"①。也就是说,只有把货币花费出去,才能实现货币的为我的存在,"花费积蓄来满足个人享受,这是货币的实现"②。

这样,一方面,货币作为财富的物质代表的规定性要储藏起来,而另一方面,要使货币成为财富的表现形式就需要把货币重新进入流通,这是一种自我矛盾。于是,我们现在知道:"现在,货币在其最后的完成的规定上,从各方面来看都表现为自我消灭的矛盾,导致货币自身消灭的矛盾。整个实际财富的世界都和作为财富的一般形式的货币相对立。"③ 正因为如此,"货币的独立性只是一种假象,货币对流通的独立性仅在于它总要顾及流通,也就是依赖流通"④。因此,马克思得出结论:"货币是绝对可靠的东西,是完全不以我的个性为转移的财富,同时又是完全外在于我的、可能由于任何偶然变故而离开我的绝对不可靠的东西。货币作为尺度、作为流通手段和作为货币本身的这几种完全矛盾的规定,都有这样的情况。"⑤

因此,要使货币具有财富的一般物质代表的职能,意味着它就需退出流通;但是货币要表现自己的成为财富的这一职能,就不得不再进入流通,只有在流通中才能实现,因为货币作为财富的一般形式是一种抽象。这就好像是说一个守财奴,我们可以说他是最富裕的,但是同时也可以说他是贫穷的,葛朗台、高老头是这种守财奴最为典型的代表。正因为如此,马克思说,货币的流通手段否定了货币作为单纯价值尺度的职能,但是在第三个规定性上,前两种规定性又被否定了。"因此,当货币作为纯粹的财富的一般形式被否定时,它必须实现为实际财富的特殊实体;但是当货币这样在实际上证明它是财富总体的物质代表时,它必须同时保持它的一般形式。"⑥ "货币作为已经实现的交换价值,必须同时表现为交换价值借以实现的过程。货

① 《马克思恩格斯全集》第46卷(上),人民出版社1979年版,第185页。
② 《马克思恩格斯全集》第46卷(上),人民出版社1979年版,第185页。
③ 《马克思恩格斯全集》第46卷(上),人民出版社1979年版,第184页。
④ 《马克思恩格斯全集》第46卷(上),人民出版社1979年版,第185页。
⑤ 《马克思恩格斯全集》第46卷(上),人民出版社1979年版,第185页。
⑥ 《马克思恩格斯全集》第46卷(上),人民出版社1979年版,第186页。

币同时就是作为纯粹物的形式的自身的否定，是作为对个人来说是外在的和偶然的财富形式的自身的否定。"① 这就是货币的自我矛盾。因此马克思说，在这种简单的以货币为媒介的商品换货币（W—G），或者货币换商品（G—W）的活动中，"商品和货币出现在流通之外：一方面是预定确定的交换价值，是商品被最终取出而转入消费，就是说交换价值的消灭；另一方面是取出货币，是交换价值对其实体的独立化，而这又是另一种形式的交换价值的消灭"②。因此，在简单的流通中，绝对做不到交换价值的自我保存，交换价值总是在它消灭的时候才能够实现。这种情况同样适应于单纯地以购买商品为目的的简单流通 W—G—W。

那么应当如何实现交换价值的自我保存呢？只有是货币突破自己成为资本。"一旦货币表现为不仅与流通相独立并且在流通中保存自己的交换价值，它就不再是货币，——因为货币作为货币不能超出消极的规定——而是资本了。"③ 而这一过程也正是交换价值实现自我实现、自我增值的过程。马克思说："交换价值按其内容来说，本来是一定量的物化劳动或劳动时间，它作为这样的东西，通过流通在自己的客体化进程中达到了作为货币的存在，作为可以捉摸的货币的存在。现在交换价值本身又必须确立流通的这样一个出发点，这个出发点处于流通之外，是流通的前提，从而流通本身对它来说表现为一种从外部抓住它并在流通内部使它发生形式变换的运动，也就是说，现在交换价值本身又必须确立劳动；但交换价值现在已经不再是简单的等价物或劳动的简单的物化，而是物化了的并且独立化了的这样的交换价值：它只是为了更新自己并从自己出发重新开始流通，才把自己提供给劳动，变成劳动的材料。因此，这也不再像在流通中那样是单纯的相等即保持交换价值的同一性，而是自我增值。交换价值只有当它得到实现，即增大其价值的时候才能使自己成为交换价值。"④

①《马克思恩格斯全集》第46卷（上），人民出版社1979年版，第186页。
②《马克思恩格斯全集》第46卷（上），人民出版社1979年版，第186页。
③《马克思恩格斯全集》第46卷（上），人民出版社1979年版，第214页。
④《马克思恩格斯全集》第46卷（上），人民出版社1979年版，第219页。

而货币转化为资本的这一过程造成的一个主要的影响就是:"劳动也改变了它对自己对象性的关系","物化在交换价值中的劳动把活劳动变成再生产自己的手段,而起初交换价值只不过表现为劳动的产品。"① 实际上这里是说,货币和商品的关系开始转变为资本和活劳动之间的关系了。

为什么货币和商品的关系转变为资本和劳动之间的关系呢了?马克思指出:资本的对立面不可能是商品,也就是物化劳动,而是非物化劳动。"资本按其概念来说是货币,但是这种货币不再以简单的金银形式存在,也不再作为与流通相对立的货币存在,而是以一切实体的即各种商品的形式存在。因此,就这一点来说,它作为资本不是与使用价值相对立,而正是只存在于货币以外的各种使用价值之中。"② 因此,马克思指出了资本的对立面不可能是商品,不可能是物化劳动。那么"唯一不同于物化劳动的是非物化劳动,是还在物化过程中的、作为主体的劳动。换句话说,物化劳动,即在空间上存在的劳动,也可以作为过去的劳动而同时在时间上存在的劳动相对立。如果劳动必须作为在时间上存在的劳动,作为活劳动而存在,它就只能作为活的主体而存在,在这个主体上,劳动是作为能力,作为可能性而存在;从而它就只能作为工人而存在。因此,能够成为资本的对立面的使用价值,就是劳动(而且是创造价值的劳动,即生产劳动)。"③

对于资本和劳动的这种交换,马克思说,它"分解为两个不仅在形式上而且在性质上不同的、甚至是相互对立的过程"④。这两个过程其中之一是,工人作为使用价值的劳动同资本相交换;其二是资本家换来劳动本身,这种劳动是创造价值的活动,是生产劳动;也就是说,资本家换来一种生产力,这种生产力使资本得以保存和增值,从而变成了资本的生产力和再生产力,一种属于资本本身的力。⑤ 这两个过程的分离是一目了然的,它们可以

---

① 《马克思恩格斯全集》第 46 卷(上),人民出版社 1979 年版,第 219 页。
② 《马克思恩格斯全集》第 46 卷(上),人民出版社 1979 年版,第 229 页。
③ 《马克思恩格斯全集》第 46 卷(上),人民出版社 1979 年版,第 229 页。
④ 《马克思恩格斯全集》第 46 卷(上),人民出版社 1979 年版,第 231 页。
⑤ 《马克思恩格斯全集》第 46 卷(上),人民出版社 1979 年版,第 231 页。

在时间上分开，完全没有必要同时发生，第一个过程可以在第二个过程开始以前已经完成或者在一定程度上大部分完成，而第二个过程的完成则以产品的完成为前提。而在第二个过程中，即资本占有劳动的特殊过程已经使自己同第一个形式区别开了。马克思指出："恰恰是资本和劳动间的交换同以货币为媒介的商品交换的区别。"① 也因为这两个过程的分离，使创造价值的生产劳动成为可能。

我们现在已经知道了，货币转化为资本的过程也就是资本同活劳动力即工人交换的过程。对于这个过程，马克思说，这一过程从交换行为上看是一种等价交换。从资本家来看，他得到的是使用价值，对工人劳动的支配权，而工人则通过出卖自己劳动力来换取他所需要的资料。在这种交换中，"在流通中，如果我用商品交换货币，再用货币购买商品来满足我的需要，行为就结束了。对工人来说，情况也是这样……工人像每一个作为主体处在流通中的个人一样，是一种是使用价值的所有者；他把这种使用价值换成货币，即财富一般形式，但是这只是为了再把财富的一般形式换成商品，换成他的直接消费对象，满足他的需要的资料"②。"由于工人以货币形式，以一般财富形式得到了等价物，他在这个交换中就是作为平等者与资本家相对立，像任何其他交换着一样；至少从表面上看是如此。"③

但是，马克思接着说道："事实上这种平等已经被破坏了。"④ 因为这种表面上的简单交换忽略了一个很重要的前提，即工人在与资本家发生关系时不是"个人"，而是"工人"，也就是说，"工人已经处在某种另外的在经济上具有不同规定的关系中了"⑤。但是，长期以来，这种平等的外衣却作为工人的幻想存在着，在资本家那里也一定程度上存在着。因此，马克思得出结论，工人在交换过程中，得到的不是交换价值，不是财富，而是生活资

---

① 《马克思恩格斯全集》第46卷（上），人民出版社1979年版，第232页。
② 《马克思恩格斯全集》第46卷（上），人民出版社1979年版，第242页。
③ 《马克思恩格斯全集》第46卷（上），人民出版社1979年版，第242页。
④ 《马克思恩格斯全集》第46卷（上），人民出版社1979年版，第242页。
⑤ 《马克思恩格斯全集》第46卷（上），人民出版社1979年版，第243页。

料，仅仅是维持他的生命力的物品，是满足他的身体的、社会的等等的需要的物品。这是以生活资料形式出现的，以物化劳动形式出现的，用工人的劳动的生产费用来计量的一定的等价物。①

为了更清楚地证明这一点，马克思进一步说明了为什么工人不能够把财富作为目的的原因。马克思做了这样一个假设：由于工人在交换过程中得到的是铸币，那么他就可以把这些铸币积蓄起来，然后把它们从流通中抽出，把它们看做财富一般，从而把铸币转化为货币。这样，工人不就有了财富了么，因此工人在和资本交换时的目的物不就是财富了么？可是，这样造成的结果是：工人要为了财富的形式而牺牲物质的欲望，即通过禁欲、节约、紧缩自己的消费，做到从流通中取出的财物少于他提供给流通的财物。这就是通过流通本身唯一可能产生的致富形式。同时，为了获得财富的一般形式，工人更多地放弃休息，放弃他作为工人的生活之外的一切生活，并且尽可能只是作为工人出现；这样就可以更经常地更新交换行为，或在数量上扩大这种行为，也就是说，靠勤劳。也就是说，工人为了得到这种财富的一般形式，就需要禁欲和不停歇的工作。可是，这种手段，只会毁灭他自己的目的，使工人降低到这样一种短工的水平，"这种短工同资本交换的唯一对象和目的，就是维持动物般的最低限度的需要和生活资料"②。因此，马克思得出结论，工人必须把使用价值当做自己的目的，如果把财富当做自己的目的，他就不仅得不到任何财富，而且除此之外还会失去使用价值。"因为作为通例，最高限度的勤劳即劳动和最低限度的消费——而后者就是工人最高限度的禁欲和货币积累——所能产生的结果，只会是工人付出最高限度的劳动而得到最低限度的工资。工人经过努力只会降低他自己劳动的生产费用的一般水平，从而降低劳动的一般价格。工人由于毅力、体力、耐性、吝啬等等，能够把他的铸币转化为货币，这只是一种例外，是他的阶级和他存在的

---

① 《马克思恩格斯全集》第 46 卷（上），人民出版社 1979 年版，第 243 页。
② 《马克思恩格斯全集》第 46 卷（上），人民出版社 1979 年版，第 245 页。

一般条件的例外。"①

还有一种情况，马克思指出，如果全体或多数工人过度勤劳（指的是现代工业中总的说来还容许自由发挥的勤劳，不过在重要和最发达的生产部门却不存在这种情况），那么他们所增加的就不是他们的商品的价值，而只是商品的数量；也就是对他们自己作为使用价值所提出的要求。为什么呢？马克思指出：那是因为工资的普遍降低会很快使他们退回到应有的水平，因为工人普遍积蓄就会向资本家表明：工人的工资普遍过高了，他们得到的工资超过了他们的商品——即对他们劳动的支配权——的等价物。所以，工资又会普遍降低，因为这里实行的是简单的等价交换。② 由此，马克思认为，造成工人积蓄的原因在于个别工人的勤劳能够超过一般水平，超过维持工人生活所必需的程度，是因为另一个人在这个水平之下。平均起来说，工人通过节约能做到的，顶多是"更合乎目的地分配自己的享受，而不是赚取财富"③。因此，为了积蓄，工人在营业兴旺时应该节约，以便在营业不振时能够勉强维持生活，忍受开工不足或工资下降等情况，可见，这是要求工人始终保持最低限度的生活享受，减轻资本家在危机时的负担等等。工人应该作为纯粹的工作机被支付报酬，而且应该尽可能自己支付自己的磨损，结果这就造成了"工人纯粹牲畜般的处境"④。因此，"这种处境使工人根本没有可能去谋求一般形式的财富，即作为货币，作为积累货币的财富"⑤。

正是在这个意义上，马克思说，如果工人真的进行了储蓄，那是因为他用的禁欲的方法。工人固然有了存储，但这样做的后果是：第一，为流氓无产阶级、小偷积累了奖金；第二，如果工人积蓄超过了官方储蓄的容纳量，工人要能保存这些积蓄并使它们带来收入，就只有把它们存入一般银行，可是这样一来，工人在繁荣时期放弃了一切生活享受，从而增加了资本的力

---

① 《马克思恩格斯全集》第 46 卷（上），人民出版社 1979 年版，第 245 页。
② 《马克思恩格斯全集》第 46 卷（上），人民出版社 1979 年版，第 245 页。
③ 《马克思恩格斯全集》第 46 卷（上），人民出版社 1979 年版，第 246 页。
④ 《马克思恩格斯全集》第 46 卷（上），人民出版社 1979 年版，第 246 页。
⑤ 《马克思恩格斯全集》第 46 卷（上），人民出版社 1979 年版，第 246 页。

量，可见，不管怎样，工人都不是为自己节约，而是为资本节约。① 也正因为如此，工人在同资本的交换中不可能生产财富。正因为如此，"工人在不断重复劳动之后，仍然只能拿自己的直接的活劳动本身去交换……工人同资本进行交换的，是他例如在二十年内可以耗尽的全部劳动能力"②。而"争取十小时工作日法案等等的斗争证明，资本家最大的愿望是让工人尽可能不间断地挥霍他那份生命力"③。

不过，尽管马克思对资本和劳动力之间的这种交换予以严厉的谴责，还是对由此导致的进步因素做了肯定。马克思分析道，尽管工人们根本不可能通过节约来获得自己的财富，"每个资本家却都是要求他自己的工人节约，但是绝不是要求其余的工人大众节约，因为其余的工人大众对于他来说是消费者，因此，资本家就表现为他的'博爱'的伪善的'虔诚的'此举，却是寻求一切办法来刺激工人的消费，使自己的商品具有新的诱惑力，强使工人有新的需求等等"④。对此马克思评价道："资本和劳动的关系这个方面正好是重要的文明因素，资本的历史的合理性就是以此为基础的。"⑤

资本与工人交换的一般过程也就是在市场上的"等价交换"过程现在是完成了。现在我们看到，在货币转化为资本过程中，工人丧失自己劳动的支配权，换来的却仅仅是生存资料，工人不可能积累财富。如果工人去积累财富的话，就会导致工人"纯粹牲畜般的处境"，因为那是他禁欲的结果，是压抑自己的个性，破坏自己生命力的结果，如果工人不去积累财富，他就依然会陷入用自己的活劳动力与资本的"等价交换"中。所以，从工人与资本交换的那一刻开始，工人就丧失了自由和发展自身个性的可能性。多么悲惨的境地！接下来，我们应当考察资本同作为资本的使用价值的劳动的关系了。不过在此之前，我们看一下马克思在《1861—1863年经济学手稿》

①《马克思恩格斯全集》第46卷（上），人民出版社1979年版，第246—247页。
②《马克思恩格斯全集》第46卷（上），人民出版社1979年版，第250页。
③《马克思恩格斯全集》第46卷（上），人民出版社1979年版，第250页。
④《马克思恩格斯全集》第46卷（上），人民出版社1979年版，第247页。
⑤《马克思恩格斯全集》第46卷（上），人民出版社1979年版，第247页。

中是如何分析"货币转化为资本"的。

（二）《1861—1863 年经济学手稿》对货币转化为资本与"自由 个性"关系的分析

相比较《1857—1858 年经济学手稿》对这个问题的论述，《1861—1863 年经济学手稿》显得更为明了，不再是抽象概念的推理和那么让人难以理解。[①] 在前者的基础上，马克思又重新对这个问题进行了论述。

马克思一开始就提出一个问题："货币怎样会成为资本？或者说货币所有者（即商品所有者）怎样会成为资本家？"[②]

马克思首先区分了 G—W—G 与 W—G—W 两种不同的流通形式，一个是为卖而买，一个是为买而卖。马克思从 G—W—G（为卖而买）入手，把这个过程分解为三个行为，第一是 G—W，第二是 W—G，第三是 G—W—G。这一过程的结果是 G—G。马克思举出了一个例子，如果我用 100 塔勒买进棉花，然后又按 100 塔勒卖出去，那么"这样的行为显得毫无目的，因而是荒唐的"[③]。"因为在这个运动中货币的出发点同它的复归点是一样的……质上是相同的，所以只有当它们在量上不相等的时候，这一过程才有内容和目的。"[④] 因此马克思说，比如说我买的时候是 100 塔勒，那么我卖的时候是 110 塔勒，那么在这里多出了一个价值量，这个形式就有了内容。

为了能说明这个问题，马克思对 G—W—G（为卖而买）和 W—G—W（为买而卖）形式做了比较。指出在这两种形式都分为 G—W，W—G 两个不同的交换行为。第一个交换是买，第二个交换是卖，在这两个行为中都有

[①] 我们知道，1858 年 8—10 月，马克思写了《政治经济学批判》第一分册第二章初稿也就是《货币》和第三章《资本》部分，但是，不知什么原因，《政治经济学批判》只是收录了前两章，对于第三章，马克思在《政治经济学批判》说："关于货币转化为资本我们将在论述资本的第三章即这一篇的最后部分中加以研究。"（《马克思恩格斯全集》第 13 卷，人民出版社 1962 年版，第 177 页）在《1861—1863 年经济学手稿》中，马克思是以衔接 1859 年出版的《政治经济学批判》为前提的，在那里，马克思已经分析了商品和货币。

[②]《马克思恩格斯全集》第 47 卷，人民出版社 1979 年版，第 3 页。

[③]《马克思恩格斯全集》第 47 卷，人民出版社 1979 年版，第 4 页。

[④]《马克思恩格斯全集》第 47 卷，人民出版社 1979 年版，第 4 页。

着买者和卖者的对立。买者从一个人那里买来，又卖给另一个人，作为运动出发点的人完成了两个行为，先买后卖。相反，与他交换的其他两个人则只是完成了一次交换行为，先和他交换的一个人卖出商品，后和他交换的另一个人购买商品。也就是 A 卖东西给 B，B 买东西从 A，这是一个交换行为；然后，B 卖东西给 C，C 买东西从 B，这又是一个交换行为；对货币而言，它在第一个是起点，而在第二个则是终点。于是，我们看到，A 卖出商品以及 C 用来购买的货币不是经历流通的两个对立阶段，而是 A 完成卖和 C 完成买的一个行为。马克思说："这两个个人所进行的卖和买这两个单方面的行为，对我们来说并不是新的现象，然而，作为这一过程的起点的买者所完成的总过程却是新的现象。"① 这种新的现象就是，B（再进行卖的买者）所完成的总运动——G—W—G。

马克思指出，G—W—G，首先，这种流通形式中货币（独立的交换价值）是起点，是运动的主体。其次，这样从流通中产生并且以货币形式独立的交换价值又进入流通，变成商品，但是又从商品形式回到它的货币形式，同时它的价值量增加了。马克思说："资本是一种作为适当的交换价值（货币）从流通中产生和独立，但又重新进入流通、在流通中并通过流通而使自己保存并增大（增加）的价值（货币）。"② 因此马克思说，在 G—W—G 中，"交换价值成了流通的内容和目的本身"③。也就是说，一，交换价值作为一个过程经过不同的交换行为或流通阶段，始终占支配地位。二，价值在这个过程中创造了剩余价值，是自行增值的价值，是生出价值的价值。

那么，为什么会这样呢？马克思在这里重复了《1857—1858 年经济学手稿》中的研究思路，并且对先前论述的那一部分进行了言简意赅的归纳④。马克思在这里写道："为了阐明资本的概念，必须从价值出发，并且从已经在流通运动中发展起来的交换价值出发，而不是从劳动出发。正像不

---

① 《马克思恩格斯全集》第 47 卷，人民出版社 1979 年版，第 5 页。
② 《马克思恩格斯全集》第 47 卷，人民出版社 1979 年版，第 7 页。
③ 《马克思恩格斯全集》第 47 卷，人民出版社 1979 年版，第 7 页。
④ 可参见《马克思恩格斯全集》第 46 卷（上），人民出版社 1979 年版，第 213—219 页。

可能从不同的人种直接过渡到银行家，或者从自然直接过渡到蒸汽机一样，从劳动直接过渡到资本也是不可能的。"①　"一旦货币表现为不仅与流通相独立（在货币贮藏的情况下）而且在流通中保存自己的交换价值，它就不再是货币，——因为货币作为货币不能超越消极的规定——而是资本了。"②　"因此，货币是交换价值达到资本的规定的最初形式，是历史上资本的最初的表现形式。"③

流通也成为"这样一种运动，在这种运动中，交换价值得以保存，并且交换价值本身是货币和商品这两种规定的交替。相反，在简单流通中，交换价值不会实现为交换价值。它总是在它消失的时候得到实现……交换价值的形式，货币只有在它处于交换之外，对流通采取否定态度的时候才能保存下来。货币由于对流通采取否定态度，才达到了永存的状态，而资本之所以达到这种状态，恰恰是由于把自己的命运交给了流通，从而保存了自己。"④而在《1857—1858年经济学手稿》里面，马克思是这样说的："所以，资本的最初规定是：起源于流通，因而以流通为前提的交换价值，在流通中并通过流通保存自己；交换价值不会由于进入流通而消失；流通不是交换价值消失的运动，反而是交换价值实际上使自己成为交换价值的运动，即交换价值作为交换价值得到实现的运动。"⑤

为了证明这个道理，马克思在这里又详细分析了简单商品流通 W—G—W 和 G—W—G，及其这个过程中交换价值的变动情况。从这里我们又的确看到马克思由抽象到具体的分析，使我们逐步从表面进入本质，逐渐从对一个事物的抽象模糊的理解过渡到具体的清新的认识。比如，马克思说明了货币在作为贮藏货币被保存起来的时候，货币失去自己职能，失去自己作为交

---

① 《马克思恩格斯全集》第47卷，人民出版社1979年版，第16页。
② 《马克思恩格斯全集》第47卷，人民出版社1979年版，第16页。
③ 《马克思恩格斯全集》第47卷，人民出版社1979年版，第16页。这些论述，马克思几乎是照抄的《1857—1858年经济学手稿》，参见《马克思恩格斯全集》第46卷（上），人民出版社1979年版，第214页。
④ 《马克思恩格斯全集》第47卷，人民出版社1979年版，第16页。
⑤ 《马克思恩格斯全集》第46卷（上），人民出版社1979年版，第214页。

换价值的质（因为它没有执行货币的职能，既不是购买手段，也不是支付手段），但是同时也就失去了"直接的使用价值"，货币只是成为一种抽象的财富（在1857—1858年手稿里，马克思曾经说过货币作为财富的一般代表只有重新进入流通购买商品才可以得到实现，但是这种实现恰恰是以货币重新获得自己的交换价值形式，但是，当它获得这种形式，不得不去购买商品，于是就抛弃了它的"交换价值的存在形式"）。①

由此看来，这两个手稿是密切相连的，1867—1863年手稿确是在前者的基础上写就的。同时，这也表明了马克思思路的一贯性。不过我们也看到了区别，就是在分析简单商品流通的时候，马克思在1857—1858年手稿里把其称为形式上的运动，并且由此对简单商品流通中的个人进行分析，并由此得出人与人之间表现为自由和平等的表象。但是在1861—1863年手稿里面，则没有了对这种价值判断的论述。

看来，货币扬弃了自己成为资本。但是，马克思接着指出：这里面出现了问题。即 G—W—G 这一形式似乎与货币、商品、价值以及流通本身的性质是完全不相容的。② 因为商品流通奉行的原则是等价交换原则。③ 显然，马克思接受了同时代的大多数经济学家的看法，也认为在交换过程中不可能实现资本的自行增值：第一种情况下，商品按照价值相交换，也就是同等物相交换，这种情形下，不可能实现价值增值。第二种情况下，商品不是按照他们的价值买卖，在交换过程中，一方所多的恰恰是另外一方所少的，价值的总额没有发生变化，交换的结果没有发生新的价值。因此，"很明显，交换本身无论是直接的物物交换形式还是流通形式，都没有使投入流通的价值发生变化，没有添加任何价值。"④ 所以，"剩余价值或自行增值的价值不

---

① 《马克思恩格斯全集》第47卷，人民出版社1979年版，第14页。
② 《马克思恩格斯全集》第47卷，人民出版社1979年版，第17页。
③ 《马克思恩格斯全集》第47卷，人民出版社1979年版，第17—24页，马克思主要是说明这个问题。
④ 《马克思恩格斯全集》第47卷，人民出版社1979年版，第23页。这一点，同时代的很多经济学家都提出过，马克思提到的有德斯杜特·德·特拉西，加利阿尼，贝利，萨伊，弗·威兰德，乔·拉姆塞。

会从交换中，从流通中产生。而另一方面价值增值的实现又离不开流通，是流通和交换的产物"①。

正因为如此，这里出现了矛盾。一方面资本的出现是因为实现了价值的增值或者说产生了剩余价值，而另一方面在形式 G—W—G 这一形式中却不可能看到价值的增值。于是，"研究剩余价值如何产生的问题，从重农学派直到现代都是政治经济学上的最重要的问题。实际上这个问题就是：货币（或者商品，因为货币就是商品的转化形式）即某一价值额是怎样转化为资本的，资本是怎样产生的"②。资本就是价值的增值，而价值的增值就是剩余价值的产生。剩余价值的产生＝资本的产生。现在，这仍然是一个谜，而且出现了问题：因为现在的问题是价值在等价物的交换的基础上得到了发展，可是从等价物交换的原则来看又是不可能的。那么资本是怎样产生的呢？

马克思指出："在研究资本时重要的是牢牢地记住：作为我们出发点的唯一的前提是，即唯一的材料，是商品流通和货币流通，是商品和货币，而个人只是作为商品所有者相对立。第二个前提是，商品在流通过程中所经历的形式变换只是形式上的，这就是说，任何形式的价值始终不变，商品一次作为使用价值存在，另一次作为货币存在，但它的价值量没有改变，因而，商品是按照它的价值，按照他所包含的劳动时间来买卖的，换句话说，只是等价物相交换。"③ 而资本，也就是价值在流通过程 G—W—G 中时，虽然也交替采用商品和货币形式的变换，可是不但它在流通中保存了自己，而且提高了价值量，给现有的价值追加新的价值或剩余价值。价值作为资本应当好像是二次幂的价值，是自乘的价值。④ 那么资本是如何实现价值增值的呢？

马克思首先引入了价值的计量方法，认为价值是用劳动时间来衡量的。"商品的交换价值是物化在商品的使用价值中的无差别的社会劳动量，即商

①《马克思恩格斯全集》第 47 卷，人民出版社 1979 年版，第 25 页。
②《马克思恩格斯全集》第 47 卷，人民出版社 1979 年版，第 25 页。
③《马克思恩格斯全集》第 47 卷，人民出版社 1979 年版，第 31 页。
④《马克思恩格斯全集》第 47 卷，人民出版社 1979 年版，第 32 页。

品中体现的、消耗掉的劳动量。这个劳动量的大小由时间来计量,即由生产使用价值所需要的,因而物化在使用价值中的劳动时间来计量。"① 在此基础上马克思指出货币和商品都是物化劳动的表现形式。不论是货币形式还是商品形式,都是同一个价值量的形式,按其实体来看,是同一个物化劳动量的形式,都是物化劳动。在交替转化时候,价值只是转化自己的形式,或者是货币,或者是商品,而不改变自己的实体(物化劳动),也不改变自己的量,即一定量的物化劳动。因此,物化劳动不可能与资本相对立,也不可能出现价值的增值。

那么应当怎么办呢?物化劳动在等价交换过程中不可能产生价值的增值。这时,马克思发现,货币和商品之外,即物化劳动之外,还存在着唯一一种与之相对立的非物化劳动,活劳动。与物化劳动相比,活劳动:第一,物化劳动是存在于空间的劳动,非物化劳动是存在于时间的劳动;第二,物化劳动是过去的劳动,非物化劳动是现在的劳动;第三,物化劳动体现在使用价值中,非物化劳动是正在进行中的人的活动;第四,物化劳动是价值,后者创造价值。那么,马克思说:"如果现有的价值与创造价值的活动,即物化劳动与活劳动,简言之,货币与劳动相交换,那么,看来存在着一种可能性,可能更通过这一交换过程,使现有的价值保存或者增大。"②

马克思说,价值的增加无非是物化劳动的增加。但是,只有通过活劳动,才能保存或增加物化劳动。③ 那么,如果购买的是活劳动,是不是真的能够实现价值的增值呢?马克思认为,价值,即存在于货币形式中的物化劳动,只有通过同这样一种商品相交换才能增大:这种商品的使用价值本身在于增加交换价值,这种商品的消费就等于价值的创造或劳动的物化。也就是说,对于应当增值的价值来说,除了商品的使用本身是创造价值,能用来增加价值外,任何商品都没有直接的剩余价值。而只有活的劳动能力具有这样

---

① 《马克思恩格斯全集》第 47 卷,人民出版社 1979 年版,第 32 页。
② 《马克思恩格斯全集》第 47 卷,人民出版社 1979 年版,第 33 页。
③ 《马克思恩格斯全集》第 47 卷,人民出版社 1979 年版,第 34 页。

的使用价值。因此，价值即货币只有同活的劳动能力相交换才能转化为资本。看来，要实现价值的增值，货币必须要同活的劳动能力交换才能成为可能。另外，货币转化为资本还需要同作为劳动能力物化的前提的物的条件相交换。

那么活的劳动能力在什么情况下才能够被用于交换呢？马克思认为只有在劳动能力本身作为商品出售时，货币才能购买劳动能力。而这要具备两个条件：

一是劳动能力的所有者首先能够支配自己的劳动能力，他必须是自由的劳动能力所有者。二是劳动能力的所有者的劳动已不能再以任何其他的商品形式，以物化劳动的普遍使用价值的形式来进行交换，他能提供出售的只有自己的劳动，只有"他的活的、存在于他的活的机体中的劳动能力"① 被作为商品。② 而要使劳动能力的所有者不得不出卖自己的劳动能力（而不是出卖物化着他的劳动的商品），就必须有这样的前提：他丧失了实现他的劳动能力的物的条件。③ 这些物的条件是作为别人的财产，异化地与劳动能力所有者相对立。在现实中，这种丧失了实现可能的活的劳动能力是"自由的工人"④（马克思这里的分析明显比 1857—1858 年经济学手稿中清晰，但是基本思路是一致的，即要使劳动能力与资本相对立，就只能是工人。自由，一方面，工人能够自由地支配自己的劳动能力；另一方面，工人自由地一无所有）——"只有在货币所有者在商品市场上，在流通内部找到自由的工人时，货币才能转化为资本"⑤。在这种情况下，货币所有者成为物化劳动、自行保存的价值的主体和承担者，资本家。而作为本身劳动能力的主体、人格化的工人连同自己的劳动成为商品，也便丧失了自己的个性。实际上，"工人"的意思本来就是没有个性的意思，当一个人沦为工人的时候，他的

---

① 《马克思恩格斯全集》第 47 卷，人民出版社 1979 年版，第 35 页。
② 《马克思恩格斯全集》第 47 卷，人民出版社 1979 年版，第 35 页。
③ 《马克思恩格斯全集》第 47 卷，人民出版社 1979 年版，第 36 页。
④ 《马克思恩格斯全集》第 47 卷，人民出版社 1979 年版，第 36 页。
⑤ 《马克思恩格斯全集》第 47 卷，人民出版社 1979 年版，第 36 页。

个性也就没有了实现的可能，而只是一件商品了。现在回过头来想一下《德意志意识形态》中马克思关于自主活动的论述，劳动与工人的分裂导致劳动丧失了一丁点儿自主活动的假象，其实自主活动的实现何尝不是个性的实现呢，而当工人或者说无产阶级一无所有的时候，他要凭借什么来实现自己呢？他本身的劳动能力又凭借什么得以实现呢？

对于劳动能力与资本进行交换，马克思接着指出，这不仅仅是刚才逻辑上的推理。而且"显然是以往历史发展的产物"①，"许多经济变革的总结，要以其他社会生产关系的灭亡和社会劳动的生产力的一定发展为前提"②。资本主义生产需要在流通中、在市场上找到只有出卖自己劳动能力的自由的工人这一前提一开始就表示，"资本关系只有在社会的经济发展即社会生产关系和社会的生产力发展的一定历史阶段上才能出现。它从一开始就表现为历史上的一定的经济关系，表现为属于经济发展即社会生产的一定的历史时期的关系"③。为了证明这一点，马克思又举出商品的例子。马克思说，作为研究的出发点的商品，其表现为最简单的经济关系，资产阶级财富的要素，其本身的存在就"包含着一定的历史条件"④。产品，即使用价值成为商品是要以社会成员之间历史上的一定关系为前提的，马克思发现，只有在历史上特定的生产方式即资本主义生产方式的基础上，产品才会作为商品的存在表现为一切产品的一般的、必然的形式。⑤

在此基础上，马克思开始分析工人在货币转化为资本过程中的处境。马克思认为，工人作为劳动能力的化身和承担者，在货币转化为资本过程中沦为商品并与资本相对立，工人成为丧失了物的条件的贫民。马克思说，现在让我们来看一下劳动能力本身和物化劳动即价值的不同之处，"这种价值已人格化为货币所有者或资本家，在这种人格上已成为自我意志，成为自为的

---

① 《马克思恩格斯全集》第 47 卷，人民出版社 1979 年版，第 36 页。
② 《马克思恩格斯全集》第 47 卷，人民出版社 1979 年版，第 36 页。
③ 《马克思恩格斯全集》第 47 卷，人民出版社 1979 年版，第 37 页。
④ 《马克思恩格斯全集》第 47 卷，人民出版社 1979 年版，第 37 页。
⑤ 《马克思恩格斯全集》第 47 卷，人民出版社 1979 年版，第 37 页。

存在、有意识的目的本身"①。对劳动能力，马克思认为：

第一，劳动能力表现为绝对的贫困。"劳动能力本身只是工人活的机体中存在的和具有的从事劳动的可能性，但是这种可能性却与实现劳动能力的一切物的条件，即同它本身的现实性完全分离了，失去了这些条件而独立地存在着。"② 完成劳动的实际过程需要劳动资料，也就是实现劳动所必需的一切物的条件。而在资本与劳动能力的交换过程中，劳动能力作为一个特殊的因素与货币所有者和商品所有者所代表的物化劳动相对立，即与和它相对的人格化为资本家的价值相对立。要以一个必须把自己的劳动能力本身作为商品来出售的独立的劳动者姿态出现，他就必须是被剥夺了劳动资料的劳动能力。既然实际劳动就是为了满足人的需要而占有自然因素，是促成人和自然间的物质变换的活动，那么劳动能力由于被剥夺了劳动资料即被剥夺了劳动占有自然因素所需的物的条件，它也就被剥夺了生活资料。"因此，被剥夺了劳动资料和生活资料的劳动能力是绝对贫困本身，工人作为只是劳动能力的人格化，他有实际的需要，但是他为满足他的需要进行的活动却只是丧失了物的条件的，仅仅包含在他自己的主体中的能力（可能性）。"③ "工人本身，按其概念是贫民，是这种单独存在的、与物的条件相脱离的能力的化身和承担者。"④

第二，劳动能力（工人）是绝对的贫困，却是社会财富的唯一源泉，与资本相对立。

一方面，物质财富，使用价值财富是由自然物质构成的，这些自然物质通过劳动改变了形态，也就是说，只有通过劳动才能够被占有。而这种财富的社会形式即交换价值，无非是包含在使用价值中的物化劳动的一定的社会形式。又因为，劳动能力的使用价值，他的使用本身就是劳动本身，也就是

---

① 《马克思恩格斯全集》第 47 卷，人民出版社 1979 年版，第 38 页。马克思把价值、资本等看做是黑格尔的自我意识、康德的自在，带有明显的德国古典哲学遗风。
② 《马克思恩格斯全集》第 47 卷，人民出版社 1979 年版，第 38 页。
③ 《马克思恩格斯全集》第 47 卷，人民出版社 1979 年版，第 39 页。
④ 《马克思恩格斯全集》第 47 卷，人民出版社 1979 年版，第 39 页。

媒介使用价值和创造交换价值的活动。所以，劳动能力也是物质财富的一般可能性，是具有交换价值这种一定的社会形式的财富的唯一源泉。① 另一方面，工人是赤贫，劳动能力是工人唯一能出售的商品，由于工人与劳动条件相对立，所以工人与物质的实际的财富相对立。创造财富的人却沦为赤贫，"这个矛盾之所以产生，是由于价值，无论它表现为商品形式或是货币形式，都与作为特殊商品的劳动能力本身相对立。"② 相应地，作为活的主体的能力的"劳动能力"，作为创造价值的活动（作为一种能力），与自行增值的价值（物化劳动）相对立，"两者作为资本和劳动、资本家和工人相互对立"③。工人是劳动能力的人格化，从某种程度上说，个性意味着劳动能力的实现，而工人恰恰意味着这样一种劳动能力，它有着这种可能性，却是无法实现，因而沦为赤贫并且与资本相对立。

我们已经看到资本和劳动相互交换，资本以等价交换的形式购买了工人的劳动能力，那么既然工人的劳动能力被看做商品，那么它的价值是什么呢？

马克思认为，劳动能力本身作为商品具有交换价值，而从交换价值角度来考察商品的话，商品总是被看做创造其使用价值所需要的生产活动的结果。商品的交换价值等于商品中所消耗的、物化的劳动量，后者的尺度是劳动时间本身。因此，劳动能力的价值，如同其他任何使用价值的价值一样，也等于耗费在劳动能力上的劳动量，即（在既定的一般生产条件下）生产劳动能力所必需的劳动时间。劳动能力只作为劳动者获得机体而存在，它的生产同一切有生命的东西一样，归结为再生产，归结为维持。④

因此，马克思指出，劳动能力的价值应当归结为：第一，维持劳动能力所必需的生活资料的价值；第二，工人用来繁殖、增加工人后代所必需的生活资料的价值；第三，培养工人技能，接受教育以便形成特殊技能的费用。

---

① 《马克思恩格斯全集》第 47 卷，人民出版社 1979 年版，第 39 页。
② 《马克思恩格斯全集》第 47 卷，人民出版社 1979 年版，第 40 页。
③ 《马克思恩格斯全集》第 47 卷，人民出版社 1979 年版，第 40 页。
④ 《马克思恩格斯全集》第 47 卷，人民出版社 1979 年版，第 41 页。

不过对第三种费用，马克思认为，这些费用可以包含在工人为培养新的劳动能力——自己的子女来接替自己所需的生活资料中。由此，马克思说："劳动能力的价值归结为工人为了维持自己，作为工人而生活并且繁殖下去所必需的生活资料的价值。而这些价值又归结为由于生产那些维持和繁殖劳动能力所需的生活资料或使用价值而必须花费的一定的劳动时间，即耗费一定量的劳动。"① 在与货币的交换中，工人获得的就是这种用于能够购买维持劳动能力的生活资料的价值，而"这个价值表现在货币上就是劳动能力的价格"②。"这个劳动价格叫做工资"，"与劳动能力的价值相一致的工资是劳动能力的平均价格，就是我们所说的平均工资，也就是所谓的最低限度的工资或者劳动报酬。"③ 我们看到，这里的分析与马克思在《1857—1858 年经济学手稿》中关于工人在与资本的交换中只能得到生活资料，不能获得财富的论述遥相呼应。现在我们再看一下《资本论》又是如何论述这个问题的。

（三）《资本论》对货币转化资本与"自由个性"关系的分析

《资本论》的论述更为简练，但是思路是一贯的，其中许多论述都是对1861—1863 年手稿的精炼与概括。马克思首先指出："作为货币的货币和作为资本的货币的区别，首先只是在于它们具有不同的流通形式。"④ 即 G—W—G 和 W—G—W，接着马克思比较了二者的共同点和区别，并且指出："在 W—G—W 循环中，始极是一种商品，始极是另一种商品，后者退出流通，转入消费。因此，这一循环的最终目的是消费，是满足需要，总之，是使用价值。相反，G—W—G 循环是从货币一极出发，最后又返回同一极。因此，这一循环的动机和决定目的是交换价值本身。"⑤ 马克思指出，在

---

① 《马克思恩格斯全集》第 47 卷，人民出版社 1979 年版，第 42—43 页。
② 《马克思恩格斯全集》第 47 卷，人民出版社 1979 年版，第 50 页。
③ 《马克思恩格斯全集》第 47 卷，人民出版社 1979 年版，第 52 页。
④ 《资本论》第 1 卷，人民出版社 1975 年版，第 163 页。
⑤ 《资本论》第 1 卷，人民出版社 1975 年版，第 171 页。

G—W—G 流通中，价值成为这一过程的主体，它不断地交替采取货币形式和商品形式，改变着自己的量，作为剩余价值同作为原价值的自身分出来，自行增值着。"在简单流通中，商品的价值在与商品的使用价值的对立中，至多取得了独立的货币形式，而在这里，商品的价值突然表现为一个处在过程中的、自行运动的实体，商品和货币只是这一实体的两种形式。不仅如此，现在，它不是表示商品关系，而可以说同它自身发生私自关系。它作为原价值同作为剩余价值的自身区别开来，作为圣父同作为圣子的自身区别开来，而二者年龄相同，实际上只是一个人。这是因为预付的 100 镑只是由于有了 10 镑剩余价值才成为资本，而它一旦成为资本，一旦生了儿子，并由于有了儿子而生了父亲，二者的区别又马上消失，合为一体——110 镑。"①因此，价值成了处于过程中的价值，成了处于过程中的货币，从而也就成了资本。② 马克思指出，无论是商业资本、产业资本还是生息资本，都丝毫不改变这种情况。因此，G—W—G'事实上是直接在流通领域内表现出来的资本的总公式。

　　然而，马克思接着指出，货币羽化为资本的流通形式是与简单商品流通相矛盾的。马克思通过分析指出，简单商品流通的规则是等价交换，不允许剩余价值的形成。所以，"剩余价值的形成，从而货币的转化为资本，既不能用卖者高于商品价值出卖商品说明，也不能用买者低于商品价值购买商品来说明。"③ 因此，G—W—G'，为贵买而卖，商业资本中虽然表现的最纯粹，但是却不是剩余价值的由来，只能归结为商人双方的欺骗。而高利贷资本也是同样的情况。因此，马克思说，既然剩余价值不能在流通中产生，那么在剩余价值的行程上，必然有某种在流通中看不到的情况发生在流通的背后。④

　　既然在流通中实行的是等价交换，商品是按它的价值支付的，那么，

---

① 《资本论》第 1 卷，人民出版社 1975 年版，第 177 页。
② 《资本论》第 1 卷，人民出版社 1975 年版，第 177 页。
③ 《资本论》第 1 卷，人民出版社 1975 年版，第 183 页。
④ 《资本论》第 1 卷，人民出版社 1975 年版，第 188 页。

"这种变化只能从这种商品的使用价值本身，即从这种商品的使用上产生。要从商品的使用上取得价值，我们的货币所有者就必须幸运地在流通领域内即在市场上发现这样一种商品，它的使用价值本身具有成为价值源泉的特殊属性，因此，它的实际使用本身就是劳动的物化，从而是价值的创造。货币所有者在市场上找到了这种特殊商品，这就是劳动能力或劳动力。"① 这里，马克思对劳动力或劳动能力的理解为"人的身体即活的人体中存在的、每当人生产某种使用价值时就运用的体力和智力的总和"②。

马克思接着论述到，要找到这种商品需要具备两个条件，第一个条件，"劳动力所有者要把劳动力当做商品来卖，他就必须能够支配它，从而必须是自己的劳动能力、自己人身的自由的所有者"③；第二个条件，"劳动力所有者没有可能出卖有自己的劳动物化在内的商品，而不得不把只存在于他的活的身体中的劳动力本身当做商品出卖"④。可见，货币所有者要把货币转化为资本，就必须在商品市场上找到自由的工人，一方面，工人是自由人，另一方面，自由得一无所有。同时，对于这种关系的形成，马克思认为："这种关系既不是自然史上的关系，也不是一切历史时期所共有的社会关系。它本身显然是以往历史发展的结果，是许多次经济变革的产物，是一系列陈旧的社会生产形态灭亡的产物。"⑤

马克思接着考察了这个特殊商品。劳动力也具有价值？"劳动力只是作为活的个体的能力而存在，因此，劳动力的生产要以活的个体的存在为前提。"⑥ "劳动力的生产就是这个个体本身的再生产或维持。"⑦ 因此，可以归结为，生产维持劳动力的生活资料，培养工人子女所需的生活资料，同时还需要劳动力的教育费用（但是对于这种教育费，是微乎其微的）。因此，

---

① 《资本论》第 1 卷，人民出版社 1975 年版，第 190 页。
② 《资本论》第 1 卷，人民出版社 1975 年版，第 190 页。
③ 《资本论》第 1 卷，人民出版社 1975 年版，第 190 页。
④ 《资本论》第 1 卷，人民出版社 1975 年版，第 191 页。
⑤ 《资本论》第 1 卷，人民出版社 1975 年版，第 193 页。
⑥ 《资本论》第 1 卷，人民出版社 1975 年版，第 193—194 页。
⑦ 《资本论》第 1 卷，人民出版社 1975 年版，第 194 页。

马克思说:"劳动力的价值可以归结为一定量生活资料的价值。因此它也随着这些生活资料的价值即生产这些生活资料所需要的劳动时间量的改变而改变。"① 因此,在与资本的交换中,劳动者得到的只是劳动力价值的最低限度或最小限度,也就是维持身体所必不可少的生活资料的价值。而货币所有者在这个交换中得到的是使用价值。而劳动力的实际消费,是在流通过程以外进行的。

同样在《资本论》中,马克思抑制不住自己的情绪,对资本主义的"自由"、"平等"进行了辛辣的讽刺。只要"劳动力的买和卖是在流通领域或商品交换领域的界限以内进行的,这个领域确实是天赋人权的真正乐园。那里占统治地位的只是自由、平等、所有权和边沁。"② 都是虚假的东西!马克思此时再次表达了自己鲜明的价值立场。一旦我们来到生产场所,"在那里,不仅可以看到资本是怎样进行生产的,还可以看到资本本身是怎样被生产出来的。赚钱的秘密最后一定会暴露出来"③。

现在我们看到,马克思在如何阐明资本的概念,即保值增值的价值的过程中引出特殊商品,即劳动能力来的。而劳动能力不过是人的体力和智力的总和,是人的一种能力,可是现在,这种能力沦为了一种"特殊商品",它的目的不是为了发展劳动者自身的个性,它的发挥,它的实现只是为了交换价值(资本)的增值。同时,对于劳动者来说,他出卖劳动力仅仅是为了自己的口粮,仅仅是为了维持自己的生存需要,在这种情况下,更莫说发展自己的个性了,可以说,在劳动者出卖自己的劳动能力的那一刻,在资本和劳动交换的那一刻,劳动者就开始了丧失了自己作为一个独立的人的状态,丧失了发展自己的个性的机会。而下面的研究将会给我们展示,人的个性在资本主义的生产中怎样一步步丧失自己的独立性和个性,成为资本的附庸和从属。

————————————

① 《资本论》第1卷,人民出版社1975年版,第195页。
② 《资本论》第1卷,人民出版社1975年版,第199页。
③ 《资本论》第1卷,人民出版社1975年版,第199页。

三、资本主义的直接生产过程与
"自由个性"的历史生成

我们知道，在资本与劳动交换之后，就要进入资本对劳动的使用阶段，也就是生产过程阶段，在这里我们首先会看到资本主义生产表现为劳动过程和价值增值的双重过程。劳动本身表现为生产劳动，一方面，人的活动借助劳动资料使劳动对象发生预定的变化，劳动发生物化，对象被加工。另一方面，价值实现了自我增值。我们会看到，一方面，在资本主义生产过程中，个人是如何表现为对资本的从属和依附关系，以及个性是如何一步步地丧失的，而另一方面，我们看到，正是资本主义的生产过程为"每一个个人"个性独立、自由而全面发展的"自由个性"实现准备着条件，同时资本主义本身发展的趋势也预示了"自由个性"的必然生成性。

首先，我们会看到，价值增值正是资本主义生产的本质特征，而价值增值的源泉是特殊的商品劳动力的使用价值。劳动力在使用过程中不但生产出了自己劳动力的使用价值——工资，保存了价值，而且增加了新的剩余劳动，从而生产出了剩余价值。资本的贪欲正是对剩余劳动的无限制的贪欲，而对剩余劳动的贪欲则表现为对工人无限度的压榨和剥削。因此表现为资本的趋势就是尽可能大地缩小必要劳动时间，而增加剩余劳动时间，而这实际上是意味着资本要求占有工人的 24 小时，于是延长工作日成为普遍的现象，"通过延长工作日，不仅使人的劳动力由于被剥夺了道德上和身体上的正常发展和活动的条件而处于萎缩状态，而且使劳动力本身未老先衰和死亡。"[1]资本追求剩余劳动（剩余价值）的本性使工人丧失了个性和"人本身"的规定性。另一方面，也正是资本追求剩余劳动（剩余价值）的这一过程大

---

[1]《资本论》第 1 卷，人民出版社 1975 年版，第 295 页。

大发展了生产力，生产出全面的关系、多方面的需求以及全面的能力的体系，生产出大量的自由时间。而在这一过程中表现出来的剩余价值率增长越来越低的事实也表明了资本主义的生产有其自身的界限，资本在一定的历史时期的确能够促进生产力的发展，但是随着生产力的发展，资本本身成为生产力发展的界限，从而资本退出历史舞台，取而代之的是"自由个性"。

其次，我们还会看到，（剩余劳动）剩余价值的生产表现为绝对剩余价值的生产和相对剩余价值的生产，而绝对剩余价值的生产表现为劳动对资本的形式上的从属，而相对剩余价值则表现为劳动对资本的实际上的从属，而由此提高相对剩余价值的各种因素，协作、分工、机器及其工厂也都成为资本的要素并表现为对单个工人的异化。而资本主义生产过程正是绝对剩余价值和相对剩余价值的结合，两种形式的结合使工人个性和非人的状态更加不堪。但是，这些劳动的形式本身也是实现"自由个性"的积极因素，一旦它们摆脱资本的属性，而为联合起来的"社会个人"所掌握，"每一个个人"个性独立、自由而全面的发展就不再是一种可能。

（一）资本为价值增值追求剩余劳动使工人丧失独立性、个性和自由，及其为"自由个性"生成的历史使命

我们已经知道，通过资本和劳动的交换，资本开始了对劳动的使用及资本主义生产过程，这种过程首先表现为一般劳动过程，本质上却是表现为价值增值过程。

劳动过程，是制造使用价值的有目的的活动，是为了人类的需要而占有自然物，是人与自然之间的物质变换的一般条件，是人类生活的永恒条件，因此它不以人类生活的任何形式为转移，它是人类生活的一切社会形式所共有的。马克思指出，劳动过程的简单要素表现为：一是个人有目的的活动或劳动本身，二是劳动对象和劳动资料。而通过劳动过程，人的活动借助于劳动资料使劳动对象发生预定的变化，并且生产出产品——使用价值。而这个时候生产出来的使用价值可能会出现两种去向，一种去向就是退出劳动过程，而另一种去向就是作为生产资料进入劳动过程，因此，"同一个使用价

值，既是这种劳动的产品，又是那种劳动的生产资料，所以，产品不仅是劳动过程的结果，同时还是劳动过程的条件"①。资本主义的生产过程首先是这种劳动过程。它的生产要素表现为"劳动过程所需要的一切要素：物的因素和人的因素，即生产资料和劳动力"②。在这里，劳动过程并没有发生性质上的改变。同样，资本的生产一开始也是表现为劳动的过程，"由于劳动并入资本，资本便成为生产过程；但它首先是物质生产过程；是一般生产过程，因此，资本的生产过程同一般物质生产过程没有区别。它的形式规定完全消失了"③。资本的生产过程是对劳动力的使用过程，而"劳动力的使用就是劳动本身，为了把自己的劳动表现在商品中，工人必须把它表现在使用价值中，表现能够满足某种需要的物中"④。只不过，资本主义生产就资本家消费劳动力的过程来说，表现出两个特殊的现象，一是工人在资本家的监督下劳动，他的劳动属于资本家；二是产品是资本家的所有物，而不是直接生产者工人的所有物。

　　然而，如果从另一个角度来考察资本对劳动力的使用这种生产过程，我们会发现，"这还没有穷尽［资本和劳动］的关系"⑤。我们已经知道，资本的目的是实现价值增值，但是在流通领域中，在市场上资本对劳动力的购买遵循的是等价交换原则，因此，流通领域不可能实现价值增值，但是它为价值增值做好了准备，在资本对劳动力实施购买以后，在资本对劳动力的使用，即生产过程中实现了价值增值。因此，资本的生产还有形式规定的一方面，"劳动只有对资本来说才是使用价值，而且就是资本本身的使用价值，也就是使资本自行增值的媒介活动。再生产自己价值和增值自己价值的资本，是作为过程即价值增值过程的独立的交换价值（货币）"⑥。

　　可见，"作为劳动过程和价值形成过程的统一，生产过程是商品生产过

---

① 《资本论》第 1 卷，人民出版社 1975 年版，第 205 页。
② 《资本论》第 1 卷，人民出版社 1975 年版，第 209 页。
③ 《马克思恩格斯全集》第 46 卷（上），人民出版社 1979 年版，第 263 页。
④ 《资本论》第 1 卷，人民出版社 1975 年版，第 201 页。
⑤ 《马克思恩格斯全集》第 46 卷（上），人民出版社 1979 年版，第 259 页。
⑥ 《马克思恩格斯全集》第 46 卷（上），人民出版社 1979 年版，第 265 页。

程;作为劳动过程和价值增值过程的统一,生产过程是资本主义生产过程,是商品生产的资本主义形式。"① 但是,资本对劳动过程和价值增值过程的态度绝对是不一样的,"在资本主义生产内,劳动过程与价值增值过程的关系是,后者表现为目的,前者只表现为手段"②。"只有当产品的使用价值对资本家有利害关系时,劳动过程本身才会成为目的本身。但对资本家来说,问题只在于把产品作为商品过渡,使它重新转化为货币,并且因为产品最初就已是货币,所以问题也就在于使这个货币额增加。"③ 由此可见,这便是"以资本为基础的资本主义生产过程"④。这里的问题不是要生产产品,而是要生产商品,即专供出售的产品。而且,生产商品不是简单地为了通过他们的出售来获得存在于流通中的使用价值,而是为了保存并增加预先存在的价值。⑤ 那么,资本是如何实现价值增值的呢?

马克思认为,需要存在这样一种关系,在这种关系中劳动能力只作为劳动能力,从而作为商品存在。因而,货币作为一切物质财富形式与劳动能力相对立。而货币所有者有权支配劳动能力的时间:即工人在劳动过程中必须为他工作的劳动时间,长于在劳动材料和劳动资料属于工人自己的情况下工人为了维持自己作为工人,作为活的劳动能力的生命而不得不劳动的时间。这样,劳动能力本身的交换价值的劳动时间同劳动能力作为使用价值被使用的劳动时间的差数是劳动能力在它的交换价值所包含的劳动时间之外的劳动的时间,也就是高于劳动能力原先的价值而劳动的时间,作为这样的劳动时间就是剩余劳动——剩余价值。而且,这样,丝毫没有违背商品等价交换的规律。而对劳动能力来说,"只要它进入增值过程,情况就完全不同。劳动能力通过把等量的新的活劳动追加到劳动材料上,来补偿它本身包含的从而对它本身支付了的价值,或者说来补偿按它的价格即在工资上支付的物化的

---

①《资本论》第1卷,人民出版社1975年版,第223页。
②《马克思恩格斯全集》第47卷,人民出版社1979年版,第104页。
③《马克思恩格斯全集》第47卷,人民出版社1979年版,第104页。
④《马克思恩格斯全集》第47卷,人民出版社1979年版,第105页。
⑤《马克思恩格斯全集》第47卷,人民出版社1979年版,第105页。

劳动时间。"①

为了更好地说明问题，马克思根据劳动过程不同因素在产品价值形成上所起的不同作用化分为不变资本和可变资本。

马克思首先指出："资本的这两部分，从劳动过程的角度来看，是作为客观因素和主观因素，作为生产资料和劳动力相区别的；从价值增值过程的角度来看，则是作为不变资本和可变资本相区别的。"② 劳动过程的客观因素，即包含在原材料和生产资料中的那部分资本价值，只是在产品中再现出来，这部分资本加到产品上的价值从来没有超过它在生产过程之外具有的价值。由于毫无变化，这部分资本被称作不变资本。而劳动过程的主观因素，即发挥作用的劳动力，却不是这样，当劳动通过它的有目的的形式把生产资料的价值转移到产品上并保存下来的时候，它的运动的每时每刻都形成追加的价值，形成新价值。

这实际上是说，与劳动能力相交换或在工资中预付的第三部分资本，是可变的。它不单单确实地被再生产出来；而且，资本的这部分价值还发生了增值，完成了剩余劳动，它再生产自身的等价物和一个超过这个等价物而形成的余额，剩余价值。这部分资本从不变量变为可变量，因此称作可变资本。从中我们可以看出，价值增值的源泉是可变资本，或者说，是活劳动力，而活劳动力正是工人本身，现在工人是作为资本的人格化的经济范畴——可变资本，而不是作为一个活生生、有血有肉有生命力的个人了。

既然资本价值增值的源泉是活劳动力，是可变资本，那么我们就来研究这种可变资本，它是资本用于购买活劳动力的那部分，在交换过程中，遵循等价交换的原则，"劳动能力本身作为商品具有交换价值"③。因此可变资本的量就等于劳动力的价值。而活劳动的价值是如何确定的呢？

"劳动能力的价值，如同其他任何使用价值的价值一样，也等于耗费在劳动能力上劳动量，即（在既定的一般生产条件下）生产劳动能力所必需

①《马克思恩格斯全集》第 47 卷，人民出版社 1979 年版，第 96 页。
②《资本论》第 1 卷，人民出版社 1975 年版，第 235 页。
③《马克思恩格斯全集》第 47 卷，人民出版社 1979 年版，第 41 页。

的劳动时间。劳动能力只作为劳动者活的机体的能力而存在。一旦劳动能力作为既定的前提而存在，他的生产就同一切有生命的东西一样，归结为再生产，归结为维持。"① "劳动能力的价值归结为工人为了维持自己，作为工人而生活并且繁殖下去所必需的生活资料的价值。而这些价值又归结为由于生产那些维持和繁殖劳动能力所需的生活资料或使用价值而必须花费的一定的劳动时间，即耗费的一定量劳动。"② 即：劳动能力是作为工人活的机体内的本领、才能、能力而存在，维持劳动能力无非就是维持工人本身，使他在一定程度上具有实现其劳动能力所必需的体力、健康、一般生活能力。

从表面上看，这是一种等价交换，可实际上，是一种等价交换原则下的不平等。货币所有者在购买了劳动能力以后，就把它作为使用价值使用，就是消费。而这种消费就是劳动过程本身。这种情况，对劳动能力的出卖者而言，"因为劳动是工人本身的活动，是他自己劳动能力的实现，所以他作为劳动的人，作为工人进入这个过程"③。但是，在买者看来，"他在这个过程中除了具有正在发挥作用的劳动能力的存在以外，不具有任何其他存在。因此，这不是一个从事劳动的人，而是活动的人格化的劳动能力即工人"④，沦为工人的本身就意味着作为一个单纯个人的所有个性的丧失，如马克思所说："富有特征意义的是，在英国，根据工人的劳动能力借以发挥作用的主要器官——即他们自己的双手，把工人叫做'人手'"。⑤

并且"很明显，工人通过这种交换不可能致富，因为，就像以扫为了一碗红豆汤而出卖自己的长子权一样，工人也是为了一个既定的劳动能力〔的价值〕而出卖劳动的创造力。"⑥ 但是这样做的结果是，"工人必然会越来越贫穷，因为他的劳动的创造力作为资本的力量，作为他人的权力而同他

① 《马克思恩格斯全集》第47卷，人民出版社1979年版，第41页。
② 这种维持工人的生活资料可以归结为商品，生活资料，劳动能力的价格随着主要生活资料的价格的变动而变动（在不同的国家是不一样的，这取决于历史发展的状况）。
③ 《马克思恩格斯全集》第47卷，人民出版社1979年版，第55页。
④ 《马克思恩格斯全集》第47卷，人民出版社1979年版，第55页。
⑤ 《马克思恩格斯全集》第47卷，人民出版社1979年版，第55页。
⑥ 《马克思恩格斯全集》第46卷（上），人民出版社1979年版，第266页。

相对立。他把财富作为生产财富的力量让渡出去；而资本把劳动作为这种力量占有。可见，劳动和劳动产品所有权的分离，劳动和财富的分离，已经包含在这种交换行为本身之中。"① 因此，"对于工人来说，他的劳动的生产性成了他人的权力，总之，他的劳动如果不是能力，而是运动，是实际的劳动，就会是这样的；相反，资本是通过占有他人劳动而使自己的价值增值。"② 可见，正是在资本的生产过程中，工人让渡了自己的权力，工人的劳动不再体现为能力，而是体现为为资本服务的工具。"劳动的生产性也会变成资本的生产力"③。而工人的劳动则表现为非生产的。一切都是资本的生产力。也正因为如此，马克思说，资本在本质上是劳动生产力的倒置和换位，而以资本为前提的雇佣劳动也是这种变体，成为"对工人来说是异己力量的必要过程"④。

现在，劳动力作为可变资本进入生产过程，但是它到底如何使价值增值的呢？在生产过程中，劳动力首先保存了不变资本的价值，其次，它在这个过程中加进了新劳动，创造了新价值。

我们已经知道，物化在资本中的劳动时间是物化在原料、工具和劳动价格中的劳动时间，原料和工具两个资本的组成部分的价值是始终不变的，只有劳动价格中的劳动时间被资本拿来同性质不同的东西相交换：一定量物化劳动同一定量活劳动相交换。而资本和劳动之间的这种交换，从工人方面来说是简单交换，从资本家方面来说，却必须是非交换，资本家得到的价值必须大于他付出的价值。工人和资本交换，是他的劳动本身，出让的是自己的劳动。⑤ 那么就对这种劳动进行分析。马克思说，工人价值是由包含在他的商品中的物化劳动决定的。包括，一是维持工人生命力的劳动时间，二是培养特殊技能的价值（我们看到，此时对工人的价值决定，马克思还不成

---

① 《马克思恩格斯全集》第46卷（上），人民出版社1979年版，第267页。
② 《马克思恩格斯全集》第46卷（上），人民出版社1979年版，第267页。
③ 《马克思恩格斯全集》第46卷（上），人民出版社1979年版，第268页。
④ 《马克思恩格斯全集》第46卷（上），人民出版社1979年版，第268页。
⑤ 《马克思恩格斯全集》第46卷（上），人民出版社1979年版，第283页。

熟)。紧接着马克思做了两个假定：第一个假定，马克思指出如果维持工人一个工作日的生存需要一个工作日，那么实际上就等于资本不存在，资本不能作为资本增值，这是不合理的；因此第二个假定，如果维持工人整个工作日的生存只需要半个工作日，那么资本家只需要付给工人半个工作日，剩下的半个工作日资本家不需要付什么东西，可是工人在这后半个工作日仍然在劳动，于是剩余价值也就出来了，"价值之所以能够增加，只是由于获得了也就是创造了一个超过等价物的价值"①。因此，这种情况可以表述为："如果工人只花费半个工作日就能活一整天，那么，他要维持他作为工人的生存，就只需要劳动半天。后半个工作日是强制劳动；剩余劳动。在资本方面表现为剩余价值的东西，正好在工人方面表现为超过他作为工人的需要，即超过他维持生命力的直接需要而形成的剩余劳动。"② 由此，马克思找到了资本增值，也就是剩余价值的源泉——剩余劳动。

而资本追求剩余劳动的行为一方面导致了工人在资本面前独立性、个性和自由的消弭，另一方面却也担负着为"每一个个人"实现个性独立、自由而全面发展的重大历史使命。

货币转换为资本，意味着一种新的对立的关系出现，资本和雇佣劳动的对立关系出现了，并表现为资本家和工人的对立，资本家用资本交换工人的使用价值，而工人用自己的劳动换得可怜的工资，"工人让出的是对自己劳动的支配权"；而对于资本而言，换进的是具有使用价值的活劳动，是生产财富的一般力量，是增加财富的活动。于是，工人的劳动的生产性"成了他人的权力"，而资本"通过占有他人劳动而使自己的价值增值"。在这一过程中，是丝毫不考虑工人作为人的个性的，工人实际上是沦为了一种商品；在这里资本家关心"剩余劳动"只是由于"资本的增值"和"剩余价值"的获得。于是我们首先看到，对于资本而言，"劳动生产力的发展——首先是剩余劳动的创造——是资本的价值增加或资本的价值增值的必要条

①《马克思恩格斯全集》第46卷（上），人民出版社1979年版，第286页。
②《马克思恩格斯全集》第46卷（上），人民出版社1979年版，第287页。

件。因此，资本作为无限制地追求发财致富的欲望，力图无限制地提高劳动生产力并且使之成为现实。但是另一方面，劳动生产力的任何提高——我们撇开它为资本家增加使用价值这一点不谈，——都是资本的生产力的提高，而且，从现在的观点来看，这种提高只有表现为资本的生产力，才是劳动的生产力。"① 马克思说："资本的规律是创造剩余劳动，即可以自由支配的时间；资本只有推动必要劳动即工人进行交换，才能做到这一点，由此产生了资本要尽量多地创造劳动的趋势；同样也产生了资本要把必要劳动减少到最低限度的趋势。因此，资本的趋势是：既增加劳动人口，又把劳动人口的一部分不断地变成过剩人口，即在资本能够利用他们之前先把他们变成无用的人口。"② 由于资本追求剩余劳动的这种行为，工人唯资本马首是瞻，把自己的命运交给资本，从而丧失了自己的个性、独立性和自由。

不过在另一方面，马克思又指出："资本的伟大的历史方面就是创造这种剩余劳动，即从单纯使用价值的观点，从单纯生存的观点来看的多余劳动，而一旦到了那样的时候，即一方面，需要发展到这种程度，以致超过必要劳动的剩余劳动本身成了从个人需要本身产生的普遍需要，另一方面，普遍的勤劳，由于世世代代所经历的资本的严格纪律，发展成为新的一代的普遍财产，最后，这种普遍的勤劳，由于资本的无止境的支付欲望及其唯一能实现这种欲望的条件不断地驱使劳动生产力向前发展，而达到这样的程度，以致一方面整个社会只需用较少的劳动时间就能占有并保持普遍财富，另一方面劳动的社会将科学地对待自己的不断发展的再生产过程，对待自己的越来越丰富的再生产过程，从而，人不再从事那种可以让物来从事的劳动，——旦到了那样的时候，资本的历史使命就完成了。"③

"因此，资本和劳动的关系在这里就像货币和商品的关系一样；如果说资本是财富的一般形式，那么，劳动就只是以直接消费为目的的实体。但

① 《马克思恩格斯全集》第46卷（上），人民出版社1979年版，第287页。
② 《马克思恩格斯全集》第46卷（上），人民出版社1979年版，第378页。
③ 《马克思恩格斯全集》第46卷（上），人民出版社1979年版，第287页。

是，资本作为孜孜不倦地追求财富的一般形式的欲望，驱使劳动超过自己自然需要的界限，来为发展丰富的个性创造出物质要素，这种个性无论在生产上还是在消费上都是全面的，因而个性的劳动也不再表现为劳动，而表现为活动本身的充分发展，在那种情况下，直接形式的自然必然性消失了；这是因为一种历史形成的需要代替了自然的需要。由此可见，资本是生产的，也就是说，是发展社会生产力的重要的关系。只有当资本本身成了这种生产力本身发展的限制时，资本才不再是这样的关系。"①

由此我们看到：首先，由于资本的这种历史使命，使得下面几种情况成为现实：一，剩余劳动的性质发生了变化，即不再是强制劳动，而是成为从个人需要本身产生的普遍需要；二，剩余劳动生产了大量的社会财富，并且成为社会的普遍财产；三，生产力达到相当的程度，以致花费较少的劳动就可以占有并保持普遍财富；另外，人们能够科学地对待生产过程，并使生产过程越来越丰富，以致人不再从事那种可以让物来替人从事的劳动；四，历史的需要代替了自然的需要。个人不再是仅仅局限于狭小范围内的需要，由于社会生产力的发达及其普遍财富，一种全面的历史形成的需要取代了自然的需要。从而造就人无论是在生产还是在消费上的一种全面丰富的个性；五，劳动表现为自主活动（自由活动），个性的劳动不再表现为劳动，而是表现为活动本身的充分发展。这实际上是说，资本通过追求剩余劳动这种行为恰恰也是达到"每一个个人"个性独立、自由而全面的发展状态的历史生成过程。

并且，资本通过剩余劳动来提高生产力的这种方式却也使资本有着自己不可避免的局限。资本越发展，它已经创造出来的剩余劳动越多，它也就必然越要疯狂地发展生产力，以便哪怕是以很小的比例来增值价值，即增添剩余价值——因为资本的界限始终是一日中体现必要劳动的部分和整个工作日之间的比例。资本只能在这个界限以内运动，属于必要劳动的部分越小，剩余劳动越大，生产力不管怎样提高都越是不可能明显地减少必要劳动；因为

---

① 《马克思恩格斯全集》第 46 卷（上），人民出版社 1979 年版，第 287 页。

分母已经变得很大了。资本已有的价值增值程度越高，资本的自行增值就越困难。于是，提高生产力对资本来说似乎就成为无关紧要的事情；价值增值本身似乎也成为无关紧要的事情，因为这种增值的比例已经变得很小了，并且资本似乎也不再成其为资本了（比如说，如果工作日中原来代表必要劳动的部分是 0.001，生产力提高 1000 倍，那么资本的价值［剩余价值］就不是增加到 1000 倍，而是还增加不到 0.001 工作日；资本的价值增加了 0.001—0.000001，即 0.000999 工作日）。由此我们看到，这就是资本的界限。资本在其自身的发展中逐渐丧失掉自己的性质。

由此可见，"资本作为剩余劳动的肯定，同样并且同时既是必要劳动的肯定又是必要劳动的否定；资本所以存在，只是由于必要劳动既存在而同时又不存在。"① 由此，可以设想，既然资本的趋势是必要劳动趋向于$-\infty$，那么也就是说剩余劳动将会趋向于$+\infty$，彼时，必要劳动和剩余劳动的界限划分就没有了，剩余的就是必要的，必要的就是剩余的，劳动的性质发生了变化，而彼时，资本的性质也就不再是资本了，资本的历史任务完结了，从而为人的个性全面而丰富的发展提供了可能。而在此之前，马克思说，财富的发展势必是一种对立的发展。一方面，因为剩余劳动，所以，就创造了可以自由支配的时间，而这个时间就被另一方用来去创造非劳动和剩余财富。这就是同资本分享剩余价值的其他阶级、靠剩余产品过活的需要救济的贫民、侍从、食客等，也就是仆役阶级。②

对于资本追求剩余劳动的这种双重性质，马克思首先说道："在英国煤矿中平均每星期死亡 15 人。到 1861 年为止的 10 年中约死亡 10000 人。主要是由于煤矿主卑鄙的贪得无厌造成的。这理应受到普遍的谴责。资本主义生产——在一定程度上，如果我们撇开流通的全部过程以及在其基础即交换价值上产生的极其复杂的商业和货币贸易——是最节省物化劳动，即物化在商品中的劳动的。但同时，资本主义生产比其他任何一种生产方式都更加浪

---

① 《马克思恩格斯全集》第 46 卷（上），人民出版社 1979 年版，第 381 页。
② 《马克思恩格斯全集》第 46 卷（上），人民出版社 1979 年版，第 381 页。

费人和活劳动，它不仅浪费人的血和肉，而且浪费人的智慧和神经。实际上，只有通过最大地损害个人的发展，才能在作为人类社会主义结构的序幕的历史时期，取得一般人的发展。"① 然而，马克思接着引用了歌德的诗句："既然痛苦是快乐的源泉，那又何必因痛苦而伤心？难道不是有无数的生灵，曾遭到帖木儿的蹂躏？"② 马克思在这里引用这段话是表明了自己的心迹的。马克思曾经在1853年评价英国在印度的殖民统治时说过："如果亚洲的社会状况没有一个根本的革命，人类能不能实现自己的使命？如果不能，那么，英国不管干了多少罪行，它造成这个革命毕竟是充当了历史不自觉的工具。总之，无论一个古老世界崩溃的情景对我们个人的感情来说是怎样难过，但是从历史观点来看，我们有权同歌德一起高唱：'我们何必因这痛苦而伤心，既然它带给我们更多快乐？难道不是有千千万万生灵，曾经被帖木儿的统治吞没？'"③ 虽然要对资本主义生产关系下人的非人现象给予谴责，但是如果从历史的角度来看，正是资本主义推动了历史发展和进步，也正是在资本主义对人的非人的压迫，对人的生命力的摧残这种进程中为人重新实现自己的个性，重新成为人准备着条件。可见，对于资本主义状态下人的命运，马克思是持理性、客观和历史的态度，而不是空洞地充满忧愁感情式的哀怨。从我们的主题出发，我们看到，资本主义是以否定着个人的发展——不仅仅是身体上，更是精神上的——为代价来推动历史进步的。那么反过来说，社会主义应当是建立在每个人身体和精神都得到发展的基础上的发展。④ 但是，在这之前，人类必然经受资本主义的"帖木儿的蹂躏"，也就是说人的个性必定会经历一个消弭和异化的阶段。那么这也告诉我们，理解马克思的"自由个性"理念，要持一种历史的态度，单纯靠激情是解决不

① 《马克思恩格斯全集》第47卷，人民出版社1979年版，第190页。
② 《马克思恩格斯全集》第47卷，人民出版社1979年版，第190页。
③ 《马克思恩格斯选集》第1卷，人民出版社1995年版，第766页。这段话在《马克思恩格斯选集》第2卷（人民出版社1972年版，第68页）中被译为："既然痛苦是快乐的源泉，那又何必因痛苦而伤心难道不是有无数的生灵，曾遭到帖木儿的蹂躏。"——作者较为喜欢1972年版的翻译。
④ 《马克思恩格斯全集》第47卷，人民出版社1979年版，第190页。

了问题的，只有在弄清楚问题的基础上才能找到解决问题的途径，马克思是这么做的，我们也要这么做。

接下来，我们要具体分析资本追求（剩余劳动）剩余价值的两种形式，绝对剩余价值生产和相对剩余价值生产。正是在这两种形式中，凡是生产的要素都表现为资本的要素，都表现为对于工人而言的异化，在这个过程中，工人的个性被消弭，工人不断并且永久地处于资本的从属——劳动力的地位上，工人丧失了自己的独立性和"人本身"的规定性。另一方面，我们也会在其中看到，在这两种生产的基础上产生的各种生产形式本身为"自由个性"的实现准备着条件。

（二）资本追求绝对剩余价值与"自由个性"的历史生成

从某种程度上说，我们对绝对剩余价值的分析是对先前对"剩余劳动"分析的进一步深化。绝对剩余价值不但是剩余价值生产的第一种形式，以后也一直是［资本主义生产的］占统治地位的形式。它来源于工人提供的劳动量超过他自己工资中作为他的劳动能力的价值得到的物化劳动量而形成的余额，即剩余劳动量。

对于社会必要劳动时间，马克思做了一个假定，即工人生产出自己的劳动能力的价值所花费的时间如果等于 10 个劳动小时，那么这 10 个劳动小时就被称为必要劳动时间。从另外一个观点，即在资本家看来，这也是必要劳动时间，因为整个资本关系也以工人阶级的经常存在和持续不断的再生产为前提，而工人阶级的经常存在、维持和再生产是资本主义生产的必要前提。① 因此，这一时间，对于工人阶级本身的维持，对于预付资本的简单保存和再生产，最后，对于一般资本关系的可能性，都是必要的。②

马克思接着说，根据假定，工人劳动的最初的 10 个小时是必要劳动时间，同时这个时间只是他以工资形式获得的物化劳动时间的等价物。我们把

①《马克思恩格斯全集》第 47 卷，人民出版社 1979 年版，第 197 页。
②《马克思恩格斯全集》第 47 卷，人民出版社 1979 年版，第 198 页。

工人超过这 10 个小时必要劳动时间之外的所有劳动时间称为剩余劳动。所有情况下，产品的剩余价值都只是剩余劳动的物化。同价值一般只是物化的劳动时间一样，剩余价值只是物化的剩余劳动时间，因此，剩余价值归结为工人超过必要劳动时间为资本家劳动的劳动时间。① 因此，资本家实际上是以物化在预付在资本中的劳动时间（物化在工资中）与活劳动时间相交换，这一比例等于工人的必要劳动时间同剩余劳动时间的比例。必要劳动时间是工人还给资本家的等价物，工人以货币形式得到了一定的劳动时间，以活劳动时间的形式把它还给资本家，因此，必要劳动时间是有酬的劳动时间。而剩余劳动则没有支付等价物，是资本家超过劳动能力本身的价值而对劳动能力的使用。因此它是无酬的劳动时间。可见，绝对剩余价值的源泉也是剩余劳动，它源于对资本对剩余劳动的贪欲，资本就像吸血鬼一样，吮吸每一滴劳动吮吸一定比例的剩余劳动。

1. 追求剩余劳动产生出众多的生产部门，创造出广泛的社会需要，却也导致"自由时间"在对抗中发展

看来，剩余劳动是绝对剩余价值的源泉，工人的剩余劳动是整个资本主义社会生存的条件。通过这种剩余劳动，工人为资本家发展自己的个性创造出了自由时间和物质条件。但是，这个过程是以工人的过度劳动为代价的，工人在资本主义生产过程中不但丧失了人格，而且还丧失了个性实现的条件。这一点我们已经谈过，而在这里，我们要重点分析的是追求剩余劳动这种行为对发展的个性的一个重要条件——自由时间的影响。我们会看到，一方面，追求剩余劳动为发展人的个性创造出了自由时间，但是同时由于这种行为的性质，也导致自由时间是一种在对抗性质中的发展。由此我们也便进一步明确了为什么在资本主义条件下是资产阶级的个性和自由，而工人则在其中丧失了自己的个性、独立、自由甚至做人的尊严和生命力。

马克思说，剩余劳动的形式（超出必要劳动时间的量），是资本和一切下面这样的社会形式所共同具有的，这些社会形式的发展超出了单纯的自然

---

① 《马克思恩格斯全集》第 47 卷，人民出版社 1979 年版，第 198 页。

关系，从而是对抗性的发展，一方的社会发展把另一方的劳动作为其自然基础。① "社会中占有自由时间（即不被生活资料的直接生产所占去的时间）的那部分人以工人的剩余劳动为生。"② 工人们以自己的剩余劳动时间换来了社会的自由时间，而这部分自由时间为资本家们占有了，以财富的形式占有了③，不是工人窃取资本家的时间，而是资本家窃取了工人们发展自由个性的时间。

同时，"既然我们这里只是谈论工人和资本家的对立，那么一切不劳动的阶级就必定要和资本家一起分配剩余劳动的产品；所以这些剩余劳动时间不仅创造它们物质存在的基础，而且同时创造他们的自由时间，创造他们的发展的范围。"④ 马克思首先指出，在资本主义条件下，不劳动的人从工人的剩余劳动中获得两种东西。一是他们生活的物质条件。这是实现他们个性的物质基础。他们分得赖以和借以维持生活的产品，这些产品是通过工人的剩余劳动提供的；二是他们支配的自由时间。自由时间是发展个性的一大重要条件，也是"自由个性"发展的时间存在。只有摆脱了单纯的劳动，才有条件、机会去发展自己的潜能、才能和个性。"不管这一时间是用于闲暇，是用于从事非直接的生产活动（如战争、国家的管理），还是用于发展不追求任何直接实践目的的人的能力和社会的潜力（艺术等等，科学），这一自由时间都是以劳动群众方面的剩余劳动为前提，也就是说，工人在物质生产中使用的时间必须多于生产他们本身的物质生活所需要的时间。"⑤

这样，在资本主义生产的条件下，个性发展的必要条件之一自由时间是片面的发展的，是在对抗中发展的。"不劳动的社会部分的自由时间是以剩余劳动或过度劳动为基础的；一方的自由发展是以工人必须把他们的全部时

---

① 《马克思恩格斯全集》第47卷，人民出版社1979年版，第217页。

② 《马克思恩格斯全集》第47卷，人民出版社1979年版，第217页。

③ "财富是自由时间。因为剩余价值首先表现在剩余产品中，而其他一切劳动同生活资料的生产中所使用的劳动时间相比，就已经成为自由时间。"（《马克思恩格斯全集》第47卷，人民出版社1979年版，第217页）

④ 《马克思恩格斯全集》第47卷，人民出版社1979年版，第217页。

⑤ 《马克思恩格斯全集》第47卷，人民出版社1979年版，第215页。

间，从而他们发展的空间完全用于生产一定的使用价值为基础的；一方的人的能力的发展是以另一方的发展受到限制为基础的。迄今为止的一切文明和社会发展都是以这种对抗为基础的。"① "一方面，同一方的自由时间相应的是另一方的过度劳动时间，受劳动奴役的时间——他们只是作为劳动能力存在和起作用的时间。另一方面，剩余劳动不仅在更多的价值中实现，而且在剩余产品中，即超出劳动阶级为维持本身的生存所需要和消费的产品量的产品剩余部分中实现。"② "价值存在于剩余价值中。因此剩余价值存在于剩余产品中。剩余劳动存在于剩余生产中，后者构成一切不直接参加物质生产的阶级存在的基础。社会是由于构成社会物质基础的群众得不到发展而发展的。"③

社会以群众的不发展而发展，马克思点明了资本主义社会的发展的特征。"确切地说，剩余劳动时间是劳动群众超出再生产他们自己的劳动能力、他们本身的存在所需要的量即超出必要劳动而劳动的时间，这一表现为剩余价值的剩余劳动时间，同时物化为剩余产品，并且这种剩余产品是除劳动阶级外的一切阶级存在的物质基础，是社会整个上层建筑存在的物质基础。同时，剩余产品把时间游离出来，给不劳动阶级提供了发展其他能力的自由支配的时间。因此，在一方产生剩余劳动时间，同时在另一方产生自由时间。"④ 整个人类的发展，就其超出对人的自然存在直接需要的发展来说，无非是对这种自由时间的运用，并且整个人类发展的前提就是这种自由时间的运用作为必要的基础。可见，社会的自由时间的产生是靠非自由时间的产生，是靠工人超出维持它们本身的存在所需要的劳动时间而延长的劳动时间的产生。同一方的自由时间相应的是另一方的被奴役的时间。⑤

---

① 《马克思恩格斯全集》第 47 卷，人民出版社 1979 年版，第 215 页。
② 《马克思恩格斯全集》第 47 卷，人民出版社 1979 年版，第 216 页。
③ 《马克思恩格斯全集》第 47 卷，人民出版社 1979 年版，第 216 页。
④ 《马克思恩格斯全集》第 47 卷，人民出版社 1979 年版，第 217 页。
⑤ 而从我们的主题来看，要达到自由个性，也就是使每个人都能够自由地发展自己的个性，就要求自由时间成为每一个人的自由时间，而不是以牺牲一部分人，满足一部分人的形式出现的自由时间，它是全民共享的自由时间。而要达到这一点，又归于资本生产条件下剩余劳动性质的转变。

因此，马克思说："如果说剩余劳动时间是自由时间的条件，那么需要的范围和满足这些需要的资料的范围的扩大是以工人限于必要的生活需要为条件的。"① 在资本主义生产中，工人没有权力把握自己的劳动，"工人的劳动量比独立劳动者的劳动量要大得多，因为工人劳动量的大小绝不是由工人的劳动与他的需要的关系决定的，而是由资本对剩余劳动的无限的、无止境的贪求决定的"②。

那么剩余劳动是如何做到这样一种在对抗的形式中发展的呢？马克思说："剩余劳动一方面是社会的自由时间的基础，从而另一方面是整个社会发展和全部文化的物质基础。正是因为资本强迫社会的相当一部分人从事这种超过他们的直接需要的劳动，所以资本创造文化，执行一定的历史的社会的职能。这样就形成了整个社会的普遍勤劳。劳动超过了为了满足工人本身身体上的直接需要所必需的时间界限。③ 马克思说，只要社会建立在阶级对抗的基础上，即一方面生产条件的所有者占统治地位，另一方面被剥夺了生产条件所有权的无产者不得不劳动，不得不以自己的劳动来养活自己和他们的主人，那么一切统治阶级在一定范围内都实行这种强制（例如，这种强制在奴隶制条件系比雇佣劳动条件下更直接得多），因而都迫使劳动超过单纯身体的需要为它所确定的界限。"④ 这种强制，是对工人自身生命力的摧残，是对工人个性的一种压抑。

但是，工人丧失掉自己的个性，以摧残自身生命力为代价进行的剩余劳动是在没有外界强制的假象下进行的，但是正因为没有了外界看得见的强制，反而使得这种强制成为最大的强制。这正是资本主义生产更恶毒，更阴险和狡诈之处。"在资本主义生产中交换价值首先支配着社会的全部生产和整个机构，所以，资本对劳动施加的使它超过它的需要的界限的那种强制是最大的。同样，因为在资本主义生产中，一切产品的价值量首先完全由必要

① 《马克思恩格斯全集》第47卷，人民出版社1979年版，第260页。
② 《马克思恩格斯全集》第47卷，人民出版社1979年版，第260页。
③ 《马克思恩格斯全集》第47卷，人民出版社1979年版，第257页。
④ 《马克思恩格斯全集》第47卷，人民出版社1979年版，第258页。

劳动时间（社会必要劳动时间）决定，所以在这里，首先工人普遍地被迫只用一般社会生产条件下的必要劳动时间去生产某种物品，这就使资本主义生产下的劳动强度达到了最高的程度。奴隶主的鞭子不可能提供像资本关系的强制所提供的劳动强度。"① 因为，"工人进行劳动是为了替自己创造生活资料，是为了维持自己的生活。奴隶由别人维持生活，是为了强迫奴隶劳动"②。然而也正因为如此，"资本关系具有较高的生产效率"③，这主要是因为：第一，在资本关系下，关心的问题是劳动时间问题，是交换价值，而不是产品本身或使用价值；第二，自由的工人只有出卖他的劳动，他才能满足他的生活需要，也就是说，迫使他出卖他的劳动的，是他自己的利益，而不是"外界的限制"④。"资本所以迫使劳动者超出劳动时间的这些自然的或传统的界限，是因为资本同时使劳动强度取决于社会所达到的生产发展程度，从而使劳动强度打破了独立生产者或仅仅靠外部强制而劳动的奴隶所遵循的惯例。"⑤

　　不过，马克思接着说道："如果一切生产部门都变为资本主义生产，那么单从剩余劳动——一般劳动时间——的普遍增加就可以得出结论：生产部门会划分得越来越多，劳动和进入交换的商品会越来越多样化。"⑥ 资本迫使劳动者超出劳动时间的这些自然的或传统的界限，"就将导致在新的生产部门中使用社会劳动。这是因为劳动时间被游离出来了；剩余劳动不仅创造了自由的时间，而且还把束缚在某个生产部门中的劳动能力和劳动游离出来（这是问题的实质），使之投入新的生产部门。但是，由于人类自然发展的规律，一旦满足了某一范围的需要，又会游离出、创造出新的需要。因此，资本在促使劳动时间超出为满足工人身体上的需要所决定的限度时，也使社会劳动即社会的总劳动划分得越来越多，生产越来越多样化，社会需要的范

---

① 《马克思恩格斯全集》第 47 卷，人民出版社 1979 年版，第 258 页。
② 《马克思恩格斯全集》第 47 卷，人民出版社 1979 年版，第 258 页。
③ 《马克思恩格斯全集》第 47 卷，人民出版社 1979 年版，第 258 页。
④ 《马克思恩格斯全集》第 47 卷，人民出版社 1979 年版，第 259 页。
⑤ 《马克思恩格斯全集》第 47 卷，人民出版社 1979 年版，第 259 页。
⑥ 《马克思恩格斯全集》第 47 卷，人民出版社 1979 年版，第 259 页。

围和满足这些需要的资料的范围日益扩大，从而使人的生产能力得到发展，因而使人的才能在新的方面发挥作用"①。可见，资本的剩余劳动（过度劳动）尽管对工人来讲是生命力的摧残，可是从另一方面来看，正是这种资本的剩余劳动不但产生出新的生产部门，扩大了社会需要的范围，扩大了满足这些社会需要的资料的范围，创造了自由时间，而且提高了人的生产能力。

　　由此可以看出，剩余劳动造成了这样的结果，一方面，剩余劳动使生产更加多样化，同时为别人创造了自由时间。而另一方面，这是以雇佣工人拼命地干，以牺牲自己的时间来换取别人的自由时间为代价的。所以，马克思说："要使许多人有余暇，雇佣工人就得拼命干，或者说，社会上一部分人的自由时间，取决于工人的剩余劳动时间和必要劳动时间的比例。"②"迫使工人进行剩余劳动的关系，是工人的劳动条件作为资本与他相对立而存在。工人没有受到外部的压力，但是，他要在一个商品由自己的价值决定的世界上生活，就不得不把自己的劳动能力作为商品出售，而超过劳动能力本身价值的价值，却落到了资本手中。所以工人的剩余劳动使生产更加多样化，同时又为别人创造了自由时间。"③

　　2. 追求绝对剩余价值的局限及其过度劳动对工人生命力的摧残

　　因为剩余价值被归结为剩余劳动，所以这也归结为资本无限增加剩余劳动的要求。然而，资本这种最大限度地追求剩余劳动的趋势受到了限制。这种限制除了我们适才分析的资本自身剩余价值率逐渐下降的规律以外，还恰恰是首先源于个人生命力的极限，首先是单个人劳动时间的自然限制。除了饮食所需要的时间以外，劳动能力及其器官还需要睡眠、休息和间歇，得到安静，否则就不能继续或重新工作。一日本身可以看做劳动持续时间的自然尺度。④ 因为，资本主义的生产，在资本一方可以说是对劳动能力的使用，

①《马克思恩格斯全集》第47卷，人民出版社1979年版，第259页。
②《马克思恩格斯全集》第47卷，人民出版社1979年版，第261页。
③《马克思恩格斯全集》第47卷，人民出版社1979年版，第262页。
④《马克思恩格斯全集》第47卷，人民出版社1979年版，第205页。

但是在工人一方则是劳动，从而是生命力的消耗。"如果劳动超出一定的持续时间而延长，或者说劳动能力的使用超过一定的程度，那么，劳动能力就不能得到保存，而是暂时或最终遭到破坏。"①

所以，马克思指出："如果剩余劳动发展为过度劳动，从而使劳动能力的正常持续时间强制地缩短，暂时地取消，也就是受到损害或完全摧毁，——那么，这些条件就遭到破坏。工人把自己的劳动能力的使用——如果他按照劳动能力的价值出卖劳动能力——交给资本家支配，但是支配的程度只能限于：劳动能力本身的价值不被破坏，而且工资使工人能够在一定的正常平均时间内再生产和保存劳动能力。如果资本家超出正常的劳动时间使用工人，他就破坏了劳动能力和它的价值。"② 因此马克思说道："一方面由劳动能力这种商品的特殊使用价值可以得出它的消费本身就是增值，就是价值的创造，而另一方面，由这种使用价值的特殊性质可以得出劳动能力可以被消费、被使用的程度必需限制在一定的界限内，以便使劳动能力的交换价值本身不被破坏。"③ 但是，这样出现了一个二律背反。一方面，资本与劳动的交换在于资本要尽可能的进行剩余劳动，因此这里不会产生剩余劳动的界限；而另外一方面，剩余劳动有一个界限。就是只是在劳动能力能够作为劳动能力得到保存和再生产的范围内，才出卖对劳动能力的使用，"因此，只要剩余劳动破坏劳动能力本身的价值，超过某种不固定的界限的剩余劳动就同那种由工人出卖劳动能力所决定的关系本身的性质发生矛盾"④。

对于这样一个矛盾，资本家不是不知道的，但是在现实生活中，资本家往往倾向于这种超过正常劳动时间的劳动，因为通过这种过度的劳动，资本家可以在无需对必要劳动付出代价的同时，取得额外的剩余价值。这一点，

---

① 《马克思恩格斯全集》第 47 卷，人民出版社 1979 年版，第 206 页。
② 《马克思恩格斯全集》第 47 卷，人民出版社 1979 年版，第 207 页。
③ 《马克思恩格斯全集》第 47 卷，人民出版社 1979 年版，第 207 页。马克思假定了这个工作日是 12、13 或 14 个小时，工人在这段时间内劳动，在一定的正常平均劳动时间内，能够维持具有通常健康状况和工作能力状况的劳动能力，并且每天把它重新再生产出来。
④ 《马克思恩格斯全集》第 47 卷，人民出版社 1979 年版，第 208 页。

马克思用数学公式给我们证明了这一点。① 马克思描述了资本主义生产中对劳动时间——剩余劳动时间的贪欲。资本主义的趋势就是要尽最大限度地进行剩余劳动，也就是让工人总是趋向于过度劳动。马克思用诺定昂的花边行业、印花厂的工厂报告、童工的使用描述了这种过度劳动，从而表达了对资本主义生产过程中工人非人状态的控诉。②，马克思说，资本主义制度是"无拘无束的奴隶制，是社会的、肉体的、道德的和智力的奴隶制"③，"由于过度劳动和随之而来的体力上的衰弱和道德上的败坏"④。马克思说道："由于剩余劳动的急剧增加，激发了一场场瘟疫，使资本家和工人都同样受到死亡的威胁；尽管受到资本家最强烈的反对，国家还是不得不在工厂中实行正常工作日；就是在目前，正常日的实施还正在从真正的工厂扩展到其他劳动部门，而且，现在这个过程还在向前发展，与此相关的斗争正在继续。"⑤

　　由此，从我们研究的主题出发就会看到，绝对剩余价值的生产，剩余劳动表现出来的双重属性。一方面，它表现为超过工人正常工作日的延长的剩余劳动时间（有时候甚至是过度劳动），把工人变为资本价值增值的因素和工具，把工人变为可变资本，而使工人丧失作为一个人应该具有的主体人格（personality）、独立性（individuality）和自由（freedom）的过程。绝对剩余价值的生产表明了这样一个事实：正是由于工人个性的牺牲及其个性实现条件的不可能造就了另一部分人个性的充分发挥，造就了资本家发展个性的可能性。但是，资本家之所以能够发展自己的个性，是因为他有资本，如果他没有了资本那么他就什么也不是，所以，个性表现为是资本的个性和人的个性的消弭。而在另一方面，我们看到，剩余劳动不断生产出实现"自由个性"的条件，剩余劳动生产出最广泛的社会需要而取代了原来狭隘的自然

---

① 《马克思恩格斯全集》第 47 卷，人民出版社 1979 年版，第 211 页。
② 《马克思恩格斯全集》第 47 卷，人民出版社 1979 年版，第 238—239 页。
③ 《马克思恩格斯全集》第 47 卷，人民出版社 1979 年版，第 237 页。
④ 《马克思恩格斯全集》第 47 卷，人民出版社 1979 年版，第 242 页。
⑤ 《马克思恩格斯全集》第 47 卷，人民出版社 1979 年版，第 236 页。

的需要，使人的生产能力得到发展，人的才能得到发挥。同时，尽管是以对抗的形式，剩余劳动还生产出自由时间，自由时间是"自由个性"的时间存在，不过现在它为社会的一部分人所有，以对抗的形式存在，如果自由时间为每个人所有，那么自由时间就将成为"自由个性"最重要的必要条件。

（三）资本追求相对剩余价值与"自由个性"的历史生成

在分析完绝对剩余价值之后，马克思指出，绝对剩余价值，表现为正常工作日的延长，即必要劳动时间加剩余劳动时间的总量的延长，是必要工作日超出其界限而延长的结果。① 然而，现在假定总工作日达到了正常的限度，也就是说假定正常工作日是 12 个小时，其中 10 个小时为必要劳动时间，2 小时为剩余劳动时间，假定工作日不超出这 12 个小时界限的延长，即剩余价值不能通过总工作日的延长而继续增加的情况下，剩余价值怎样增加呢？马克思说，通过缩短必要劳动时间，只有在这种情况下，资本创造剩余价值即剩余劳动时间的趋势，才以它特有的和典型的形式表现出来。② 而通过这种方式取得的剩余价值，马克思称为相对剩余价值。③ 相对剩余价值体现出资本对劳动力的另外一种形式的剥夺，在这种形式中，剥夺的形式更加隐蔽，同时工人受到的剥夺更加严重，工人个性消弭的更加彻底。但是不可否认的是工人的生活条件可能有所提高。

对于相对剩余价值的形成，马克思首先做了一个条件的假定，"我们是从商品的价格同它的价值相一致这一前提出发的"④，"假定劳动能力按照它的价值出售，工人得到正常工资"⑤。（为什么做出这个假定，马克思做了说明，因为存在着在劳动生产率没有提高的情况下工资被压低到它的平均水平

① 《马克思恩格斯全集》第 47 卷，人民出版社 1979 年版，第 264 页。
② 《马克思恩格斯全集》第 47 卷，人民出版社 1979 年版，第 264 页。
③ 马克思在《资本论》里说："我把通过延长工作日而生产的剩余价值，叫做绝对剩余价值；相反，我把通过缩短必要劳动时间、相应地改变工作日的组成部分的量的比例而生产的剩余价值，叫作相对剩余价值。"（《资本论》第 1 卷，人民出版社 1975 年版，第 350 页）
④ 《马克思恩格斯全集》第 47 卷，人民出版社 1979 年版，第 265 页。
⑤ 《马克思恩格斯全集》第 47 卷，人民出版社 1979 年版，第 265 页。

以下的情况，这实际上是涉及利润的分析）"假定劳动能力的价格等于它的价值，也就是说，工资没有压缩到或者下降到正常工资以下，那么必要劳动时间的任何缩短就只有通过提高劳动生产率才有可能，或者也就是说，只有通过劳动生产力的更高的发展才有可能。"① 实际上也就是说，相对剩余价值既然不是来自于工人总劳动时间的延长，那么就只能是来自于劳动生产力的提高。这里就会出现两种情况：第一种情况是，同一使用价值会在较短的时间内生产出来，第二种情况是，同一劳动时间会生产出更多的使用价值。对工人而言，他们所要求的是生活资料的数额，而如果生活资料的这个数额由于实际生产率提高，能够在较短的劳动时间内生产出来，那么这实际上也就意味着劳动能力价值的下降，意味着现在在劳动能力中物化了较少的劳动时间，也即是说必要劳动时间减少了，在总工作日不变的情况下，相对而言，剩余劳动时间增加了。"总工作日中以前为必要劳动所占的一部分现在游离出来了，加入了剩余劳动。这一部分必要劳动时间转化为剩余劳动时间；因而产品总价值中以前进入工资的一部分，现在就进入了剩余价值（资本家的利润）。"② 马克思说："我们把剩余价值的这一形式称为相对剩余价值。"③

为了更好地说明相对剩余价值，马克思把相对剩余价值和绝对剩余价值做了比较。首先，二者都是剩余劳动的结果，剩余价值的水平等于剩余劳动时间和必要劳动时间的比率。其次，二者在剩余价值的形成方面方式是不同的。一，绝对剩余价值是工作日延长超过自身的界限，按工作日延长到超过它自身界限的比例增加，而相对剩余价值是在工作日界限既定的情况下，由于必要劳动时间的缩短而产生。二，绝对剩余价值以劳动生产率的既定程度为前提，而相对剩余价值则以劳动生产力的提高为前提。三，绝对剩余价值的生产中，单位商品的价值仍然不变，而在相对剩余价值生产中，单位产品

---

① 《马克思恩格斯全集》第 47 卷，人民出版社 1979 年版，第 266 页。
② 《马克思恩格斯全集》第 47 卷，人民出版社 1979 年版，第 267 页。
③ 《马克思恩格斯全集》第 47 卷，人民出版社 1979 年版，第 267 页。

的价值同它所包含的劳动的生产率成反比例下降和缩小了。[①] 但是产品的总价值仍然不变，而产品的总量或使用价值的总量却增长了。

同时，我们看到，相对剩余价值的产生也意味着工人的生活条件有所改善。因为，工人所关心的是使用价值，在相对剩余价值不断增长，因而劳动能力的价值，也就是平均工资的价值不断下降的情况下，"生活资料的范围，从而工人的生活享受仍然可以不断扩大"[②]。马克思仍然借用刚才举的例子[③]说，当生产力提高了1倍的时候，劳动力的价值，即工人的生活资料现在降低到5个小时的劳动。这是劳动能力的价值，也就是说是工人维持自身的生存所需要的价值。但是，这里出现了一种可能性，就是工人可能不会还是领5个小时的工资，而是领6个小时的工资。这游离出来的多余的1个小时的工资之所以成为可能，是因为劳动生产率的变革使剩余劳动由原来的2个小时，增加到了7个小时。当工人拿6个小时工资的时候，他提供给资本家的剩余劳动价值是6小时，但即使是这样，他为资本家提供的剩余劳动时间仍然是增加了4个小时（2—6个小时）。也就是说，"他为自己即为再生产工资而劳动的劳动时间没有完全按照劳动生产力的提高使这种必要劳动时间缩短的程度减少"[④]。于是，我们看到，工人可以利用这多余的1个小时的时间去发展自身，"工人的生活状况由于劳动生产力的发展在某个地方或某些方面得到了改善"[⑤]。或者可以说，这1个小时可以算作是工人的自由时间。不过，马克思显然没有止步于这种现象，他说，虽然是这样，但是"丝毫也没有改变相对剩余价值的性质和规律，丝毫也没有改变这样一个事实，即生产力提高的结果是工作日中一个越来越大的部分为资本所占有"[⑥]。

由此可见，相对剩余价值无疑是劳动生产率即生产力提高的结果，对于生产力，马克思说："一般说来，劳动生产率的一定发展甚至是绝对剩余价

① 《马克思恩格斯全集》第47卷，人民出版社1979年版，第275页。
② 《马克思恩格斯全集》第47卷，人民出版社1979年版，第279页。
③ 《马克思恩格斯全集》第47卷，人民出版社1979年版，第279—280页。
④ 《马克思恩格斯全集》第47卷，人民出版社1979年版，第284页。
⑤ 《马克思恩格斯全集》第47卷，人民出版社1979年版，第285页。
⑥ 《马克思恩格斯全集》第47卷，人民出版社1979年版，第285页。

值存在的前提，也就是剩余劳动本身存在的前提，因而是资本主义生产存在的前提，也是以前所有那些生产方式的前提，在那些生产方式下，社会的一部分不仅为自己劳动，而且为社会的其他部分劳动。"① 马克思认为，提高劳动生产力的主要形式有：（1）协作，（2）分工，（3）机器，（4）科学力量的应用。接下来，我们将依次对相对剩余价值生产方法进行分析。马克思说，协作、分工和机器都使物质生产过程中的智力作为别人的财产和统治工人的力量同工人相对立。"这个分离过程在简单协作中开始，在工场手工业中得到发展，在大工业中完成。在简单协作中，资本家在单个工人面前代表社会劳动体的统一和意志，工场手工业使工人畸形发展，变成局部工人，大工业则把科学作为一种独立的生产能力与劳动分离开来，并迫使它为资本服务。"②

1. 协作与"自由个性"的关系

协作是"许多人在同一生产过程中，或在不同的但相互联系的生产过程中，有计划地一起协同劳动"③。这种劳动形式我们称之为协作。马克思分析道：

首先，协作是基本形式④。分工是以协作为前提并且只是协作的有专业划分的方式。以使用机器为基础的工厂也是这样。协作表现为两种属性：其一，协作是一般形式，这种形式是一切以提高社会劳动生产率为目的的社会组合的基础，并在其中任何一种协作中得到进一步的专业划分。其二，协作本身又是一种与它更发展的、更具有专业划分的形式并存的特殊形式。⑤ 这种特殊形式"是最原始的、最简单的和最抽象的协作形式，但是就它的简单性、它的简单形式来说，它始终是它的一切较发展的形式的基础和前提"⑥。接着，马克思分析了协作的前提和形式。其一，马克思说，协作首

①《马克思恩格斯全集》第 47 卷，人民出版社 1979 年版，第 287 页。
②《资本论》第 1 卷，人民出版社 1975 年版，第 400 页。
③《资本论》第 1 卷，人民出版社 1975 年版，第 362 页。
④《马克思恩格斯全集》第 47 卷，人民出版社 1979 年版，第 290 页。
⑤《马克思恩格斯全集》第 47 卷，人民出版社 1979 年版，第 291 页。
⑥《马克思恩格斯全集》第 47 卷，人民出版社 1979 年版，第 291 页。

先是许多工人为了生产同一个使用价值而实行的直接的——不以交换为中介的——协同行动。它首先是许多工人的协同行动，是许多同时劳动的工人在同一空间的密集、聚集。这是协作的第一个前提。也是协作的一切更发展形式（分工、机器等）的形式的基础。其二，马克思分析了最简单的协作形式，即工人集中在同一地方，同时进行劳动，从事同一种操作而不是不同的操作，然后在一定的时间内达到一定的结果（协作的这一方面在它更发展的形式中也仍然存在。在分工中也是许多人同时干同一种活。在自动工厂尤其是这样）。①

然后，马克思指出，在考察绝对剩余价值的时候，如果剩余价值率既定，剩余价值量就取决于同时劳动的工人的人数，从而也取决于他们的协作。但是，绝对剩余价值与相对剩余价值的不同之处正好在这一点上清楚地表现出来了，因为后者要以已经提高的劳动生产力，从而要以劳动生产力的发展为前提。"协作本身在这里绝对没有改变［工人人数与剩余劳动量的］比例。相反，在这里［在关于相对剩余价值篇中］，我们把协作看做是一种社会劳动的自然力，因为单个工人的劳动通过协作能达到他作为孤立的个人所不能达到的生产率。"② 马克思举出了重物的提升、装载等情况下，"这里产生的力量，不是单个人孤立地所具有的，而是只有在他和其他人同时协同动作时才能产生"③。也就是说，"协作的结果是，通过协作所生产出来的东西，比之同样多的人在同样的时间内分散劳动所生产出来的东西要多，或者说通过协作所生产的使用价值，在另一种情况下是根本不可能生产的。"④

另外，马克思对协作的理解是：在资本主义生产条件下，协作表现为资本的一个要素。协作表现为资本的无偿的社会生产力。协作，是资本家利用协作把劳动资料和生活资料（同劳动相交换的那部分资本）集中在自己手中。它所产生的社会生产力是无偿的。资本家支付工资给工人，但是并没有

---

① 《马克思恩格斯全集》第 47 卷，人民出版社 1979 年版，第 291 页。
② 《马克思恩格斯全集》第 47 卷，人民出版社 1979 年版，第 293 页。
③ 《马克思恩格斯全集》第 47 卷，人民出版社 1979 年版，第 294 页。
④ 《马克思恩格斯全集》第 47 卷，人民出版社 1979 年版，第 294 页。

为工人"协作和由此产生的生产力"付给报酬。马克思说："协作这种社会劳动的社会生产力，表现为资本的生产力，而不是表现为劳动的生产力。所有社会生产力这种变化是在资本主义生产内部发生的。"① 之所以这样是因为，这里的劳动指的是实际的劳动，"正如劳动的一般的、抽象的社会性质，即商品的交换价值表现为货币，而产品作为这种一般劳动的体现所具有的一切属性，则表现为货币的属性一样，劳动的具体的社会性质表现为资本的性质和属性。"②

马克思在做出上述判断之后，开始具体分析工人与协作之间的关系——协作是工人的异化。马克思说："事实上，工人一进入实际劳动过程，他作为劳动能力，就已经并入资本，不再属于他自己，而属于资本了，因而他工作的条件也就相反地成为资本工作的条件。但是在他进入劳动过程以前，他是作为单个的商品所有者或卖者与资本家发生接触的，而且这个商品就是他自己的劳动能力。他是作为单个工人出售他的劳动能力的。当劳动能力已经进入劳动过程时，它就具有社会的性质。这种和工人一起发生的形态变化，对工人本身是某种外在的东西，与他无关，相反是强加于他的。资本家不是购买一个劳动能力，而是同时购买许多单个劳动能力，但是，所有这些劳动能力都是属于彼此独立无关的商品所有者的单独的商品。只要他们一进入劳动过程，他们就并入了资本，因而他们的协作并不是那种他们自己结成的关系，而是资本家给他们安排的关系，不是这种关系隶属于工人，而是工人隶属于这种关系，因而这种关系本身表现为资本对它们的关系。这不是他们相互的结合，而是一种统治着他们的统一体，其承担者和领导者正是资本本身。他们在劳动中的特殊结合——协作——事实上对它们来说是一种别人的权力，也就是与单个工人相对立的资本的权力。"③

因此，马克思总结道，当工人作为独立的人，作为劳动能力的卖者与资

① 《马克思恩格斯全集》第 47 卷，人民出版社 1979 年版，第 297 页。
② 《马克思恩格斯全集》第 47 卷，人民出版社 1979 年版，第 297 页。
③ 《马克思恩格斯全集》第 47 卷，人民出版社 1979 年版，第 298—299 页。

本家发生关系时候，这种关系是单个的，彼此独立的工人各自和资本家发生关系，而不是工人之间的相互关系；而一旦工人作为执行职能的劳动能力相互发生关系时，他们就并入了资本，因而这种关系就作为资本的要素同工人们相对立，此时"工人的相互联系和统一不寓于工人中，而是寓于资本中，或者说，由此产生的工人劳动的社会生产力是资本的生产力。正如单个劳动能力所具有的不仅得到补偿而且能够增加的力量表现为资本的能力，表现为剩余劳动一样，劳动的社会性质和由这种性质产生的生产力也表现为资本的能力"①。

由此，马克思得出他的第一个结论：协作使劳动对资本的从属不再是单纯形式上的从属，协作表现为工人的异化。"简单协作的实质始终是行动的同时性，这种行动的同时性所取得的结果，是独自行动的单个工人按时间依次进行他的劳动所根本不可能达到的。"② "这是第一阶段，在这个阶段上，劳动对资本的从属不再是单纯形式上的从属，而是会改变生产方式本身，于是资本主义的生产方式就成为特殊的生产方式。"③ 在协作条件下，"单个人的独立劳动无法进行，而且这些条件表现为统治他的关系，表现为由资本缠在单个工人身上的绳索"④，完成了"最重要的东西"——劳动的社会性质向资本的社会性质的最初变化，社会劳动的生产力向资本的生产力的最初变化；最后，形式上的从属于资本向生产方式本身的实际改变的最初转化。⑤于是，在协作中，资本的存在方式代替了工人的存在方式。工人的劳动成了"强迫劳动"⑥，他们一进入劳动过程，他们的劳动就不再属于他们自己，而属于资本，成为资本的组成部分了。工人屈从于资本的纪律，处于完全改变了的生活条件之中。

马克思接着阐述了一种特殊的劳动，"监督的劳动"，并且对协作在不

---

① 《马克思恩格斯全集》第47卷，人民出版社1979年版，第298页。
② 《马克思恩格斯全集》第47卷，人民出版社1979年版，第300页。
③ 《马克思恩格斯全集》第47卷，人民出版社1979年版，第298页。
④ 《马克思恩格斯全集》第47卷，人民出版社1979年版，第299页。
⑤ 《马克思恩格斯全集》第47卷，人民出版社1979年版，第300页。
⑥ 《马克思恩格斯全集》第47卷，人民出版社1979年版，第307页。

同生产条件下的性质做了阐述。马克思说,在资本主义的生产方式下,"由于许多人在一起共同劳动(对他们来说,他们的联系本身是一种异己的关系,他们的统一存在于他们之外),指挥、监督的必要性本身表现为生产的条件,表现为一种由于工人的协作而成为必要的、并以协作为条件的新的劳动'监督的劳动'……这种指挥权属于资本,虽然单个资本家又要通过特殊的工人来完成这件工作,但是在工人大军面前,这些特殊工人代表资本和资本家"①。(马克思间接的引用凯尔恩斯的《奴隶劳力》)。马克思说这种特殊的劳动产生于资本主义生产本身,是资本的一项职能,正因为它是资本的一项职能,所以它能够成为"奴隶监工"。然而,马克思接着做了一个假设:"相反,如果协作,例如在乐队中,需要有一个指挥,那么指挥劳动的职能在资本的条件下所采取的形式与它在相反的场合,例如在联合体中所采取的形式是完全不同的,在联合体中,这种指挥劳动的职能是作为一种同其他职能并列的特殊的劳动职能,但不是作为这样一种权力:这种权力把工人自己的统一实现为他们异己的统一、而把对他们劳动的剥削实现为异己的权力对他们进行的剥削。"② 可见,马克思把工人独立性的丧失再次归结为资本主义生产方式,资本主义生产方式使"协作"成为一种对于工人而言的"异己的权力"。而如果"协作"这种形式摆脱了资本主义生产方式的束缚,不正是个人与个人之间真正的联合吗?而这种联合,不正是我们所说的"自由人联合体"吗?而这不正是"每一个个人"个性独立、自由而全面发展所必需的吗?

2. 分工、工场手工业与"自由个性"的关系

在第三章中,我们已经就分工进行过讨论,不过在那里我们主要指的是社会分工。下面我们具体谈论一下分工。在《1861—1863年经济学手稿》中马克思首先对分工做了考察,指出存在两种不同的分工。一种是通过商品交换相互补充成整个社会生产、并通过竞争和供求规律对这种社会生产的各

①《马克思恩格斯全集》第47卷,人民出版社1979年版,第299页。
②《马克思恩格斯全集》第47卷,人民出版社1979年版,第300页。

个代表发生作用的社会内部的分工。另一种是标志着资本主义生产特征，完全消灭工人的独立性并使工人变成在资本指挥下的社会机构的部件的工厂内部的分工。这两种分工并行不悖地一起向前发展。① 社会内部的分工表现为个人被限制在特殊职业范围内的现象，我们在这里分析的不是这种分工，而是第二种分工，作为特殊生产方式的工场手工业就是后一种意义上的分工。

马克思首先论述了资本主义分工存在的前提。"我们这里所考察的分工首先要以下述情况为前提：社会分工已经达到了相当高的发展水平，各个生产领域已相互分离，而且这些生产领域内部又分成许多独立的小部分，——因为资本一般只能在相对发达的商品流通的基础上才能得到发展，而这种情况就意味着整个社会内部各生产部门的相对发达的分工（独立化）。"② 反过来，工场手工业分工又对社会分工起着反作用，发展并增加社会分工。随着劳动工具的分化，生产这些工具的行业也日益分化。一旦工场手工业的生产扩展到某种商品的一个特殊生产阶段，该商品的各个生产阶段就变成各种独立的行业。③

其次，马克思说，如果上述情况已经作为前提存在，那么，造成第二类分工的第二个前提就是："这个部门的许多工人在资本的指挥下结合在一个工厂里。"④ 马克思认为："这种结合即工人在资本指挥下的密集——资本主义协作的条件——产生于两个原因。"⑤ 第一，剩余价值不仅取决于它的比率，它的绝对量，它的大小还取决于在同一时间内所剥削的工人人数。资本所取得的效果是与它同时雇佣的工人人数成比例的。然而正因为如此，"工人在他们从事的生产中的独立性随之消失了。他们在资本的监督和指挥下从事劳动……这种联系对于他们本身来说只不过是某种外在的东西，是资本的存在方式。工人的劳动成了强迫劳动，因为，他们一旦进入劳动过程，他们

---

① 《马克思恩格斯全集》第 47 卷，人民出版社 1979 年版，第 309 页。
② 《马克思恩格斯全集》第 47 卷，人民出版社 1979 年版，第 307 页。
③ 《资本论》第 1 卷，人民出版社 1975 年版，第 391 页。
④ 《马克思恩格斯全集》第 47 卷，人民出版社 1979 年版，第 307 页。
⑤ 《马克思恩格斯全集》第 47 卷，人民出版社 1979 年版，第 307 页。

的劳动就不再属于他们自己,而属于资本,成为资本的组成部分了。工人屈从于资本的纪律,处于完全改变了的生活条件之中"①。第二,共同使用劳动资料,从而导致的劳动条件的节约。②

但是马克思进一步分析道,尽管在这里结合表现为前提,但是同样结合也表现为结果,表现为分工的结果。"以各种方式相互分离的、作为这些活的自动机的职能得到实现的过程,正是由于它们的分离和独立而使它们有可能结合起来,使上述各种不同的过程有可能在同一个工厂内同时进行。分工和联合在这里互为条件。"③ 结合在这里已经不再是简单协作,不再是同一职能并列进行,而是把全部职能划分为各个组成部分并把这些不同的组成部分结合在一起。

马克思说,对于这种以分工为基础的结合,它表现为双重的性质。

首先,它表现为在事实上是工人协作的形式,它"事实上无非就是工人协作的一种存在形式,是工人在生产过程中一种社会活动形式"④。其次,它同时是一种作为资本的力量的存在形式。就生产过程本身而言,"在作为这种总结构的工厂中,结合是一种同工人对立的外在的、统治工人并且控制工人的力量,而这种力量实际上是资本本身的力量和存在形式,每一个单个工人都从属于资本,他们的社会生产关系也属于资本"⑤。而"另一方面,结合存在于同时又是资本家的商品的完成的产品中"⑥。

因此,在这种情况下,对于工人本身来说,并不存在行动的结合。"相反,结合是每一个工人或者每一组工人所从属的那些片面职能的结合。工人的职能是片面的,是整体的一个抽象部分。"⑦ 这里的结合"是这样一种结合:工人在这种结合中只是它的某一部分,这种结合的基础是工人的劳动不

① 《马克思恩格斯全集》第 47 卷,人民出版社 1979 年版,第 307 页。
② 《马克思恩格斯全集》第 47 卷,人民出版社 1979 年版,第 308 页。
③ 《马克思恩格斯全集》第 47 卷,人民出版社 1979 年版,第 317 页。
④ 《马克思恩格斯全集》第 47 卷,人民出版社 1979 年版,第 318 页。
⑤ 《马克思恩格斯全集》第 47 卷,人民出版社 1979 年版,第 318 页。
⑥ 《马克思恩格斯全集》第 47 卷,人民出版社 1979 年版,第 318 页。
⑦ 《马克思恩格斯全集》第 47 卷,人民出版社 1979 年版,第 318 页。

再成为其结合的劳动，工人是这种结合的部分。但是，结合不是一种属于工人本身并从属于作为结合的工人的关系"①。也就是说，马克思并不认为在工厂里面的这种结合是属于工人自身的，在这种结合中，工人恰恰成为一种单纯的、部分的和抽象的存在。结合成为一种对于工人而言不可忍受的异己的力量，因此，对于工人而言从来不曾存在过结合。

由此，马克思指出：在分工的条件下，资本主义生产方式已经从本质上控制并改变了劳动。首先，"这已经不再只是工人对资本的形式上的从属，即工人在他人的指挥和监督下为另一个人劳动。"② 其次，"这也不再只是像在简单协作中那样，是一个工人和其他许多工人同时共同劳动，和他们同时完成同一项工作。"③ 在这两种情况下，工人还能够表现为商品的生产者。④然而，由于出现了分工，"由于工人的劳动能力转化为就其总体来说构成工厂的那个总结构中某一部分的简单职能，因此工人就不再是商品的生产者了。他只是某种片面操作的生产者，这种操作一般来说只有同构成工厂的整个机构发生联系，才能生产某种东西。因此，工人是工厂的活的组成部分，他通过他的劳动方式本身变成了资本的附属物，因为他的技能只能在一个工厂里，只能作为代表资本的存在与工人相对立的机构的环节下才能发挥作用。"⑤ 而这也正应了工场手工业的特点："局部工人不生产商品。"⑥

通过这个过程，工人的地位更为下降和更为悲惨。马克思总结道："最

---

① 《马克思恩格斯全集》第47卷，人民出版社1979年版，第318页。
② 《马克思恩格斯全集》第47卷，人民出版社1979年版，第318页。
③ 《马克思恩格斯全集》第47卷，人民出版社1979年版，第318页。
④ 对于简单协作，马克思举出了工场手工业条件下的情形：工场手工业是一种最简单的协作。"工人和其他许多工人同时共同劳动，和他们同时完成同一项工作，这就会使他的劳动本身不发生任何变化……这种并行的活动只是形式上使工人成为整体（资本家是这个整体的主人）的部分，但是在这个整体中，工人作为生产者不会由于同其他许多工人干同样的活例如制靴等等而发生进一步的联系。"（《马克思恩格斯全集》第47卷，人民出版社1979年版，第319页）这里的意思无非是说：无论是在工人对资本形式上的从属的情况下，还是在简单协作，即工人单纯的聚集的情况下，工人都参与到生产产品的每一个步骤，因此每个工人都还可以算是商品的生产者。
⑤ 《马克思恩格斯全集》第47卷，人民出版社1979年版，第319页。
⑥ 《资本论》第1卷，人民出版社1975年版，第393页。

初，工人不得不把生产商品的劳动当做商品卖给资本家，因为他缺少实现他的劳动能力的客观条件。现在他之所以必须出卖自己的劳动，是因为他的劳动能力只有出卖给资本才是劳动能力。他现在从属于资本主义生产，受资本的支配。不只是由于他缺少劳动资料，而且是由于他的劳动能力本身，由于他的劳动的性质和方式；他受资本的支配，因为在资本的手中不仅掌握着主观劳动的客观条件，而且也掌握着主观劳动的社会条件，工人的劳动只有在这些条件下还能是劳动。"① 在一开始，由于工人与生产资料分离，所以他不得不出卖自己的劳动力，而随着资本主义生产方式的确立，劳动的性质被确定为雇佣劳动这一性质，只要是劳动就一定是雇佣劳动。这就决定了工人不但已经失去了生产资料，而且意味着工人劳动的社会环境（条件）成为雇佣劳动，于是，他只能在无穷尽的工人身份中徘徊。

因此，马克思说道："因此，事情不仅是：由分工即劳动的这种社会存在形式引起的生产力的提高不再是工人的生产力，而是资本的生产力。这种结合劳动的社会形式作为资本的存在与工人相对立。结合作为有强大威力的天命与工人相对立，工人受到这种天命的支配是由于他的劳动能力变成了完全片面的职能。这种片面的职能离开总机构就什么也不是，因此，它完全要依赖于这个总机构。工人本身变成了这个机构的一个简单的零件。"② 这就是说，第一，生产力的发展在这里不是表现为工人的生产力，不是用于提高工人的劳动能力，本质上是资本的生产力。第二，资本主义生产条件下的结合对工人而言是一种压迫，一种异化。第三，这种异化的原因在于在这种结合中工人沦为机器的一个零件，丧失了自己的个性。这是马克思最终得出的一个结论。

在《资本论》中，马克思对此做了精辟的说明：

首先，工场手工业改变了劳动方式，从根本上侵袭了个人的劳动力。"在工场手工业中，也和在简单协作中一样，执行职能的劳动体是资本的存在形式。由许多单个的局部工人组成的社会生产机构是属于资本家的。因

---

① 《马克思恩格斯全集》第 47 卷，人民出版社 1979 年版，第 319 页。
② 《马克思恩格斯全集》第 47 卷，人民出版社 1979 年版，第 320 页。

此，由各种劳动的结合所产生的生产力也就表现为资本的生产力。真正的工场手工业不仅使以前独立的工人服从资本的指挥和纪律，而且还在工人中间造成了等级的划分。简单协作大体上没有改变个人的劳动方式，而工场手工业却使它彻底地发生了革命，从根本上侵袭了个人的劳动力。"①

其次，工场手工业分工压抑了工人的个性的发挥，造成了工人某种智力上和身体上的畸形化。② "工场手工业把工人变成畸形物，它压抑工人的多种多样的生产志趣和生产才能，人为地培植工人片面的技巧，这正像在拉普拉塔各州人们为了得到牲畜的皮或油而屠宰整只牲畜一样。不仅各种局部劳动分配给不同的个体，而且个体本身也被分割开来，成了某种局部劳动的自动的工具。"③

第三，工场手工业分工使工人的命运从属于资本，彻底丧失了独立性。"起初，工人因为没有生产商品的物质资料，把劳动力卖给资本"④，"现在，他个人的劳动力不卖给资本，就得不到利用。它只有在一种联系中才发挥作用，这种联系只有在它出卖以后，在资本家的工场中才存在。工场手工业工人按其自然性质没有能力做一件独立的工作，他只能作为资本家工场的附属物进行生产活动。"⑤

正因为如此，马克思说，在工场手工业中，总体工人从而资本在社会生产力上的富有，是以工人在个人生产力上的贫乏为条件的。⑥ 正因为如此，马克思说，工场手工业分工不仅只是为资本家而不是为工人发展社会劳动生产力，而靠使各个工人畸形化来发展社会劳动生产力。它生产了资本统治劳动的新条件。⑦ 正因为如此，马克思说，工场手工业分工，一方面，它表现为社会经济形成过程中的历史进步和必要的发展因素；另一方面，它又是文

---

① 《资本论》第1卷，人民出版社1975年版，第399页。
② 《资本论》第1卷，人民出版社1975年版，第402页。
③ 《资本论》第1卷，人民出版社1975年版，第399页。
④ 《资本论》第1卷，人民出版社1975年版，第399页。这表现为劳动对资本的形式上的从属。
⑤ 《资本论》第1卷，人民出版社1975年版，第399页。
⑥ 《资本论》第1卷，人民出版社1975年版，第400页。
⑦ 《资本论》第1卷，人民出版社1975年版，第403页。

明的、精巧的剥削手段。①

在分析完分工以后，马克思接着说道："作为工场手工业分工的产物的这种工场，又生产出机器。机器使手工业的活动不再成为社会生产的原则。因此，一方面，工人终生固定从事某种局部职能的技术基础被消除了。另一方面，这个原则加于资本统治身上的限制也消失了。"②

3. 机器、工厂、大工业与"自由个性"的关系

在分析之前，让我们先说明马克思对机器的态度。1868 年 1 月 28 日，国际工人协会总委员会决定了"关于在资本主义制度下使用机器的后果的问题"并将之列入布鲁塞尔代表大会。为了筹备这次大会，1868 年 7 月 28 日和 8 月 4 日两次会议上就这一项做了讨论。马克思作了"关于资本主义制度下使用机器的后果"的发言，其中论述了增强了劳动强度和劳动时间；使工人有了较多的自由时间；把妇女和儿童骗入工厂；改变了国内的资本主义关系，工人完全成为资本的奴隶；有组织的劳动；造成过剩人口，大量工人的失业和丧失生命等问题。③ 最后在 8 月 11 日以决议形式通过："一方面，机器成了资本家阶级用来实行专制和进行勒索的最有力的工具，另一方面，机器生产的发展为用真正的生产制度代替雇佣劳动制度创造必要的物质条件。"④ 这是马克思对机器采取的辩证态度。现在让我们回到我们的主题。

对于什么是机器，马克思说："在以这种分工为基础的工场手工业中，由分工所引起的劳动工具的分化、专门化和简化——它们只适合非常简单的操作——是机器发展的工艺的、物质的前提之一，而机器的发展则是使生产方式和生产关系革命化的因素之一。"⑤ 因此，马克思引用拜比吉的话说："如果由于分工，每一项单独的操作都使用一种简单的工具，那么，由一个

---

① 《资本论》第 1 卷，人民出版社 1975 年版，第 403 页。
② 《资本论》第 1 卷，人民出版社 1975 年版，第 407 页。
③ 参见《马克思恩格斯全集》第 16 卷，人民出版社 1964 年版，第 641—642 页。
④ 《马克思恩格斯全集》第 16 卷，人民出版社 1964 年版，第 357 页。
⑤ 《马克思恩格斯全集》第 47 卷，人民出版社 1979 年版，第 411 页。

发动机推动的所有这些工具的组合，便成为机器。"① 而当劳动对象顺次通过一系列相互连结的不同的阶段过程，而这些过程是由一系列各不相同而又互为补充的工具机来完成的地方，真正的机器体系才代替了各个独立的机器。②

（1）机器与"自由个性"的关系

马克思指出，机器同样是生产剩余价值的手段。像其他发展劳动生产力的方法一样，使用机器的目的是使商品变便宜，但是绝不是要缩短工人的劳动时间，而是缩短工人为自己劳动的工作日部分，以便延长剩余劳动时间。伴随着机器的使用，"侵吞别人劳动时间的贪欲到处都在增长，而工作日——在尚未受到法律的强制干预之前——不是缩短了，相反地却延长到了超过它的自然界限，不仅相对剩余劳动时间增加了，而且总劳动时间也增加了"③。通过使用机器，就"使得劳动获得了与同一部门的平均劳动不同的特殊生产力，它已经成为比平均劳动高的劳动"④，在这种情况下，少量的新的条件下的劳动小时就等于多量的平均劳动的劳动小时。结果，如果资本家仍然按照平均劳动付给工资，"为了生产同一价值，工人只需要从事比平均工人较少的时间的劳动就够了"⑤。也就是说，他花费了比平均工人较少的劳动时间就生产了自己的工资，或者说，再生产出他的劳动力所必需的生活资料的等价物。这样一来，就给资本家留给了更多的剩余劳动。因此，马克思说："只有这种相对剩余劳动，才使资本家在出售商品时得到高于它的价值余额。资本家只有出售时，才能实现这种剩余劳动时间，或者说，实现

---

① 《马克思恩格斯全集》第 47 卷，人民出版社 1979 年版，第 411 页。马克思指出学者们在对机器存在两种不同的理解。一种是英国的政治经济学家，在英国的力学家中可以遇到这样的人，"他们认为机器和工具没有本质的区别；工具是简单的机器，而机器是复杂的工具，或者说，两者只有简单机器与复杂机器之分。另一部分人则认为机器与工具的区别在于，工具的动力是人，机器的动力是畜力、机械力等等，总之，是异己的（不是作为人的特性而为人所固有的）自然力。
② 《资本论》第 1 卷，人民出版社 1975 年版，第 416 页。
③ 《马克思恩格斯全集》第 47 卷，人民出版社 1979 年版，第 360 页。
④ 《马克思恩格斯全集》第 47 卷，人民出版社 1979 年版，第 361 页。
⑤ 《马克思恩格斯全集》第 47 卷，人民出版社 1979 年版，第 362 页。

这种剩余价值；但是，这种剩余价值并不是来源于出售，而是来源于缩短必要劳动时间，因而相对增加剩余劳动时间。"① 可见，尽管剩余价值是需要在出售中实现，但是它的根源，在马克思看来，仍然是剩余劳动。这一规律，马克思说，甚至当"使用新机器的资本家支付的工资高于平均工资时，他能够实现超过正常剩余价值即超过同一生产部门其他资本家实现的剩余价值的余额"②。也即是超额剩余价值。机器的应用对工人产生了更为消极的后果。

第一，机器改变了工人的劳动生产形式，延长了工人的劳动时间。马克思说，"一旦机器开始被资本主义应用，即一旦机器摆脱他们最初在许多部门出现时所处的发展的幼年阶段，在这个阶段，他们只是旧的手工业工具的效率较高的形式"③，不过，在这种旧的生产方式下，手工业工具"还是由独立的工人及其家庭来使用的"④，"一旦这些机器作为资本的形式成为同工人对立的独立的权力，绝对劳动时间即总工作日，不是缩短，而是延长了"⑤。马克思指明了两点："第一：工人所处的、而且使得资本家有可能强制延长劳动时间的新条件。第二：促使资本这样做的动机"⑥。

马克思说："关于第一点。首先——劳动形式改变了，劳动看来很容易，工人的全部肌肉力以及技能都转移到机器上了。由于肌肉里的减轻，劳动时间的延长起初在体力上还不是不可能的。而由于工人的技能已转移到机器上，工人的反抗遭到破坏，现在工人失去了在工场手工业条件下还占支配地位的技能，他们不能奋起抵抗，而资本则能以非熟练的，因而也更受它支配的工人来代替熟练工人。"⑦ "其次，现时作为一个决定因素进入〔生产过程〕的新的一类工人，改变了整个工厂的性质，而且就其天性来说，在资

---

① 《马克思恩格斯全集》第 47 卷，人民出版社 1979 年版，第 361 页。
② 《马克思恩格斯全集》第 47 卷，人民出版社 1979 年版，第 362 页。
③ 《马克思恩格斯全集》第 47 卷，人民出版社 1979 年版，第 373 页。
④ 《马克思恩格斯全集》第 47 卷，人民出版社 1979 年版，第 373 页。
⑤ 《马克思恩格斯全集》第 47 卷，人民出版社 1979 年版，第 373 页。
⑥ 《马克思恩格斯全集》第 47 卷，人民出版社 1979 年版，第 373 页。
⑦ 《马克思恩格斯全集》第 47 卷，人民出版社 1979 年版，第 373—374 页。

本的专制面前是比较顺从的。这个因素就是女工和童工。"① 也就是说，由于机器的使用，使得工人的反抗能力下降，同时比较顺从的女工和童工取代成年男工，这都使得工作日延长到超过它的自然界限，"夜工，是工厂制度的结果"②。为此，马克思引证了约·菲尔登《工厂制度的祸害》有关论述，让我们把马克思对他的摘引引述如下："工厂主伊·先生对我说，他只使用妇女来操纵他的机械织机，这是到处都可以看到的。他喜欢使用已婚的妇女，特别是必须养家糊口的妇女；这种妇女比未婚的妇女更专心更听话，她们不得不尽最大努力去取得必要的生活资料。这样一来，美德，女性特有的美德，反而害了她们自己，她们的恭顺温柔的天性，竟成为使她们受奴役和受苦难的根源。"③

因此，马克思说："对别人（剩余劳动）的贪欲，并不是机器所有主的独特本性，它是推动整个资本主义生产的动机。"④ "因为现时工厂主正处于有利于追求这种欲望的状态，所以他们贪得无厌，是很自然的，因为，动力如果来源于工人（甚至来源于牲畜），那么，身体只能在一天的一定时间内活动。蒸汽机等则不需要休息。它在任何时间都可以工作。"⑤ 也就是说，资本家最终关心的是如何实现价值的增值，也就是最大限度地增加剩余劳动，由于机器的使用，使其成为可能，而至于工人是如何劳动的，是妇女、儿童还是成年工人，是不在资本家的视野里面的，因此，无限度地增加绝对劳动时间，乃至向人的自然界限逼近。这里表明的是对人自身存在的漠视以及通过机器来实现价值增值的贪欲，在这里，机器成为资本剥夺人生命力的帮凶。

关于第二点，即资本为什么要延长工人的绝对劳动时间。马克思指出，是因为机器的磨损。机器的损耗分为有形损耗和无形损耗两种，一方面，"通过把劳动时间延长到超过正常工作日的界限，就可以缩短用总产品补偿

①《马克思恩格斯全集》第47卷，人民出版社1979年版，第374页。
②《马克思恩格斯全集》第47卷，人民出版社1979年版，第374页。
③《马克思恩格斯全集》第47卷，人民出版社1979年版，第374页。
④《马克思恩格斯全集》第47卷，人民出版社1979年版，第374页。
⑤《马克思恩格斯全集》第47卷，人民出版社1979年版，第375页。

投在机器上的资本的时期。"① 譬如，假定让工人每天劳动 12 个小时，这个时期是 10 年，而如果每天工作 15 个小时，那么实际上就可以节约 2 年，投在机器上的资本经过 8 年就可以得到补偿。另一方面②，可以减少无形损耗。"在机器的周转期结束之前，即它们价值的再现于商品价值之前，大部分旧机器或者部分地贬值，或者继续使用已完全不合算。它们的再生产时期越短，这种危险就越小，资本家就越是能够在较短的时期内收回机器的价值之后，使用新的改良的机器，并廉价出售旧机器，而别的资本家使用这种旧机器仍有利可图，因为它从一开始就作为一个较小的价值量进入他的产品。"③

在《资本论》里，马克思对机器造成劳动时间的延长这样写道："机器的资本主义应用，一方面，创造了无限度地延长工作日的强大动力，并且使劳动方式本身和社会劳动体的性质发生这样的变革，以致打破对这种趋势的抵抗；另一方面，部分地由于使资本过去无法染指的那些工人阶层受资本的支配，部分地由于使那些被机器排挤的工人失业，制造了过剩的劳动人口，这些人不得不听命于资本强加给他们的规律。由此产生了近代工业史上一种值得注意的现象，即机器消灭了工作日的一切道德界限和自然界限。由此产生了一种经济上的反常现象，即缩短劳动时间的最有力的手段，竟成为把工人及其家属的全部生活时间变成受资本支配的增值资本价值的劳动时间的最可靠的手段。"④

第二，机器的使用造成了工人劳动的强化：劳动时间浓缩。机器不仅仅影响"一定量的劳动时间决定的同一价值量"，而且还能够制造"浓缩劳动时间"即提高劳动强度，浓缩劳动时间在一定的时期不断增加绝对劳动时间，当发展到劳动强度和劳动时间相排斥的时候，就要缩短工作日，对于工

---

① 《马克思恩格斯全集》第 47 卷，人民出版社 1979 年版，第 375 页。

② 马克思接着分析了机器无形损耗的三种可能的情况：第一种情况，如果机器在这个过程中发生了耗损，那么，再生产过程就会加速第二种情况，如果不是这样，而且机器还能使用，那么可变资本同不变资本的比例就会增大，那利润率就会增加。第三种情况，就是采用新机器，不断进行改良。

③ 《马克思恩格斯全集》第 47 卷，人民出版社 1979 年版，第 375 页。

④ 《资本论》第 1 卷，人民出版社 1975 年版，第 447 页。

人而言，这意味着资本对他们生命的更大程度上的剥夺和占有。

我们已经知道，绝对剩余价值的增加源于剩余劳动时间或者说工作日的延长。但是，由于机器的使用，造成了另外一种情况，"在这种情况下，甚至不延长工作日，使用机器就可以增加绝对劳动时间，从而增加绝对剩余价值。这是通过所谓浓缩劳动时间的办法来实现的。① 浓缩劳动时间——马克思解释道："这时，每一分一秒都充满了更多的劳动；劳动强度提高了。由于采用机器，不仅劳动生产率（从而劳动质量）提高了，而且在一定时间内消耗的劳动量也增加了。时间的间隙由于所谓劳动紧凑而缩小了。因此，1个劳动小时所提供的劳动量可能等于完全不是用机器或者使用不那么完善的机器的平均劳动条件下的6/4个劳动小时的劳动量。"② "随着机器的进步和机器工人本身的经验积累，劳动的速度，从而劳动的强度，也会自然增加。"③

因此，造成了下面的后果："在已经采用机器的地方，由于对机器进行改良，同所生产的商品量和同所使用的机器数量相比，工人人数减少了，而与此同时，在使用已改良的机器的情况下，代替两个或三个工人的一个工人的劳动增加了，也就是说，只有在机器迫使工人增加自己的劳动和使他每一分一秒更紧张地劳动时，才能使一个工人完成以前要两个或三个工人所完成的工作。因此，在同一劳动小时内，劳动力被更快地消耗掉了。"④ 劳动的这种强化，通过两种方法来达到，"一方面是由于工人必须跟上机器的更快

---

① 对于这种劳动浓缩，马克思指出，假设一定量资本所生产的商品的价值等于C+V+x，那么，提高相对剩余价值的方法决不会使这个公式发生任何变化。也就是说，这种方法不会提高总产品的价值。V+x代表工作日，"这个工作日不会为创造相对剩余价值的方法所改变。"然而，马克思接着指出，这里有一种"例外的情况"，"它的发生仅仅与机器劳动有关。这就是劳动的浓缩，或者是这样一种现象：由于社会劳动生产力的发展，劳动强度——填满劳动时间的空隙——在某一特殊生产领域达到异常的程度并成为劳动的完全固定的特征。以致一个强度较大的劳动小时等于一个比较松弛的劳动小时+x。从一定的时刻起，靠劳动的内含量必然会受到的损失，可由劳动的外延量来弥补。反过来也是一样。"可见，在马克思那里，劳动的内含量和外延量是可以相互弥补的，劳动时间的缩短可以通过劳动强度的增高来得到弥补，同样，劳动的松弛可以通过劳动时间的延长得到弥补（《马克思恩格斯全集》第47卷，人民出版社1979年版，第403页）。
② 《马克思恩格斯全集》第47卷，人民出版社1979年版，第378页。
③ 《资本论》第1卷，人民出版社1975年版，第449页。
④ 《马克思恩格斯全集》第47卷，人民出版社1979年版，第379页。

的速度；另一方面是由于单个工人必须看管的机器作业量增大了。"① "劳动量随机器的改良而增加"②。马克思说，英国在半个世纪内，工作日的延长同工场劳动的强度的增加一直是同时并进的。③

由此可见，"劳动时间浓缩"实际上是意味着以强度代替数量④，马克思指出了常有的这种情况：工人在生理上不能在整整一周内有规律地在 12 小时中［每小时］完成他现在在 10 小时或 10（1/2）小时中［每小时］所完成的同等数量的劳动。由于劳动浓缩程度提高，其中包括脑力消耗更多，神经更加紧张，同时体力上也更加紧张，于是，就有必要缩短正常工作日或总工作日。⑤ 特别是"随着供使用的机器的速度和规模（数量）这两个因素的增长，必然出现一个转折点，达到这一点，劳动的强度和长度就不可能同时增长，相反地，必然会相互排斥"⑥。也就是说，生理上的限制导致当机器发展到一定程度以后，劳动强度和劳动时间发生相互排斥。在这种情况

---

① 《马克思恩格斯全集》第 47 卷，人民出版社 1979 年版，第 379 页。

② 《马克思恩格斯全集》第 47 卷，人民出版社 1979 年版，第 379 页。

③ 关于劳动的浓缩，马克思接着举出了一个劳动浓缩的例子，这就是非工厂劳动领域中的伦敦的缝纫业。在这里，一年的几个月内，"劳动的浓缩是同工作日的延长结合在一起的，但是，全部这种劳动时期不超过例如几个月或几周。这是对劳动进行剥削的最可怕的形式之一。狂热的劳动时期之后，往往是经常没有多少活干和失业"（《马克思恩格斯全集》第 47 卷，人民出版社 1979 年版，第 410 页）。

④ 《马克思恩格斯全集》第 47 卷，人民出版社 1979 年版，第 404 页。"在这些情况下，以强度代替数量，决不是毫无根据的抽象议论，在存在上述事实的地方，完全可以用实验方法对它进行检验。"

⑤ 《马克思恩格斯全集》第 47 卷，人民出版社 1979 年版，第 404 页。

⑥ 《马克思恩格斯全集》第 47 卷，人民出版社 1979 年版，第 404 页。对于这一转折点的到来，马克思分析道："我们在这里谈的是劳动紧张程度随着生产力的发展而提高的问题。这样，同一时间内不仅生产的东西更多了，而且付出的劳动也更多了，耗费的劳动力更多了，而且超出了平均标准，达到这样一种程度：只有对劳动时间的长度实行限制，这种紧张程度已经提高的劳动才能正常地逐日进行。在这种情况下，不仅创造着相对剩余价值，而且创造着绝对剩余价值，在这种强度成为普遍的强度之前，一直是这样。不过，这同样要以普遍缩短工作日为前提。"可是劳动长度和劳动强度都有自己的界限，劳动强度在一定程度上能够提高，只是因为劳动长度缩短。这就显示出这两者的界限。马克思说，"假使 10 小时是一个正常的平均工作日，并且具有相应的劳动强度或劳动时间的浓缩程度，以及每时每刻所耗费的相应的劳动量，那么，在这个基础上使劳动更有成效的一切发明，只要不提高劳动本身的紧张程度，就只是增加相对剩余价值。如果由于生产力的这种发展，劳动时间再一次浓缩，结果在同一时间内不仅劳动生产率提高了，而且劳动量也增加了，那很快就会达到总工作日必须再度缩短的阶段"（《马克思恩格斯全集》第 47 卷，人民出版社 1979 年版，第 408 页）。

下，要延长工作日就只有降低劳动强度，或者反过来，要提高劳动强度就只有缩短工作日。在提高劳动强度的条件下，"即使绝对劳动时间缩短了，剩余劳动不仅仍能保持不变，而且还能增加"①。

马克思说，一般说来，生产相对剩余价值的方法是提高劳动生产力，使工人能够在同样时间内以同样的劳动消耗生产出更多的东西，但是同样的劳动时间加在总产品上的价值，仍然和以前同样多。但是，一旦缩短了工作日，情况就不同了，强制缩短工作日，有力地推动了生产力的发展和生产条件的节约，同时迫使工人在同样的时间内增加劳动消耗②，增强了劳动的连续性③，提高了劳动力的紧张程度，更紧密地填满劳动时间的空隙。④

对于由于资本造成的这种"劳动时间浓缩"的情况，马克思评价道："即使劳动在形式上属于资本，也会造成上述劳动强度，这正像在以奴隶制为基础的生产方式的条件下监工的鞭子会造成这种情况一样。这种强度通过协作，特别是通过分工，更多的是由于机器而更加提高了；在使用机器的情况下，单个人的连续不断的活动是同统一整体的活动联系在一起的（并受这一活动制约），单个人只是整体的一个环节，这个整体如在机械工厂中那样，是以死的自然力即某种铁的机构的有节奏而均匀的速度和不知疲倦的动作而工作着。"⑤

但是另一方面，这种"劳动时间浓缩"是历史发展的必然和进步。马克思说："只是由于资本无耻地、无止境地贪求骇人听闻地超越劳动时间的限制——而随着生产力的发展，劳动也不知不觉得变得更加紧张，——只是由于资本的这种无限度的贪欲，才迫使甚至以资本主义生产力基础的社会，

---

① 《马克思恩格斯全集》第47卷，人民出版社1979年版，第404页。
② 《马克思恩格斯全集》第47卷，人民出版社1979年版，第406页。马克思说，资本主义生产方式，普遍使劳动时间浓缩，或使一定时间内消耗的劳动量增加，例如，使1个小时或12个小时内实际消耗的劳动量增加。
③ 《马克思恩格斯全集》第47卷，人民出版社1979年版，第406页。马克思说："实际上，这等于说，资本主义生产方式增强了单个工人劳动的连续性（这是指单个工人劳动的连续性，而这同生产过程的连续性，即同生产过程在全部时间内的不断进行无关）。"
④ 《资本论》第1卷，人民出版社1975年版，第449页。
⑤ 《马克思恩格斯全集》第47卷，人民出版社1979年版，第406页。

也不得不为正常工作日的长度强制规定硬性的界限（其中主要推动因素，自然是工人阶级本身的斗争）。这种情况初次发生在资本主义生产已经经历了它本身不发达、不文明状态而建立起自身物质基础的时期。资本对劳动时间的这种强制限制的回答，是使劳动更加浓缩，而劳动浓度缩短到一定时间又会导致绝对劳动时间的缩短。"① "这种以提高劳动强度来代替松弛劳动的趋势，只有在生产发展的较高阶段才会出现。这种代替是社会进步的一定条件。这种办法也为工人创造了自由时间，而且一定劳动形式上的强度，决不排除另一方面的可能性；相反，这种活动可以是休息，可以起休息的作用。因此，[缩短工作日的]上述过程，——如统计学所证明的——对于改善英国工人阶级的体力、道德和智力的状况，产生了非常有利的影响。"②

第三，机器取代了工人的位置。机器在延长工人的劳动时间和增强劳动的同时，也在不断地排斥着生产中的工人。马克思分析道："机器或者是实际代替一定数目的工人，即取代他们的位置（这总是发生在这种场合：一种劳动不是新的并且从前不是用机器完成的），或者是潜在地代替某一数量的工人，这一数量将是我们取代这种机器所必需的。"③ "机器一旦被用作某一生产部门的基础（而且已不再感到工场手工业的竞争）就只是随着机器的改良而把工人排挤出去。但是，生产是在机器已实行某些改良而这种改良尚未达到更高程度的基础上扩大的。"④ 关于这一点，在论述工厂的时候我们仍然要进一步讨论。

（2）工厂制度与"自由个性"的关系

机器体系是工厂的躯体，在先前的分析中，我们已经看到："机器怎样通过占有妇女和儿童劳动增加资本剥削的人身材料，机器怎样通过无限度地延长工作日侵吞工人的全部生活时间，最后机器的发展虽然使人们能在越来越短的时间内提供惊人地增长的产品，但又怎样作为系统的手段，用现在每

---

① 《马克思恩格斯全集》第 47 卷，人民出版社 1979 年版，第 408 页。
② 《马克思恩格斯全集》第 47 卷，人民出版社 1979 年版，第 408 页。
③ 《马克思恩格斯全集》第 47 卷，人民出版社 1979 年版，第 394 页。
④ 《马克思恩格斯全集》第 47 卷，人民出版社 1979 年版，第 395 页。

一时刻榨取更多的劳动或不断加强对劳动力的剥削。"① 现在，如马克思说："与机器相适应的生产方式在自动工厂中获得最纯粹最典型的表现。"② 我们现在来考察工厂。马克思说，（1）机械工厂用机器代替了由协作造成的力量，否定了简单协作，（2）它消灭了以分工为基础的协作或工场手工业，否定了分工，但是，在机械工厂本身中既有协作，又有分工。同时，在这里简单协作比分工起着更加重要的作用。那么，究竟是什么类型的分工在机械工厂里占优势，而又不同于工场手工业所特有的分工呢？马克思说："在自动工厂里重新出现了分工，但这种分工首先就是把工人分配到各种专门机器上去，以及把大群没有形成有组织的小组的工人分配到工厂的各个部门，在那里，他们在并列的同种工作机上劳动，因此，在他们之间只有简单的协作。"③ 马克思分析道：

首先，工厂制度表现为对工人最大的摧残。

对于这种机械工厂，马克思认为有两种情况：第一种是如纺织业、造纸业，机器已经发展成为机器体系，它们完成作为顺次经过的各个阶段的各种不同的过程。这里自然会出现机械工厂所特有的新的分工。第二种是不存在机器体系的地方。

①马克思首先考察了不存在机器体系的机械工厂。他认为这里又有两种情况：

一是手工机床被机器代替的情况。例如手工织机被机械织机代替，手工车床被机械车床代替，机械工厂直接代替手工业企业，而这些机器在其发展中形成机械工厂，协作就成为这种工厂的特点。许多这种机器在同一地点、同一时间共同工作，因此配备许多人作为机器的下手，他们同时并排地进行劳动。在这里，手工业者都被单个机器代替了，从前这些不同的作业由手工业者来完成，现在则由单个机器来完成。手工业者成为机器的单纯下手。无论是在单个的机器还是在许多这样的机器集合在一起的机械工厂中，情况都

---

① 《资本论》第 1 卷，人民出版社 1975 年版，第 459 页。
② 《马克思恩格斯全集》第 47 卷，人民出版社 1979 年版，第 517 页。
③ 《资本论》第 1 卷，人民出版社 1975 年版，第 461 页。

是一样的。区别在于，在前一种情况下，肌肉力还发挥作用，因为使用这种机器仍然以人为原动力，而在工厂里，自动机、机械机代替了人，这里根本未曾有过分工。"因为，它也没有被消灭。从事各种不同形式活动的比较复杂的劳动被消灭了，代替它的是简单的机器劳动，所谓简单的机器劳动，我们指的是应由看管工作机的人来完成的辅助作业。"①

二是以分工为基础的工场手工业被机器代替的情况。这种代替是以直接否定分工为依据的。"劳动力由于分工而达到的专业化被消灭了，于是劳动力贬值，因为工场手工业作为一个体系要求劳动力划分等级，以便使一处的比较简单的劳动，在另一处的比较复杂的劳动来相配合。由于使用机器，更加简单的劳动代替了以前的简单劳动，在这里工场手工业企业可以重新变为手工业企业，即由一些独立的小业主带领少数帮工来经营，不过这仍然只应看做是向机械工厂的过渡阶段。"② 而就这里的分工而言，这种分工只是来自于机械工厂的总的结构。在这里，分工的原则并不在于发展某种特殊的专业，而在于一定的简单的作业可以由一个人去完成，而对许多人有同样好处，不管范围大小都是一样的。分工的原则在这里来自于机器本身，来自于那些为保持机器经常完好而进行的维修机器的作业。此外，打扫工厂的垃圾、运走工厂废料的辅助工，这是儿童劳动的主要形式。

而至于"实际看管机器作业的工人，即工厂的真正骨干，他们全都完成同样的工作，因此这里没有任何本来意义上的分工，只有简单协作，不过这种协作的作用，不是由于人的协作而达到节约，而是由于在使用大量同种机器时使用共同的发动机和共同的传动机而达到节约。"③ 不过，这里也产生了新的分工，这就是"监工和真正的工人之间的分工"。马克思说："这种分工在手工业生产中和以协作为基础的奴隶劳动情况下就已经遇到过"④，"这种分工是由于在工人大军中必须保持纪律和进行监督而造成的，而这种

---

① 《马克思恩格斯全集》第47卷，人民出版社1979年版，第520页。
② 《马克思恩格斯全集》第47卷，人民出版社1979年版，第520页。
③ 《马克思恩格斯全集》第47卷，人民出版社1979年版，第522页。
④ 《马克思恩格斯全集》第47卷，人民出版社1979年版，第522页。

分工同发展专业化毫无共同之处，除非说的是监督、指挥和吹毛求疵方面的专业化。"① "实际上，对工人来说，这些监工就是资本家……在工业资本家那里'他的'这种监督劳动是由他的代表即工作人员完成的，这是工厂的军士。实际上，从事真正的监督劳动的不是资本家，而是监工，这种从属、隶属关系是机械工厂的一般特点，正如督促奴隶干活的黑奴同干活的黑奴之间的关系是一度占统治地位的协作形式的特点一样，这是对劳动进行剥削的劳动。"②

②马克思接着考察了以某种机器体系为基础的机械工厂。马克思说："这里当然存在分工。"③ 这种分工的物质基础，是各种专用机器，它们完成生产过程的特定阶段，因而配备有经过专门训练的和负责专门看管这些机器的工作小组。在这里，也总是形成工人的骨干，他们由从事主要的最后工序的工人组成，而不是由从事准备工作或修理工作的工人组成。对于这种工厂里面工人们的生产状态，马克思说道，在这里，儿童们遇到新形式的辅助工作，即这里劳动对象不是靠机器本身，而是靠搬运工从一个机器传送到另一个机器的手和脚。年龄和性别的差异在这里起着首要的作用，因为有一些作业需要力气大一些，身材高一些等才能完成，需要手指更灵活，手更巧，或者有更大的耐力。

通过与工场手工业的比较，马克思进一步阐明了这种机械工厂的性质。

第一，在工场手工业中，工作是按照技能和力气等级来分配的。个人身体上和智力上的某些特点，在这里是这样利用的：通过片面发展这些特点而在手工工场中建立由人本身组成的总机体。而在机械工厂中，这个总机体的骨架却是由各种类型的机器本身组成，其中每一个机器完成总生产过程所要求的特定的顺次进行的个别过程，在这里不是特别发达的劳动力作为能工巧匠来使用特殊的劳动工具，而是自动工具需要专门的、固定配备给它的仆人。在工场手工业那里，工人使用特殊的劳动工具，在机械工厂，特殊的工

① 《马克思恩格斯全集》第47卷，人民出版社1979年版，第522页。
② 《马克思恩格斯全集》第47卷，人民出版社1979年版，第522页。
③ 《马克思恩格斯全集》第47卷，人民出版社1979年版，第523页。

人小组看管完成各种特定过程的机器。技巧上的等级在不同程度上是手工工场的特点，而在这里却被消灭了。①

　　第二，在机械工厂里，工人的职能普遍划一。真正从事机器劳动的工人，只需要很短的一段时间，无须大力培训，就能从一种机器转到另一种机器。在工场手工业中，分工的形成，是由于待完成的特殊作业只能由特殊专业化的劳动力来完成；因此，这里不仅应该按这些专业组配备劳动，而且应该按这些专业组实行真正的分工。相反，在机械工厂里，专业化的是机器，而由机器同时进行的工作，尽管完成的是同一总过程的顺次进行的阶段，却要求为它们分配特殊的工人小组，每一组都始终完成同一的、同样简单的职能。这与其说是专业化的劳动力之间的分工，倒不如说是把工人分配给专用机器。

　　在工场手工业条件下，专业化的是使用特殊劳动工具的劳动力；在后种情况下，专业化的是特殊的工人小组看管的机器。因此，在这里工人之间的主要差别在于力气和灵巧性。这种差别仅仅归于在性别和年龄上的简单差别。而至于手指的灵巧和熟练，反应要快，思想完全集中等等，这是因为工人要符合机器的需要。并且，这种灵巧性，主要在于操练和习惯，在很大程度上仍旧不需要特殊专长，需要勤奋。这种勤奋是一定年龄的人所特有的，并且发育不完全的（少年的）机体比发育完全的机体更易于具备。在这里，操纵机器的工人所完成的这些工作的特点，是它们的被动性，它们对机器本身的作业和运动的适应性，是机器劳动的特点。机械工厂本身实行改良，是为了尽可能地消除在机械工厂本身基础上一次又一次地形成的任何一种技能。因此，这是十分简单的劳动其特点，是单调、乏味和从属于机器；这是死板的劳动，就像在工场手工业中的分工一样，要求个人的完全服从。它阻碍专业的发展，可是它本身却一次又一次地使这种非专业化劳动专业化。在这里，工人对自己劳动的最后的自我满足消失了，在这里，由于劳动本身乏

---

① 《马克思恩格斯全集》第47卷，人民出版社1979年版，第524页。

味而使人十分淡漠。①

马克思总结道，无论是不是存在机器体系，在这两类机械工厂中，"不管这些工厂代替的是独立的手工业，还是工场手工业，有高度技巧的劳动往往被机械工厂特有的简单的机器劳动所代替，专业都被消灭了"②。由此也可以看出，机器的出现使工人的活动十分没意思，根本谈不上任何人的创造性的发挥，及其兴趣，技能的培养，工人在这里的技巧无从谈起，个性无从发挥。

③最后，马克思总结了机器、机械工厂同工人的关系。

一，在工场手工业里，劳动是连续不断的，工具是仆人；而在机械工厂里，连续不断的是对机器工作的注视，以及为机器的动作所制约的公认的动作，因此，在这里，工人是机器的仆人而从属于机器。在《资本论》中，马克思这样写道："在工场手工业中，工人是一个活机构的肢体。在工厂中，死机构独立于工人而存在，工人被当做活的附属物并入死机构。"③

二，在作为整体来看的工场手工业里面，单个工人构成总体机器的有生命的部分，即构成本身是由人组成的机体的那种工厂的有生命的部分。相反，在机械工厂里，人是总机体的有生命的附件，而这个机体是以机器和自动的机器体系的形式存在于人之外的。总的机器体系由各个机器组成，而人们在这里只不过是没有意识的，单调的机器体系的有生命的附件，有意识的附属物。④"实行（简单）协作和把协作工人当做一个巨大的总自动机的活动附件和仆人而分配到这个自动机的各个部分上，工人像从属于自己的命运一样从属于机器，从属于机器的动作和作业，各种劳动的划一和被动性，缺少专业化或至多不过是单纯按照性别和年龄的差别发展专业，这一切都是机械工厂的特征。纪律和隶属关系在这里不仅是由协作产生的，而且也是由工

---

① 《马克思恩格斯全集》第47卷，人民出版社1979年版，第525页。
② 《马克思恩格斯全集》第47卷，人民出版社1979年版，第523页。
③ 《资本论》第1卷，人民出版社1975年版，第463页。
④ 《马克思恩格斯全集》第47卷，人民出版社1979年版，第526页。

人对总机器体系的从属而产生的。"①

因此，马克思说，"全日工"、"半日工"、"工人们只不过是人格化的劳动时间"、"毫无疑问，工厂制度比其他任何制度都更多地牺牲妇女和儿童。同时，妇女和儿童在机械工厂里占多数情况，会摧毁反抗并产生使成年男子也注定遭受奴役和屈从的消极因素。"② 并且，工人们出卖自己的孩子，从事奴隶的贩卖。马克思说："工厂制度包括父母出卖自己的子女在内，与此同时，产生了工人在身体上和精神上的发展在萌芽时期即在童年时期就被破坏的情况。"③ 因此，马克思说：工厂制度，"靠野蛮地对待工人、靠破坏工人的健康、靠忽视整代整代的人在社会关系、肉体和精神方面的发展的办法"来榨取"剩余价值"。④ 从这里，我们再次感受到马克思对工人悲惨的生存状态的同情和对尤尔无视工人悲惨命运的那种冷血态度的谴责：工厂制度下，"完全失去个性的劳动、兵营制度、军事纪律、机器对工人的奴役、人受钟声指挥、工人受工头监视、精神和体力活动的任何发展可能都完全被消灭"⑤，而如果从我们所研究的主题出发，马克思心中所设想的应当是那种有着人的尊严和个性的活动，有着能够自由发展自身体力和精神的状态。

因此，马克思说："工厂制度的特点是，它本身显示出剩余价值的真正本质。在这里，剩余劳动，从而劳动时间问题成了决定性的东西。但是，时间实际上是人的积极存在，它不仅是人的生命的尺度，而且是人的发展的空间。随着资本侵入这里，剩余劳动时间成了对工人精神生活和肉体生活的侵占。"⑥ 而这，如前所分析的，工人的剩余劳动时间造就了对资本家而言的自由时间，从而为资本家发展自身提供了可能。在这里，个性的发展是以对抗为前提的，是以牺牲大部分人的个性发展条件，甚至生存条件，牺牲大部分人之为人的尊严来获得另一部分人的个性发展的。

---

① 《马克思恩格斯全集》第 47 卷，人民出版社 1979 年版，第 526 页。
② 《马克思恩格斯全集》第 47 卷，人民出版社 1979 年版，第 529 页。
③ 《马克思恩格斯全集》第 47 卷，人民出版社 1979 年版，第 530 页。
④ 《马克思恩格斯全集》第 47 卷，人民出版社 1979 年版，第 532 页。
⑤ 《马克思恩格斯全集》第 47 卷，人民出版社 1979 年版，第 528 页。
⑥ 《马克思恩格斯全集》第 47 卷，人民出版社 1979 年版，第 532 页。

因此，马克思说，工厂制度是对工人最大的摧残。机器消除了肌肉的多方面的紧张，它不让肉体上和精神上有任何活动的余地。它不许"工人思考别的事情"①。此外，它使工人的智力和身体未发育成熟就从属于它。马克思说到，这"不是真正的劳动，而是纯粹的无聊，是世界上最折磨人最使人厌倦的无聊"②。对于机器以及工厂制度对工人的这种摧残，马克思在《资本论》中做了精辟的论述："机器劳动极度地损害了神经系统，同时它又压抑肌肉的多方面运动，侵吞身体和精神上的一切自由活动。甚至减轻劳动也成了折磨人的手段，因为机器不是使工人摆脱劳动，而是使劳动毫无内容。"③ 而由于机器的使用，资本主义生产过程中劳动条件对工人的使用这种颠倒取得了在技术上明显的现实性。"由于劳动资料变成了自动机，所以它在劳动过程本身中作为资本，作为支配和吮吸或劳动力的死劳动而同工人相对立……"从而"生产过程的智力同体力劳动相分离，智力变成资本支配劳动的权力，是在以及其为基础的大工业中完成的"④。于是，"变得空虚了的单个机器工人的局部技巧，在科学面前，在巨大的自然力面前，在社会的群众性劳动面前，作为微不足道的附属品而消失了；科学、巨大的自然力、社会的群众性劳动都体现在机器体系中，并同机器体系一道构成'主人'的权力"。⑤

其次，工厂制度下机器代替工人及对工人造成的影响。

我们曾经在"机器"那一节简要地谈到过机器代替工人的情况，现在，在我们对工厂制度有了一定了解之后，我们再回过头来分析一下机器对工人排挤的情况。

马克思是通过分工和简单协作与机器的比较来说明问题的。

马克思说：分工和简单协作从来不是直接建立在取代劳动或造成工人过

---

① 《马克思恩格斯全集》第47卷，人民出版社1979年版，第532页。
② 《马克思恩格斯全集》第47卷，人民出版社1979年版，第532页。
③ 《资本论》第1卷，人民出版社1975年版，第463页。
④ 《资本论》第1卷，人民出版社1975年版，第464页。
⑤ 《资本论》第1卷，人民出版社1975年版，第464页。

剩的基础上的，因为，它们的基础一方面是工人的集中，另一方面是由于工人的这种集中而形成的活的机构或机器体系。虽然这里也存在着相对过剩，但是那是对行会师傅和他们的帮工的排挤，并使他们变为资本家和工人。在工场手工业的条件下，"可以觉察到的和看得见的形式，是必要劳动时间的相对减少，而不是所使用劳动的绝对减少"①，因为，在工场手工业条件下，基础始终是活的工人和同时雇用的工人人数。② 在工场手工业条件下，"必要劳动时间发生了变化，但只是由于雇用的工人人数增加了，并且由于工业劳动作为雇佣劳动同手工业和农业的家长制生产分开了。"③ 但是，在这里，马克思说道："生产力的这种发展，始终是依靠工人和工人专门技艺的提高。"④

　　然而机器恰恰相反。马克思首先排除了"在以机器为基础建立起新的生产部门的地方"⑤，因为那里谈不上机器代替工人，本来一开始就是机器在运转，而且，"这种情况也只能发生在机器已经推广，即以机器为基础的生产方式比较发达的时期，然而即使在这个时期，无论我们把这些新部门的产品同机器排挤了人的劳动而生产的商品相比，或者同取代了原先完全用于手工劳动生产的商品的那些商品相比，这些新部门的规模都是微不足道的。"⑥ 所以，马克思首先指明不是要分析这一类的机械工厂。马克思说："最先使用机器的总是那些原来使用手工业方式或工场手工业方式进行生产的部门。因而机器表现为从资本主义生产方式出发的、使一般生产方式发生革命的起点。机械工厂一旦建立，不断地改进机器就成为目的；这种改进，或者使工厂中那些尚未从属于机器体系的环节受机器体系的支配，或者减少在业工人人数，或者用妇女和儿童的劳动代替成年男工的劳动，最后，或者比工场手工业更大程度地（因此工人是直接感觉到这点的）提高同一数量

① 《马克思恩格斯全集》第47卷，人民出版社1979年版，第563页。
② 《马克思恩格斯全集》第47卷，人民出版社1979年版，第563页。
③ 《马克思恩格斯全集》第47卷，人民出版社1979年版，第563页。
④ 《马克思恩格斯全集》第47卷，人民出版社1979年版，第563页。
⑤ 《马克思恩格斯全集》第47卷，人民出版社1979年版，第563页。
⑥ 《马克思恩格斯全集》第47卷，人民出版社1979年版，第564页。

的工人的生产力，从而相对地减少生产一定量商品所需要的工人人数。"①

因此，马克思说，使用机器的公式在于：第一，不是相对地缩短单个工作日，缩短必要部分，而是缩减工人人数。即缩减由许多同时进行的工作日组成的总工作日，缩减这个总工作日的必要部分；换句话说，就是把一定量的工人当做剩余劳动的生产上过剩的人而抛弃和除掉。第二，消灭由于分工而发展起来的专业化。第三，引起劳动力的贬值。第四，过去劳动，以及劳动的社会结合，在这里被有意识地被当做使活劳动变为过剩劳动的手段。第五，在掌握一定必要劳动的情况下获得一定量的剩余劳动。

由此，马克思说，在使用机器的情况下，"资本同雇佣劳动之间的对立在这里发展到势不两立的程度。因为，资本不仅是使活的劳动力贬值的手段，而且也是使它变为过剩劳动力的手段：或者对于一定的过程来说使它变成完全过剩的；或者在一般情况下把它缩减到最低数量。在这里，必要劳动一旦不是提供剩余劳动所必需的，它就会直接变成过剩的劳动，变成过剩人口。"②

因此，马克思说，资本一方面违反自己的意愿，减少一定资本可以生产的剩余劳动量，同时，也产生了一种相反的趋势，即迫使相对说来数量不大的、真正在机器上操作的工人去完成最大数量的绝对剩余劳动，也就是扩大绝对工作日。③ 马克思说，工业大革命时期的经济学家都支持这种观点：即尽可能减少生产剩余劳动所需要的工人人数和制造过剩人口。④

而对于工人来说，这里涉及的不仅是消灭他们的专业和使他们的劳动力贬值，而且还要消灭数量经常变动的那一部分工人的唯一商品——劳动力，这一劳动力作为过剩的劳动力被机器代替。⑤ 马克思说，这一代替的发生，或是由于一部分劳动完全由机器完成，或是由于看管机器的工人人数大大减

---

① 《马克思恩格斯全集》第47卷，人民出版社1979年版，第564页。
② 《马克思恩格斯全集》第47卷，人民出版社1979年版，第565页。
③ 《马克思恩格斯全集》第47卷，人民出版社1979年版，第565页。
④ 《马克思恩格斯全集》第47卷，人民出版社1979年版，第565页。
⑤ 《马克思恩格斯全集》第47卷，人民出版社1979年版，第565页。

少，而那些与机器竞争的属于过去生产方式的工人破产了。这些工人生产商品的个人的必要劳动时间已经不再是社会的必要劳动时间，现在社会必要劳动时间由机器生产的时间来决定。原先工人需要很长时间才能创造的价值在机器生产条件下用较短的时间就能生产出来。也正因为如此，劳动时间延长到了超出一切正常界限，同时劳动时间的报酬变坏了，于是工人同机器展开斗争，并斗到自身的毁灭。①

机器一方面具有不断抛出工人，使在工厂里的工人处境恶劣的趋势，——无论是从机械工厂本身中抛出，还是从手工业企业中抛出，——另一方面，机器还具有不断吸收工人的趋势，因为，在生产力发展的一定阶段上，剩余价值只有靠增加同时雇用的工人人数的办法才能提高。对工人的这种吸收和排斥，因而，工人生活的经常波动，是特有的现象。②并且，由于使用机器"单个工人遭受的劳动折磨加重了……但是，注定要负担上述沉重劳动的工人人数却日益增加"③。

在作出上述分析以后，马克思再次强调说：在运用机器的机械工厂这种形式下，在工厂制度下，

在这里，从劳动的社会生产力中产生的、并由劳动本身创造的劳动的社会条件，不仅完全成为对于工人来说异己的、属于资本的权力，而且完全成为敌视工人、镇压工人、为了资本家的利益而反对每个工人的权力。

在这里，资本主义生产方式不仅引起形式上的变化，而且使劳动过程的全部社会条件和工艺条件发生变革。

在这里，资本不仅表现为不属于工人的劳动物质条件，即原材料和劳动资料，而且表现为同每一单个工人相对立的社会力和他同其他工人完成的劳动形式的化身。

在这里，过去劳动——在自动机和由自动机推动的机器上，似乎是独立

---

① 《马克思恩格斯全集》第47卷，人民出版社1979年版，第566页。
② 《马克思恩格斯全集》第47卷，人民出版社1979年版，第566页。
③ 《马克思恩格斯全集》第47卷，人民出版社1979年版，第568页。

的、不依赖于［活］劳动的。它不受活劳动支配，而是使［活］劳动受它支配；铁人起来反对有血有肉的人。

在这里，工人的劳动受资本支配，资本吸吮工人的劳动，这种包含在资本主义生产概念中的东西，在这里表现为工艺上的事实。奠基石已经埋好。被推动的死劳动已经具备，而活劳动只不过是死劳动的一个有意识的器官。

在这里，已经不是协作形成整个工厂的活的相互联系的基础，而是机器体系构成由原动机推动的、包括整个工厂的统一体，而由工人组成活的工厂就受这个统一体支配。这样一来，这些工人的统一体就获得了显然不依赖于工人并独立于工人之外的形式。①

（3）大工业与"自由个性"的关系

首先，大工业造成简单协作的消灭和现代工场手工业和现代家庭工业。马克思指出，机器和工厂制度的发展不但造成了以手工业和分工为基础的协作的消灭，而且对工场手工业和家庭劳动造成了反作用，使工场手工业发展成为现代工场手工业，使家庭劳动发展成为现代家庭劳动。这种现代的家庭工业，与以往那种独立的城市手工业，独立的农民经济，特别是以工人家庭的住宅为前提的旧式家庭工业毫无共同之处，现在"它已经变成了工厂、手工工场或商店的分支机构。资本除了把工厂工人、手工工场工人和手工业工人大规模地集中在一起，并直接指挥他们，他还通过许多无形的线调动着另一支散居在大城市和农村的家庭工人大军"②。而在现代工场手工业中，由于没有工厂所拥有的技术基础，即代替肌肉力的机器和轻便的劳动，现代工场手工业对廉价劳动力和未成熟劳动力的剥削，比真正的工厂中还要无耻，同时，在这里工人的身体还要受到来自各种各样的摧残。而这种情况在家庭劳动中，由于工人的分散导致的反抗力的减弱而更为严重。在工厂之外，在向大工业和工厂过渡的这一阶段，我们看到，工人的生命力所受到的摧残又甚于在工厂制度所受到的剥削，而我们不应当忘记的是，正是由于机

---

① 参见《马克思恩格斯全集》第47卷，人民出版社1979年版，第566—567页。
② 《资本论》第1卷，人民出版社1975年版，第506页。

器和大工业的生产才造成了这样的恶果。

其次，大工业对农业也造成了深刻的影响。由于机器在农业中的使用，不单单是造成了生产者同土地的分离，大量的农民涌向城市，变成雇佣工人。而且对农业本身而言，"像在工场手工业中一样，生产过程的资本主义转化同时表现为生产者的殉难历史，劳动资料同时表现为奴役工人、剥削工人和使工人贫困的手段，劳动过程的社会结合同时表现为对工人个人的活力、自由和独立的有组织的压制"①。而且，由于农业工人在广大土地上的分散，这就破坏了他们的反抗力量，"在现代农业中，也和城市工业中一样，劳动生产力的提高和劳动量的增大是以劳动力本身的破坏和衰退为代价的"②。

最后，由于大工业，在大生产中第一次使用自然力和科学，自然力和科学应用也成为资本的一个组成因素。

一方面，自然力成为资本的组成因素。马克思说："大生产——应用机器的大规模协作——第一次使自然力，即风、水、蒸汽、电大规模地从属于直接的生产过程，使自然力变成社会劳动的因素（在农业中，在其资本主义前的形式中，人类劳动只不过是它所不能控制的自然过程的助手）。这些自然力本身没有价值。它们不是人类劳动的产物。但是，只有借助机器才能占有自然力，而机器是有价值的，它本身是过去劳动的产物。因此，自然力作为劳动过程的因素，只有借助机器才能占有，并且只有机器的主人才能占有。"③

另一方面，科学从劳动中独立出来并成为资本的一个组成因素。马克思说：现在，科学，人类理论的进步，得到了利用。资本不创造科学，但是它为了生产过程的需要，利用科学，占有科学。这样一来，科学作为应用于生产的科学同时就和直接劳动相分离。④"科学分离出来成为与劳动相对立的、

①《资本论》第1卷，人民出版社1975年版，第552页。
②《资本论》第1卷，人民出版社1975年版，第552页。
③《马克思恩格斯全集》第47卷，人民出版社1979年版，第569页。
④《马克思恩格斯全集》第47卷，人民出版社1979年版，第570页。

服务于资本的独立力量。一般说来，属于生产条件与劳动相分离的范畴。并且正是科学的这种分离和独立（最初只是对资本有利）成为发展科学和知识的潜力的条件。"① 马克思说：正是在资本主义生产方式下，才第一次产生了只有用科学方法才能解决的实际问题。只有现在，实验和观察——以及生产过程本身的迫切需要——才第一次达到使科学的应用成为可能和必要的那种规模。② 于是，生产过程成了科学的应用，而科学反过来成了生产过程的因素即所谓职能。每一项发现都成了新的发明或者生产方法的新的改进的基础。"只有资本主义生产方式才第一次使自然科学为直接的生产过程服务，同时，生产的发展反过来又为从理论上征服自然提供了手段。科学获得的使命是：成为生产财富的手段，成为致富的手段。"③

（四）绝对剩余价值和相对剩余价值的生产结合、局限与"自由个性"的历史生成

在分别分析完绝对剩余价值和相对剩余价值之后，马克思把绝对剩余价值和相对剩余价值放到一起论述。因为在马克思看来，资本主义的生产过程表现为绝对剩余价值和相对剩余价值的统一。如果往深处分析，我们发现，一方面，绝对剩余价值和相对剩余价值在资本主义生产过程中同时出现，彼此相互联系，而另一方面，二者的局限在这种结合中也不断表现出来。

首先，我们看到绝对剩余价值和相对剩余价值具有同一性。相对剩余价值是绝对的，因为它以工作日的绝对延长超过工人本身生存所必需的劳动时间以上为前提。而绝对剩余价值是相对的，因为它以劳动生产率发展到能够把必要劳动时间限制为工作日的一个部分为前提。但另一方面我们看到，这的确是两种不同的生产形式。在资本主义生产方式一旦确立并成为普遍的生产方式，那么只要涉及剩余价值率的提高，那么二者的差别就很明显了。那

---

① 《马克思恩格斯全集》第 47 卷，人民出版社 1979 年版，第 598 页。
② 《马克思恩格斯全集》第 47 卷，人民出版社 1979 年版，第 570 页。
③ 《马克思恩格斯全集》第 47 卷，人民出版社 1979 年版，第 570 页。

么，如果劳动生产力和劳动的正常强度已定，剩余价值率就只有通过工作日的绝对延长才能提高；而如果工作日界限已定，那么剩余价值率就只有通过必要劳动和剩余劳动的相对量才能提高。[①] 对于剩余劳动量的变化情况，马克思首先假定商品按照价值出售，劳动力按其价值支付，在这种假定下，劳动力价格和剩余价值的量就取决于三种因素，工作日的长度，劳动强度和劳动生产力的变动组合情况。马克思分析了主要的四种组合情况。第一种，工作日的长度和劳动强度不变，而劳动生产力发生变化的情况；第二种，工作日和劳动生产力不变，劳动强度可变的情况；第三种，劳动生产力和劳动强度不变，工作日可变的情况；第四种，劳动的持续时间、劳动生产力和劳动强度同时变化的情况。在不同的情况下，结果也各不相同。

那么，现在假设，其实这也是一个事实，即随着工作日的不断被限定——限定工作日这一点本身就说明了绝对剩余价值的界限——当工作日被限定到一个既定的不能再延长的长度时，绝对剩余价值就达到了极限，此时，剩余价值也就只能作为相对剩余价值来发展，即只有通过生产力才能发展。这是绝对剩余价值的生产的界限。而相对剩余价值，根据马克思的分析，同样有着自身的限制，这个限制就是必要劳动时间。为了说明这个问题，我们只是分析第四种情况的第二种情形，也就是劳动强度和劳动生产力提高，同时工作日缩短的情形。在这种情形下，一方面，由于劳动时间的浓缩生产出更多的绝对剩余价值。随着劳动强度的增强，工作日不断缩短。当劳动强度达到生理界限之时，工作日也便达到了它的最低界限。另一方面，由于生产力的提高，工人的必要劳动时间逐渐缩短。而工作日的绝对最低界限，总是由必要劳动时间的不断缩减形成的，而现在可以设想，如果整个工作日缩小到了这个必要部分，那么剩余劳动就消失了。而这在资本的制度下是不可能发生的，因此，只有消灭资本主义生产形式，才允许把工作日限制在必要劳动上。[②] 由此可见，资本主义制度赖以生存的绝对剩余价值生产和

---

① 《资本论》第 1 卷，人民出版社 1975 年版，第 558—559 页。
② 参见《马克思恩格斯全集》第 23 卷，人民出版社 1972 年版，第 578 页。

相对剩余价值生产都有着自己的界限，尤其是相对剩余价值的界限，它的界限也便是资本制度灭亡的界限。而资本制度的灭亡不正是意味着工人从对资本的依赖和从属中解放出来吗？不正意味着一个能够保证物质生产同人的生产并行发展的全新社会经济形态的出现吗？而这个经济形态，不正是共产主义社会的生成，"自由个性"的生成吗？

（五）劳动对资本形式上的从属和实际上的从属①与"自由个性"的历史生成

"我们已经分别考察了剩余价值的两种形式，绝对剩余价值和相对剩余价值，同时我们还指出了它们二者的相互联系，以及随着相对剩余价值的发展，绝对剩余价值达到了极限。"② 下面我们要讨论的是在这两种剩余价值生产形式中，工人的活动或者说工人的劳动与资本之间的关系，马克思把其称为劳动对资本的形式上的从属和实际上的从属。马克思说："把工作日延长，使之超出工人只生产自己劳动力价值的等价物的那个点，并由资本占有这部分剩余劳动，这就是绝对剩余价值的生产。绝对剩余价值的生产构成资本主义体系的一般基础，并且是相对剩余价值生产的起点。"③ 在这个价值增值的过程中，"资本家作为管理者、指挥者进入这个过程；这个过程对资本家来说，同时又是剥削他人劳动的过程，我把这称作劳动对资本的形式上的从属。它是所有资本主义生产过程的一般形式"④。就相对剩余价值来说，工作日一开始就分成必要劳动和剩余劳动两部分。为了延长剩余劳动，就要用各种方法缩短生产工资的等价物的时间，从而缩短必要劳动。绝对剩余价值的生产只同工作日的长度有关；相对剩余价值的生产使劳动的技术过

---

① 对于这一点的考察，马克思是把其称作"生产过程的结果"，并且按照马克思的逻辑，是应当放到"资本积累"之后，作为向"资本流通过程"的过渡，这从马克思在1861—1863年经济学手稿 XVIII—1140 所列的纲就可以看出来（《马克思恩格斯全集》第26卷（I），人民出版社1972年版，第446页）。但是按照我们的主题，我们把它提前，放到"资本积累"之前。

② 《马克思恩格斯全集》第48卷，人民出版社1985年版，第3页。

③ 《资本论》第1卷，人民出版社1975年版，第557页。

④ 《马克思恩格斯全集》第49卷，人民出版社1982年版，第79页。

程和社会组织发生根本的革命。因此,"相对剩余价值的生产以特殊的资本主义的生产方式为前提;这种生产方式连同它的方法、手段和条件本身,最初是在劳动在形式上隶属于资本的基础上自发地产生和发展的。劳动对资本的这种形式上的从属,又让位于劳动对资本的实际上的从属"①。

1. 劳动对资本形式上的从属与"自由个性"的历史生成

对于绝对剩余价值的这种生产,马克思说:"我把以绝对剩余价值为基础的形式叫做劳动对资本的形式上的从属。"② 它是"单个的工人现在不是作为独立的商品所有者,而是作为隶属于资本家的劳动能力进行劳动,因而是在资本家的指挥和监督下进行劳动,他不再为自己而是为资本家劳动;而劳动资料也不再是实现他劳动的手段,相反,他的劳动表现为增值的手段,即对劳动资料来说表现为劳动的吸收"③。它的本质在于:"在生产过程之前,他们双方都是作为商品所有者相互对立,他们之间只存在货币关系;在生产过程内部,他们是作为执行生产过程各因素的职能的人互相对立,资本家是作为'资本',直接生产者是作为'劳动',他们的关系决定于劳动成为自行增值的资本的单纯因素。"④

从工人和资本家的关系来看,工人作为他自己的人身的所有者,从而作为他自己的劳动能力的所有者,同暂时使用这种劳动能力的买主,拥有货币的资本家相对立;因此,他们双方作为商品所有者,作为卖者和买者而相互对立,这样,他们双方在形式上是自由人,他们之间除了买和卖的关系外,实际上不存在任何譬如政治上的或社会上的固定的统治和从属的关系。⑤

从生产资料的占有来看,工人的客观劳动条件(原料,劳动工具,从而还有劳动时的生活资料)完全地或至少部分地不属于工人,而属于工人劳动的买主和消费者,因而作为资本同工人相对立。马克思说,这些劳动条

① 《资本论》第1卷,人民出版社1975年版,第557页。
② 《马克思恩格斯全集》第48卷,人民出版社1985年版,第5页。
③ 《马克思恩格斯全集》第47卷,人民出版社1979年版,第299页。
④ 《马克思恩格斯全集》第49卷,人民出版社1982年版,第79页。
⑤ 《马克思恩格斯全集》第48卷,人民出版社1985年版,第6页。

件作为他人的财产越是和工人充分对立，资本和雇佣劳动之间的关系在形式上也就越充分，从而劳动对资本的形式上的从属也就越是充分。

从生产方式本身来看，"在这里，在生产方式本身中还没有区别。劳动过程从工艺来看完全和过去一样进行，只是现在它成了从属于资本的劳动过程。"① 这里的特点先是表现为以下两点：一是由于发生了资本对劳动能力的消费，所以，是劳动在资本的监督和管理下消费，而统治和从属的关系也就发展起来了；二是劳动的更大的连续性发展也起来了。那么为什么把它叫做形式上的呢？马克思作出了解答："如果说这种统治和从属关系的产生代替了奴隶制，农奴制，臣仆的、宗法的从属关系，那么转化只是发生在它的形式上。从属的形式变得更自由些，因为从属就其性质来说只是物质上的，在形式上是自愿的，涉及的只是工人和资本家在生产过程本身中的地位。这也正是过去农奴或奴隶一经变为自由雇佣工人时在农业所发生的那种形式变化。"② 看来，之所以只是把这种关系叫做形式从属的关系，主要是因为双方在生产方式中建立起了一种统治和从属的关系，但是"这种强制关系并不是建立在任何人身统治关系和人身依附关系之上的，而是单纯从不同经济职能中产生出来的"③，在这里生产方式没有发生根本的变化，变化的只是"生产过程中的统治和从属关系代替了生产过程中的从前的独立性"④。

从劳动对资本的形式上的从属下工人的生存状态来看，马克思是在比较中阐明这一问题的。首先，马克思说："和为临时订货人工作的独立手工业者相比，为资本家工作的工人［劳动的］连续性，当然会增加；因此，这种工人的劳动不受推动这种劳动的偶然需要及其大小的限制；相反，工人经常地多少正规地逐日为资本所雇用。"⑤ 这种差别在于独立的手工业者的目的不是交换价值，而是使用价值，而工人在资本的雇佣下则主要是为了生产

---

① 《马克思恩格斯全集》第 48 卷，人民出版社 1985 年版，第 6 页。
② 《马克思恩格斯全集》第 48 卷，人民出版社 1985 年版，第 7 页。
③ 《马克思恩格斯全集》第 49 卷，人民出版社 1982 年版，第 81 页。
④ 《马克思恩格斯全集》第 49 卷，人民出版社 1982 年版，第 88 页。
⑤ 《马克思恩格斯全集》第 48 卷，人民出版社 1985 年版，第 9—10 页。

交换价值。

其次，马克思比较了奴隶劳动和工人劳动的差别。

第一，双方关系表现形式的不同导致生产效率不一样，却有着相同的命运。和奴隶劳动相比，这种劳动由于更紧张和更不间断而生产率更高。因为奴隶只有在外界威胁的鞭策下才能劳动，而不是为了自身生存而劳动，这种生存并不属于他；反之，自由工人倒是被自身的需要驱使着而劳动的。自由地自己决定自己这种意识（或者不如说，想象），即自由的意识，使雇佣工人成为比奴隶好得多的劳动者，甚至产生责任感，因为他像任何商品买者一样对他所提供的商品是负有责任的，如果他不想被其他工人排挤掉，他就得提供一定质量的商品。① 马克思指出：奴隶和奴隶主之间的关系的连续性，是通过直接强制来掌握奴隶的一种关系。反之，工人必须自己保持自己的关系，作为工人而存在，必须不断重复地把自己的劳动能力出卖给资本家，他为了货币（自己劳动的等价物）而劳动。而奴隶不一样，不但剩余劳动，即便是"他为自己完成的那部分劳动，即用来补偿他自己的生活费的那部分劳动"②。在奴隶那里，表现为他为奴隶主完成的劳动；而在自由工人那里，即便是他完成的剩余劳动，也表现为他为自己的利益完成的劳动，即表现为购买自己工资的手段。"资本家和工人之间的——买和卖的——货币关系掩盖着无酬劳动，而在奴隶劳动的情况下，奴隶和他的主人之间的所有权关系掩盖着为自己的劳动。"③ 所以，奴隶的命运很悲惨，但是，工人实际上也是资本的奴隶，而且自己浑然不知，工人们经常认为，他们得到的就是他们付出的，似乎他全部时间都只是为自己劳动，因此，工人和奴隶有着相同的命运。

第二，奴隶和工人生产方式的不同导致他们的自由度不一样。首先，奴隶属于某个一定的主人；工人固然一定要把自己卖给资本家，但并不一定要

---

① 《马克思恩格斯全集》第 48 卷，人民出版社 1985 年版，第 10 页。
② 《马克思恩格斯全集》第 48 卷，人民出版社 1985 年版，第 10—11 页。
③ 《马克思恩格斯全集》第 48 卷，人民出版社 1985 年版，第 10 页。

卖给某个一定的资本家,他可以在一定的范围内选择把自己卖给谁,他可以换主人。马克思说:"所有这些已经改变的关系,都使自由工人的活动比奴隶的活动更紧张、更有连续性、更灵活、更熟练;至于这些关系使自由工人本身能够完成完全不同的历史使命,那就不必说了。"① 其次,"奴隶以实物形式(它无论在形式上或在数量上都是固定的),以使用价值的形式来获得维持自己生存所必需的生活资料。自由工人则是以货币形式,以交换价值的形式,以财富的抽象社会形式取得维持自己生存所必需的生活资料。"② 正因为工人得到的是货币这种抽象的社会财富,而不是那种"特定的、受到习惯和地方限制的使用价值"③。所以,工人必须要把货币换成任意的使用价值,用货币去购买商品,也正因为如此,"工人的生存条件,以及工人所挣的货币的价值量,当然会强制工人把货币花在十分有限的生活资料内"④。这一方面,表明工人的命运比奴隶更为悲惨,可是另一方面也表明了工人的自由度比奴隶要好得多。"例如报纸就包括在英国城市工人的必要生活资料之内。他可以稍微节省一些、积蓄一些。他也可以把自己的工资挥霍在饮酒上等等。"⑤ 马克思说:"他作为自由人这样行动时,他本人是必须付出代价的,他必须为他花费自己的工资的方式负责。他和需要主人的奴隶不同,他要学会自己管自己。"⑥ 并且,由于工人所追求的是工资,而按照特殊劳动是否要求发展得比较高的、需要较多生产费用的劳动能力这样一些不同情况,工人的工资便有着很大的差别。"从而一方面给个人差别开辟了活动余地,另一方面给劳动能力本身的发展提供了刺激。"⑦ 因此,马克思指出,不排除这种情况,即"单个的工人借助于特殊的能力、天才等,仍然可能上升到较高的劳动部门,这正像某个工人本身有成为资本家和他人劳动的剥

① 《马克思恩格斯全集》第48卷,人民出版社1985年版,第11页。
② 《马克思恩格斯全集》第48卷,人民出版社1985年版,第12页。
③ 《马克思恩格斯全集》第48卷,人民出版社1985年版,第12页。
④ 《马克思恩格斯全集》第48卷,人民出版社1985年版,第12页。
⑤ 《马克思恩格斯全集》第48卷,人民出版社1985年版,第12页。
⑥ 《马克思恩格斯全集》第48卷,人民出版社1985年版,第12页。
⑦ 《马克思恩格斯全集》第48卷,人民出版社1985年版,第12页。

削者的抽象可能性完全一样"①。

其实，我们稍微注意一下，马克思说的是当工人在消费的不是生存资料而是能够稍有发展的生活资料的时候，他能够部分地表现为自由人，但是同样，这种自由是建立在对他的工资的花费的基础上的，受到相当大的局限和限制。而由此联想资本家，他们的自由也是建立在资本的基础上，当资本家利用获得的货币去购买奢侈品的时候，当资本家用货币去做自己喜欢的事情的时候，这是资本家作为自由人在行动。不过，这同样是建立在资本家的财富的基础上。我们还记得马克思曾经说过财富即是自由时间，在这里我们有了更深刻的体会。拥有了社会财富，也就意味着拥有了更多的自由空间和时间，而自由时间恰恰是发展人的自我个性的必要条件之一。而在这里，拥有财富即拥有自由时间，是因为有了财富就可以以此为基础去发展自己的个性，这一点我们从经验就可以看出来。这不仅仅是马克思所说的资本主义社会的现象，凡在存在着私有权的地方，都可以看得到。你拥有财富的多少决定了你的自由度的多少，决定了你的自由时间的多少，这是我们了解自由时间的又一角度。自然，先前我们提到过的自由时间在一定的历史时期是以对抗的形式出现，同样，表现为财富方面也是资本家拥有财富和工人仅仅拥有生活资料的对立。而由此，我们会得出一个结论，即只有在"财富"这一概念不再具有"私有权"的含义的时候，也就是共产主义，或者说社会的个人的联合体，或者说社会的个人所有制，或者说在公有制的基础上实现"每个个人所有"的时候，"财富"才不再表现为私有权的财富，不再表现为对抗性质的自由时间，而是一种为社会所有人共同所有的财富，一种为每一个人的自由而全面的发展，为每一个人个性的充分的自由的发挥提供坚实的物质基础。

综合以上的分析，马克思说："在只存在劳动对资本的形式上的从属的情况下，对剩余劳动的强制，从而一方面，对创造需要和满足这些需要的手段的强制，以及对创造超过工人传统需要的产品量的强制，——也是创造不

---

① 《马克思恩格斯全集》第 48 卷，人民出版社 1985 年版，第 11 页。

以物质生产为转移的用于发展的自由时间，——和以往的生产方式相比，只是具有另一种形式，不过这种形式提高劳动的连续性和强度，增加生产，促进劳动能力品种的发展，从而促进劳动种类和工资方法的划分，最后，把劳动条件的所有者和工人之间的关系本身变成新的买卖关系，并使剥削关系摆脱一切宗法的和政治的束缚。显然，在生产关系本身中，包含着来自资本对并入资本的劳动用于所有权和来自劳动过程本身性质的统治和从属关系。"①

"从工艺上讲，——在这种较早的生产方式转变为资本主义生产方式，和这种转变起初表现为劳动在形式上从属于资本，从而表现为劳动条件的所有者和劳动能力的所有者之间的买卖关系的地方，——实际的劳动过程不变，而它发挥职能的性质取决于它从中发展出来的那种关系。"②

2. 劳动对资本实际上的从属与"自由个性"的历史生成

而在进一步的发展阶段上，劳动开始陷入对资本的实际的从属中。马克思指出："劳动对资本的实际上的从属是在与绝对剩余价值不同的相对剩余价值得到发展的那一切形式中发展起来的。"③"但是这绝对不排斥这些形式在增加相对剩余价值的同时增加绝对剩余价值。"④由此我们知道，劳动对资本实际上的从属是伴随着协作、分工、机器、工厂等一系列相对剩余价值的形式发展起来的。马克思说："在这里不仅是形式方面发生了变化，而且劳动过程本身也发生了变化。"⑤随着劳动在实际上从属于资本，在生产方式本身中，在劳动生产率中，在资本家和工人之间——在生产内部——的关系中，以及在双方彼此的社会关系中，都发生完全的革命。⑥在这里，社会劳动生产力发展起来了，大规模的社会劳动发展起来了，科学和机器在直接生产中的应用也发展起来了⑦，"与资本主义生产过程相适应的、各生产当

---

① 《马克思恩格斯全集》第48卷，人民出版社1985年版，第14页。
② 《马克思恩格斯全集》第48卷，人民出版社1985年版，第14页。
③ 《马克思恩格斯全集》第49卷，人民出版社1982年版，第95页。
④ 《马克思恩格斯全集》第48卷，人民出版社1985年版，第18页。
⑤ 《马克思恩格斯全集》第48卷，人民出版社1985年版，第18页。
⑥ 《马克思恩格斯全集》第48卷，人民出版社1985年版，第20页。
⑦ 《马克思恩格斯全集》第49卷，人民出版社1982年版，第95—96页。

事人之间的、特别是资本家和雇佣工人之间的生产关系，也发展起来了"①。

（1）"劳动对资本的实际上的从属"标志着资本主义的生产方式最终确立起来

伴随着劳动对资本的实际上的从属，特殊的资本主义的生产方式终于确立起来了。它表现为：

第一，资本成为社会生产的中心。"资本主义生产现在完全抛掉了为生活而生产的形式，变成了为贸易而生产，而且无论是自己的消费，无论是已有的买者们的直接需要，都不再是生产的界限；只有资本本身的量才是这种界限。"② 在这里"社会的劳动生产力，或直接社会的、社会化的（共同的）劳动的生产力，由于协作、工厂内部的分工、机器的运用，以及为了一定的目的而把生产过程转化为自然科学、力学、化学等等的自觉的运用，转化为工艺学等等的自觉的运用，正像与这一切相适应的大规模劳动……以及随之而来的科学这个社会发展的一般成果在直接生产过程中的运用，——所有这一切都表现为资本的生产力。"③

第二，一切产品都成为商品，产品的一切要素都作为商品从流通转入生产活动。

第三，社会生产按照资本主义生产方式进行生产。一是"资本家必须是某一社会规模的生产资料的所有者和占有者"④，单个资本家手中一定要掌握"一定的和不断增长的资本的最低限量"⑤。二是要求"交换价值的最低限额"，使生产单个商品的价值低于社会必要劳动时间决定的商品的价值。这是资本主义生产方式的主要特点：一方面是一定规模的生产资料为资本家占有，资本家掌握有一定的资本；另一方面是为了追求剩余价值，资本家追求以"最低限度的劳动取得最大限度的产品"⑥，"力图把自己商品的个

---

① 《马克思恩格斯全集》第49卷，人民出版社1982年版，第83页。
② 《马克思恩格斯全集》第48卷，人民出版社1985年版，第19页。
③ 《马克思恩格斯全集》第49卷，人民出版社1982年版，第83—84页。
④ 《马克思恩格斯全集》第48卷，人民出版社1985年版，第19页。
⑤ 《马克思恩格斯全集》第49卷，人民出版社1982年版，第96页。
⑥ 《马克思恩格斯全集》第49卷，人民出版社1982年版，第98页。

别价值降低到该商品的社会决定的价值以下"①。

（2）资本主义生产造成了生产部门的多样化和交换价值范围的扩大

马克思说："一个营业部门越是按资本主义方式来经营，在这个营业部门中社会劳动生产率发展得越高，那么在这个营业部门中资本的最低限量也就越大。资本必须在这种规模上增长价值量，具备社会的规模，从而抛弃了一切个人的性质。正是这种生产方式所发展的劳动生产率、生产量、人口数、过剩人口数，又与游离出来的资本和劳动一起，不断产生出新的营业部门，在这些部门中资本又可以小规模地进行工作并重新经过各种不同的发展，直到这些新营业部门也以社会的规模进行经营为止。"② "这一过程具有始终不渝的性质。"③ 由此我们看到，随着这一过程不断地重复，资本所创造出来的新的部门也必定会越来越多。这是资本主义生产的第一个趋势。此外，资本主义的生产不仅不断创造出新的生产部门，还存在着征服尚未被它支配的一切存在着劳动对资本形式上从属的部门的趋势。马克思说："资本主义生产一旦征服了农业、矿业、主要衣料制造业等等，它就会席卷其他一切还只是形式上从属或者还只是独立手工业者的部门。"④ 由此，资本逐渐支配了整个社会，并造成了社会劳动生产力的发展，生产量的提高，种类繁多的生产部门以及由此而提供的多种多样的需要，而随着这种情况，"产品的交换价值也相应地发展起来，产品作为交换价值发挥作用或实现为交换价值的范围也相应地发展起来"⑤。

这就造成了两个后果，其一，追求剩余价值成为生产的直接目的，以个人的牺牲来实现物质财富发展的"为生产而生产"，随着劳动对资本的实际上的从属得到实现。其二，其为"每一个个人"个性独立、自由而全面的发展准备着条件。

---

① 《马克思恩格斯全集》第49卷，人民出版社1982年版，第98页。
② 《马克思恩格斯全集》第49卷，人民出版社1982年版，第96页。
③ 《马克思恩格斯全集》第48卷，人民出版社1985年版，第20页。
④ 《马克思恩格斯全集》第49卷，人民出版社1982年版，第96页。
⑤ 《马克思恩格斯全集》第49卷，人民出版社1982年版，第97页。

（3）劳动对资本的实际上的从属的两面性

通过分析我们看到，追求的产品的交换价值普遍地成了生产的决定性的目的，"为生产而生产"随着劳动对资本的实际上的从属逐渐发展起来。

马克思说："为生产而生产，即超出一切事先决定的和事先被决定的需要界限来发展人类劳动生产力。"① 这就首先表现为一种对立的性质，"生产者与生产者相对立，生产对生产者漠不关心。实际的生产者表现为单纯的生产手段，物质财富表现为目的本身。因此，这种物质财富的发展是与个人相对立的，是以牺牲个人为代价的。"② "为生产而生产从而表现为它的直接对立物。生产不是作为人的生产率的发展，而是作为与人的个性的生产发展相对立的物质财富的再生产。"③ 其次，马克思指出，也正是因为"它是一种没有预先决定和预先被决定的需要界限所束缚的生产（它的对立性质包含着生产的界限，而它总是力图越出这个界限。因而就发生了危机、生产过剩等等）。"④

而这种危机实质上也说明了另外一个问题，即劳动对资本的实际上的从属为"每一个个人"个性独立、自由而全面的发展准备着条件。一方面，如我们上面所分析到的，由于劳动对资本的实际上的从属，资本拥有了支配社会一切的权力，在资本的条件下大大提高了劳动生产力，创造了大量的社会生产部门，从而为"每一个个性独立自由而全面的发展"提供了广泛的社会需要，而"交换价值范围的扩大"也表明形成了广泛的社会联系等，这些都是达到"每一个个人"个性独立、自由而全面发展的必要条件。

另一方面，马克思说，在劳动对资本的实际上的从属下，协作、分工、机器等生产形式为"联合起来的社会个人的所有制"提供了可能。马克思说，对于协作、分工、机器这些生产形式来说，除了具有典型的资本主义生产的特征：即生产所需要的不断增长的资本最低限度外，共同之处是：许多

---

① 《马克思恩格斯全集》第48卷，人民出版社1985年版，第22页。
② 《马克思恩格斯全集》第49卷，人民出版社1982年版，第98页。
③ 《马克思恩格斯全集》第48卷，人民出版社1985年版，第22页。
④ 《马克思恩格斯全集》第49卷，人民出版社1982年版，第98页。

联合起来的工人劳动的共同条件使这些共同条件得到节约。这种节约，马克思说：这里造成的积极结果就是：为生产已增加的生活资料的量所需的劳动时间减少了；这一结果是由劳动的社会形式获得的；个别人占有生产条件不仅表现为一种不必要的事情，而且表现为和这种大规模生产不相容的事情。诚然，在资本主义生产方式下出现的情况是，资本家即非工人是这大量社会生产资料的所有者。实际上，在对工人的关系方面，他绝不代表他们的联合，不代表他们的社会团结。因此，这一对立形式一旦消除，结果就会是他们社会地占有而不是作为各个私人占有这些生产资料。资本主义所有制只是生产资料的这种公有制的对立的表现，即单个人对生产条件的所有制（从而对产品的所有制，因为产品不断转化为生产条件）遭到否定的对立的表现。①

马克思说："资本家对这种大规模社会劳动的异己的所有制，只有通过他的所有制改造为非孤立的单个人的所有制，也就是改造为联合起来的社会个人的所有制，才可能被消灭。自然，那种认为产品是生产者的所有者的那种拜物教也就同时结束。并且在资本主义生产内部发展起来的劳动的一切社会形式，也就摆脱把它们全都加以歪曲并表现在对立形式上的那种对立，——例如劳动时间的缩短不是表现为所有人都劳动6小时，而是表现为6个人各劳动15小时就足以养活15个人。"②

由此可以看出，资本主义生产方式条件下，是资本家对大规模社会劳动的异己的所有制，但是正因为这种所有制度，才造成了大规模的社会劳动，而这种大规模的社会劳动恰恰是要求个别人占有生产条件成为一种不必要的事情，这里资本主义生产方式表现为一种对立。而这种对立，只有在所有制发生根本性的变革，即被改造为"非孤立的单个人"的所有制，也就是"联合起来的社会个人的所有制"的条件下才能成为可能。那个时候，社会劳动的对抗形式就将消失。马克思举出社会对抗的例子，由于劳动时间的缩

① 《马克思恩格斯全集》第48卷，人民出版社1985年版，第21页。
② 《马克思恩格斯全集》第48卷，人民出版社1985年版，第21页。

短，却表现为 6 个人各劳动 15 个小时的现象就会消失，而相反的现象，即所有人都劳动 6 个小时，一种真正的社会的劳动才能成为可能。而这实际上就为所有人提供了自由时间，从而为"每个人个性独立、自由而全面的发展"提供了可能。

（六）工资掩盖下的真相：劳动力的价值转化为工资及其对个性的影响

现在要分析的是在资本主义生产过程中，工人获得的是什么。我们看到，在资产阶级社会的表面上，工人获得了工资，并且工资表现为"劳动的价格"，表现为一定量劳动支付的一定量货币。而这就掩盖了一个事实，即剩余价值的源泉——劳动力的价值（可变资本）的存在的事实。结果就如许多经济学家所说的那样，在资本的生产中，它现在表现为，一方面是资本家拿出资本，另一方面即工人付出自己的劳动，然后根据占有的比例进行分配。

马克思指出，"劳动价格"的说法不过是对劳动能力价值的掩盖。马克思首先对价格和价值的关系做了回溯分析，然后开始对劳动价格进行分析。他首先假设了一个例子。假定作为 12 小时工作日的价格所支付的货币量等于 3 先令。如果必要劳动时间等于 6 小时，那么 3 先令便是每日被使用 12 小时的劳动能力的日价值。于是，实现 6 小时的那一货币额在这里表现一个 12 小时工作日的价格，因为工人必须劳动 12 小时才能得到 6 小时劳动时间的货币表现。而实际上，他用 12 小时进行交换所得到的只是这一价格，这一货币额。因此，这一价格不是工人的劳动的价值体现，工人的劳动的价值是根本谈不到的，而是工人的劳动能力的价值表现。工人的劳动能力为了自己的再生产每天需要 6 小时劳动。这一价格一方面取决于这一劳动能力的价值，另一方面，取决于每日消费劳动能力的时间长度，或者说取决于正常工作日长度。但是在"劳动价格"这个概念中，好像工人所获得的就是自己的劳动所得，在这个概念里面，对劳动能力价值的这种关系，从而必要劳动对剩余劳动的比例，完全被抹去了。比如 12 小时工作日价格等于 3 先令，那么 6 小时价格等于 1.5 先令，一个小时的价格等于 3 便士，这样，全部劳动时间都表现为支付了报酬的。有酬劳动和无酬劳动之间的差别无论如何也没有表现出来。① 于是，实际上事情表现为这样：似乎 3 先令就是 12 小时劳动创造的价值，随着它们只是这一价值的一半，这样便产生了劳动价值的说法。而同劳动价格一样，劳动价值完全是不合理的说法，它把使商品的价值由商品所包含的劳动时间同商品的价值由劳动价格决定这两者混淆起来了。② 可见，"工资的形式消灭了工作日分为必要劳动和剩余劳动、分为有酬劳动和无酬劳动的一切痕迹。全部劳动都表现为有酬劳动。在徭役劳动下，服徭役者为自己的劳动和为地主的强制劳动在空间和时间上都是明显分开的。在奴隶劳动下，连奴隶只是用来补偿他本身的生活资料的价值的工作日部分，即他实际上为自己劳动的工作日部分，也表现为好像是为主人的劳动。他的全部劳动都表现为无酬劳动。相反地，在雇佣劳动下，甚至剩余劳动或无酬劳动也表现为有酬劳动。在奴隶劳动下，所有权关系掩盖了奴隶为自己的劳动，而在雇佣劳动下，货币关系掩盖了雇佣劳动的无偿劳动。"③尽管如此，另一方面，工资在其表现形式中也会出现促进一些有限制发展工人个性的因素。在《资本论》里，马克思分析了工资的两种形式：计时工资和计件工资，并指出："计件工资给个性提供的较大的活动场所，一方面促进了工人个性的发展，从而也促进了自由精神、独立性和自我监督能力的发展，但另一方面也促进了他们之间的竞争。"④

现在，马克思说："我们不仅看到了资本是怎样进行生产的，而且看到了资本本身是怎样被生产出来的，资本作为一种发生了本质变化的关系，是怎样从生产过程中并在生产过程中发展起来的。一方面，资本改变着生产方式的状态，另一方面，生产方式的这种被改变了的形态和物质生产力的这种

---

① 《马克思恩格斯全集》第 48 卷，人民出版社 1985 年版，第 28 页。
② 《马克思恩格斯全集》第 48 卷，人民出版社 1985 年版，第 28—29 页。
③ 《资本论》第 1 卷，人民出版社 1975 年版，第 591 页。
④ 《资本论》第 1 卷，人民出版社 1975 年版，第 608 页。

特殊发展阶段，是资本本身的基础和条件，是资本本身形成的前提。"① 而我们则可以说，我们不仅仅看见工人在货币向资本转化过程中是怎样丧失掉自己的独立性，沦为资本生产的一个要素的；看到了工人又是怎样在资本主义的生产过程中丧失掉自己的个性甚至做人的规定性；看到了劳动在从对资本形式上的从属到对资本实际上的从属中人的个性、独立和个性是怎么丧失的。而且，我们还看到了造成这一状态的根源——资本主义的生产资料所有制，因此，必须要消灭这种所有制，而建立一种为"每一个个人所有"的所有制，这就是马克思所说的"联合起来的社会个人的所有制"。

不但如此，资本主义雇佣劳动生产的特点和局限则进一步向我们证明了：资本主义生产虽然是以对工人个性的消弭，以工人的牺牲为代价来发展物质财富。可是，一方面，这种方式却也为资本家发展自己的个性提供了条件，资本主义生产是以"对抗"的形式来推动个人的个性独立、自由和解放，这是历史发展的一种进步。另一方面，资本追求剩余劳动（剩余价值）的这一行为在摧残工人生命力的同时也在自发地创造出高度发达的生产力、普遍的社会物质交换、全面的关系、多方面的需求、全面的能力的体系，以及保证每一个人个性自由发挥的自由时间和社会组织形式，如协作、分工、机器。而这些形式一旦由于资本主义生产自身的局限而摆脱了资本的束缚，成为"联合起来的个人"的共同的"生产能力"之时，也就必然是"每一个个人"的个性独立、自由而全面发展的"自由个性"状态实现之时。

四、规模扩大的资本主义生产过程（资本积累：剩余价值再转化为资本）与"自由个性"的历史生成

然而，我们还没有穷尽问题的根源。不管生产过程的社会形式怎样，它

——————————

① 《马克思恩格斯全集》第 48 卷，人民出版社 1985 年版，第 36 页。

必须是连续不断的，必须周而复始地经过同样一些阶段。一个社会不能停止消费，同样，也就不能停止生产，因此"每一个社会生产过程，从经常联系和它不断更新来看，同时也就是再生产过程"①。资本主义的生产同样是如此，当生产具有资本主义的形式时，再生产也就具有同样的形式。在以上的分析中我们仅仅考察了剩余价值从资本中产生出来，这是资本主义的一个生产过程，但是资本主义生产过程并不是由此而终结了。现在，作为资本主义生产结果的剩余价值开始被当做资本使用了，剩余价值开始转化为资本了，于是我们进入第二个阶段，即资本的积累阶段和再生产阶段，"资本主义生产过程在本身的进行中，再生产出劳动力和劳动条件的分离。这样，它就再生产出剥削工人的条件，并使之永久化。它不断迫使工人为了生活而出卖自己的劳动力，同时不断使资本家能够为了发财致富而购买劳动力"②。这就造成了这样一个后果："从社会角度来看，工人阶级，即使在直接劳动过程以外，也同死的劳动工具一样是资本的附属物。甚至工人的个人消费，在一定限度内，也不过是资本再生产过程的一个要素。"③ 因此，资本的积累和资本的扩大再生产，不断再现劳动对资本的形式上和实际上的从属，而工人则好像陷入一个没有终结的恶性循环，自己作为"人本身"的规定和"个性"一步步沦丧。不过在另一方面，我们同样会看到，"资本的积累和扩大再生产"的必然趋势是"社会个人的所有制"，从而也昭示了"自由个性"状态的必然实现。

（一）资本积累与"自由个性"的关系

1. 资本积累再生产出工人对资本的从属关系

我们知道，资本家除了消耗掉这种剩余价值的一部分，但是，作为资本

---

① 《资本论》第 1 卷，人民出版社 1975 年版，第 621 页。
② 《资本论》第 1 卷，人民出版社 1975 年版，第 633 页。这实际上也就是说，资本主义进入了一个循环，在这个循环中，剩余价值一次一次地被生产出来，又一次一次地转化为资本，结果工人也就陷入这个循环中，始终作为资本的要素而存在。
③ 《资本论》第 1 卷，人民出版社 1975 年版，第 629 页。

的积极代表，他本身的目的不是消费，不是使用价值，而是交换价值的增值。那么，资本家要使剩余价值转化为资本，就必须像原有资本那样，用它同剩余劳动相互交换。于是我们看到了表面上的重复，一方面，剩余价值转化为不变资本，另一方面，剩余价值去购买劳动力，转化为可变资本，并由这部分去创造剩余价值，在这里，我们看到，创造方式是完全一样的。这里的不同在于："资本的所有要素现在都是由无酬劳动组成，而剩余价值最初的形成过程，即不付等价而对他人劳动的占有，现在表现为占有更多剩余价值，即不付等价而占有更多他人劳动的手段。发财致富的最初的过程表现为以扩大的规模进行的这种发财致富的手段和条件。"① 马克思分析到，这里有两个过程，在第一个过程中，预付资本本身的出现并不依赖于它所交换的劳动能力，剩余价值只是由于无酬劳动组成的；而在第二个过程中，再转化为资本的货币本身，则表现为充当占有更多剩余劳动的手段的物化的他人无酬劳动。"资本家现在用来购买客观的劳动条件，即购买劳动资料和劳动材料的那些货币，仅仅是剩余价值，仅仅是转化为货币的剩余价值。"② 也就是说，在形成资本的第二个过程中，转化为资本的货币不过是剩余价值，也就是说是剩余劳动，即物化的他人无酬劳动，马克思称这种剩余价值向货币的转化为资本积累。

马克思说："形成资本的这第二个过程，有充分理由被看做是极能说明资本本质和特征的过程。"③ 因此，马克思说，客观的劳动条件，最初是作为商品保存者手中他人的商品能力或与工人相对立，而这些商品保存者正因为作为物化劳动的人格化存在而与活劳动相对立，才转化为资本家。而现在，在形成资本的第二个过程中，与工人相对立的是工人自己的劳动，即物化在生产条件和生活资料中的劳动，它们现在作为他人的财产，作为剥削劳动的手段而与劳动相对立了。④ 生产的结果是："资本生产出资本，而决不

---

① 《马克思恩格斯全集》第 48 卷，人民出版社 1985 年版，第 70 页。
② 《马克思恩格斯全集》第 48 卷，人民出版社 1985 年版，第 70 页。
③ 《马克思恩格斯全集》第 48 卷，人民出版社 1985 年版，第 73 页。
④ 《马克思恩格斯全集》第 48 卷，人民出版社 1985 年版，第 73 页。

是商品；换句话说，资本主义关系以扩大的规模创造出资本主义关系。"①
换句话说，资本积累并没有改变工人从属于资本的事实，只是重新生产出资本和工人的这种隶属关系，工人陷入了一个永久的恶性循环。"简单再生产不断地再生产出资本关系本身：一方面是资本家，另一方面是雇佣工人；同样，规模扩大的再生产或积累再生产出规模扩大的资本关系：一极是更多的或者更大的资本家，另一极是更多的雇佣工人。劳动力必须不断地作为价值增值的手段并入资本，不能脱离资本，它对资本的从属关系只是由于它时而卖给这个资本家，时而卖给那个资本家才被掩盖起来。"② 对于工人而言，原先劳动内容对工人本身的异己性，只是表现为劳动的客观条件，劳动的过程；而现在，由于资本积累，他自己劳动的本身的产品也变成了资本成为与他对立的物。劳动能力本身的产品，现在表现为"它自身被客体化为一种不仅不依它本身为转移，而且是统治它，即通过它自身的活动来统治它的权力"③。

2. 资本积累扩大了生产的规模，导致了工人受剥削和异化程度的加重

由于资本的积累，剩余价值转化为资本，现在剩余价值作为追加资本加到资本当中去了，这样一来，既增加所使用的劳动量，又增加了劳动生产力，于是劳动以越来越高的程度发展自己的社会生产力的那些客观条件实现了。④ 因此，现在的生产表现为规模扩大的生产。因此，资本主义生产方式一方面扩大剩余价值的形成条件——剩余劳动，反过来，剩余价值再转化为资本或资本积累是发展资本主义生产方式的条件，是生产的规模，是被剥削

---

① 《马克思恩格斯全集》第48卷，人民出版社1985年版，第75页。
② 《资本论》第1卷，人民出版社1975年版，第673—674页。
③ 《马克思恩格斯全集》第48卷，人民出版社1985年版，第92页。
④ 无论是绝对剩余价值的生产还是相对剩余价值的生产，要增加它们的量，都需要支出的资本量的增加，或者表现为增加雇佣工人的人数，或者表现为通过发展劳动生产力，通过协作、分工、使用机器等的增加（《马克思恩格斯全集》第48卷，人民出版社1985年版，第74页）。

的劳动量的增长的规模，以及发展社会劳动生产力的物质条件的规模。① 同时，资本主义生产方式不断造成相对剩余人口，为已经重新形成的资本和为不断新形成的资本制造出较多或较少熟练的可供支配的劳动能力。② 随着资本的这种增长，即随着作为资本与劳动相对立的生产出来的财富量的这种增长，首先，资本越来越占领全部生产领域；其次，资本不断形成新的生产领域；再次，对于单个资本家而言，社会财富以更大的规模联合在他的手里；最后，单个的资本家和独立资本的数目增加了。③ 一句话，资本积累使生产的规模扩大了。

而伴随着资本积累和生产规模的扩大，工人受剥削，受异化的程度也加深了。资本积累导致生产更新的规模扩大起来，导致作为劳动的无机体供劳动使用的［劳动］条件，物质财富，已经生产出来的生产力和生产资料不断丰富出来。④ 但是，这些条件，作为财富，又同时是"用来剥削活劳动的经营财富，是剥削活劳动的手段的不断增大的规模，是过去劳动支配活劳动的不断增大的权力。劳动的物质条件的增长不是表现为劳动的不断增长的力量，反而表现为这些物质条件的不断增长的支配劳动和反对劳动的权力，这种情况当然是同生产过程本身相异化的。但这都是资本主义生产过程的特征，在这种生产过程中，物化的劳动条件作为异化的和独立化的条件，是与劳动相对立的特殊力量。另一方面，过去的劳动在资本主义生产方式的范围内第一次以这样的规模得到发展"⑤。这样一来，工人受剥削和异化程度更为加重了。

3. 资本积累生产出大量相对过剩人口或产业后备军

我们已经知道，由于资本的积累，一方面扩大了生产的规模，另一方面也导致工人受剥削和异化程度的加重，那么，这个情形是如何发生的呢？马

---

① 《马克思恩格斯全集》第48卷，人民出版社1985年版，第74页。
② 《马克思恩格斯全集》第48卷，人民出版社1985年版，第74页。
③ 《马克思恩格斯全集》第48卷，人民出版社1985年版，第76页。
④ 《马克思恩格斯全集》第48卷，人民出版社1985年版，第85页。
⑤ 《马克思恩格斯全集》第48卷，人民出版社1985年版，第85页。

克思说，要研究这种资本的增长对工人阶级的命运产生的影响，最重要的因素就是资本的构成和它在积累过程中所起的变化。我们已经知道，从价值方面，马克思把资本分为不变资本和可变资本，它们之间的比率叫资本的价值构成；而从物质方面，马克思把资本分为生产资料和活的劳动力，并把它们价值量的比率称之为资本的技术构成；现在马克思说："我把由资本技术构成决定并且反映技术构成变化的资本价值构成，叫做资本的有机构成。"①

　　现在我们来看资本积累，资本积累同样表现为对不变资本和可变资本的追加。马克思说，在生产方式保持不变，生产力发展没有发生变化的情况下，可变资本量就只能随着总资本量增长。也就是说，在资本构成不变的情况下，对劳动力的需求会随着积累的增长而增长。当资本的积累需要超过劳动力或者工人人数的增加，对工人的需求超过工人的供给的时候②，工人的工资会有所提高。只要假定一直不变，这种情况最终一定会发生。但是，工人工资的这种提高并没有丝毫改变资本主义生产的基本性质，"丝毫不会消除奴隶的从属关系和对他们的剥削。由于积累而提高的劳动价格，实际上不过表明，雇佣工人为自己铸造的金锁链已经够长够重，容许把它略微放松一点"③。而事实上，劳动价格的提高体现在两种情况：一种情况是劳动价格的提高并没有妨碍资本积累的扩大，由于资本的增长引起了可供剥削的劳动力不足，从而使劳动力的价格提高；另一种情况则是积累由于劳动价格的提高而削弱，由于资本的减少使可供剥削的劳动力过剩，这个时候，资本主义生产过程的机构会自行排除它暂时造成的障碍。劳动价格重新降到适合资本增值需要的正常水平。工人工资的高低始终是源于资本增值的需要，工人实质上始终是陷于为价值的增值需要而存在的处境，这样，"正像人在宗教中受他自己头脑的产物的支配一样，人在资本主义生产中受他自己双手的产物

---

① 《资本论》第1卷，人民出版社1975年版，第672页。
② 比如说，由于新发展起来的社会需求而开辟了新的市场和新的投资领域的情况下，只要改变剩余价值或剩余产品分为资本和收入的比例，积累的规模就能突然扩大。
③ 《资本论》第1卷，人民出版社1975年版，第678页。

的支配"①。

但是，从长远来看，上述假定也是不存在的。"随着与资本不断增长的量这种资本自己的物质基础相联系的资本主义生产的发展，生产方式、劳动生产率也会发生变化"②，那么随着资本积累，"一定会出现这么一个时刻，那时社会劳动生产率的发展成为积累的最有力的杠杆"③。这里实际上是说，资本的技术构成发生变化，与此相适应不变资本和可变资本的比例也会发生变化，即由于生产力的发展，这里表现为"生产资料的量比推动它的劳动力的量相对增长"④，从而表现为"资本价值的不变资本组成部分靠减少它的可变资本组成部分而增加"⑤。也就是说，随着生产力的提高，资本的有机构成会提高。而这也意味着可变资本"随着总资本的增长而递减"⑥，因此，对劳动的需求同资本量相比也相对地减少，并且随着总资本量的增加以递增的速度减少。"诚然，随着总资本的增长，总资本的可变组成部分即并入总资本的劳动力也会增加，但是增加的比例越来越小。"⑦ 所以，马克思说："任何积累都是更多积累的手段，也就是剥削更多活劳动力量的手段，但它同时又是使活劳动量同总资本相比使用得越来越少的手段。"⑧ 于是，相对剩余人口由此产生。

随着已经执行职能的社会资本量的增长及其增长程度的提高，随着生产规模和所使用的工人人数的扩大，随着他们劳动的生产力的发展，随着财富的一切源流的更加广阔和更加充足，资本对工人的更大的吸引力和更大的排斥力相互结合的规模不断扩大，资本有机构成和资本技术形式的变化速度不

① 《资本论》第1卷，人民出版社1975年版，第681页。
② 《马克思恩格斯全集》第48卷，人民出版社1985年版，第95页。
③ 《资本论》第1卷，人民出版社1975年版，第682页。
④ 《资本论》第1卷，人民出版社1975年版，第682页。
⑤ 《资本论》第1卷，人民出版社1975年版，第683页。马克思说，资本积累过程中，不变资本同可变资本的比例会发生如下趋势的变化：假定原来是1:1的话，那么后来则会变成2:1，3:1，4:1，5:1等等，因而随着总资本的增长，可变资本在其中所占的比例在不断地递减为1/3，1/4，1/5，1/6；而转化为生产资料的不变资本则递增为2/3，3/4，4/5，5/6等。
⑥ 《资本论》第1卷，人民出版社1975年版，第690页。
⑦ 《资本论》第1卷，人民出版社1975年版，第690页。
⑧ 《马克思恩格斯全集》第48卷，人民出版社1985年版，第96页。

断加快,那些时而同时地时而交替地被卷入这些变化的生产部门的范围不断扩大。因此,工人人口本身在生产出资本积累的同时,也以日益扩大的规模生产促使他们自身成为相对过剩人口的手段。①

相对过剩人口是积累或资本主义基础上的财富发展的必然产物,但是这种过剩人口反过来又成为资本积累的重要杠杆,甚至成为资本主义生产方式存在的一个条件。"过剩的工人人口形成一支可供支配的产业后备军,它绝对地隶属于资本,就好像它是由资本出钱养大的一样。"② 相对剩余价值人口造成的后果还不仅仅如此。

相对过剩人口增加比积累本身更为迅速。资本造成的劳动供给总是要比资本对工人的需求增加的快。③ 于是就造成了以下恶果,引起了工人之间的竞争,这种相对过剩人口对就业中的工人造成了压力,迫使他们过度劳动,而过度劳动反过来又使工人一部分沦为相对过剩人口无事可做。通过生产相对剩余人口,资本始终保持并且不断加大对工人的剥削,伴随着这种剥削的加深加重,工人不仅仅丧失了做人的规定性,甚至还要祈求资本家允许自己丧失掉自己的个性。"工人阶级中就业部分的过度劳动,扩大了它的后备军的队伍,而后者通过竞争加在就业工人身上的增大的压力,又反过来迫使就业工人不得不从事过度劳动和听从资本的摆布。工人的一部分从事过度劳动迫使它的另一部分无事可做,反过来,它的一部分无事可做迫使它的另一部分从事过度劳动,这就成了各个资本家致富的手段,同时又按照与社会积累的增进相适应的规模加速了产业后备军的生产。"④

因此,"社会的财富即执行职能的资本越大,它的增长的规模和能力越大,从而无产阶级的绝对数量和他们的劳动生产能力越大,产业后备军也就

---

① 《资本论》第1卷,人民出版社1975年版,第692页。随着资本的积累,我们会看到和应用机器时一样的景象:"工人被不断地［从生产过程中］驱逐出来,游离出来,排除出来,以致被资本吸收的工人数量的不断增长是由被排斥被游离的工人数量的不断增长引起的"(《马克思恩格斯全集》第48卷,人民出版社1985年版,第97页)。
② 《资本论》第1卷,人民出版社1975年版,第695页。
③ 《资本论》第1卷,人民出版社1975年版,第697页。
④ 《资本论》第1卷,人民出版社1975年版,第698页。

越大。可供支配的劳动力同资本的膨胀力一样，是由一些原因发展起来的。因此，产业后备军的相对量和财富的力量一同增长。但是同现役劳动军相比，这种后备军越大，常备的过剩人口也就越多，他们的贫困同他们所受的劳动折磨成正比。最后，工人阶级中贫苦阶层和产业后备军越大，官方认为需要救济的贫民也就越多。这就是资本主义积累的绝对的、一般的规律。"①

4. 资本积累使工人陷于对资本的依赖的永久恶性循环中

因此，现在我们把资本主义的第一个生产过程和它接着要进行的资本积累结合起来考虑，呈现在我们面前的是这样一个扩大的恶性循环。"在资本主义体系内部，一切提高社会劳动生产力的方法都是靠牺牲工人个人来实现的；一切发展生产的手段都变成统治和剥削生产者的手段，都使工人畸形发展，成为局部的人，把工人贬低为机器的附属品，使工人受劳动的折磨，从而使劳动失去内容，并且随着科学作为独立的力量被并入劳动过程而使劳动过程的智力与工人相异化；这些手段使工人的劳动条件变得恶劣，使工人在劳动过程中屈服于最卑鄙的可恶的专制，把工人的生活时间变成劳动时间，并且把工人的妻子儿女都抛到资本的扎格纳特车轮下。但是，一切生产剩余价值的方法同时就是积累的方法，而积累的每一次扩大又反过来成为发展这些方法的手段。由此可见，不管工人的报酬高低如何，工人的状况必然随着资本的积累而日益恶化。最后，使相对过剩人口或产业后备军同积累的规模和能力始终保持平衡的规律把工人钉在资本上，比赫斐斯塔斯的楔子把普罗米修斯钉在岩石上钉得还要牢。这一规律制约着同资本积累相适应的贫困积累。因此，在一极是财富的积累，同时在另一极，即在把自己的产品作为资本来生产的阶级方面，是贫困、劳动折磨、受奴役、无知、粗野和道德堕落的积累。"②

（二）　资本的原始积累是一部极其可悲的和极其惨痛的历史

沿着马克思的思路，我们看到：我们已经分析了货币怎样转化为资本，

---

① 《资本论》第 1 卷，人民出版社 1975 年版，第 707 页。
② 《资本论》第 1 卷，人民出版社 1975 年版，第 708 页。

资本怎样产生剩余价值，而剩余价值又转化成资本，产生更多的剩余价值；资本积累使"这整个运动好像是在一个恶性循环中兜圈子，要脱出这个循环，就只有假定在资本主义积累之前有一种'原始'积累（亚当·斯密称为'预先积累'），这种积累不是资本主义生产方式的结果，而是它的起点"①。马克思称资本主义的这种积累是"原罪"。这种资本的原始积累我们曾经在第二章中涉及一点，在那里我们说劳动者丧失土地所有权是劳动者丧失个性发展的一个重要因素，而且，这不仅仅是理论上的，还是历史发展的必然和结果。而在这里，我们发现，劳动者丧失土地所有权，劳动者与土地分离恰恰是资本借以产生并且实现发展的重要前提之一。

资本的原始积累意味着劳动者奴役状态的转变，意味着"劳动者的奴役状态是产生雇佣工人和资本家的发展过程的起点。这一发展过程就是这种奴役状态的形式变换，就是封建剥削变成资本主义剥削"②。它首先是这样的一个过程，"大量的人突然被强制地同自己的生存资料分离，被当做不受法律保护的无产者抛向劳动市场"③。历史证明，它表现为"掠夺教会地产，欺骗性地出让国有土地，盗窃公有地，用剥夺的方法，用残暴的恐怖手段把封建财产和克兰财产变为现代私有财产——这就是原始积累的各种田园诗式的方法"④。众所周知的"圈地运动"就是这一过程的主要因素，伴随这一过程的是通过暴力造成不受法律保护的无产阶级、流浪者。

原始积累的另外一个重要因素是国家权力。单是一极有劳动条件作为资本出现，在另一极有除了劳动力以外没有东西可出卖的人，还是不够的。这还不足以迫使他们自愿地出卖自己。在资本主义的原始积累阶段，例如在15世纪末和整个16世纪，整个西欧都颁布了惩治流浪者的血腥法律，迫使他们进入工厂工作；而在工厂里，"新兴的资产阶级还要动用国家权力，把工资强制地限制在有利于赚钱的界限内，从而延长工作日并迫使工人本身处

---

① 《资本论》第1卷，人民出版社1975年版，第781页。
② 《资本论》第1卷，人民出版社1975年版，第784页。
③ 《资本论》第1卷，人民出版社1975年版，第784页。
④ 《资本论》第1卷，人民出版社1975年版，第801页。

于正常程度的从属状态"①。所以马克思说:"在自由主义的蠢货们的笔下,原始积累被描绘成一幅田园诗般的情景,其实这是一部极其可悲的和极其惨痛的历史。"②

而随着资本主义的发展,由于资本的对外扩张和殖民体系的形成,现在出现了一个新的情形,在现代的殖民地中资本主义的发展,在这种发展中,对雇佣工人而言是双重的压迫,是一部更甚于欧洲资本主义原始积累的血与火的历史。在殖民地那里,大量土地仍然是人民的财产,因此每个移民都能够把一部分土地变为自己的私有财产和个人的生产资料,而不妨碍后来的移民这样做,因此,在殖民地今天的雇佣工人,明天可能就会成为独立经营的农民或手工业者。而宗主国对殖民地资本投入是不断增大的,结果这就总是表现为工人供给的不足。这就导致在工厂中工作的雇佣工人的处境更为悲惨:"不仅雇佣工人受剥削的程度低的不像样子;而且,雇佣工人在丧失对禁欲资本家的从属关系时,也丧失了对他的从属感情。"③

(三) 资本积累的趋势是剥夺资本家私有制度,重新建立"社会个人的所有制",从而为实现"自由个性"准备必要的条件

马克思说道,私有制根据私人是劳动者还是非劳动者分为两类:"一种是以生产者自己的劳动为基础,另一种是以剥削别人的劳动为基础。"④ 这两种私有制不仅仅是对立的,而且后者是在前者的坟墓上成长起来的,从资本的原始积累我们看到,资本主义的生产方式或者说资本主义的私有制恰恰是以排挤劳动者的私有制或者说劳动者与生产资料的分离为条件的。

对于这种排挤,从劳动者个性的角度出发,它首先表现为劳动者保持自

---

① 《资本论》第 1 卷,人民出版社 1975 年版,第 806 页。当资本主义发展起来以后,工人则把这种强制看做是自然规律。
② 《资本论》第 1 卷,人民出版社 1975 年版,第 104 页。
③ 《资本论》第 1 卷,人民出版社 1975 年版,第 838 页。
④ 《资本论》第 1 卷,人民出版社 1975 年版,第 833 页。

身个性的条件丧失过程。这个过程是"对直接生产者的剥夺，是用最残酷无情的野蛮手段，在最下流、最龌龊、最卑鄙和最可恶的贪欲的驱使下完成的，靠自己劳动挣得的私有制，即以各个独立劳动者与其劳动条件相结合为基础的私有制，被资本主义私有制，即以剥削他人的但形式上是自由的劳动为基础的私有制所排挤"①。而劳动者对他的生产资料的私有权是保证在小生产方式下发展社会生产和劳动者本人的自由个性的必要条件，资本剥夺了劳动者对生产资料的所有权，从而也就剥夺了劳动者发展自己个性的条件。因此，尽管一方面，资本具有无限度地提高生产力的趋势；但是另一方面，资本却使主要生产力，即人本身片面化，受到限制。②

但是从另一方面来讲，这种劳动者对生产资料的所有权的解体是历史的进步，"这种方式是以土地及其他生产资料的分散为前提的。它既排斥生产资料的积聚，也排斥协作，排斥统一生产过程内部的分工，排斥社会对自然的统治和支配，排斥社会生产力的发展。它只同生产和社会狭隘的自然产生的界限相容"③，而这也就决定了在这种小生产条件下的劳动者的私有权虽然能够保证劳动者个性在一定限度内的发展，却是极为有限的发展，不可能全面而自由的发展。因此，"它发展到一定程度，就必然造成消灭它自身的物质手段。从这时起，社会内部感到受它束缚的力量和激情，就活动起来。这种生产方式必然要被消灭，而且已经在消灭"④。所以，尽管资本私有制代替这种狭隘的私有制度表现为对劳动者个性的漠视和摧残，但是却是历史的进步，并且，这个转化过程并不会就此止步。

马克思说："一旦资本主义生产方式站稳脚跟，劳动的进一步社会化，土地和其他生产资料的进一步转化为社会使用的公共的生产资料，从而对私有者的进一步剥夺，将会采取新的形式。现在要剥夺的已经不再是独立经营

---

① 《资本论》第1卷，人民出版社1975年版，第831页。
② 《马克思恩格斯全集》第46卷（上），人民出版社1979年版，第410页。
③ 《资本论》第1卷，人民出版社1975年版，第830页。
④ 《资本论》第1卷，人民出版社1975年版，第830页。

的劳动者，而是剥削许多工人的资本家了。"① 这又一个的转化过程是"资本主义生产本身的内在规律的作用"②，即通过资本的集中，大资本兼并小资本，少数大资本家剥夺多数小资本家，规模不断扩大的劳动过程的协作形式日益发展，科学日益被自觉应用于技术方面，土地日益被有计划地利用，劳动资料日益转化为只能共同使用的劳动资料，一切生产资料因作为结合的社会劳动的生产资料使用而日益节省，各国人民日益被卷入世界市场网，从而使资本主义制度日益具有国际的性质。而"随着那些掠夺和垄断转化过程的全部利益的资本巨头不断减少，贫困、压迫、奴役、退化和剥削的程度不断加深，而日益壮大的、由资本主义生产过程本身的机构所训练、联合和组织起来的工人阶级的反抗也不断增长、资本的垄断成了与这种垄断一起并在这种垄断之下繁盛起来的生产方式的桎梏。生产资料的集中和劳动的社会化，达到了同它们的资本主义外壳不能相容的地步。这个外壳就要炸毁了。资本主义私有制的丧钟就要响了。剥夺者就要被剥夺了"③。

也正是在这个意义上，马克思说："从资本主义生产方式产生的资本主义占有方式，从而资本主义的私有制，是对个人的、以自己劳动为私有制的第一个否定。但资本主义生产由于自然过程的必然性，造成了对自身的否定。这是否定的否定。这种否定不是重新建立私有制，而是在资本主义时代的成就的基础上，也就是说，在协作和对土地及靠劳动本身生产的生产资料的共同占有的基础上，重新建立个人所有制。"④ 而正如我们在第二章所分析过的，"个人所有制"不正是"自由个性"实现的必不可少的条件吗？

所以，也正是在这个意义上，我们说，尽管资本的积累意味着劳动者个性的丧失，但是我们也说，资本积累的自我趋势也正是资本主义生产方式的毁灭和"自由个性"的生成。资本家作为人格化的资本，"作为价值增值的

---

① 《资本论》第 1 卷，人民出版社 1975 年版，第 831 页。
② 《资本论》第 1 卷，人民出版社 1975 年版，第 831 页。
③ 《资本论》第 1 卷，人民出版社 1975 年版，第 832 页。
④ 《资本论》第 1 卷，人民出版社 1975 年版，第 832 页。在马克思为之改写的"法文版"中，马克思说的是"重新建立劳动者的个人所有制"（《马克思恩格斯全集》第 49 卷，人民出版社 1982 年版，第 246 页）。

狂热追求者，他肆无忌惮地迫使人类去为生产而生产，从而去发展社会生产力，去创造生产的物质条件；而只有这样的条件，才能为一个更高级的、以每一个个人的全面而自由的发展为基本原则的社会形式创造现实基础"①。

五、资本的流通过程、总过程和
"自由个性"的历史生成

在考察了资本生产过程之后，马克思根据由抽象到具体的方法，开始把流通纳入分析中来。资本的第一个运动是，货币要转化为资本，执行资本的职能，这需要在流通领域内进行；紧接着是生产过程，即生产资料转化为商品，这也是剩余价值的生产过程。第三个阶段则是把这些商品再投入流通领域，把它们的价值实现在货币上并重新转化为资本的过程，这一过程也要在流通领域内进行。这一过程是周而复始地进行的，这种不断地通过同一些连续阶段的循环，形成资本流通。资本流通意味着资本的再生产过程。不过在这里我们无意去具体分析资本流通过程中资本循环下产业资本执行的货币资本、生产资本和商品资本三种职能形式，也不去具体分析固定资本和流动资本的具体周转过程；我们对此感兴趣的是由于资本流通的介入导致资本主义生产过程的进一步变化——导致的对剩余价值和资本生产的界限以及由于资本流通而导致的危机以及趋势。通过纳入资本的流通过程这一环节，我们对资本主义整个运动过程会有更深刻的理解，同时也会更加透彻地了解资本对"自由个性"生成所起的作用。马克思认为："单单资本的（直接）生产过程本身在这里不能添加什么新的东西。为了使资本的生产过程存在，就得假

---

① 《马克思恩格斯全集》第44卷，人民出版社2001年版，第683页。这段话在《资本论》第1卷（人民出版社1975年版，第649页）中被译为"才能为一个更高级的、以每个人的全面而自由的发展为基本原则的社会形式创造现实基础。"

定这一过程的条件是既定的。因此,在论资本的第一篇——在论直接生产过程的那一篇,并未增加危机的任何新的要素。这里潜在地包含着危机的要素,因为生产过程就是剩余价值的占有,因而也是剩余价值的生产,但是在生产过程本身,这一点是表现不出来的,因为这里不仅谈不到再生产出来的价值的实现,也谈不到剩余价值的实现。"[①] "只有在本身同时就是再生产过程的流通过程中,这一点才能初次显露出来。"[②]

另外,按照马克思的思路,我们还应当涉及资本的总过程和"自由个性"的关系。"资本的总流通过程或总再生产过程是资本的生产阶段和资本的流通阶段的统一,也就是把上述两个过程作为自己的不同阶段来通过的过程。这里包含着得到进一步发展的危机的可能性,或者说,包含着得到进一步发展的危机的抽象形式。因此,否认危机的经济学家只坚持这两个阶段的统一。如果这两个阶段只是彼此分离而不成为某种统一的东西,那就不可能强制地恢复它们的统一,就不可能有危机。如果它们只是统一的而彼此不会分离,那么就不可能强制地把它们分离,而这种分离还是危机。危机就是强制地使已经独立的因素恢复统一,并且强制地使实质上统一的因素变成独立的东西。"[③] 从这里我们看出,资本主义的生产过程到处存在危机,从最简单的形式到把生产过程和流通过程统一起来的资本主义生产总过程,危机无处不在。在总过程中,由于生产过程和流通过程是一种独立因素的统一,但是同时,这两个过程也是统一的独立因素,而正是这种现象,决定了危机的可能性和现实性。不过这就必将涉及一个更为广阔和深刻的领域,"所有这些将形成一个新的主题,它对我有限的眼光来说真是太大了"[④],而且就我所要分析的内容而言,虽然对资本流通和资本总过程的分析能够进一步充实我的论证,但是既然现在对资本主义生产过程的分析已经达到我要论述的目的了,而且由于这篇论文本身的限制,我就不打算对其进行详细地阐发了。

---

① 《马克思恩格斯全集》第 26 卷 (Ⅱ),人民出版社 1973 年版,第 585 页。
② 《马克思恩格斯全集》第 26 卷 (Ⅱ),人民出版社 1973 年版,第 585—586 页。
③ 《马克思恩格斯全集》第 26 卷 (Ⅱ),人民出版社 1973 年版,第 586 页。
④ 卢梭著,张友谊译:《社会契约论》,外文出版社 1998 年版,第 133 页。

第五章

关于社会革命与"自由个性"关系的分析

如果说马克思写《资本论》，其目的是为了让人们了解自身所处的处境，并坚信"每一个个人"的个性独立、自由和全面的发展是历史发展的必然趋势。那么，马克思的革命实践则是告诉我们这样一个事实："马克思首先是一个革命家。他毕生的真正使命，就是以这种或那种方式参加推翻资本主义社会及其所建立的国家设施的事业，参加现代无产阶级的解放事业，正是他第一次使现代无产阶级意识到自身的地位和需要，意识到自身解放的条件。斗争是他的生命要素。很少有人像他那样满腔热情、坚韧不拔和卓有成效地进行斗争。"[1] 因此，马克思对"自由个性"的思考是随着其对"每一个个人"的个性独立、自由而全面发展如何实现的社会革命实践而逐步展开的。因此，在这一章我们讨论的不单纯是马克思的社会革命理论问题，更是马克思对"自由个性"如何在革命实践中得到实现的问题。

马克思曾经说："在共产主义社会中，即在个人的独创的和自由的发展不再是一句空话的唯一的社会中，这种发展正是取决于个人间的联系，而这种个人间的联系则表现在下列三个方面，即经济前提，一切人的自由发展的必要的团结一致以及在现有生产力基础上的个人的共同活动方式。因此，这

---

① 《马克思恩格斯选集》第3卷，人民出版社1995年版，第777页。

里谈的是一定历史发展阶段上的个人，而决不是任何偶然的个人，至于不可避免的共产主义革命就更不用说了，因为它本身就是个人自由发展的共同条件。"① 也就是说，"自由个性"的实现需要生产力的高度发展，需要个人与个人之间的团结一致，以及共产主义革命。然而这一章我们并不是要讨论马克思从逻辑的角度得出的对"自由个性"的结论。我们在这里关注的是马克思在实践中做的事情。也就是说，在生产力没有达到高度发展、人与人之间还没有实现团结一致、共产主义还没有实现的这个进程中，我们应该做点什么。这是必要的。因为正如马克思在《关于费尔巴哈的提纲》中所说："哲学家们只是用不同的方式解释世界，而问题的关键在于改变世界。"② 而在《德意志意识形态》中马克思说："……实际上和对实践的唯物主义者，即共产主义者说来，全部问题都在于使现存世界革命化，实际地反对和改变事物的现状。"③ 为此，我们打算采取的方法是：在粗略地梳理马克思在不同时期主要做法的基础上进行综合，得出马克思关于社会革命的一些做法和措施。我们之所以要分阶段分时期地分析这些做法和举措，而不想最终给大家一个最为明确的答案，是因为，一方面我们会注意到，在不同的历史时期，马克思所采取的态度是不一样甚至是矛盾的，这是因为时间、地点、情势发生了转移和变化。另一方面，我们会看到，即使是一些在当时看来的确是明智之举的举措和一般性的措施，也不是永远包治百病的良药。在今天来看，这些在当时还没有显现出来的措施的弊端，我们已经看得很清楚了。所以，对于这些革命的举措，我们并不想对其给予过高的评价，而是采用"实践检验真理的态度"来看待它们。但是，出于对历史和马克思的尊重，我们有必要阐明这一点。而且，阐明这一点，对于我们论述的主题而言也不会有丝毫的损害，反而在追溯过程中，我们还会看到：一方面，在马克思整个社会革命实践的一生中，始终贯穿着一个永恒的主题，那就是对个性自由

---

① 《马克思恩格斯全集》第 3 卷，人民出版社 1960 年版，第 516 页。
② 《马克思恩格斯选集》第 3 卷，人民出版社 1995 年版，第 61 页。
③ 《马克思恩格斯全集》第 3 卷，人民出版社 1960 年版，第 48 页。

和人类解放的追求和论证,正是这一点引领了马克思的一生;同时另一方面,马克思对"自由个性"的思考正是在其社会革命理论实践中得到不断丰富和发展的①,然而,我们也将会看到,也正是在社会革命的理论与实践中体现出"自由个性"与"社会革命"之间的博弈——协调与对抗。

一、追求完美与崇尚个性独立和自由

在马克思走向社会革命之前,思想中是先行有着追求"自由"的思想的,正是这一"自由"的理念引领着马克思一生的实践活动。我们打算从马克思的中学时期开始,正是在这一时期奠定了马克思最为基本的价值理念。而此后,马克思走进大学、步入社会进行批判,以及最终走向社会革命的实践,都可以从这里找到最原始的萌芽。

(一) 激情与理想

"一个人选择什么样的哲学取决于他是一个什么样的人"(你是什么样的人,就选择什么样的哲学)②,马克思对"自由个性"的考虑在其还是一个孩童的时候就已经先验地显现了。这可以追溯到马克思的中学时期。从人生观和价值观起源形成来看,这一时期恐怕是马克思一生中最关键的时刻,马克思的思想无论以后是多么成熟,似乎都可以在这一时期找到原始的胚胎。从心理学上来看,一个人的童年经历往往给他的思想留下浓厚的精神痕迹,在他们的作品里面也往往都流露出童年时代的一些看法,在字里行间体现出独特的写作风格和自我个性。如叔本华、尼采、萨特的作品中都含有一

---

① 应当说,在国际共运史教科书及有关文献中对于这样一个永恒主题和主线是不明确或不重视的。这应被看做以往学术界研究的一个缺失之处。
② 《费希特全集》第 I 集第 4 卷,斯图加特 1970 年,第 195 页。

种悲观主义的色彩，这不得不说与其幼年丧父有关，而海德格尔从中学时代就开始对"存在"问题感兴趣，最后开山立派，成为一代"存在主义"大师。马克思的童年恰处德国乃至西欧时代的转折点，法国大革命的炮声尚未在人们的脑海里远去，莱茵河两岸自由、民主的观念广泛流行、资本主义在德国刚刚开始发展以及与之而来的一系列社会问题的出现，这一鲜明的时代特征明显影响了马克思。资本主义的发展带来的是个人个性张扬的时代号角，当特里尔城由此引发的浓厚自由主义精神在马克思幼小的心灵里散开的时候，具有自由主义精神的家庭和学校以及马克思后来最尊敬的岳父大人给有着世界上最聪明、最彻底的犹太人血统且天资聪慧的马克思一种自由而充满理想主义情趣的生活方式，对压抑人性和政治强压的蔑视以及追求极限自由，张扬无限个性的渴望，在他的充满理想主义的诗篇和文章中得到了淋淋尽致的体现。他的第一篇论述人的文章《根据约翰福音第15章第1至14节论信徒和基督的一致，这种一致的原因和实质，它的绝对必要及其影响》带着悲情和虔诚在基督教的外衣下表明了马克思对人性的基本思考，"我们研究各个人的历史，人的本性的时候，我们虽然也看到它心中有神性的火花、好善的热情、求知的欲望、对真理的渴望，但是欲望的火焰甚至常把永恒的东西的火花吞没……"① 要达到真正人的个性，要使自己变得高尚，深受基督教影响的马克思认为，只有"和基督并且通过基督而和上帝结合在一起的天真无邪的孩童心灵，才能体会到它，并且它能使生活变得更加美好和崇高（《约翰福音》第15章第11节）"②。在基督教的外衣下马克思表达了这样一个主题：真正的人应当是高尚的人，应当是一种"真正完美的向往"③。"完美的人的思想"一直影响了马克思的一生，乃至到了马克思的成年和晚年，在探讨"劳动异化"问题的时候也或多或少带着这种痕迹。

---

① 《马克思恩格斯全集》第 40 卷，人民出版社 1982 年版，第 819 页。
② 《马克思恩格斯全集》第 40 卷，人民出版社 1982 年版，第 823 页。
③ 《马克思恩格斯全集》第 40 卷，人民出版社 1982 年版，第 818 页。

马克思的另外一篇文章《青年在选择职业时的考虑》则进一步接近我们所探讨的主题，马克思指明了人区别于动物之处在于人有选择的自由，"自然本身给动物规定了它应该遵循的活动范围，动物也就安分地在这个范围内运动，不试图越出这个范围，甚至不考虑有其他什么范围存在……但是，神要人自己去寻找可以达到这个目标的手段。"① 带着同样的基督教神学色彩，马克思表达了人的自主性，而人的这种自主性就是人能够选择自己的生活方式。而就职业选择的标准来说，马克思明显受到德国启蒙运动和古典时期的人道主义者的理想观念（个人的全面发展和相互依赖的人群共同体的共同发展）的影响，如同先前那篇文章对完美的人的阐述一样，马克思认为，"在选择职业时，我们应该遵循的主要指针是人类的幸福和我们自身的完美"②。这实际上暗含马克思基于对人的"善"的天性的判断上对一种美好社会制度的向往，体现了马克思对个人和社会共同体之间关系的思考："不应认为，这两种利益是敌对的，相互冲突的，一种利益必须消灭另一种的。"③ 因为"人的天性本来就是这样的：人们只有为同时代人的完美、为他们的幸福而工作，才能使自己也达到完美。"④ 以此类推，既然人的天性如此，如果人人按照自己的天性而行为，则不就是达到个人的完美和人类的整体幸福吗！这实质上有点类似于"将是这样一个联合体，在那里，每个人的自由发展是一切人的自由发展的条件"⑤。这一为人类的幸福而奋斗的思想后来也的的确确体现在马克思一生中。

（二）浪漫与理性

随着马克思进入大学，知识面的增长和现实体验（尤其是陷入了对燕妮的爱情旋涡之中，这种情形下的青年往往寄托于文学来表达自己对世界的

---

① 《马克思恩格斯全集》第 40 卷，人民出版社 1982 年版，第 3 页。
② 《马克思恩格斯全集》第 40 卷，人民出版社 1982 年版，第 7 页。
③ 《马克思恩格斯全集》第 40 卷，人民出版社 1982 年版，第 7 页。
④ 《马克思恩格斯全集》第 40 卷，人民出版社 1982 年版，第 7 页。
⑤ 《马克思恩格斯选集》第 1 卷，人民出版社 1995 年版，第 294 页。

感受和理想，拿孔德所说的，处于一种"形而上学"阶段①）的增多，马克思曾经一度陷入浪漫主义之中，一度转向科学和艺术，写过剧本，小说、诗歌。与此同时，为了研究法学，马克思开始对哲学感兴趣，受到费希特的影响，马克思开始试图通过原则、思维、定义"使某种法哲学体系贯穿整个法的领域"，并在自己的法学著作中采用了费希特《自然法权基础》的演绎方法。然而接着马克思便发现通过这种方式却使问题显得更加空洞，这是一种忽视现实、单凭"捉摸不定的模糊的感情、缺乏自然性、全凭空想编造"②的理想主义，于是，"我从理想主义——顺便提一提，我曾拿它同康德和费希特的理想主义比较，并从其中吸取营养，——转而向现实本身去寻求思想。如果说神先前是超脱尘世的，那么现在它们已经成为尘世的中心。"③

马克思认为，这种脱离了形式的抽象的概念，以及"独断"的方法是构成对真理的障碍，对生动的世界的分析，"必须从对象的发展上细细研究对象本身，决不任意分割它们；事物本身的理性在这里应当做为一种自身矛盾的东西的展开，并且在自身求得自己的统一"④。于是马克思在方法研究上转向了黑格尔，并"从头到尾读了黑格尔的著作，也读了他大部分弟子的著作"⑤。黑格尔的理性所具有的强大的历史感是诱使马克思投入其怀抱的主要因素之一，黑格尔把历史引入哲学，从分析人类意识的发展入手，指出人类意识经过不断的"扬弃"过程，达到绝对精神，虽然是包含着强烈的"精神外衣"，但毫无质疑的其历史感凸显无遗，恰恰其丰富的历史内容给马克思原来认为的"脱离了形式的抽象的概念"以内容。这就为马克思

---

① 孔德认为，人类理智的发展经历了三个阶段，社会历史、政治思想、科学知识也都相应地经历了三个阶段，即神学阶段、形而上学阶段和实证阶段。他说："我们每一个人追忆自己的历史时，岂不是记得自己在主要的看法方面，曾经相继地经过三个阶段，在童年时期是神学家，在青年时期是形而上学家，在壮年时期是物理学家吗？今天任何一个跟得上时代水平的人都是不难证实这一点的。"
② 《马克思恩格斯全集》第40卷，人民出版社1982年版，第10页。
③ 《马克思恩格斯全集》第40卷，人民出版社1982年版，第15页。
④ 《马克思恩格斯全集》第40卷，人民出版社1982年版，第11页。
⑤ 《马克思恩格斯全集》第40卷，人民出版社1982年版，第16页。

的研究对象趋于现实奠定了基础。然而，趋于现实的这种倾向也预示了马克思必然在以后摆脱黑格尔的思想体系。

马克思的博士论文的选题具有鲜明的时代色彩，主要是想通过分析亚里士多德哲学以后哲学的概况，来反映黑格尔哲学当前的现状，而在研究过程中，马克思对"自我意识哲学"进行了深入分析，从而使他对个性的思考开始摆脱理想主义的模糊形式，上升到理性层面。马克思的博士论文主要是要解决他认为的"一个在希腊哲学史上至今尚未解决的问题"①。即"伊壁鸠鲁、斯多葛和怀疑派"等"自我意识哲学"思想不为人理解的问题。马克思认为，"自我意识哲学""被以前的哲学家当做非思辨哲学加以排斥，也被那些同样在写哲学史的有学识的教师当做……加以排斥"②，而他们却不知道，正是"这些体系是理解希腊哲学的真正历史的钥匙"③。博士论文主要对伊壁鸠鲁的自我意识哲学作了阐述。

第一，阐明了自我意识是自由的观点，反映了自我意识的主体"人"是自由的个性的想法。博士论文中，马克思分析并批判了对伊壁鸠鲁哲学的种种歪曲和贬低，纠正了把德谟克利特和伊壁鸠鲁这两位古希腊唯物主义哲学家的自然哲学等同起来的传统偏见，阐明了他们在自然哲学方面的差别，揭示了伊壁鸠鲁原子学说的独特的积极的意义。马克思认为，伊壁鸠鲁原子脱离直线做偏斜运动不是伊壁鸠鲁物理学中的一个特殊的、偶然的规定，而是被赋予了普遍意义的原子运动规律，贯穿于伊壁鸠鲁的整个哲学。这就不同于德谟克利特的原子机械决定论，"'偏离直线'就是'自由意志'，是特殊的实体，原子真正的质"④。具有独立性、个体性的原子（自由意志）打破了命运的束缚，表明了它的主体"人"的意志自由、个性和独立性。

第二，阐明了自由意识必须通过与现实世界联系才能获得自由的观点，

---

① 《马克思恩格斯全集》第 40 卷，人民出版社 1982 年版，第 188 页。
② 《〈德谟克利特的自然哲学和伊壁鸠鲁德自然哲学的差别〉一文新序言草稿》注释，《马克思恩格斯全集》第 40 卷，人民出版社 1982 年版，第 286 页。
③ 《马克思恩格斯全集》第 40 卷，人民出版社 1982 年版，第 189 页。
④ 《马克思恩格斯全集》第 40 卷，人民出版社 1982 年版，第 121 页。

反映了人只有在实践中才能获得自由的想法。马克思重视伊壁鸠鲁原子偏斜运动体现了自我意识的自由的观点，但并不赞成伊壁鸠鲁把自由理解为脱离现实世界的自我意识的心灵宁静的看法。马克思指出："在自身中变得自由的理论精神成为实践力量，作为意志走出阿门塞斯冥国，面向那存在于理论精神之外的尘世的现实，——这是一条心理学规律。"① 自我意识只有同外部世界发生关系，变成一种实践力量，与世界相互作用，相互融合，不断扬弃自身内在的缺点和缺陷或自由。以此所反映出来的是：作为对"自我意识"的主体的"人"只有在实践中才能获得自由的想法。

第三，马克思对神的理解已经变成了"人的自我意识"。马克思说："或者，对神的存在的证明不外是对人的本质的自我意识存在的证明，对自我意识存在的逻辑说明。例如，本体论的证明。当我们思索"存在"的时候，什么存在是直接的呢？自我意识。在这个意义上说，对神的存在的一切证明都是对神不存在的证明，都是对一切关于神的观念的驳斥。"②

可见，这一时期马克思已经摆脱神学的观念的束缚，以一种具有现实倾向的理性主义哲学视野下的"自我意识"来分析问题。其"自我意识能动自由"思想也无疑开启了马克思"自由个性"的研究起点，其中所阐明的关于自我意识能动自由、实践自由观点都可以被看做是"自我意识"外衣下对人的问题的阐述。在继神学"人的本性"之后，马克思开始用一种能动的"自我意识"哲学来分析问题，并直接推动马克思运用这种哲学去关注现实。拿马克思自己的话来说就是："哲学，只要它还有一滴血在它那个要征服世界的、绝对自由的心脏里跳动着，它将永远用伊壁鸠鲁的话向它的反对者宣称：'亵神的并不是那抛弃众人所崇拜的众神的人，而是同意众人关于众神的意见的人'。哲学并不隐瞒这一点。普罗米修斯承认道：老实说，我痛恨所有的神，这是哲学的自白，它自己的格言，借以表示他反对一切天上的和地上的神，这些神不承认人的自我意识具有最高的神性。不应该

---

① 《马克思恩格斯全集》第40卷，人民出版社1982年版，第258页。
② 《马克思恩格斯全集》第40卷，人民出版社1982年版，第285页。

有任何神同人的自我意识相并列。"①

(三) 政治批判与自由

"自由意志是人的天性。"② 人的个性的张扬、自我意志的表现首要的就是要能够自由地表达自己的思想，自由地表现自己而不受束缚，因此必然需要一定的权利的保障，而最基本的就是对言论权的诉求，出版自由、新闻自由、集会和游行示威自由均是言论自由的外延范畴或具体表现形式。这就使马克思一入社会就卷入对政治出版自由、言论自由的辩论。从 1842 年 5 月为《莱茵报》撰稿到 1843 年 4 月 1 日普鲁士政府查封《莱茵报》，短短 1 年的经历，却对马克思的思想产生了重大的影响。

从 1842 年初起，马克思直接参与现实政治问题的讨论，在批判书报检查令、论述出版自由的时候阐明了对自由的看法："自由确实是人所固有的东西，连自由的反对者在反对实现自由的同时也实现着自由。"③ "自由的出版物是人民精神的慧眼，是人民自我信任的体现"④，"没有出版自由，其他一切自由都是泡影。"⑤ "自由出版物的实质，是自由所具有的英勇的、理性的、道德的本质。受检查的出版物的性格，是不自由所固有的无性格的丑态，这是文明的怪物，洒满香水的畸形儿。"⑥ "你们赞美大自然悦人心目的千变万化和无究无尽的丰富宝藏，你们并不要求玫瑰花和紫罗兰发出同样的芳香，但你们为什么却要求世界上最丰富的东西——精神只能有一种存在形式呢？"⑦ "没有色彩就是这种自由唯一许可的色彩。但是精神的太阳，它无论照耀着多少个体，它无论照耀着什么事物，却只准产生一种色彩，就是官方的色彩。精神的最主要的表现形式是欢乐光明，但你们却要使阴暗成为精

①《马克思恩格斯全集》第 40 卷，人民出版社 1982 年版，第 190 页。
②《马克思恩格斯全集》第 1 卷，人民出版社 1956 年版，第 42 页。
③《马克思恩格斯全集》第 1 卷，人民出版社 1956 年版，第 63 页。
④《马克思恩格斯全集》第 1 卷，人民出版社 1956 年版，第 74 页。
⑤《马克思恩格斯全集》第 1 卷，人民出版社 1956 年版，第 94 页。
⑥《马克思恩格斯全集》第 1 卷，人民出版社 1956 年版，第 62—63 页。
⑦《马克思恩格斯全集》第 1 卷，人民出版社 1956 年版，第 7 页。

神的唯一合法的表现形式，精神只准披着黑色的衣服，可是自然界却没有一支黑色的花朵。"① 与此同时，马克思发现了在辩论过程中的"每一阶层特有的立场"，在"任何地方都没有像在这些辩论中一样如此明显地表现出来"。② 辩论人并不把自由看做一切理性的人的自然权利，自由成为"特定人权、特定阶级的个体特征"③。而通过对林木盗窃法的辩论的分析，马克思不但更加确认了阶层和阶级存在，其思考的自由的主体更加具体和现实，且发现了潜藏其后的物质利益原因，从而开始了对"自由个性"主体和思维方式的两个现实性转向。研究主体由"自我意识"到"现实的人和现实的人类"④，研究方法也开始由"哲学"转向"经济学"。

在关于《林木盗窃法的辩论》、《摩泽尔记者的辩护》中，马克思直接研究了贫苦劳动群众的物质生活条件，探讨了物质利益同国家和法的关系，公开捍卫贫苦群众的利益。正是在这里马克思第一次亲身接触各种社会问题和经济问题，注意到现实的世情所在，注意到在现实社会中"不自由"的人的所在；同时，通过分析社会舆论对各阶级、各政治集团的主张和要求的不同反映，马克思开始意识到或许造成现实状况的主要原因不是一些所谓的哲学的原则，而是经济问题；在现实生活中处于不自由状态的不仅仅是人的"自我意识"，更多的是整体的"人本身"的存在。于是，在这种现实体验和切身体会的推动下，马克思开始认真研究社会经济问题，从而把对"自由个性"的思考推向了更深入的阶段。

不过应当注意到，此时马克思并没有把心中的自由理想同革命相挂钩。马克思只是希望通过批判来促进心中理想的实现。毋庸置疑，批判本身是知识分子参与社会的实践方式，对社会有推动作用。当这种批判涉及政治的时候，知识分子就不仅仅是单纯的知识分子，而是带有明显政治倾向的运动者

---

① 《马克思恩格斯全集》第 1 卷，人民出版社 1956 年版，第 7 页。

② ［英］戴维·麦克莱伦著，王珍译：《卡尔·马克思传》，中国人民大学出版社 2005 年版，第 38 页。

③ 《马克思恩格斯全集》第 1 卷，人民出版社 1995 年版，第 163 页。

④ 《马克思恩格斯全集》第 2 卷，人民出版社 1957 年版，第 177 页。

了。所以，批判本身就是一种实践，正是由于批判，才能"发现新世界"，并且为建立这个新世界而转入更加现实的社会改造活动。"从1838年切什考夫斯基的'实践'到1843年赫斯的'行动哲学'，这是黑格尔的门徒们试图从其先师的体系中摆脱出来以达到把握政治的中心论题。正是沿着这些线索马克思找到解决德国问题的唯一的途径。"① 因此，在一开始，马克思是在《莱茵报》这个阵地上，希望通过批判来达到改造德国社会的想法。但是他的这一想法遭到了普鲁士政府的无情打击，《莱茵报》被封标志着马克思试图通过合法报刊批判政治来使德国成为一个理性国家的设想落空，而这也促使马克思走向了更激进，彻底走上社会革命的道路。如马克思在给卢格的信中所说："自由主义肩上的华丽斗篷掉下来了，及其可恶的专制制度已赤裸裸呈现在全世界的面前。"② "满载傻瓜的船只或许会有一段时间顺风而行，但是它是向着不可幸免的命运驶去，这是因为这些傻瓜根本就没有料想到这一点。这命运就是即将来临的革命。"③

---

① 戴维·麦克莱伦：《马克思主义以前的马克思》，河北教育出版社1990年版，第159页。
② 《马克思恩格斯全集》第1卷，人民出版社1956年版，第407页。
③ 《马克思恩格斯全集》第1卷，人民出版社1956年版，第408页。这实际上也反映了公众舆论监督与政府新闻控制之间尖锐的矛盾。一个社会对舆论的包容程度有多大，那么社会就有多进步。但是，并不是每个社会都具有充分的包容度让自由的知识分子发表自由的言论，即使这些知识分子是从维护国家和政府的角度批判社会、政府、民众、自身等等。因为，在比较专制的政府一般看来，他们是异己分子，是不安定因素，所以一般采取打压政策，要么封杀作者，要么撤换主编，到最后查封报社。结果，这样便导致一部分丧失言论自由的知识分子寻求更大的言论空间，要么是流亡国外继续批判，要么就转向更激进反政府的立场。这样，专制政府的强压政策一般会变成知识分子激进化的催化剂，也更容易使他们走上革命立场。这一点在俄国、中国等政治文化相对落后的国家可以看到。而在比较民主的国家，就很少发生这样的事情，也很少导致解决冲突的极端方式：革命，例如英国和美国。任何一种观点都来自于社会现实，知识分子的政治批判是针对社会的弊端，是社会病体自我医疗的一种手段，一旦这种手段被遏制了，也就是知识分子被压制了，知识分子就会谋求更广阔的空间，这个空间就是要打破现存体制，用自己心中的蓝图去重新构建新的社会体制，去寻找自己的自由。于是导致了社会革命的第一个因素：公众舆论监督与新闻控制之间矛盾的不可调和。这一矛盾的不可调和使革命具备了理论上的人员储备。再次，知识分子之所以批判是因为这个社会体制存在着缺陷和潜在的危机，当这个危机还是潜在的时候知识分子向党政集团提出自己的意见，但是知识分子的这种态度往往被政府压制，政府刻意去掩饰危机，力图内部消化，消除或缓冲危机。但是，一般却会导致以下情况：知识分子受到压抑，必然会有一部分人走向更激进，与政府考虑不同，知识分子的良心促使他去呼吁民众，把社会潜性危机揭示出来告诉民众，民众结合自身经历会采取不同的态度；而在这个过程中，就要看政府对危机的处理能

对马克思而言,退出《莱茵报》是一种解脱,马克思认识到,"批判的武器当然不能代替武器的批判,物质力量只能用物质力量来摧毁。"① 这也几乎立即促使马克思走向了社会革命的立场。于是,在马克思思想中,怎样去拯救人和解放人?确立革命立场后,怎样进行革命?这个革命与实现自由人和自由人联合体的这个宏大目标有什么联系?这些根本问题一直引领着他的思考。而他的"自由个性"的理念正是随着他的革命思想的产生、形成和变化逐渐丰富和发展起来的。

二、从政治解放到人类解放的思考

退出《莱茵报》以后,马克思先后来到了克罗茨纳赫和巴黎,这一时期马克思对黑格尔体系进行批判的基础上指出研究方法要由"国家"转向"市民社会",开始在"市民社会"的范围内展开了对人生存状态的思考:人的异化状态及其原因、"异化劳动"、消除"异化"实现解放的途径及制度设计等。这主要体现在马克思在克罗茨纳赫研究写成的《黑格尔法哲学批判》、《论犹太人问题》、《〈黑格尔法哲学批判〉导言》以及巴黎时期完成的《1844 年经济学哲学手稿》、《神圣家族》等著作中。此时期开始,马克思开始突破"自我意识"的描述方式,而直接从"自我意识"的主体即

力了,如果政府能够在短时间内缓冲或者消除(一般不可能)社会危机,这个社会机体在表面上还是表现为稳定的,而一旦发生相反的情况,政府处理危机的能力不够,导致社会危机进一步恶化升级,民众就会亲身感受到,并且在社会危机威胁其生存的情况下开始接受知识分子的观点,由自发走向自觉的革命。于是,形成导致社会革命的第二个因素:潜在的革命性主体要素成为显性革命性主体。这是社会潜性危机没有被有效消除或者缓冲的必然结果。当知识分子与广大群众相汇合,也就是指导思想和人员群众的相结合,理论和实践的相结合,便会导致革命由一种可能性因素转变为必然性因素,而革命的目标已经不再是寄托于国家与政府的改良性措施,因为政府对知识分子的打压以及政府本身处理危机能力的不到位已经使他们对政府丧失自信,他们所要做的就是要打破旧的社会体制,建立一个全新能够代表和保护他们利益的新政府。

① 《马克思恩格斯全集》第 1 卷,人民出版社 1956 年版,第 460 页。

现实中"实践"的"经验"的人出发来阐明其"自由个性"理念。与此同时，马克思关于"自由个性"的思考和对共产主义革命（向何处去）的思考联系到了一起。

在《黑格尔法哲学批判》中，马克思分析了人的自由与国家的关系，认为真正的国家是人的自由的产物。现实的国家不是理性的国家，因此需要用理性的国家来代替黑格尔所主张的君主立宪制。而理性国家指的就是民主制，"民主制"是"一切国家制度的实质，是作为国家制度特殊形式的社会化了的人"[①]。"国家制度在这里表现出它的本来面目，即人的自由产物"[②]。在《犹太人问题》中，马克思借"犹太人解放"问题，通过论述政治解放和人类解放的关系，指出政治解放并不代表着人类解放，要实现人类的真正解放，只有从社会这个根源入手。"政治解放当然是一大进步"[③]，但是，"政治上从宗教中解脱出来并不是彻底的没有矛盾的解放，因为政治解放并不是彻底的没有矛盾的人类解放的方法"[④]。"只有当现实的个人同时也是抽象的公民，并且作为个人，在自己的经验生活、自己的个人劳动、自己的个人关系中间，成为类存在物的时候，只有当人认识到自己的'原有力量'并把这种力量阻止成为社会力量因而不再把社会力量当做政治力量跟自己分开的时候，只有到了那个时候人类解放才能完成。"[⑤] 在那里"人的个体感性存在和类存在的矛盾就会消失"[⑥]，"把人的世界和人的关系还给人自己"[⑦]。而要做到这一点，马克思认为，首要的就是废除私有制。废除私有制是实现类生活的首要原则，也是实现人的自由的基点。而要实现这一点，马克思认为需要社会革命。马克思说："在人类自我解放竭力采取政治自我解放的形式的时期，国家是能够而且也一定会达到废除宗教、消灭宗教的地

---

① 《马克思恩格斯全集》第 1 卷，人民出版社 1956 年版，第 281 页。
② 《马克思恩格斯全集》第 1 卷，人民出版社 1956 年版，第 281 页。
③ 《马克思恩格斯全集》第 1 卷，人民出版社 1956 年版，第 429 页。
④ 《马克思恩格斯全集》第 1 卷，人民出版社 1956 年版，第 426 页。
⑤ 《马克思恩格斯全集》第 1 卷，人民出版社 1956 年版，第 443 页。
⑥ 《马克思恩格斯全集》第 1 卷，人民出版社 1956 年版，第 451 页。
⑦ 《马克思恩格斯全集》第 1 卷，人民出版社 1956 年版，第 443 页。

步的。但这一步，它只有通过那种达到废除私有财产、限定财产最高额、没收财产、实现累进税的办法，通过那种达到消灭生命、走向断头台的办法，才能做到。"①　"一般的革命——推翻现政权和破坏旧关系——是政治行为。而社会主义不通过革命是不能实现的。"②　而在《黑格尔法哲学批判〈导言〉》和《评"普鲁士人"的"普鲁士国王和社会改革"》中，马克思通过论述德国解放的可能性，指出了社会革命的主体力量必须是一个非市民社会的市民社会阶级，即无产阶级。因为无产阶级"本身表现了人的完全丧失"，他不属于这个旧社会，他寻求自己"人的完全恢复"的过程实际上也就是要旧社会解体的进程，在寻求自身解放的同时也解放着其他一切社会领域。这是马克思第一次明确无产阶级是社会革命的主体力量。"无产阶级宣告现存世界制度的解体，只不过是揭示自己本身存在的秘密，因为它是这个世界制度的实际解体。"③　可见，此时马克思已经初步在市民社会的范围内分析工人阶级被压迫和奴役的状态，并表达出通过无产阶级的社会主义革命实现"类生活"的意向。而在《1844年经济学手稿》和《神圣家族》中这一点得到更全面的阐述。

在《1844年经济学哲学手稿》中，马克思从最基本的和看得见的"经济事实"，即工人和其劳动产品的"异化"现象入手，指出其根源在于工人的"异化劳动"，并由此构成手稿的核心范畴和主题。马克思首先从工人的角度入手，"从两个方面考察了实践的人的活动即劳动的异化行为"④。他首先考察了"异化劳动"的结果，即工人的异化状态，指出工人与自己的劳动产品的关系是一种"异化"，劳动产品成为一种与工人相异的外在存在并且与之相对立，"工人的产品越完美，工人自己越畸形"⑤；在此基础上，马克思指出，"产品不过是活动、生产的总结"⑥，劳动结果异化状态的根源在

①《马克思恩格斯全集》第1卷，人民出版社1956年版，第430页。
②《马克思恩格斯全集》第1卷，人民出版社1956年版，第443页。
③《马克思恩格斯全集》第1卷，人民出版社1956年版，第466页。
④《马克思恩格斯全集》第42卷，人民出版社1979年版，第94页。
⑤《马克思恩格斯全集》第42卷，人民出版社1979年版，第92页。
⑥《马克思恩格斯全集》第42卷，人民出版社1979年版，第93页。

于劳动过程本身就是"异化"的：劳动对工人来讲成为一种外在的东西，工人在劳动中不是在肯定自己，而是在否定自己，劳动不是自愿的，而成为强制的了；这又进一步表现在工人的劳动不再是他的自主活动，而成为一种他人的活动，这同时表现为工人"自身的丧失"①。在"异化劳动"的这两个最基本的规定的基础上，马克思推出了"异化"的另外两个规定，即人与人的类本质的异化，以及人与人之间的异化这两种"异化"状态。马克思借用费尔巴哈的概念把人看成是一种"类存在物"②，认为人的类特性在于"自由的自觉的活动"③，而"异化劳动"却把类生活变成一种仅仅维持个人生活的手段，从而使人本身同"类"相异化；而"人同自己的劳动产品、自己的生命活动、自己的类本质异化的直接结果就是人同人相异化。当人同自身相对立的时候，他也同他人相对立。凡是适用于人对自己的劳动、自己的劳动产品和对自身的关系的东西，也都适用于人对他人、对他人的劳动和劳动对象的关系"④。由此可见，要实现人类的解放，首先就需要工人的解放，因为"工人的解放还包含普遍的人的解放；其所以如此，是因为整个的人类奴役制就包含在工人对生产的关系中，而一切奴役关系只不过是这种关系的变形和后果罢了"⑤。

在《神圣家族》中，马克思则进一步分析了这种状况，"有产阶级和无产阶级都是人的自我异化。但有产阶级是在这种自我异化中感到自己是被满足的和被巩固的，它把这种异化看做自身强大的证明，并在这种异化中获得人的生存的外观。而无产阶级在这种异化中则感到自己是被毁灭的，并在其中看到自己的无力和非人的生存的现实……无产阶级执行着雇佣劳动因替别人生产财富、替自己生产贫困而给自己做出的判决，同样地，它也执行着私有制因产生无产阶级而给自己做出的判决。无产阶级在获得胜利之后，无论

---

① 《马克思恩格斯全集》第 42 卷，人民出版社 1979 年版，第 94 页。
② 《马克思恩格斯全集》第 42 卷，人民出版社 1979 年版，第 95 页。
③ 《马克思恩格斯全集》第 42 卷，人民出版社 1979 年版，第 96 页。
④ 《马克思恩格斯全集》第 42 卷，人民出版社 1979 年版，第 98 页。
⑤ 《马克思恩格斯全集》第 42 卷，人民出版社 1979 年版，第 101 页。

怎样都不会成为社会的绝对方面，因为它只有消灭自己本身和自己的对立面才能获得胜利。随着无产阶级的胜利，无产阶级本身以及制约它的对立面——私有制都趋于消灭。"①

由此可见，这一时期马克思的思考主要是解决研究方法和确立价值观念的问题，正是这一时期的思考使马克思完成了由"国家"到"市民社会"，"自我意识"到"现实的人和人类"这一思维方式的转变。虽然这种"现实的人"在此时的马克思看来是"经验的人"，但是很明显，马克思是带着一种"异化"的眼光来考察的，这种分析是先验地认为人处于一种异化奴役状态中，然后再由此往后分析其原因的逻辑，而且，更多的是带有一种教义的主观判断的色彩，这恰恰是马克思所要克服的。伴随着马克思对政治经济学研究的深入以及正式投入革命的实践活动中，对人的生存状态思考的历史感逐步凸显出来。

三、1848 年革命与"自由个性"理念的形成

从 1845 年开始到 1848 年欧洲革命爆发，马克思主要是在布鲁塞尔和巴黎展开理论研究和革命活动的。这一时期马克思以历史唯物主义的视角明确了研究的起点是"现实的个人"，第一次历史地、全面系统地考察了人类历史，历史地证明了人类实现的解放将是无产阶级的解放；与此马克思通过做演讲，对工人阶级传播自己的理论，对现代社会中处于无产阶级地位的工人阶级与资本的关系做了初步阐述，明确工人阶级的地位和任务，推动工人阶级政党的建立，启发工人阶级的自觉性，并寻求"每个人的自由发展是一切人自由发展的条件的联合体"的制度设计。这一时期他的主要思想体现在《关于费尔巴哈的提纲》、《德意志意识形态》、《共产党宣言》、《关于自

---

① 《马克思恩格斯全集》第 2 卷，人民出版社 1957 年版，第 44 页。

由贸易问题的演说》、《哲学的贫困》、《雇佣劳动和资本》等著作中。

马克思考察了"资产阶级的生存及阶级统治和工人的奴役地位所依的经济关系本身"①，指出："劳动是工人本身的生命活动，是工人本身的生命的表现。工人正是把这种生命活动出卖给别人，以获得自己所必需的生活资料。可见，工人的生命活动对于他不过是使他能够生存的一种手段而已。"②而资本，马克思认为，"资本……是资产阶级社会的生产关系"，在资本主义生产关系的条件下，是资本的自由，"资本的利益和雇佣劳动的利益是截然对立的"③。于是，一方面，工人的收入随着资本的迅速增加也有所增加，可是另一方面横在资本家和工人之间的社会鸿沟也同时扩大，而资本支配劳动的权力，劳动对资本的依赖程度也随着增大，依附资本的工人的人数也就增加的越多。与此同时，随着分工和机器的广泛应用，大批手工工人被抛向街头，工人之间的竞争也越发剧烈，工资也就越减少。同时，随着竞争，工人阶级还从小产业家和小食利者等较高的社会阶层中得到补充。这种过程不断引发"地震"发生。通过这样的分析，马克思向工人们描述了他们在资本主义生产关系下沦为资本奴隶的存在状态，从而启发他们为追求自己的个性自由和解放而有所作为。

同时马克思还积极参加了共产主义者同盟并起草了纲领性文件《共产党宣言》。《共产党宣言》最后宣称是要建立一个"联合体"，在那里，"代替那存在着阶级和阶级对立的资产阶级旧社会的，将是这样一个联合体，在那里，每个人的自由发展是一切人的自由发展的条件"④。而在如何实践方面，马克思认为，首先应当组建一个世界性的政党——共产党。共产党人是工人阶级的先锋队。共产党人的最近目的是：和其他一切无产阶级政党的最近目的一样，使无产阶级形成阶级，推翻资产阶级的统治，由无产阶级夺取政权。共产党人的最终目的是：消灭私有制。为此，首先是要通过革命取得

---

① 《马克思恩格斯选集》第 1 卷，人民出版社 1995 年版，第 332 页。
② 《马克思恩格斯选集》第 1 卷，人民出版社 1995 年版，第 336 页。
③ 《马克思恩格斯选集》第 1 卷，人民出版社 1995 年版，第 354 页。
④ 《马克思恩格斯选集》第 1 卷，人民出版社 1995 年版，第 294 页。

政治统治并建立无产阶级民主。① 其次，利用这种无产阶级民主的政治统治，一步一步地夺取资产阶级的全部资本，把一切生产工具集中在国家即组织成为统治阶级的无产阶级手里，并组织经济生产，尽可能快地增加生产力的总量。而要做到这一点，马克思指出："当然首先要对所有权和资产阶级生产关系实行强制性的干涉，也就是采取这样一些措施，这些措施在经济上似乎是不够充分的和没有力量的，但是在运动进程中它们会越出本身②，而且作为变革全部生产方式的手段是必不可少的。"③ 为此，马克思提出了夺取政权之后在最先进国家的 10 项措施。我们看到：第一，这些措施都高度突出了国家的重要性，例如：剥夺地产，把地租用于国家支出；征收高额累进税；没收一切流亡分子和叛乱分子的财产；通过拥有国家资本和独享垄断权的国家银行，把信贷集中在国家手里；把全部运输业集中到国家手里；按照总的计划增加国家工厂和生产工具，开垦荒地和改良土壤。第二，在劳动的形式上，实行普遍劳动义务制，成立产业军，特别是在农业方面。第三，把农业和工业结合起来，促使城乡对立逐渐消灭。第四，实施教育。对所有儿童实行公共的和免费的教育。取消童工制度。把教育同物质生产结合起来。马克思说，经过了这样一个过渡以后，当阶级差别已经消失而全部生产集中在联合起来的个人的手里的时候，公众权力失去政治性质，国家消失，"每个人自由的发展是一切人自由发展的条件的联合体"形成。可以说，如同马克思在转向社会革命之前崇尚完美以及追求个性独立和自由一样，"每个人自由的发展是一切人自由发展的条件的联合体"的提出在一开始就规定"自由个性"理念的价值取向，也正是从此意义上，我们把这一时期称作是马克思"自由个性"理念的形成时期。

---

① 《马克思恩格斯选集》第 1 卷，人民出版社 1995 年版，第 293 页。

② 在 1888 年英文版中这里加上了"使进一步向旧的社会制度进攻成为必要"。

③ 《马克思恩格斯选集》第 1 卷，人民出版社 1995 年版，第 293 页。这一点对我们当前有很强的借鉴意义，现在我们强调资本主义经济规律的不可违背性，但是在规律面前我们是束手无策还是奋起反抗用人的能动性去限制它，马克思做出了"实践"的选择，以后的列宁、斯大林、毛泽东也做出了同样的选择，从这个意义上讲，他们也是马克思主义者。我们以后会讲道，马克思思想中的自相矛盾，这种自相矛盾的对立在东方马克思主义者那里得到了最为鲜明的体现。

《共产党宣言》发表后不久就迎来了 1848 年欧洲的资产阶级革命，共产主义者同盟做出了积极的响应，马克思为此专门撰写了《共产党人在德国的要求》，指出：第一，它要求建立一个统一的、不可分割的德意志共和国。第二，它也同样强调国家所有的重要性。比如（1）要求无偿废除农民的封建义务，同时把封建地产收归国家所有，"在这些土地上用最新的科学方法大规模地经营农业，以利于社会"①。（2）成立国家银行来代替所有的私人银行，因为"实施这一措施就能按照全体人民的利益来调节信用事业，从而破坏大金融资本家的统治"②。（3）由国家掌握一切运输工具，"它们全部归国家所有，并且无偿地由无产阶级支配"③。（4）"建立国家工厂。国家保证所有的工人都有生活资料，并且负责照管丧失劳动力的人。"④（5）限制继承权，实行高额累进税，取消消费品税等。第三，它要求"实行普遍的免费的国民教育"⑤。第四，它要求这个国家政权应当是保证每一个人的权利，它应当保证德国千百万人民作为"一切财富的生产者"的权利。⑥此外，从革命爆发到失败，马克思恩格斯撰写了大量的文章，表明他们无产阶级的立场、观点和态度。

四、继续不间断的革命与"自由个性"理念的成熟

然而，1848 年革命最终是以失败告终了，尤其是法国巴黎的工人的六月起义，就好似夜幕中划过的一颗耀眼的流星，喧嚣过后却是黑暗的死寂。革命的失败使马克思开始了对革命的重新思索。马克思在《1848—1850 年

---

① 《马克思恩格斯全集》第 5 卷，人民出版社 1958 年版，第 3 页。
② 《马克思恩格斯全集》第 5 卷，人民出版社 1958 年版，第 4 页。
③ 《马克思恩格斯全集》第 5 卷，人民出版社 1958 年版，第 4 页。
④ 《马克思恩格斯全集》第 5 卷，人民出版社 1958 年版，第 4 页。
⑤ 《马克思恩格斯全集》第 5 卷，人民出版社 1958 年版，第 5 页。
⑥ 《马克思恩格斯全集》第 5 卷，人民出版社 1958 年版，第 3 页。

的法兰西阶级斗争》、《中央委员会告共产主义者同盟书》、《路易·波拿巴的雾月十八日》中总结了经验教训，并进一步阐明了社会主义革命的目标和策略。那就是在资产阶级革命胜利以后，要继续不间断的革命，最终实现无产阶级的专政。

首先，马克思指明了革命失败的根本原因以及革命必将再次到来的趋势。马克思说："在资产阶级社会的生产力正以在资产阶级关系范围内一般可能的速度蓬勃发展的时候，还谈不到什么真正的革命。只有在现代生产力和资产阶级生产方式这两个要素互相矛盾的时候，这种革命才有可能。"① "新的革命只有在新的危机之后才有可能，但是新的革命的来临像新的危机的来临一样是不可避免的。"②

其次，马克思明确提出了"无产阶级专政"的概念。马克思从巴黎无产阶级六月起义的失败中，看到了资产阶级共和国的目的是"要使资本的统治和对劳动的奴役永世长存"③，无产阶级"要在资产阶级共和国范围内稍微改善一下自己的处境只是一种空想"④，因此，马克思呼吁，无产阶级革命的战斗口号是"推翻资产阶级！工人阶级专政！"⑤ 而"这种专政是达到消灭一切阶级差别，达到消灭这些差别所由产生的一切生产关系，达到消灭和这些生产关系相适应的一切社会关系，达到改变由这些社会关系产生出来的一切观念的必然的过渡阶段。"⑥

最后，为了达到"无产阶级专政"这个目标，马克思提出了"不断革命"的思想。马克思说，工人阶级为了要达到自己的最终胜利，首先还必须靠自己努力，工人们应该认清自己的阶级利益，尽快采取自己独立政党的立场，在没有达到无产阶级专政以前，他们的战斗口号就是要"宣布不断

---

① 《马克思恩格斯全集》第 7 卷，人民出版社 1959 年版，第 513—514 页。
② 《马克思恩格斯全集》第 7 卷，人民出版社 1959 年版，第 514 页。
③ 《马克思恩格斯选集》第 1 卷，人民出版社 1995 年版，第 400 页。
④ 《马克思恩格斯选集》第 1 卷，人民出版社 1995 年版，第 400 页。
⑤ 《马克思恩格斯选集》第 1 卷，人民出版社 1995 年版，第 400 页。
⑥ 《马克思恩格斯选集》第 1 卷，人民出版社 1995 年版，第 462 页。

革命"①。"这种社会主义（共产主义）就是宣布不间断的革命，就是实现无产阶级的阶级专政，把这种专政作为必然的过渡阶段，以求达到根本消灭阶级差别，消灭一切产生这些差别的生产关系，消灭一切和这些生产关系相适应的社会关系，改变一切由这些社会关系产生出来的观念。"② 在1850年3月《中央委员会告同盟书》中，马克思对不断革命论做了激情式的经典性表述，指出：小资产阶级民主派"根本不愿为革命无产者的利益而变革整个社会"③，即使他们中最先进的分子提出的措施"无论如何也不能使无产阶级的党感到满足"④，因为在这些措施里面，他们宁可保持工人雇佣工人的地位。因此，民主派小资产者在实现了上述要求以后便希望赶快结束革命，而"我们的利益和我们的任务却是不间断地进行革命，直到把一切大大小小的有产阶级的统治全都消灭，直到无产阶级夺取国家政权，直到无产者的联合不仅在一个国家内，而且在世界一切举足轻重的国家内都发展到使这些国家的无产者之间的竞争停止，至少是发展到使那些有决定意义的生产力集中到了无产者手中。对我们说来，问题不在于改变私有制，而只在于消灭私有制，不在于掩盖阶级对立，而在于消灭阶级，不在于改良现存社会，而在于建立新社会。"⑤

为此，马克思提出了无产阶级特别是共产主义同盟在德国对小资产阶级的态度。

第一，在小资产阶级民主派也处于被压迫地位，工人阶级与小资产阶级结成同盟的时候，工人应当保持自己政党的独立自主。马克思说，工人不应当在"一般的运动中就落到了完全受小资产阶级民主派控制和领导的地位。这种状况必须结束，工人的独立应该恢复"⑥。"工人，首先是共产主义者同盟，不应再度降低自己的地位，去充当资产阶级民主派的随声附和的合唱

---

① 《马克思恩格斯选集》第1卷，人民出版社1995年版，第375、462页。
② 《马克思恩格斯全集》第7卷，人民出版社1959年版，第378页。
③ 《马克思恩格斯选集》第1卷，人民出版社1995年版，第367页。
④ 《马克思恩格斯选集》第1卷，人民出版社1995年版，第368页。
⑤ 《马克思恩格斯选集》第1卷，人民出版社1995年版，第368页。
⑥ 《马克思恩格斯选集》第1卷，人民出版社1995年版，第365页。

队，而应该努力设法建立一个秘密的和公开的独立工人政党组织，同那些官方民主派相抗衡，并且应该使自己的每一个支部都变成工人协会的中心和核心，在这种工人协会中，无产阶级的立场和利益问题都应该能够进行独立讨论而不受资产阶级影响。"①

第二，在小资产阶级民主派获得优势的革命斗争中，工人阶级首先应当继续保持革命的热忱，"一有机会就应当提出他们本身的要求，以与资产阶级民主派的要求相抗衡。民主派资产者一准备夺取政权，工人就应当要求他们给工人以各种保证。在必要时，工人应当以强制性手段争得这些保证，并且应当设法使新执政者做出一切可能的让步和承诺……总之，工人应该用一切尽可能抑制那种随着每次巷战胜利而出现的新形势所引起的陶醉于胜利的情绪，应该镇定清醒地认清形势，对新政府公开表示不信任"②。其次，工人应当迅速成立自己的革命工人政府同新政府相对抗，从而使"资产阶级民主派的政府不仅立刻失去工人的支持，并且一开始就看到自己处于受全体工人群众拥护的行政机关的监督和威胁之下"③。为此，工人立刻武装和组织起来，建立自己的军队，"消除资产阶级民主派对工人的影响，立刻建立起独立和武装的工人组织，造成各种条件，尽量使暂时不可避免的资产阶级民主派感到困难和丧失威信，——这就是无产阶级，因而也就是共产主义者同盟在即将爆发的起义中和起义后应当牢记不忘的主要问题"④。

第三，在资产阶级民主派的力量取得巩固以后，要"加强和发展工人政党"⑤。要把工人通过俱乐部的形式组织并集中起来，并加强各个俱乐部之间的联系。除此之外，要立刻选举国民代表会议，要尽可能地当选，即使在没有当选的可能性下，也一定要提出自己的候选人，保持自己的独立性，估计自己的力量，公开表明自己的革命立场和自己的党的观点。

---

① 《马克思恩格斯选集》第 1 卷，人民出版社 1995 年版，第 369 页。
② 《马克思恩格斯选集》第 1 卷，人民出版社 1995 年版，第 370 页。
③ 《马克思恩格斯选集》第 1 卷，人民出版社 1995 年版，第 370—371 页。
④ 《马克思恩格斯选集》第 1 卷，人民出版社 1995 年版，第 371 页。
⑤ 《马克思恩格斯选集》第 1 卷，人民出版社 1995 年版，第 371 页。

另外，马克思谈到了土地所有制和工农联盟的问题。在《中央委员会告同盟书》中马克思指出，"小资产者将把封建地产交给农民作为他们自由支配的财产"①，而这实际上是继续保存农村无产阶级并造成一个农民小资产阶级，"这个阶级会像法国农民现在的处境一样，经受日益贫困和债台高筑的痛苦"②。"工人阶级为了农村无产阶级的利益和自身的利益，一定要反对这种意图。他们必须要求把没收过来的封建地产变为国有财产，变成工人移民区，由联合起来的农村无产阶级利用大规模农业的一切来进行耕种。这样一来，在资产阶级所有制关系发生动摇的情况下，公有制的原则就会获得巩固的基础。民主派同农民联合起来那样，工人也应当同农村无产阶级联合起来。"③ 而在《路易·波拿巴的雾月十八日》中，马克思则进一步发挥了这种思想，指出农民把"负有推翻资产阶级制度使命的城市无产阶级看做自己的天然同盟者和领导者"④，而由于农民的支持，"无产阶级革命就会得到一种合唱，若没有这种合唱，它在一切农民国度中的独唱是不免要变成孤鸿哀鸣的"⑤。

马克思最后说，工人阶级，"为了要达到自己的最终胜利，首先还必须靠他们自己努力：他们应该认清自己的阶级利益，尽快采取自己独立政党的立场，一时一刻也不能因为听信民主派小资产者的花言巧语而动摇对无产阶级政党的独立组织的信念。他们的战斗口号应该是：不断革命"⑥。这一时期所号召的措施，从历史来看，对后来包括中国在内的其他国家的共产主义运动，尤其是在落后国家的社会主义运动中变成了具体的革命实践。

而伴随着这些革命理论和实践，马克思对政治经济学的研究也不断地深入。这个时期两者相互支持、融会贯通，使马克思不仅仅更清楚地看到资产阶级的真正面貌和资本主义社会的本质特征，而且更为深刻地认识到，"无

---

① 《马克思恩格斯选集》第 1 卷，人民出版社 1995 年版，第 372 页。
② 《马克思恩格斯选集》第 1 卷，人民出版社 1995 年版，第 372 页。
③ 《马克思恩格斯选集》第 1 卷，人民出版社 1995 年版，第 372 页。
④ 《马克思恩格斯选集》第 1 卷，人民出版社 1995 年版，第 681 页。
⑤ 《马克思恩格斯选集》第 1 卷，人民出版社 1995 年版，第 684 页。
⑥ 《马克思恩格斯选集》第 1 卷，人民出版社 1995 年版，第 375 页。

论哪一个社会形态，在它所能容纳的全部生产力发挥出来以前，是决不会灭亡的；而新的更高的生产关系，在它的物质存在条件在旧社会的胎胞里成熟以前，是决不会出现的"①。并且，伴随着这种认识，马克思对"自由个性"的生成机制也有了进一步认识，于是就有了《1857—1858 年经济学手稿》中那段标志马克思"自由个性"理念成熟的经典话语："人的依赖关系（起初完全是自然发生的），是最初的社会形式，在这种社会形式下，人的生产能力只是在狭小的范围内和孤立的地点上发展着。以物的依赖性为基础的人的独立性，是第二大形式，在这种形式下，才形成普遍的社会物质交换、全面的关系、多方面的需求以及全面的能力的体系。建立在个人全面发展和他们的共同的、社会的生产能力成为他们的社会财富这一基础上的自由个性，是第三个阶段。第二个阶段为第三个阶段创造条件。因此，家长制的、古代的（以及封建的）状态随着商业、奢侈、货币、交换价值的发展而没落下去，现代社会则随着这些东西同步发展起来。"② 通过"三个形态"的描述马克思不但明确提出了"自由个性"的概念，而且也标志着其"自由个性"理念的成熟。在那里马克思从分析商品交换开始，以"交换"的不同形式为脉络，递进式分析了"交换价值"、"货币"、"资本"的产生过程以及人在这个过程中的状态，对"异化"和"依赖"作了深刻的辩证分析，对"自由个性"生成做了全面而深入的阐述：人在资本主义制度下的这种非人状态是历史发展的必然，同时也必然随着历史的发展而达到人本身个性的复归，当剩余劳动本身成了从个人需要本身产生的普遍需要、当剩余劳动产生的大量的财富成为新的一代的普遍财产、当整个社会只需用较少的劳动时间就能占有并保持普遍财富、当人不再从事那种可以让物来从事的劳动的时候，资本的历史使命就完成了；而这个过程，资本为个人的丰富的个性创造出物质因素、每一个个人都得到自由而全面的发展的过程，也就是"自由个性"不断生成的过程。

---

① 《马克思恩格斯选集》第 2 卷，人民出版社 1995 年版，第 33 页。
② 《马克思恩格斯全集》第 46 卷（上），人民出版社 1979 年版，第 104 页。

五、"自由个性"理念与革命理论实践
在相互影响中不断丰富和发展

　　1848 年欧洲革命平息之后，欧美资本主义得到飞速发展，资本主义世界市场开始形成，但是资本主义世界的社会矛盾和阶级对抗也随之加剧，1857 年爆发了世界性经济危机，各国工人纷纷进行罢工斗争，在斗争中他们也逐渐认识到联合的必要性，而与此同时，意大利争取统一的斗争、美国反对南方奴隶制的斗争、1863—1864 年波兰民族解放反对奴役和争取社会进步的重大事件把工人群众卷进政治斗争，也加强了各国工人联合的愿望。在这种背景下，1864 年 9 月 28 日，国际工人协会成立。马克思是国际工人协会的主要创始人和领导人，在其发展期间起草和撰写了大量的文件，借助于这一时期国际工人协会各种宣言、章程及其历届代表大会的议程和决议，我们可以看出马克思为了实现"每一个个人"的个性独立、自由而全面的发展的价值目标而采取的夺取政权、缩减工作日、高度重视合作运动、组建工人政党、要求各国工人兄弟般的团结等一系列观点。而这些革命实践活动进一步影响和推进了马克思的理论研究工作，并在 1867 年出版了《资本论》第 1 卷这部"工人的圣经"。在 1867 年《资本论》第 1 卷中，我们可以从马克思对工作日、合作运动、股份制、机器等一系列主题的分析中，再次看到革命实践活动对马克思思想的影响；而反过来，一旦马克思形成了某种思想，就能够通过国际工人协会这个媒介加以传播并付诸实施。在这个过程中，马克思的"自由个性"理念与革命理论实践在相互影响中不断丰富和发展。

　　在巴黎公社起义以前，马克思的主要革命理论和实践可以概括为以下几点：

　　第一，经济解放是工人阶级解放的最终目的。马克思在 1864 年国际工

人协会成立时的临时章程中写道:"工人的解放应该由工人阶级自己去争取;工人阶级的解放斗争不是争取阶级特权和垄断权,而是要争取平等的权利和义务,并消灭任何阶级统治。劳动者在经济上受劳动资料即生活源泉的垄断者的支配,是一切形式的奴役即一切社会贫困、精神屈辱和政治依附的基础;因而工人阶级的经济解放是一切政治运动都应该作为手段服从于它的伟大目标。"① 这就首先确立了工人阶级的目标和任务是实现最终的经济解放。这一章程条例在后来1866年日内瓦代表大会(国际工人协会第一次会议)《国际工人协会章程和条例》中再次得到体现。②

第二,支持工人为缩短工作日而斗争。在1864年国际工人协会《成立宣言》里,马克思高度赞扬了工人阶级为争取十小时工作法案取得的成果,指出:十小时工作法案的实施,"对于工厂工人在体力、道德和智力方面引起的非常良好的后果"③。"十小时工作日法案不仅是一个重大的实际的成功,而且是一个原则的胜利;资产阶级政治经济学第一次在工人阶级政治经济学面前公开投降了。"④ 1865年6月,马克思在为国际工人协会中央委员会会议作的英文报告《工资、价格和利润》中对此做了分析。马克思说:"时间是人类发展的空间。一个人如果没有自己处置的自由时间,一生中除睡眠饮食等纯生理上必需要的间断以外,都是替资本家服务,那么,他就还不如一头载重的牲口。他不过是一架为别人生产财富的机器,身体垮了,心智也犷野了。"⑤ "现代工业的全部历史还表明,如果不对资本加以限制,它就会不顾一切和毫不留情地把整个工人阶级投入这种极端退化的境地。"⑥ "当工人们争取工作日减到原先的合理范围时,或者,当他们不能强迫法律规定正常的工作日,而用提高工资的办法,使工资提高到不仅和被勒索的剩余价值时间成比例而且还要超过这一比例,来防止过度劳动时,他们只是在

---

① 《马克思恩格斯全集》第16卷,人民出版社1964年版,第15页。
② 《马克思恩格斯全集》第16卷,人民出版社1964年版,第599页。
③ 《马克思恩格斯选集》第2卷,人民出版社1995年版,第604页。
④ 《马克思恩格斯选集》第2卷,人民出版社1995年版,第605页。
⑤ 《马克思恩格斯选集》第2卷,人民出版社1995年版,第90页。
⑥ 《马克思恩格斯选集》第2卷,人民出版社1995年版,第90页。

对他们自己和他们的种族履行义务。他们不过是对资本的横加掠夺设置一些限制而已。"① 1866 年马克思在《临时中央委员会就若干问题给代表的指示》中再次强调:"限制工作日是一个先决条件,没有这个条件,一切进一步谋求改善工人状况和工人解放的尝试,都将遭到失败。它不仅对于恢复构成每个民族骨干的工人阶级的健康和体力是必需的,而且对于保证工人有机会来发展智力,进行社交活动以及社会活动和政治活动,也是必需的。"② 1868 年 8 月马克思在总委员会议上再次重申:"缩短工作日之所以必要,还在于要使工人阶级能有更多的时间来发展智力。从法律上限制工作日,这是使工人阶级智力发达、体力旺盛和获得最后解放的第一步。"③

第三,倡导开展工人的合作运动。在 1864 年国际工人协会成立宣言里,马克思高度评价了工人的合作运动,"对这些伟大的社会试验的意义不论给予多么高的估价都是不算过分的。工人们不是在口头上,而是用事实证明:大规模的生产,并且是用现代科学要求进行的生产,在没有利用雇佣工人阶级劳动的雇主阶级参加的条件下是能够进行的;他们证明:为了有效地进行生产,劳动工具不应当被垄断起来作为统治和掠夺工人的工具;雇佣劳动,也像奴隶劳动和农奴劳动一样,只是一种暂时的和低级的形式,它注定要让位于带着兴奋愉快心情自愿进行的联合劳动。"④ 1866 年 8 月马克思在《临时中央委员会就若干问题给代表的指示》中再次重申了这一点:"我们认为,合作运动是改造以阶级对抗为基础的现代社会的各种力量之一。这个运动的重大功绩在于:它用事实证明了那种专制的、产生赤贫现象的、使劳动附属于资本的现代制度将被共和的、带来繁荣的、自由平等的生产者联合的制度所代替的可能性。"⑤ 而在《资本论》里,马克思也对工人的联合工厂

---

① 《马克思恩格斯选集》第 2 卷,人民出版社 1995 年版,第 90 页。
② 《马克思恩格斯全集》第 16 卷,人民出版社 1964 年版,第 216 页。
③ 《马克思恩格斯全集》第 16 卷,人民出版社 1964 年版,第 643 页。
④ 《马克思恩格斯选集》第 2 卷,人民出版社 1995 年版,第 605—606 页。马克思说:"在英国,合作制的种子是由罗伯特·欧文播下的;大陆上工人进行的试验,实质上是从那些并非由谁发明而是在 1848 年大声宣布的理论中得出的实验结论。"比较早期的马克思,对空想社会主义的试验,马克思的态度似乎有所转变。
⑤ 《马克思恩格斯全集》第 16 卷,人民出版社 1964 年版,第 219 页。

做了高度评价。

第四，夺取政权仍然是工人阶级的伟大目标。尽管马克思高度评价了工人为争取缩短工作日而做的努力，但是马克思同时认为："即使不谈雇佣劳动制度中所包含的奴隶状态，工人阶级也不应夸大这一日常斗争的最终效果。他们不应当忘记：在日常斗争中他们反对的只是结果，而不是产生这种结果的原因；他们延缓下降的趋势，而不改变它的方向；他们服用止痛剂，而不祛除病根。所以他们不应当只局限于这些不可避免的、因资本永不停止的进攻或市场的各种变动而不断引起的游击式的搏斗。"① 工人应当不局限于"做一天公平的工作，得一天公平的工资"的格言，而是要在自己的旗帜上写上革命的口号："消灭雇佣劳动制度"②。而对于合作运动，马克思说，无论"原则上多么有利，只要它还没有超出个别工人的偶然努力的狭隘范围，它就始终既不能阻止垄断势力按着几何级数增长，也不能解放群众，甚至不能显著地减轻他们的贫困的重担。"③ "要解放劳动群众，合作劳动必须在全国范围内发展，因而也必须依靠全国的财力。但是土地巨头和资本巨头……不仅不会促进劳动解放，而且恰恰相反，会继续在它的道路上设置种种障碍。"④ 因此，"为了把社会生产变成一种广泛的、和谐的自由合作劳动的制度，必须进行全面的社会变革，社会制度基础的变革，而这种变革只有把社会的有组织的力量即国家政权从资本家和大地主手中转移到生产者本人的手中才能实现"⑤，"所以，夺取政权已成为工人阶级的伟大使命"⑥。

第五，工人阶级要联合起来。在国际工人协会成立伊始马克思就说："过去的经验证明：忽视在各国工人间应当存在的兄弟团结，忽视那应该鼓励他们在解放斗争中坚定地并肩作战的兄弟团结，就会使他们受到惩罚——

---

① 《马克思恩格斯选集》第 2 卷，人民出版社 1995 年版，第 97 页。
② 《马克思恩格斯选集》第 2 卷，人民出版社 1995 年版，第 97 页。
③ 《马克思恩格斯选集》第 2 卷，人民出版社 1995 年版，第 606 页。
④ 《马克思恩格斯选集》第 2 卷，人民出版社 1995 年版，第 606 页。
⑤ 《马克思恩格斯全集》第 16 卷，人民出版社 1964 年版，第 219 页。
⑥ 《马克思恩格斯选集》第 2 卷，人民出版社 1995 年版，第 606 页。

使他们分散的努力遭到共同的失败。"① 因此，工人阶级的解放要求工人们兄弟般的合作②。"全世界无产者，联合起来！"③ 在 1866 年《给临时中央委员会就若干问题给代表的指示》中，马克思提出要在国际工人协会的帮助下实现劳资斗争中的国际联合行动。1867 年 7 月在《总委员会关于洛桑代表大会的呼吁书》中，马克思更是呼吁各国之间的工人应当团结起来。"在资本的权力面前，人失去了他个人的力量；工厂中的工人成了机器的一部分。为了恢复自己的个性，工人不得不团结起来，建立协会以保障自己的工资和生活。"④ "工人阶级要想比较顺利地继续自己的斗争，就必须把全国性的协会变成国际性的协会。"⑤ 在《国际工人协会总委员会向 1867 年洛桑代表大会的报告》马克思则再次呼吁："全世界的工人们，让我们联合起来！"⑥

第六，要对工人阶级普及德智体全面发展的教育。1866 年 8 月，在《临时中央委员会就若干问题给代表的指示》中，马克思提出，要保证少年儿童德智体全面发展，就要把生产劳动、智育、体育和综合技术教育结合起来，这样，"就会把工人阶级提高到比贵族和资产阶级高得多的水平"⑦。1869 年马克思再次重申："要把智力同体力劳动、同体育和综合技术体育结合起来。"⑧

第七，一切生产资料都应该公有化。这一点是马克思在 1869 年讨论继承权的问题时予以说明的。马克思指出，继承权只是一种结果，而不是原因，"承认废除继承权是社会革命的起点，只能意味着引诱工人阶级离开那实行攻击现代社会真正应持的阵地"⑨。"我们努力的方向是使任何生产工具

---

① 《马克思恩格斯选集》第 2 卷，人民出版社 1995 年版，第 607 页。
② 《马克思恩格斯选集》第 2 卷，人民出版社 1995 年版，第 607 页。
③ 《马克思恩格斯选集》第 2 卷，人民出版社 1995 年版，第 608 页。
④ 《马克思恩格斯全集》第 16 卷，人民出版社 1964 年版，第 607 页。
⑤ 《马克思恩格斯全集》第 16 卷，人民出版社 1964 年版，第 608 页。
⑥ 《马克思恩格斯全集》第 16 卷，人民出版社 1964 年版，第 634 页。
⑦ 《马克思恩格斯全集》第 16 卷，人民出版社 1964 年版，第 218 页。
⑧ 《马克思恩格斯全集》第 16 卷，人民出版社 1964 年版，第 655 页。
⑨ 《马克思恩格斯全集》第 16 卷，人民出版社 1964 年版，第 415 页。

都不再成为私人的财产。生产工具的私有制是一种虚伪的幌子，因为私有者不可能亲自使用生产工具；但是私有制却给予私有者支配生产资料的权力、他们就借此强迫别人为他们做工。在半野蛮状态中这种秩序也许是必要的，但现在已经毫无必要了。一切生产资料都应该公有化，以便保证每个人都既有权利，又有可能来使用自己的劳动力。如果我们能达到这种情况，继承权也就不需要了。"① 因此，马克思指出，社会革命的起点决不是废除继承权，"起点应该是：为生产资料的公有化创造条件"②。

此外，马克思还谈到了在法律上保护妇女和儿童的健康和权利；组建工联；把波兰的解放纳入社会主义革命中来；完全废除间接税而普遍代之以直接税；限制遗嘱继承权，广泛征收遗产税；国际信贷；军队；宗教；土地所有制等一系列问题。

1871 年巴黎公社起义失败后，马克思在总结经验教训的基础上对以上革命理论和实践做了进一步地阐发。这主要体现在《法兰西内战》、《纪念国际成立七周年》、《论土地国有化》等著作中。其主要思想有以下几点。

第一，进一步阐述了生产资料公有制与"每一个个人"个性独立、自由而全面发展的关系。在《法兰西内战》和《论土地国有化》中，马克思阐释了生产资料的公有制是用来实现个人所有权，而这也是历史发展的必然趋势的观点。在《法兰西内战》中，马克思指出，巴黎公社是要"消灭那种将多数人的劳动变为少数人的财富的阶级所有权。它曾想剥夺剥夺者。它曾想把现在主要用作奴役和剥削劳动的工具的生产资料、土地和资本变成自由集体劳动的工具，以实现个人所有权"③。工人们并没有期望公社做出奇迹，他们并没有想仅凭一纸人民法令推行什么现成的乌托邦。"为了谋得自

---

① 《马克思恩格斯全集》第 16 卷，人民出版社 1964 年版，第 652 页。
② 《马克思恩格斯全集》第 16 卷，人民出版社 1964 年版，第 652 页。
③ 《马克思恩格斯全集》第 17 卷，人民出版社 1963 年版，第 362 页。这句话在《马克思恩格斯选集》第 3 卷（人民出版社 1995 年版，第 59 页）则是这么说的："公社是想要消灭那种将多数人的劳动变为少数人的财富的阶级所有制。它是想要剥夺剥夺者。它是想要把现在主要用作奴役和剥削劳动的手段的生产资料、土地和资本完全变成自由的和联合的劳动的工具，从而使个人所有制成为现实。"

己的解放，并同时创造出现代社会在本身经济因素作用下不可遏制地向其趋归的那种更高形式，他们必须经过长期的斗争，必须经过一系列将把环境和人都加以改造的历史过程。工人阶级不是要实现什么理想，而只是要解放那些由旧的正在崩溃的资产阶级社会本身孕育着的新社会因素。"① 1872 年 3—4 月，马克思在提到土地国有化的时候说："土地国有化已成为一种社会必然性。"②"土地国有化将彻底改变劳动和资本的关系，并最终完全消灭工业和农业中的资本主义生产。只有到那时，阶级差别和各种特权才会随着它们赖以存在的经济基础③一同消失。靠他人的劳动而生活将成为往事。同社会相对立的政府或国家将不复存在！农业、矿业、工业，总之，一切生产部门将用最合理的方式逐渐组织起来。生产资料的全国性的集中将成为由自由平等的生产者的各联合体所构成的社会的全国性的基础，这些生产者将按照共同的合理的计划进行社会劳动。这就是 19 世纪的伟大经济运动所追求的人道④目标。"⑤

　　第二，进一步深化了对"无产阶级专政"的认识。巴黎公社失败以后，马克思根据巴黎公社的经验认为，巴黎公社就是无产阶级专政的形式。首先，巴黎公社的性质是无产阶级性质的国家形式。马克思说："公社的真正秘密就在于：它实质上是工人阶级的政府，是生产者阶级同占有者阶级斗争的结果，是终于发现的可以使劳动在经济上获得解放的政治形式"⑥，"公社未能建立一个新的阶级统治形式。只要把一切劳动资料转交给从事生产的劳动者，从而消灭现存的压迫条件，并由此迫使每一个身体健康的人为生存而工作，这样，阶级统治和阶级压迫的唯一的基础就会消除"⑦。这主要表现

---

① 《马克思恩格斯选集》第 3 卷，人民出版社 1995 年版，第 60 页。
② 《马克思恩格斯选集》第 3 卷，人民出版社 1995 年版，第 128 页。
③ 草稿中不是"它们赖以存在的经济基础"，而是"它们所由产生的经济基础，而社会将变成自由生产者的联合组织"。
④ 手稿中"人道"被划掉。可是这个事实恰恰表明了马克思的心迹，即要用一种客观科学的路径来求得一种人道主义目标的实现。
⑤ 《马克思恩格斯选集》第 3 卷，人民出版社 1995 年版，第 129—130 页。
⑥ 《马克思恩格斯选集》第 3 卷，人民出版社 1995 年版，第 59 页。
⑦ 《马克思恩格斯选集》第 3 卷，人民出版社 1995 年版，第 126 页。

在：一是人民直接行使权力，一切权力机关、人民代表、行政机关、司法机关均由选举产生，对选民负责，随时可以撤换；二是公社不实行议会制，实行议行合一原则；三是要建立无产阶级的军队。"建立无产阶级专政，其首要条件就是无产阶级的大军。工人阶级必须在战场上赢得自身解放的权利。"① 总之，巴黎公社的实践丰富了马克思对"无产阶级专政"的认识，正是在这个意义上，恩格斯说："先生们，你们想知道无产阶级专政是什么样子吗？请看巴黎公社。这就是无产阶级专政。"②

第三，进一步强调了工人阶级国际联合重要性。1871 年 9 月，马克思在《纪念国际成立七周年》中指出无产阶级专政的首要条件就是要建立无产阶级的军队，工人阶级必须在战场上争得自身解放的权利，"国际的任务就是把工人阶级的力量组织起来、团结起来，以迎接即将到来的斗争"③。而在 1872 年 9 月阿姆斯特丹群众大会上演说时则号召："如果我们能够在一切国家工人中间牢牢地巩固这个富有生气的原则，我们就一定会达到我们所向往的伟大目标。革命应当是团结的，巴黎公社的伟大经验这样教导我们。巴黎公社之所以失败，就是因为在一切主要中心，如柏林、马德里以及其他地方，没有同时爆发同巴黎无产阶级斗争的高水平相适应的伟大的革命运动。"④

这一时期，除了对巴黎公社进行经验和教训的总结以外，马克思还针对巴枯宁否定一切国家、否定一切权威，反对政治斗争、反对无产阶级专政的无政府主义观点，与其展开了针锋相对地斗争。1873 年，巴枯宁写成《国家制度和无政府状态》一书，主张他的无政府主义观点，这本书问世后不久，马克思就对其做了摘要并表达了自己的一些看法。这包括：

第一，要组建无产阶级的国家。巴枯宁在《国家制度和无政府状态》反对建立国家和其他管理机构的理由是国家和管理机构会滋生官僚主义——

---

① 《马克思恩格斯选集》第 3 卷，人民出版社 1995 年版，第 126 页。
② 《马克思恩格斯选集》第 3 卷，人民出版社 1995 年版，第 13—14 页。
③ 《马克思恩格斯选集》第 3 卷，人民出版社 1995 年版，第 126 页。
④ 《马克思恩格斯全集》第 18 卷，人民出版社 1964 年版，第 180 页。

在集体所有制下，所谓的人民意志就会消失，而让位于合作社的真正意志。因此导致的后果就是少数特权者管理大多数的人民群众，马克思主义者说这个少数是工人，但是一旦他们变成了人民的代表或者人民的统治者，他们就不再是工人了。① 巴枯宁说，任何国家，马克思主义者的"人民国家"也不例外，都是一种羁绊，它一方面产生专制，另一方面产生奴役。② 而马克思则对此批判道："如果巴枯宁先生哪怕是对工人合作工厂的管理者的地位有所了解，他关于统治权的一切狂想就彻底破灭了。"③ 马克思认为，无产阶级在斗争时期，虽然"没有建立起自己的最终的组织，为了解放自己，它还要使用一些在它获得解放以后将会失去意义的手段"④。因此，对巴枯宁主张的无产阶级应当处于一种无政府状态，"工人阶级自下而上的自由组织"⑤ 的结论，马克思评判到："胡说八道！"⑥

第二，关于社会主义改造。马克思在批判巴枯宁的无政府主义的时候提到了在经济发展不充分的条件下可以实行社会主义改造的想法。巴枯宁批评共产主义的"人民国家"将使无产阶级成为统治阶层，并使另一个无产阶级来服从它的新的统治。马克思对巴枯宁的话做了自己的理解，马克思说："这就是说，只要其他阶级特别是资本家阶级还存在，只要无产阶级还在同它们进行斗争（因为在无产阶级掌握政权后无产阶级的敌人还没有消失，旧的社会组织还没有消失），无产阶级就必须采用暴力措施，也就是政府的措施；如果无产阶级本身还是一个阶级，如果作为阶级斗争和阶级存在的基础的经济条件还没有消失，那末就必须用暴力来消灭或改造这种经济条件，并且必须用暴力来加速这一改造的过程。"⑦ 这一点同《共产党宣言》的提法是差不多的，在那里马克思说："当然首先要对所有权和资产阶级生产关

---

① 《马克思恩格斯全集》第 18 卷，人民出版社 1964 年版，第 699 页。
② 《马克思恩格斯全集》第 18 卷，人民出版社 1964 年版，第 702 页。
③ 《马克思恩格斯全集》第 18 卷，人民出版社 1964 年版，第 700 页。
④ 《马克思恩格斯全集》第 18 卷，人民出版社 1964 年版，第 701 页。
⑤ 《马克思恩格斯全集》第 18 卷，人民出版社 1964 年版，第 702 页。
⑥ 《马克思恩格斯全集》第 18 卷，人民出版社 1964 年版，第 702 页。
⑦ 《马克思恩格斯全集》第 18 卷，人民出版社 1964 年版，第 694 页。

系实行强制性的干涉，也就是采取这样一些措施，这些措施在经济上似乎是不够充分的和没有力量的，但是在运动进程中它们会越出本身，而且作为变革全部生产方式的手段是必不可少的。"①

马克思特意提到了农村的社会主义改造。同样是在批判巴枯宁的过程中，马克思表达了对农民的态度，也指出应当对农民进行社会主义改造。首先，马克思认为农民作为私有者不属于无产阶级，甚至从他们的状况来看他们已属于无产阶级的时候，他们也认为自己不属于无产阶级。② 其次，无产阶级应当通过适当的措施对农业实行社会主义改造。马克思指出，在农民作为土地私有者大批存在的地方，凡是农民占绝对大多数的地方，也就是农民没有消失，没有为雇农所代替的地方，就存在着两种可能性：要么农民阻碍和断送一切工人革命，就像法国发生的那样，要么就是无产阶级以政府的身份采取措施，直接改善农民的状况，从而把他们吸引到革命方面来。马克思说："这些措施，一开始就应当促进土地私有制向集体所有制过渡，让农民自己通过经济的道路来实现这种过渡；但是不能采取得罪农民的措施。"③

1875 年，德国社会民主工党爱森纳赫派和全德工人联合会在哥达城举行合并大会，成立德国社会主义工人党（1890 年改为德国社会民主党），并通过《哥达纲领》。两派合并后成立的党的领导机构中，拉萨尔派占了多数。马克思恩格斯虽然赞同两党的合并，但是对爱森纳赫派在纲领和组织上的无原则让步进行了严厉的批评。马克思为此写了《哥达纲领批判》，不但从理论上进行了批判，而且提出了未来共产主义社会两个阶段的主张，并重申"无产阶级专政"的重要性。与此同时，马克思还提出了俄国有可能"不通过资本主义的卡夫丁大峡谷"的设想。在 1881 年给查苏利奇复信的初稿中，马克思在分析了俄国农村公社所处的历史现实条件和自身具备的

①《马克思恩格斯选集》第 1 卷，人民出版社 1995 年版，第 293 页。
②《马克思恩格斯全集》第 18 卷，人民出版社 1964 年版，第 694—695 页。
③《马克思恩格斯全集》第 18 卷，人民出版社 1964 年版，第 695 页。

"二重性"特点后指出，俄国农村公社有双重的性质，它的发展方向要取决于内部两种因素的博弈，由于"俄国'农村公社'的历史环境是独一无二的！"① 所以，"它能够不通过资本主义制度的卡夫丁峡谷，而占有资本主义制度所创造的一切积极的成果"②，"它能够成为现代社会所趋向的那种经济制度的直接出发点，不必自杀就能开始获得新的生命。相反，作为开端，必须使它处于正常的状态"③。在 1882 年《共产党宣言》俄文版第二版序言中，马克思恩格斯说道："俄国公社，这一固然已经大遭破坏的原始土地公共占有形式，是能够直接过渡到高级的共产主义的公共占有形式呢？或者相反，它还必须先经历西方的历史发展所经历的那个瓦解过程呢？对于这个问题，目前唯一可能的答复是：假如俄国革命将成为西方无产阶级革命的信号而双方相互补充的话，那么现今的俄国土地公共所有制便能成为共产主义发展的起点。"④

可见，在确立了"每一个个人"的个性独立、自由而全面的发展的"自由个性"的价值目标以后，马克思逐渐由关注"是什么"转移到了"怎么做"的思考和实践中。而这个关于"怎么做"的思考和实践，如我们所看到的，首先就是关于社会革命的理论思考和实践。这样，关于社会革命的思考与实践就与马克思对"自由个性"的思考在相互影响中不断丰富和发展起来了。

六、关于社会革命与"自由个性"关系的深入分析

现在，让我们深入分析一下社会革命与"自由个性"的关系。首先我

---

① 《马克思恩格斯选集》第 3 卷，人民出版社 1995 年版，第 770 页。
② 《马克思恩格斯选集》第 3 卷，人民出版社 1995 年版，第 770 页。
③ 《马克思恩格斯选集》第 3 卷，人民出版社 1995 年版，第 770—771 页。
④ 《马克思恩格斯选集》第 1 卷，人民出版社 1995 年版，第 251 页。

们看到，马克思是把社会革命作为实现"自由个性"的一个必要手段，认为只有通过"社会革命"，才能为"每一个个人"个性独立、自由而全面的发展提供必要的条件，而也正是在对社会革命理论的不断完善中马克思的"自由个性"理念也不断成熟并丰富起来；其次我们会看到马克思对作为手段的社会革命理论是不断发展变化的，而正是这种变化向我们展示了马克思"自由个性"理念与"社会革命"理论之间的博弈——协调与对抗；而由此我们也便得出了目的的手段不能代替手段的目的的结论。

（一）社会革命是实现"自由个性"的必要手段

首先，在马克思看来，要实现"每一个个人"个性独立、自由而全面发展，必须需要无产阶级的社会革命。

第一，马克思把"每一个个人"个性独立、自由而全面的发展的实现同社会制度的基本改造结合在一起。马克思认为，人处于被奴役和个性压抑的状态，不是抽象的想象，而是与物质资料的占有方式、与社会的生产方式有着内在的联系，与某种社会制度有着密切的联系，资本主义的生产方式和社会制度表现为对个人的全面异化和个性的全面压抑，因此，要达到个性自由而充分的发挥，要达到人类的解放，只有首先是在推翻资本主义的社会制度下才能成为可能，因此，通过革命推翻资本主义制度建立社会主义制度是实现"自由个性"的一个首要前提。

第二，马克思把"每一个个人"个性独立、自由而全面的发展的实现同无产阶级的个性解放紧密结合起来。马克思认为，在无产阶级（工人阶级）身上体现了个人被奴役和异化的所有特征，无产阶级"本身表现了人的完全丧失"，他不属于这个旧社会，他寻求自己"人的完全恢复"的过程实际上也就是要旧社会解体的进程，在寻求自身解放的同时也解放着其他一切社会领域。"无产阶级宣告现存世界制度的解体，只不过是揭示自己本身存在的秘密，因为它是这个世界制度的实际解体。"[1] 为此，无产阶级就要

---

[1]《马克思恩格斯全集》第 1 卷，人民出版社 1956 年版，第 466 页。

始终以推翻资本主义制度为目标，以夺取政权掌握公共权力为目标，实现无产阶级专政。

第三，马克思把"每一个个人"个性独立、自由而全面的发展的实现同工人阶级的政治解放和经济解放相结合起来。在政治解放方面，首要的是组建工人阶级自己独立的政党，通过不间断地革命，直至夺取政权，实现无产阶级专政。为了达到这一目的，要同农民结成工农联盟，并号召各国无产阶级联合的行动。与此同时，工人阶级不能放弃经济斗争，一是高度强调工人之间的联合行动。工人要组建工联为缩短工作日和提高劳动工资而同资本家斗争；同时工人之间要展开合作运动和生产，如合作工厂等。二是高度强调在夺取政权之后国家的作用。在夺取政权之后，要以无产阶级国家的名义实行社会主义的改造，如实行农业的社会主义改造，把土地收归国有，限制继承权，实行直接税等措施，从而为"自由个性"的实现打造条件。这一点也可以概括为把打破旧世界与建立新世界相结合起来。一方面，马克思主张只有通过无产阶级夺取政权才能为"每一个个人"个性独立、自由而全面的发展提供条件，另一方面，在没有夺取政权之前，工人们需要通过自己的合作运动为实现这一目标而努力。

第四，马克思把"每一个个人"个性独立、自由而全面的发展的实现同环境的改造与对个人自身的改造相互结合起来。马克思认为，要实现"自由个性"，不单单需要外部社会制度的变革，同时还需要个人体力、智力、精神等的不断发展。因此，不论在什么时期，马克思都强调要把对工人进行德智体全面发展的培养作为教育的主要目标。马克思关于"自由个性"如何实现的这些观点、原则和方法，对于后来的马克思主义者的行为有着很大的启发和指导意义。

第五，马克思把"自由个性"的实现同"自由个性"理念的科学彻底性与革命实践运动的灵活性相结合起来。在理论上，马克思认为要始终明确自己的原则；但在革命运动中，要采取灵活机动的策略，与所有的同盟者达成合作关系，反对共同的敌人，但是，这一点是不能以牺牲最后的目的——共产主义为代价的。这也正是马克思虽然赞同爱森那赫派与拉萨尔派的合并，但是却对其纲领大加批判的主要原因。同时也正是因为这一点，暴露出马克思追求"自由个性"价值目标与追求"社会革命"理论的内在矛盾以及马克思本人在取舍中的挣扎。

（二）"自由个性"与"社会革命"的内在博弈

为了说明这个问题，我们还要关注的是马克思一些观点的变化。首先，如我们已经看到的是，马克思通过"社会革命"手段来实现"自由个性"的这一想法并不是一开始就有的，而是一个渐进的过程。只是在马克思试图通过批判来改变现实的愿望失败以后，随着马克思对历史和经济研究的深入，随着马克思对"阶级斗争"的认可，通过"社会革命"改变现存社会制度的想法逐渐明晰起来。从这里我们首先看到的是，在社会革命之前，马克思对"自由个性"这一价值目标的认定是第一位的。其次，是马克思在转入社会革命之后其若干观点在不同的历史时期发生的很大的改变，这些变化进一步表明了"自由个性"与"社会革命"之间存在着内在的博弈——对抗和协调。我在这里仅选取了三个角度，第一个角度是马克思的革命战略，第二个角度是马克思的革命策略，第三个角度是股份制。通过对这三个问题的探讨，我们试图得到一些结论。

1. 革命战略理论与实践的"矛盾"表明"自由个性"与"社会革命"的对抗

首先有必要说的是马克思的革命战略。我们会发现马克思社会革命理论和实践中存在着一种"矛盾"。一方面，在理论上马克思认为共产主义革命：只有在生产力的巨大增长和高度发展的前提下，才能够形成两大对立阶级，才能够建立起普遍交往，才"在作为占统治地位的各民族'立即'同时发生的行动才可能是经验的"①。所以马克思高度重视研究革命爆发的条件，反对那种"机械制造革命"和"输出革命"的情况。他们不断告诫各国的革命者："革命不能故意地、随心所欲地制造，革命在任何地方和任何

---

① 《马克思恩格斯全集》第3卷，人民出版社1965年版，第39页。

时候都是完全不以单个政党和整个阶级的意志和领导为转移的各种情况的必然结果。"① 然而另一方面，基于感受认识的资本主义罪恶和无产阶级苦难及社会主义必然代替资本主义的理性分析，他们期盼社会主义革命早日到来尽快胜利，对资本主义发展过程中出现的危机和战争寄予了过高的期望，以致对革命形势做出了过高的估计。所以，19世纪四五十年代，他们估计德国处于资产阶级革命的前夜，寄希望德国爆发革命并成为社会主义革命的序幕；革命失败后，他们虽然从经济的角度分析了革命失败的原因，指出在资本主义生产力处于上升阶段过程中不可能会出现真正的革命，但是随后就把视角转向了处于殖民地地位的中国、印度等落后国家，寄希望那里出现危机，进而引发欧洲革命，从而与欧洲形成互动，形成社会主义革命；而对于爱尔兰，则明确把爱尔兰的民族解放与无产阶级的社会革命合为一体，希望通过爱尔兰的独立战争来加速在英国的社会革命；到了70年代，当俄国资本主义发展起来，并且存在着有可能爆发革命的形势的时候，他们更是对俄国革命关怀倍加，并期望俄国的农村公社能够在爆发革命的基础上保留下来实现"不通过卡夫丁大峡谷"就能达到的社会新形态。而直到俄国革命的趋向很不明显的时候，恩格斯才又回到了理论上的革命策略上来，并再次把视角放在欧洲大陆上。这种社会革命战略的理论与实践折磨着马克思和恩格斯，而这种折磨也正是马克思思想中"每一个个人"个性独立、自由而全面发展的美好价值目标与马克思所认可的实现手段——社会革命之间博弈的一种表现。按照马克思的理论研究，"自由个性"即"每一个个人"个性独立、自由而全面发展的生存状态的实现是一个历史的生成过程，是伴随着人对人的依赖以及人对物的依赖的逐渐消失而逐渐生成的一个历史过程。而这也就决定了要实现"自由个性"，首先就需要资本的充分发展，因为正如我们所分析过的，正是在资本的作用下，才能为"自由个性"的生成提供各种必备的条件，但是同样我们看到的是伴随着这一过程的正是对人本身的漠视和对人个性和生命力的摧残。这就造成了马克思本人的"分裂"，一方面

---

① 《马克思恩格斯选集》第1卷，人民出版社1995年版，第239页。

是理性逻辑的马克思，在这里马克思成了经济决定论者，因此他反对任何时机不成熟的革命，并提出了"两个决不会"的思想；而另一方面却是一个感性实践的马克思，再没有一件事情比一个人在洞悉了本质以后却仍然要面对无奈的现实更可悲的事情了，"两个必然"就像是长鸣钟一般始终回响在马克思的脑海中，并"逼迫"着马克思去改变这种无奈的现实。所以，一旦他认为找到了机会，他就会毫不犹豫地投入到轰轰烈烈的革命活动中去。所以，从这个角度上来讲，马克思在革命战略上理论与实践的"矛盾"与挣扎恰恰表明了其"自由个性"理念与"社会革命"之间的博弈。

　　2. 革命策略倾向性调整表明"社会革命"对"自由个性"的自我调整

　　然后我们来看一下马克思在革命策略上的倾向性调整。在 19 世纪 40 年代，马克思恩格斯初步制定了区别于布朗基主义的，以有组织、有领导的暴力革命的方式来夺取政权的革命策略。在马克思心目中，革命意味着质变和断裂，而暴力则是完成突变的催化剂，革命就等于暴力。1848 年《共产党宣言》公开声称："共产党人不屑于隐瞒自己的观点和意图。他们公开宣布：他们的目的只有用暴力推翻全部现存的社会制度才能达到。让统治阶级在共产主义革命面前发抖吧。无产者在这个革命中失去的只是锁链。他们获得的将是整个世界。"① 不过，马克思恩格斯也没有排斥用和平方法达到同样目的这样一种可能性。相反，即使是在暴力革命理论建立并不断完善的早期，马克思恩格斯也希望：如果有可能的话，可以用和平的不流血的手段来完成目标。1845 年，恩格斯在爱北斐特的演说中谈道："如果社会革命和共产主义的实现是我们现存关系的必然结果，那么我们首先就得采取措施，使我们能够在实现社会关系变革的时候避免使用暴力和流血。要达到这一目的只有一种办法，就是和平实现共产主义，或者是和平的准备共产主义。"②

　　1848 年欧洲革命失败以后，马克思恩格斯针对革命中争取普选权和议

---

① 《马克思恩格斯选集》第 1 卷，人民出版社 1995 年版，第 307 页。
② 《马克思恩格斯全集》第 2 卷，人民出版社 1957 年版，第 625 页。

会斗争活动，开始对革命策略做出倾向性调整。1850年3月法国选举，当马克思知道有工人阶级和其他候选人名单的时候，很高兴地说，"……无产阶级是革命联盟的首脑……一切反对都是枉然，社会主义的候选人都取得了胜利"①。然而，直到70年代初，马克思恩格斯并没有把和平手段提到革命策略的角度。从70年代开始，马克思恩格斯不断由暴力革命策略向和平选举和议会斗争侧重，把和平斗争手段提到革命策略的高度上来。马克思恩格斯开始认为"普法权赋予我们一种卓越的行动手段"②，"普选制是测量工人阶级成熟性的标尺。"③选举权"由历来是欺骗的手段变为解放的手段"④。基于对普选权的认识的深入，马克思恩格斯对在新的条件下建立以普选权和议会斗争为主要形式，进而和平夺取政权的方式有了更深了解，并提到策略的高度。1891年针对着德国"现代的社会正在长入社会主义"⑤的认识，恩格斯从具体的情况出发提出设想，指出德国、英国、美国的革命策略和手段应当是不一样的："可以设想，在人民代议机关把一切权力集中在自己手里、只要取得大多数人民的支持就能够按照宪法随意办事的国家里，旧社会有可能和平长入新社会，比如在法国和美国那样的民主共和国……但是在德国……这样的政策归根到底只能是长期把党引入迷途。"⑥美、英、法"可能和平长入社会主义"，而对德国而言，则是不可能的。这种策略在德国的国情下会导致"为了运动的现在而牺牲运动的未来"⑦。就在恩格斯逝世前写成的《卡·马克思〈1848年至1850年的法兰西阶级斗争〉一书导言》中系统总结了他关于革命策略的系统思想。恩格斯在《导言》中，以客观的态度分析了形势的变化，做了自我批评，高度评价了普选权的作用，并再次声明对暴力革命的保留权。可见，在对革命的策略方面，马克思恩格斯是持

---

① 《马克思恩格斯选集》第1卷，人民出版社1995年版，第307页。
② 《马克思恩格斯全集》第17卷，人民出版社1963年版，第304页。
③ 《马克思恩格斯选集》第4卷，人民出版社1995年版，第173—174页。
④ 《马克思恩格斯选集》第4卷，人民出版社1995年版，第516—517页。
⑤ 《马克思恩格斯选集》第4卷，人民出版社1995年版，第411页。
⑥ 《马克思恩格斯选集》第4卷，人民出版社1995年版，第411页。
⑦ 《马克思恩格斯选集》第4卷，人民出版社1995年版，第412页。

一种"原则性的灵活"态度的，不过对于这种灵活性，他们告诫道："要记住一条老规矩：不要看到运动和斗争的现状，而忘记运动的未来。而未来是属于我们的。"① 而这里的未来正是马克思恩格斯理想中"每一个个人"个性独立、自由而全面发展的"自由个性"的状态。马克思关于革命策略的倾向性转变再次让我们体会到"自由个性"与"社会革命"的博弈，不过从中我们也看出马克思在对待"自由个性"这个价值目标和"社会革命"这个手段的态度上是不一样的，相比于革命策略伴随着社会形势发生不断的调整，要达到"每一个个人"的个性独立、自由而全面发展的这一价值理想却从来没有为此发生过丝毫的变化。而对股份制看法的转变更是再次表明"自由个性"理念相对于"社会革命"的优先性。

3. 对股份制看法的转变再次表明"自由个性"对"社会革命"的优先性

我们已经知道，马克思说"自由个性"实现的一大必要条件是"社会个人的所有制"。而在现实的生活中，马克思又是对所有制采取一种什么态度呢？

1847 年，经济学家布雷提出了一个"过渡的社会阶段"或"中间阶段"。他认为："要顺利实现以财产公有为基础的最完善的社会制度，就必须改变人的性格；如果现在的制度没有条件和可能来改变这种性格，使人们达到合乎我们理想的更好的状态……就必须发现和实行一种过渡的社会阶段——即部分属于现在的制度、部分属于将来的制度（以财产公有为基础的制度）② 的过程——或者某种中间阶段，社会进入这个阶段时将带着自身的各种弊病和愚蠢，以后出来时却带着财产公有制度中不可缺少的各种品质和特点。"③ 在这个过渡阶段，布雷认为应当实行"劳动产品交换"。"整个这一进程只要求最简单的合作形式……生产费用在任何情况下都确定产品的

①《马克思恩格斯全集》第 36 卷，人民出版社 1975 年版，第 310 页。
② 马克思在这里加了一个括号。
③《马克思恩格斯全集》第 4 卷，人民出版社 1958 年版，第 114 页。

329

价值，相等的价值总是和相等的价值进行交换……每个人都以自己所得的工资来交换同样价值的物品；在任何情况下……每一个人的劳动才是他的利益或损失的唯一标准"。① 同时，布雷也提出了一个"联合体"，在这个联合体中，"每个人继续享有任意积蓄和按照自己的愿望去使用这种储金的自由"，而社会则是由无数小的股份公司构成的大股份公司，而在这些最小的股份公司中，大家劳动、大家生产并且在最平等的基础上交换自己的产品。因此，布雷认为，"我们这种股份公司的新制度是为了过渡到共产主义而对现代社会的一种让步，它允许产品的个人所有制和生产力的公有制同时存在。'② 在这种新制度下，"每个人的命运取决于他本身的活动，并使人人均享自然和技术的成就所提供的一切利益。因此，这种制度可以适用于现在的社会，还可以准备它今后的变化"③。可见，布雷提出的是一种"股份合作制度"④。而马克思当时对此的态度是否定的。马克思指出，在这个所谓的过渡阶段实施"劳动交换"的做法的后果将是荒唐的，将会导致偷懒成风。首先，布雷的基本定理是：某甲一个工时交换某乙一个工时。但是，假定甲工作12个小时，乙工作6个小时，在这种情况下，甲只要用6个小时就能交换乙的6个小时，这样甲的6个小时就剩下来。那么甲会怎么处理这剩下的6个小时呢？两种选择，或者白白工作6个小时，或者6个小时不干活，以取得均衡。因此，在一般情况下，甲会选择无所事事。而"为了使这种无所事事的新权利不仅在新社会中得到承认，而且受到重视，这个新社会就必须把懒惰当做最大的幸福，将劳动看做必须全力摆脱的沉重负担"⑤。而从另一个角度来看，甲比乙多的这些空闲时间实质上是甲在一开始时用过度的劳动所得的结果。而乙在经过经常的和有规律的劳动以后，也达到这个结

① 《马克思恩格斯全集》第4卷，人民出版社1958年版，第114页。
② 《马克思恩格斯全集》第4卷，人民出版社1958年版，第115页。
③ 《马克思恩格斯全集》第4卷，人民出版社1958年版，第115页。
④ 股份合作制度是指企业中一种劳动合作和资本合作的有机结合。劳动合作是基础，职工共同劳动，共同占有和使用生产资料，实行民主管理；资本合作采取股份形式，职工既是劳动者，又是企业出资人。
⑤ 《马克思恩格斯全集》第4卷，人民出版社1958年版，第115页。

果，用的时间不一样，但是取得的效果确是一样的，于是"每个人都想做某乙，于是就会发生为争夺某乙的地位而展开竞争，即展开偷懒的竞争"①。所以，马克思说，那么"相等劳动量的交换"如果能够带来什么东西的话，就是"生产过剩、价格低落和过度劳动（接着是无事可做），总而言之，现社会中所有的一切经济关系，还有偷懒的竞争，只是没有劳动的竞争"②。这是马克思的解释。可是如果深入分析，就会发现当时马克思的看法深受其对"社会就是一个阶级对抗上的社会关系"③ 的判断的影响。如马克思说，假定社会的全体成员都是直接劳动者，那么要进行劳动时间的等量交换，只有事先对花费在物质生产上的时间数量取得协议，但是这种协议却是对个人交换的否定。为什么呢？马克思说，个人交换是和一定的生产方式相适应的，"而这种生产方式又是同阶级对抗相适应的，因此，没有阶级对抗就不会有个人交换"④。因此，"相等劳动量的交换"的基础应当是阶级对抗的消失。在存在阶级对抗的基础上搞"劳动产品公平交换所"，只能是失败的。可见，在 19 世纪 40 年代，马克思对阶级和社会对抗是相当看重的，也正因为如此，马克思此时追求的是一种彻彻底底的革命，从而导致对蒲鲁东的一些社会改良的做法不屑一顾，对股份制这种"不痛不痒"的行为更是嗤之以鼻了。

然而 10 年过后，马克思对股份公司的看法却发生了天翻地覆的变化。马克思对股份合作制不仅仅持赞同态度甚至是欣赏的。1858 年，马克思在给恩格斯的一封信中谈到，股份资本是一种导向共产主义的最完善的形式。⑤ 这主要是基于马克思对"自由个性"的进一步研究，尤其是对"两个决不会"和"社会个人所有制"的研究，只是在此时股份制才开始在马克思的视野里显得真正重要起来。马克思认为，"股份公司的成立。由此：
1. 生产规模惊人地扩大了，单个资本不可能建立的企业出现了。同时，这

---

① 《马克思恩格斯全集》第 4 卷，人民出版社 1958 年版，第 116 页。
② 《马克思恩格斯全集》第 4 卷，人民出版社 1958 年版，第 116 页。
③ 《马克思恩格斯全集》第 4 卷，人民出版社 1958 年版，第 135 页。
④ 《马克思恩格斯全集》第 4 卷，人民出版社 1958 年版，第 117 页。
⑤ 《马克思恩格斯全集》第 29 卷，人民出版社 1972 年版，第 299 页。

种以前由政府经营的企业，成了社会的企业。2. 那种本身建立在社会的生产方式的基础上并以生产资料和劳动力的社会集中为前提的资本，在这里直接取得了社会资本（即那些直接联合起来的个人的资本）的形式，而与私人资本相对立。这是作为私人财产的资本在资本主义生产方式本身范围内的扬弃……在股份公司内，职能已经同资本相分离，因而劳动也已经完全同生产资料的所有权和剩余劳动的所有权相分离。资本主义生产极度发展的这个结果，是资本再转化为生产者的财产所必须的过渡点，不过这种财产不再是各个互相分离的生产者的私有财产，而是联合起来的生产者的财产，即直接的社会财产。另一方面，这是所有那些直到今天还和资本所有权结合在一起的再生产过程中的职能转化为联合起来的生产者的单纯职能，转化为社会职能的过渡点"①。不过在马克思看来，"这种向股份形式的转化本身，还是局限在资本主义界限之内；因此这种转化并没有克服财富作为社会财富的性质和作为私人财富的性质之间的对立，而只是在新的形态上发展了这种对立"②。股份公司"是资本主义生产方式本身范围内的扬弃，因而是一个自行扬弃的矛盾，这个矛盾首先表现为通向一种新的生产形式的单纯过渡点"③。由此可见，正是马克思对"自由个性"研究的不断深入才进一步改变了马克思对股份制的看法并将其纳入"自由个性"历史生成的一个重要因素。而从这里我们也再次看到马克思"自由个性"理念相对于"社会革命"的优先性。

（三）目的的手段不能代替手段的目的

现在让我们从另外一个角度来分析马克思关于革命战略理论与实践的矛盾、革命策略的倾向性调整、对股份制看法的转变。首先我们看到的是，这些都表明了马克思信条："时间在变化，我们也随着时间在变化。"④ 1889

---

① 《资本论》第3卷，人民出版社1975年版，第494页。
② 《资本论》第3卷，人民出版社1975年版，第497页。
③ 《资本论》第3卷，人民出版社1975年版，第495—496页。
④ 《马克思恩格斯全集》第5卷，人民出版社1958年版，第32页。

年恩格斯在批评格尔桑·特利尔拒绝同任何其他政党合作的观点时指出："无产阶级不通过暴力革命就不可能夺取自己的政治统治，即通往新社会的唯一大门，在这一点上，我们的意见是一致的。要使无产阶级在决定关头强大到足以取得胜利，无产阶级必须（马克思和我从1847年以来就坚持这种立场）组成一个不同于其他所有政党并与它们对立的特殊政党，一个自觉的阶级政党。可是，这并不是说，这一政党不能暂时利用其他政党去实现或是直接有利于无产阶级的、或是朝着经济发展或政治自由方向前进的进一步的措施……而所有这一切又必须以党的无产阶级性质不致因此发生问题为前提。对我来说，这是绝对的界限。您在1847年的《共产党宣言》中就可以看到这种政策的阐明，我们在1848年，在国际中，到处都遵循了这种政策……因此，在我看来，您把首先纯属策略的问题提高到原则问题，这是不正确的。而我认为这里基本上只是策略问题。但是策略的错误在一定情况下也能够导致破坏原则。"① 可见，在恩格斯看来，基本的原则是保持无产阶级的性质以及夺取政权，而对于采用的这个策略是怎么样的，则是属于第二层面的。不过，如我们所知道的，由于恩格斯所处的语境是无产阶级还没有掌握政权，所以夺取政权是他的基本原则，也是他的最近的目标。"要知道，工人运动的最近目标就是由工人阶级自己为工人阶级夺取政权。"② 这是当时马克思恩格斯的一个基本原则。③ 然而，"夺取政权"不是我们的最终目的，甚至在马克思看来，共产主义本身也不是最终的目的，"共产主义"本身也只是一种中介，"共产主义是作为否定的否定的肯定，因此它是人的解放和复原的一个现实的、对下一段历史发展来说是必然的环节。共产

---

① 《马克思恩格斯全集》第37卷，人民出版社1971年版，第321—322页。

② 《马克思恩格斯全集》第39卷，人民出版社1974年版，第47页。

③ 恩格斯在1883年说："马克思和我从1845年起就持有这样的观点：未来无产阶级革命的最终结果之一，将是称为国家的政治组织逐步消亡和最后消失。这个组织的主要目的，从来就是依靠武装力量保证富有的少数人对劳动者多数的经济压迫。随着富有的少数人的消失，武装压迫力量或国家权力的必要性也就消失。但是同时，我们始终认为，为了达到未来社会革命的这一目的以及其他更重要多的目的，工人阶级应当首先掌握有组织的国家政权并依靠这个政权镇压资本阶级的反抗和按新的方式组织社会。这一点在1847年写的《共产党宣言》的第二章末尾已经阐明"（《马克思恩格斯全集》第36卷，人民出版社1975年版，第10页）。

主义是最近将来的必然的形式和有效的原则,但是,这样的共产主义并不是人类发展的目标,并不是人类社会的形式"①。因此,就如我们在追溯过程中所看到的,我们又一次发现这个主题,就是马克思的思考始终都围绕着如何实现"每一个个人"个性独立、自由而全面发展的"自由个性"的价值诉求和状态而展开。这一点在1894年又再次得到了确认。1894年朱泽培·卡内帕请求恩格斯尽快为即将出版的《新纪元》找一段题词,用简短的词句来表述未来的社会主义纪元的基本思想,以区别于但丁曾经说过的"一些人统治,另一些人受苦难"的旧纪元时,恩格斯在回信中说:"要用不多几个字来表述未来新时代的思想,同时既不堕入空想社会主义又不流于空乏辞藻,这个任务几乎是难以完成的。"②"我打算从马克思的著作中给您寻找一行您所要求的题词。马克思是当代唯一能够和伟大的佛罗伦萨人相提并论的社会主义者。但是,除了从《共产党宣言》中摘出下列一段话外,我再也找不出合适的了:代替那存在着阶级和阶级对立的资产阶级旧社会的,将是这样一个联合体,在那里,每个人的自由发展是一切人的自由发展的条件。"③ 由此我们再次看到,"每一个个人"个性独立、自由而全面的发挥即"自由个性"是马克思思想中的"核心要素",是马克思学说的终极目的和价值诉求,引领着马克思的一切社会革命实践。社会革命方式无论采取什么形式,都要以"保证社会劳动生产力极高度发展的同时又保证每个生产者个人最全面的发展"④ 即"自由人联合体"⑤ 这个对每个人自由人格的尊重,以每一个个人自由而全面发展的价值目标来进行取舍判断。而这也进一步说明,尽管"革命"是马克思一生的实践,但是它仍然属于第二个层面的范畴,而属于"革命"范畴下的"无产阶级专政"、"国家所有制"、"工农联盟"等又是属于更为表层的形式上的范畴,它们更是可变的,不是核

---

① 《马克思恩格斯全集》第 42 卷,人民出版社 1979 年版,第 131 页。
② 《马克思恩格斯全集》第 39 卷,人民出版社 1974 年版,第 189 页。
③ 《马克思恩格斯全集》第 39 卷,人民出版社 1974 年版,第 189 页。
④ 《马克思恩格斯选集》第 3 卷,人民出版社 1995 年版,第 342 页。
⑤ 《资本论》第 1 卷,人民出版社 1975 年版,第 95 页。

心的东西。最为核心的东西，也正因为如此，这要求我们在看待马克思这一系列革命措施的时候，就如《共产党宣言》德文版序言（1872年）所说："不管最近二十五年来的情况发生了多大的变化，这个'宣言'中所发挥的一般基本原理整个说来直到现在还是完全正确的。在个别地方本可做某些修改。这些基本原理的实际运用，正如'宣言'中所说的，随时随地都要以现存历史条件为转移，所以第二章末尾提出的那些革命措施并没有什么独立的意义。现在这一段在许多方面都应该有不同的写法了。"① 进一步讲，我们在看待"革命"的时候，也是要始终遵循"每一个个人"个性独立、自由而全面发展这一最终的价值目标。革命只是手段，"自由个性"才是目标。但是，作为一个"价值目标"，"自由个性"只是负责引导，而具体的过程则需要我们去"选择"我们的行为，但是无论我们的选择是什么，都不能以牺牲这一价值目标为代价。因此，我们说，没有人知道未来的共产主义社会是什么样子，未来的事情是什么并不重要，我们关心的是眼前发生的一切。我们要做的就是寻求每一个能够使每个个人的个性能够得到更好而充分发挥的细节。我们一定要警惕：目的的手段不能代替手段的目的，当手段代替目的成为目的的时候，目的本身也就成为手段。由此，马克思的革命理论与实践告诉我们两个道理：一方面，我们绝对不能消极等待，而要充分发挥主观能动性，去主动实现这个目标，要主动并且积极地去探求如何实现我们目标的各种可能性；但是另一方面，在我们行动的时候始终应当意识到并防止一种危险的存在，即不能用手段去代替我们的目的，因为纵使我们认为手段是有利于我们的目标，但是也不能用来作为把目的换化为手段的借口。革命纵然是必须的，但是，如果把革命看做我们的最终目的，那么我们就会迷失"每一个个人"个性独立、自由而全面发展这一价值目标。对这一点的分析，我们将在后面第六章结合马克思学说的发展历程时再进行更为详细地阐明。

　　现在，我们已经知道，马克思对"自由个性"的理解是一种个人不断

---

① 《马克思恩格斯全集》第18卷，人民出版社1964年版，第104页。

实现"个性解放",达到个性独立和自由,个性解放和社会解放相互促进,最后达到一种建立在对"个人的独立性"和对"人本身"确认基础之上的"每一个个人"个性独立、自由而全面的发展的社会生存状态。这一状态同时也表明了马克思"自由个性"追求个性独立、自由和解放优先性、真正意义上社会平等和谐的统一的价值诉求。也正因为如此,"自由个性"成为马克思学说的价值目标。我们还知道,在"自由个性"的历史生成中,"个人所有权"对保证个人个性独立和自由的重要性,而在不同的所有制下,"所有权"对个人个性独立和自由的作用也不同,在历史上它更多地表现为推动一种对抗形式下个性的发展。因此,要达到"每一个个人"个性独立、自由而全面的发展,就要建立"社会个人的所有制"。另外,在由"所有制"与"自由个性"引发的深层思考中,我们还知道了"自由个性"与生产力、分工、个人、世界历史、劳动等的辩证关系,知道了"自由个性"的历史生成需要生产力的高度发达,强制分工的消失,个人的全面发展,"社会个人的所有制"的建立,劳动性质向自主活动的转变等一系列要素。而接下来,我们通过对"自由个性"与资本关系做细致、系统、深入的分析,证明在资产阶级社会,正是资本导致个人丧失个性和自由,但是也正是资本的作用才生产出全面的关系、多方面的需求以及全面的能力等"自由个性"所必需的条件。并且,我们还知道了,资本发展的趋势必然是自我的扬弃和"社会个人的所有制"。而通过这一章,我们知道了在马克思整个社会革命实践的一生中,始终贯穿着一个"自由个性"的永恒主题,而马克思的"自由个性"理念也正是在其社会革命理论实践中得到不断丰富和发展的,不过与此同时,我们知道了正是在社会革命的理论与实践中体现出"自由个性"与"社会革命"之间的博弈——协调与对抗,并启发我们要正确处理目的的手段和手段的目的之间的关系。而接下来我们讨论的则是,马克思这一"自由个性"理念在历史上到底起了什么作用以及怎样起作用,这一理念又将对现时代的中国社会发展起到什么作用的问题。

第六章

马克思"自由个性"理念的历史地位及其生成启示

在第五章最后，我们提到的问题实际上是对马克思"自由个性"理念的历史评价问题，而这首先要涉及马克思"自由个性"理念在马克思整个学说中的地位，同时我们还知道，马克思的"自由个性"理念是伴随着马克思学说的发展而发展、实践而实践的。因此在这一章，我们要讨论的不单是对马克思"自由个性"理念在马克思学说中地位的评价，更有对马克思学说历史命运的追溯和反思。

第一，我们看到的是，马克思"自由个性"理念在马克思学说中占据着相当重要的位置。马克思一生的思考和整个学说框架的构建都是建立在对"每一个个人"个性独立、自由而全面发展这一价值目标之上的，马克思关于所有制、资本、革命等的分析和判断，都是建立在这些因素对人的个性和自由所产生的影响之上的，这从我们先前的几章分析中就可以看得出来。第二，马克思的"自由个性"理念主要是建立在"资本"批判基础上的，因此对科学、技术、管理等因素对人所产生的影响，马克思也是把其纳入资本的范畴来考虑，而没有具体分析这些因素本身对人所产生的影响。这一点随着科学、技术、管理在社会中起的作用越来越大也为后来的学者所注意到，如马尔库塞后来就提出"科学技术即意识形态"的观点。第三，马克思是着眼于宏观来审视人的存在，并没有从微观角度对个人的存在和发展进行专门化的探讨。而对这一点的描述，一方面，存在主义的理论先驱、与马克思同时期的丹麦哲学家克尔凯郭尔则通过微观透视，把人的真正存在描述成"孤独个体"，以另外一种方式解读了个人追求个性和自由这一价值诉求。另一方面，马克思学说这一缺陷也为以后的弗洛伊德及其后继者赖希、弗洛姆等人所补充和发展。第四，马克思的思想中还有强大的阶级性和革命性。虽然这是实现"每一个个人"个性独立、自由而全面发展的必要，但是在具体的发展过程中一些细节性的东西却反映出阶级性和革命性对人性，对人的个性自由发展的反噬或者说异化。实际上，对这一点马克思也已经注意到了，但是就如同我们在历史的长河中看到的那样，由于马克思对阶级斗争和无产阶级专政的侧重，后来的继承者们在采纳这种思维方式的同时，在现实中就造成了另外一种对人的异化，从而导致对马克思"自由个性"理念的忽视状态，并造成了强大的社会破坏力。也正因为如此，苏联传统社会主义的做法遭到了早期西方马克思主义者如卢卡奇、葛兰西和法兰克福学派严厉的批判，从而兴起了一波又一波"人道主义马克思主义"的思潮。第五，马克思学说在传播的过程中，伴随着不同语境下人们对马克思学说的不同理解，也呈现给人们不同的表现方式和内涵界定，而马克思"自由个性"理念也正是伴随着马克思学说在历史中的命运的不断沉浮以这种方式或那种方式表现出自己的存在形式。例如对今日的我们来说，与其说是马克思的"自由个性"理念唤起了我们对"个性解放"的追求，倒不如说是对"个性解放"的渴望迫切需要我们从马克思主义中找到合法性的依托。也就在我们这样功利性地去寻找的过程中，马克思学说中这一深深埋藏于文本深处的"自由个性"价值理念才真正地登上大雅之堂，成为当前人人都趋之若鹜的"显学"，并成为马克思主义在新的历史时期重新放射光芒的又一基点。从这一点来讲，马克思"自由个性"理念的彰显是中国现代性发展的一个必然结果。而另一方面，"自由个性"理念本身也必将对中国社会的发展产生重大的影响和意义。

一、"自由个性"是马克思学说
"永恒不变"的价值目标

我们已经在第五章通过追溯马克思的一生，并且在分析社会革命与"自由个性"的关系中明确了追求"自由个性"即"每一个个人"个性独立、自由而全面的发展是马克思共产主义学说的价值目标。现在我们从整个欧洲崇尚个性和自由的文化传统的角度再来具体阐明这一问题。我们看到，正是欧洲崇尚个性和自由的文化传统促成了马克思学说中追求"每一个个人"个性独立、自由而全面的发展这一"永恒不变"的价值目标。

古希腊早期的哲学家大都是自然主义者，对自然规律和必然性十分敬重，如米利都学派阿那克西曼德就说："万物由之产生的东西，万物又消灭而复归于它，这是命运规定了的。"① 毕达哥拉斯则认为一切都服从命运，命运是宇宙秩序之源。赫拉克利特则认为一切都服从命运的"逻各斯"。而原子唯物主义的代表人物德谟克利特则宣称"一切都遵照必然性而产生"，"大胆是行动的开始，但决定结果的则是命运"②。这种以"命运"为中心的倾向在希腊神话英雄的悲剧中得到了鲜明的体现，在希腊神话中，英雄的一切都是"神"赐予的，无论英雄做什么样的努力，痛苦、挣扎，最后却都摆脱不了"命运"的控制，从而造成了"英雄"们的悲剧。不过，英雄们的抗争也表现了古希腊民族在追求生活欲望的满足或与命运抗争中所表现出来的完整人性和浪漫奔放的自由精神。希腊的智者学派们开启了希腊人的启蒙运动。他们主张人是一切事物的尺度，所有的认识都是主观意见。"人自己关于人类日常生活的个人判断应构成其个人信仰和行为的基础——不应

---

① 北京大学哲学系编译：《古希腊罗马哲学》，三联书店1961年版，第7页。
② 北京大学哲学系编译：《古希腊罗马哲学》，三联书店1961年版，第7页。

生来就顺从传统的宗教，也不应沉溺于广泛的抽象思辨……要判断任何信仰和看法的最终价值，只有根据它在为个人生活需要服务过程中的实际效用才能做到。"① 普罗泰哥拉说："人是万物的尺度，它存在时，事物存在；它不存在时，事物不存在。"② "有时候，同一阵风吹来，你觉得冷，我觉得不冷，或者我觉得稍冷，你觉得很冷。这不是风本身冷或不冷，而是给你感觉冷者说风是冷的，对感觉不冷者说它是不冷的。"③ 这充分肯定了人在世间的尊贵以及个体的优先性。也正因为如此，智者们的研究不再致力于追求神的存在，而是通过神话来诉说现实中人的生存，并且，智者们试图创造能够成功地参与城邦生活的理想的个人，使个人在各个方面都受到一种完美的"派地亚"式的教育体系。④ 但是，智者们虽然高扬个性，推崇感觉，但是却极易走向感觉主义和怀疑主义。因此，苏格拉底反对感觉，主张用理性去思考对象。并且在苏格拉底看来，哲学的对象不是自然，而是心灵，是自己，是认识自身中的善。于是苏格拉底把哲学研究的中心从自然转向了人的内心世界，灵魂是个人的正在觉醒的意识的寓所及品性和智性的寓所，而幸福来自一种最恰当地满足灵魂本性的生活。因此，苏格拉底强调人的自律自制和选择的自由，突出人作为道德主体的能动性，他说："哲学家的职责在于使灵魂脱离肉体而获得自由和独立。"⑤ 柏拉图持有与苏格拉底相类似的观点，认为："自由不在于任意选择，而在于善的东西对意志的规定。人的意识和选择被邪恶的东西所规定，就是被奴役，反之，被最高的善所规定，就是自由的。"⑥ 为此，柏拉图设计了一个美好的《理想国》，在这里智慧、

① ［美］理查德·塔纳斯著，吴象婴、晏可佳、张广勇译：《西方思想史——对形成西方世界观的各种观念的理解》，上海社会科学院出版社2007年版，第27页。

② 苗力田、李毓章：《西方哲学史新编》，人民出版社1990年版，第47页。

③ 转引自汪子嵩、陈村富、姚介厚《希腊哲学史》，人民出版社1997年版，第254页。

④ "派地亚"，古典时期希腊的教育和训练体系，该体系开始包括体操、文法、修辞、诗歌、音乐、数学、地理、自然史、天文学和各门自然科学、社会史和伦理学以及哲学，是试图造就一个具有多方面能力的、受过充分教育的公民所必需的完整的教学研究课程（《西方思想史——对形成西方世界观的各种观念的理解》，上海社会科学院出版社2007年版，第30页）。

⑤ 余灵灵译：《苏格拉底的最后日子——柏拉图对话》，上海三联书店1996年版，第130页。

⑥ 李武林：《自由论》，山东大学出版社2007年版，第17页。

勇敢、节制、公正以及之上的至善达到了和谐的统一。在这里,共同体的利益是高于个人利益的,个人为了国家的利益可以牺牲自己的利害得失。亚里士多德则认为自由不在于主观意志或随意选择,而在于中庸,在于用理性或由一个正直有德的人确立的行动。因此他认为人的自由必须要用法律的节制来施以保障,所以他说:"公民们都应遵守城邦所规定的生活规则,让各个人的行为有所约束,法律不应被看做(和自由相对的)奴役,法律毋宁是拯救。"① 晚期希腊哲学中影响较大的是斯多亚派。斯多亚派认为人生来是与自然相协调的,人最基本的规则就是按照本性或者自然而生活,命运是怎么样,你就应当怎么生活。如塞内卡说:"愿意的人,命运领着走,不愿意的人,命运牵着他走。"② 另一位代表人物爱比克泰德则说:"你愿意给我什么,就请给我好了,我都要把它变成善。给我疾病、贫穷、谴责、终身苦难吧,不管你给我什么,我都要使它成为快乐的、幸运的、可敬的以及合意的。"③ 可见,斯多亚学派主张的是一种对命运逆来顺受的消极的自由观。而同时期的伊壁鸠鲁和卢克莱修则对此持相反的态度,伊壁鸠鲁在德谟克利特原子论的基础上提出了原子运动偏斜说,强调偶然性的存在;而卢克莱修则进一步发挥了伊壁鸠鲁的思想,把偏斜运动与意志自由观念联系起来,强调人的自由和主观能动性,从而把自由意志引入了哲学。他们对自由的这种看法,如我们所知道的,深深地影响了马克思,在《德意志意识形态》中,马克思还把伊壁鸠鲁称为"古代真正的启蒙思想家"。可见,在欧洲社会思想文化的源头古希腊那里,就已经存在着对人类应当如何生存、人类如何寻求自由的思考,这种对自由的追求构成了整个欧洲社会思想文化发展的历史。

伴随着基督教神学的兴起,欧洲进入了中世纪。以往,人们存在着中世纪就是一个暗无天日的黑暗世纪的偏见,自文艺复兴以来到整个 19 世纪上

---

① 《政治学》,商务印书馆1983年版,第276页。
② 《西方伦理思想史》(上),中国人民大学出版社1985年版,第267页。
③ 转引自陈刚《古希腊罗马的自由观》,《学海》1994年第1期。

半叶，思想家们对基督教的方方面面可以说是进行了全面深入的批判。但是，这却仍然不能动摇基督教文化在整个欧洲文明中所起的重大作用，基督教文化在西方文化和人的内心深处扎下了根并成为一种欧洲人日常生活中不可避免的生活方式和文化理念。而事实上，即使是文艺复兴时期的许多人文主义思想家，虽然他们肯定人的价值、尊严、自由，但是很多人仍然是在上帝的范畴之内来审视人的存在。理查德·塔纳斯描述道，基督教将一种普遍的存在观念传给了基督徒们。基督教致力于灵魂得救的普世化，任何人的灵魂都可以得到救赎：基督是太阳，一视同仁地照耀着整个人类。与此同时我们还看到，"在这新的背景下，人们开始轻视希腊人关于自主的个人和崇高的天才的理想，转而赞成基督教的一种集体身份。对共有自我即人对天国的反映的这种抬高，建立在上帝的为世人所共有的爱的基础上，亦建立在对基督之救赎的信仰的基础上，促进了对个人自我的一种利他主义的纯化，有时还促进了对个人自我的一种利他主义的征服，从而使个人自我对其他人的利益和上帝的意志有更大的忠心。不过，从另一方面来说，由于把不朽与价值授予个体精神，基督教又促进了个人良心、对自己的责任以及与俗权有关的个人人身自由——西方人品格形成时的所有决定性特点——的发展"①。可见，西方基督教文化确是以一种特殊的方式在肯定着人的个性和自由。

尽管马克思对基督教进行了辛辣的嘲讽和批判，然而正如法国思想家薇依指出的那样："马克思在青年时代就被一种弥赛亚的希望观念迷住了，这种观念使他以为自己会在人的族类的拯救中起决定性的作用。"② 在马克思的思想中却不可避免地存有着浓重的宗教情怀，马克思青年时期以神学视野对人的本性的探析，马克思的父亲对马克思"完美的人格"的希冀等都可以在基督教文明中找到思想的端倪。如果我们分析一下基督教文化的内涵，也会发现在价值取向方面，马克思的"自由个性"理念与基督教有着惊人

---

① ［美］理查德·塔纳斯著，吴象婴、晏可佳、张广勇译：《西方思想史——对形成西方世界观的各种观念的理解》，上海社会科学院出版社 2007 年版，第 117 页。
② 薇依：《压迫与自由》，巴黎 1955 年版，第 223 页。

的一致。首先，我们看到，虽然基督教源于犹太教，但是由于保罗的普救论战胜了犹太教的排他主义，从而使基督教带上了普世性。一，基督教提倡尊重并爱护人。基督教要求"人人平等"，对每一个人都要给予尊重和关爱。在圣经《马太福音》第十八章中，耶稣以"迷路的羊"为喻向门徒讲道："你们要小心，不可轻看这小子里的一个……一个人若有一百只羊，一只走迷了路，你们的意思如何？他岂不撇下这九十九只，往山里去找那只迷路的羊吗？若是找着了，我实在告诉你们：他为这一只羊欢喜，比为那没有迷路的九十九只欢喜还大呢！你们在天上的父也是这样，不愿意这小子里失丧一个。"① 可见，尽管是以耶稣的口气来说话，但是表现出的是基督教对"每一个个人"的重视和关爱，在上帝面前人人平等，而且，对待那些处于弱势地位的，基督教给予应有的同情和怜悯。二，基督教有着浓重的个人主义精神。"不论是希腊人，还是罗马人，都没有像基督教那样充分认识到个人的重要性。希腊人只是部分地认识到个人的重要性。虽然希腊艺术给人的印象是'个性得到充分发挥'，但在政治方面，国家却仍然远在个人之上。这见于斯巴达的刻苦军事训练。同样，在罗马帝国，个人仍从属于罗马的法律。"② 而在基督教文化中，"神不偏待人"③。一切人在上帝眼中都没有分别。你们"并不分犹太人、希腊人、自主的、为奴的，或男或女，因为你们在基督耶稣里成为一体了"④。三，基督教的一条重要戒律就是"爱人如己"。《马太福音》第十二章说："你要尽心、尽性、尽意，爱主你的神。这是诫命中的第一，且是最大的。其次也相仿，就是要爱人如己。这两条诫命是律法和先知一切道理的总纲。"⑤ "爱人如己"，这既是基督教劝诫人们处理社会关系的一种行为准则，也表达了人与人之间和谐交往的要求。四，基督教文化中同样有一种自由精神，同样呼唤人的解放。在基督教徒看来，希

---

① 《圣经新约·马太福音》18：12。
② 安希孟：《基督教普世观念与民族主义》，天益思想库安希孟专栏 http：//www. tecn. cn/thinktank/author. php？id=113。
③ 《圣经新约·罗马书》2：11。
④ 《圣经新约·加拉太书》3：28。
⑤ 《圣经新约·马可福音》12：30。

伯来人的上帝不仅仅是他们的创造者，还是他们的解放者。他们希望的是上帝的拯救运动和"天国即将出现"，"天国将被建立，正直的人将得到提升，邪恶的人将受到惩罚，以色列人将被尊崇为人类的精神之光。于是，上帝的选民及其眼前的苦难，将带来一个有着普遍的公正、真正的虔诚、并将上帝的全部荣耀展示给世人的新时代。在经历若干世纪的悲痛和失败之后，一个救世主似的人物将会出现，由于他的神力，历史本身将找到其胜利的终点"①。摩西率领希伯来人摆脱埃及人的奴役、逃离埃及正是这鲜明的写照。由此，我们看到，这些观点都是与马克思学说的"自由个性"价值取向有着极为相似的地方的。所以有学者从宗教学的角度出发，把共产主义看做是基督教的一种分支，称之为"解放神学"。为此，他们把基督教的话语体系与马克思主义的话语体系做了一番比较，如《资本论》对《圣经》，马克思对弥赛亚，辩证唯物主义对经院哲学（神学），共产主义社会对天国，阶级斗争对善恶对立，工人阶级对教徒，共产党人对教士，无产阶级革命对末日审判，共产党对教会，马克思主义真理对上帝，资产阶级对魔鬼，历史唯物主义对创世纪，《共产党宣言》对《启示录》等。尽管这种比较有牵强附会之嫌，但是也有一定的道理，这也说明了马克思的思想中却是带有很浓厚的宗教情怀。

除了基督教文化中带有的这种人本主义、个人主义以及"救赎"精神以外，基督教本身在经过历史的发展之后，吸取了希腊化哲学中的许多宝贵思想，比如希腊哲学适用万物的"逻各斯"。比如《约翰福音》说："太初有道，道与上帝同在，道即是上帝。"② 由此可也看出希腊思想和基督教神学开始了惊人地趋向会合。不过，基督教之所以为基督教的一个主要原因是源于对上帝的信仰，按照基督教的观点，人的理性也许是足够的，因为在天国的时候，人的理性仍拥有其原来与神圣智力的共鸣。但是在人背叛上帝之

①　［美］理查德·塔纳斯著，吴象婴、晏可佳、张广勇译：《西方思想史——对形成西方世界观的各种观念的理解》，上海社会科学院出版社2007年版，第108页。
②　《圣经新约·约翰福音》1：2。

后，人的理性越来越受到遮蔽，从而使对启示的需要成为不容置疑的事情。依靠和发展专属于人的理性，必然会导致危险的无知和错误。因此，当人们的祖先亚当和夏娃偷取智慧果而求得知识，并能分辨善恶，并认识到自我的时候，一方面是个体的独立性的诞生，但是另一方面也意味着对上帝权威的侵犯，这种情况下，人就有了"原罪"，于是需要上帝的恩典。实际上，在基督教看来，对上帝的信仰是第一位的，一个小孩子的朴素信仰，要远远优于老于世故的知识分子的深奥推理。在这里，"一切都在基督教教义规定的界限内进行。一切学问皆服从于神学，即此时所有学科中最重要的那门科学，而神学，则在信仰中找到了它那不可动摇的基础"①。结果，在这里，上帝的意志统治了一切，《圣经》中所阐述的原则成了普遍的真理。人主要不是靠自主的智力探索，而是靠圣经和祈祷，靠对基督教义的信仰，来接近真理。也正因为如此，个人的解放都要求助于上帝天恩的干预。结果在这里，人的想法就为上帝的想法所代替了，"因为你所想的不是上帝的想法，而是人的想法"②。也正因为如此，维护对上帝的信仰成为基督教教义话语体系内优先考虑的事情。但是，教义的解读是多样的甚至是冲突的，为了避免这种伤害，基督教决定建立一个具有权威性的基督教会组织来确立、传播并维持虔诚徒众的信仰，于是，具有公共机构特征的基督教会，作为基督教教规的生动体现，成为终极真理的正式保护者和处理任何含混不清的问题的最高上诉法院。于是，基督教就发展出一种神学清教主义，设想能用来反对异教哲学的各种学说和关于基督教真理的任何非正统观念。这样，古典文化的多元性连同多种多样的哲学、多种多样的多神论神话集合和过多的神秘宗教就让位给一个明显整体式的系统——一个上帝、一个基督教会、一个真理。③ 经过这种转变，基督教就明显偏向了保守，个人在上帝面前获得自由

---

① ［美］理查德·塔纳斯著，吴象婴、晏可佳、张广勇译：《西方思想史——对形成西方世界观的各种观念的理解》，上海社会科学院出版社2007年版，第113页。

② 《圣经·新约·马太福音》16：23。

③ ［美］理查德·塔纳斯著，吴象婴、晏可佳、张广勇译：《西方思想史——对形成西方世界观的各种观念的理解》，上海社会科学院出版社2007年版，第134页。

的同时也便失去了自由，中世纪林立的宗教裁判所就是一个典型的例证。

基督教对个人的影响是矛盾的并且最终是走向了消极，这种内在的矛盾冲突也直接导致一场呼唤近代个人意识产生的文艺复兴运动。在14世纪至16世纪绵亘300年的时间里，这场在文学艺术以及一般思想文化领域兴起的启蒙运动，从意大利首开先河，很快便扩展至德国、法国、英国和欧洲其他地区。这是一场对古代希腊文化的复兴，但是却给予了它以全新的意义。首先，相比较中世纪基督教在神学视野下对人的肯定，文艺复兴时期的人文主义者提倡"人道"，反对"神道"，充分肯定人的尊严、价值、力量和智慧，认为人是上帝的"杰作"，是造物中"完善的典型"，人的理想是高贵的，人的力量是无穷无尽的，人的思想是高贵的；其次，人文主义者反对宗教桎梏和禁欲主义，肯定人性和人的价值，要求享受人世的欢乐，提倡人的个性解放和自由平等，要求把人从宗教束缚中解放出来；再次，人文主义者对教会利用神的权威愚昧人们的蒙昧主义极为不满，主张发展人们的理性和智慧，认为理性是快乐的源泉、知识就是力量。这种与教会神学完全对立的人文主义的出现，是人类思想的一次大解放、大飞跃。它鼓舞人们打碎宗教的精神枷锁，重新去认识世界和人类自己，大胆地去追求一切，并有所作为。它对当时的自然科学、哲学、文学、艺术、教育甚至生活方式都产生广泛而深刻的影响，使文学、艺术、科学、哲学都获得新生，并空前繁荣，产生了像但丁、拉伯雷等著名的诗人和文学家，像拉斐尔、达·芬奇等杰出的艺术家，像哥白尼、伽利略等伟大的科学家，像佛兰西斯·培根等卓越的哲学家。这一时期，诞生了许多伟大的人物，这些人物往往不单单在某一个专业上有所成就，往往是"全面发展"，在多个领域内都有所建树。如恩格斯所说："这是人类以往从来没有经历过的最伟大的、进步的变革，是一个需要巨人而且产生了巨人——在思维能力、激情和性格方面，在多才多艺和学识渊博方面的巨人的时代……那时，差不多没有一个著名人物不曾作过长途的旅行，不会说四五种语言，不在好几个专业上放射出光芒。莱奥纳多·达·芬奇不仅是大画家，而且也是大数学家、力学家和工程师，他在物理学的各种不同分支中都有重要的发现。阿尔布雷希特·丢勒是画家、铜板雕刻家、雕塑家、建筑师，此外还发明了一种筑城学体系，这种筑城学体系，已经包含了一些在很久以后被蒙塔朗贝尔和近代德国筑城学又加以采用的观念。马基雅弗利是政治家、历史编纂学家、诗人，同时又是第一个值得一提的近代军事著作家。路德不但清扫了教会这个奥吉亚斯的牛圈，而且也清扫了德国语言这个奥吉亚斯的牛圈，创造了现代德国散文，并且创作了成为16 世纪《马赛曲》的充满胜利信心的赞美诗的词和曲。那时的英雄们还没有成为分工的奴隶，而分工所具有的限制人的、使人片面化的影响，在他们的后继者那里我们是常常看到的。但他们的特征是他们几乎全都处在时代运动中，在实际斗争中生活着和活动着，站在这一方面或那一方面进行斗争，有人用舌和笔，有人用剑，有些人则两者并用。因此就有了使他们成为全面的人的那种性格上的丰富和力量。"① "随着文化复兴，人类在今世的生命似乎拥有了一种直接的内在的价值，拥有了一种激动人心的存在意义。人与上帝、教会、自然似乎不再毫无关联。在人类行为的诸多方面和不同领域，皮科所宣告的人类尊严似乎都已经化为现实。文艺复兴从彼特拉克、薄伽丘、布鲁诺和阿尔贝蒂，到伊拉斯谟、莫尔、马基雅维里和蒙田的初始阶段，再到莎士比亚、塞万提斯、培根和伽利略的最后表现，人类成就的新典范接踵而至。人类意识和文化的发展如此令人叹为观止，自西方文明诞生之初的古希腊奇迹以来是从来没有过的，实际上西方人重新获得了生命。"② "现代人在文艺复兴的'荣耀的云层后面'诞生了。"③ 伴随着文艺复兴运动的个人主义精神和个性解放运动，在教会内部产生了一场自我改革运动，与信仰上帝必须通过教会和教士的传统教义不同，路德和加尔文都主张信教是个人自己的事情，路德宣称："要倾听圣言。"④ "除非《圣经》和清晰的理性使我

---

① 《马克思恩格斯选集》第 4 卷，人民出版社 1995 年版，第 261—262 页。
② ［美］理查德·塔纳斯著，吴象婴、晏可佳、张广勇译：《西方思想史——对形成西方世界观的各种观念的理解》，上海社会科学院出版社 2007 年版，第 224 页。
③ ［美］理查德·塔纳斯著，吴象婴、晏可佳、张广勇译：《西方思想史——对形成西方世界观的各种观念的理解》，上海社会科学院出版社 2007 年版，第 261 页。
④ ［德］汉斯·约阿西姆·施杜里希著，吕叔君译：《世界哲学史》，山东画报出版社 2006 年版，第 203 页。

信服——我不接受教皇和公会议的权威，因为它们相互矛盾——我的良心只系于福音。我不能，也不愿意认错，因为违背良心是不对的，也是不安全的。愿上帝助我。阿门。"① 因此，宗教改革浸透着的浓郁宗教情感的个人主义思想，同文艺复兴具有崇高智慧的个人主义思想相映生辉。

宗教改革运动之后的17—18世纪的启蒙运动是继文艺复兴之后欧洲发生的第二个思想解放运动。它将文艺复兴提出的以"人性"为中心考察一切的精神提高到用"理性"去思索，批判专制主义、教权主义，号召消灭专制王权、贵族特权和等级制度，追求政治民主、权利平等和个人自由。笛卡尔的"我思故我在"命题凸显人作为理性体的个体独立性。斯宾诺莎的实体学说是把实体定义为"在自身内并通过自身而被认识的东西。"在推演实体是必然的基础上断言："我认为自由不在于随心所欲，而在于自由的必然性。"当人把外在强制的必然性转化为内在自觉的必然性，成为自己的本性，并由此本性决定而做出的活动，就是能获得自主的活动。莱布尼茨的单子论、前定和谐论等所构成的形而上学体系，也是力图从本体论上证明个体是独立自主的，并且这些独立自主的个体又是普遍和谐的。近代社会契约学说和自然法学说在反封建斗争中确立起个体性原则，从霍布斯、洛克，到伏尔泰、孟德斯鸠、卢梭都把人的自由和平等宣布为自然权利最基本的内容。他们认为社会整体是由个体组成，也就是由具有独立本性的个人组成，个人的自然权利高于统治者的权力，统治者的权力是由集合起来的个人赋予的，从而确立起个人在社会中的地位。② 正如理查德·塔纳斯的判断："启蒙运动的作家和学者——洛克、莱布尼茨、斯宾诺莎、贝勒、伏尔泰、孟德斯鸠、狄德罗、达朗贝尔、霍尔巴赫、拉美特利、蒲伯、贝克莱、休谟、吉本、亚当斯密、沃尔弗、康德——在哲学上阐述、广泛传播，在文化上确立新的世界观。到现代结束的时候，自主的人类的理性已经完全取代了关于宇

---

① ［美］理查德·塔纳斯著，吴象婴、晏可佳、张广勇译：《西方思想史——对形成西方世界观的各种观念的理解》，上海社会科学院出版社2007年版，第268页。

② 这一部分我参考了周荣华的硕士毕业论文《马克思的个性解放思想及其在中国的实践》。

宙的传统的知识来源,并且转而确定它自身的范围,诸如禁言科学的界限和方法。"①

　　然而,启蒙思想所倡导的理性在造就人的主体地位的同时,却也表明了两个消极的事实。首先便是理性自由的殖民与僭越,理性替代神性遮蔽人性。理性把上帝从人的世界驱逐了出去,作为"人本身"独特的一部分,理性把自己从人本身中分离出去,异化为一个独立的存在,从而使自己坐上了教皇的宝座,"思维着的知性成了衡量一切的唯一尺度"②。从此,世界用头立地③,它从此俯瞰人间,人间的一切似乎便是"理性"的思维在左右,这一点"理性"在自己的代言人黑格尔那里得到了最为满意的答案。但是也正因为这一点,从而遮蔽了"人本身"其他的方面,人好像只剩下了理性,而理性又成为一种独特的存在,这样,实际上人又成了理性的奴隶。原来,人们受自己的"异化物"——上帝的奴役,而现在,本来对付"上帝"的武器现在却在不知不觉中又对准了自己,并在此埋葬了人的整体性存在。其次,理性造就的王国并不令人满意。恩格斯在《社会主义从空想到科学的发展》中对此做了描述:"当法国革命把这个理性的社会和这个理性的国家实现了的时候,新制度就表明,不论它较之旧制度如何合理,却决不是绝对合乎理性的。理性的国家完全破产了。卢梭的社会契约在恐怖时代获得了实现,起初求助于腐败的督政府,最后则早先许诺的永久和平变成了一场无休止的掠夺战争。理性的社会的遭遇也并不更好一些。富有和贫穷的对立并没有化为普遍的幸福,反而由于沟通这种对立的行会特权和其他特权的废除,由于缓和这种对立的教会慈善设施的取消而更加尖锐化了;现在已经实现的摆脱封建桎梏的'财产自由',对小资产者和小农说来,就是把他们的被大资本和大地产的强大竞争所压垮的小财产出卖给这些大财主的自由,于是这种'自由'对小资产者和小农就变成了失去财产的自由;工业在资本

① [美] 理查德·塔纳斯著,吴象婴、晏可佳、张广勇译:《西方思想史——对形成西方世界观的各种观念的理解》,上海社会科学院出版社2007年版,第315页。
② 《马克思恩格斯选集》第3卷,人民出版社1995年版,第719页。
③ 《马克思恩格斯选集》第3卷,人民出版社1995年版,第719页。

主义基础上的迅速发展，使劳动群众的贫穷和困苦成了社会的生存条件。现金交易，如卡莱尔所说的，日益成为社会的唯一纽带。犯罪的次数一年比一年增加。如果说以前在光天化日之下肆无忌惮地干出来的封建罪恶虽然没有消灭，但终究已经暂时被迫收敛了，那么以前只是暗中偷着干的资产阶级罪恶却更加猖獗了。商业日益变成欺诈。革命的箴言'博爱'化为竞争中的蓄意刁难和忌妒。贿赂代替了暴力压迫，金钱代替刀剑成了社会权力的第一杠杆。初夜权从封建领主手中转到了资产阶级工厂主的手中。卖淫增加到了前所未闻的程度。婚姻本身和以前一样仍然是法律承认的卖淫的形式，是卖淫的官方的外衣，并且还以大量的通奸作为补充。总之，同启蒙学者的华美诺言比起来，由'理性的胜利'建立起来的社会制度和政治制度竟是一幅令人极度失望的讽刺画。"① 伴随着这种令人失望的现实，"在16世纪和17世纪有理想社会制度的空想的描写，而在18世纪已经有了直接的共产主义的理论（摩莱里和马布利），平等的要求已经不再限于政治权利方面，它也应当扩大到个人的社会地位方面；必须加以消灭的不仅是阶级特权，而且是阶级差别本身"②。于是，到19世纪初叶出现了圣西门、傅立叶和欧文三个伟大的空想社会主义者，他们不但从理论上对资本主义制度作了深刻的揭露，而且欧文还亲自从事了共产主义"合作公社"的实践。空想社会主义者们理论上的局限性和实践活动的失败也再次引起了人们的思考。此时，马克思接过欧洲追求个性和自由这一文化传统，逐渐形成了自己独特的共产主义学说，在这一过程中，追求"每一个个人"个性独立、自由而全面地发展也成为马克思学说内部永恒不灭的价值目标。③

---

① 《马克思恩格斯选集》第3卷，人民出版社1995年版，第722—723页。
② 《马克思恩格斯选集》第3卷，人民出版社1995年版，第721页。
③ 关于马克思秉承欧洲文化传统的具体分析，参见本书附录一。

二、马克思"自由个性"理念在历史上被忽视

　　然而，正如我们在历史上所看到那样，追求自由这一强烈的价值理念使马克思所认可的"现实的人"在某种意义上已经超越了生物人、社会人、理性人的统一理解，在马克思看来，"现实的人"是一种"阶级人"的存在。在资本主义社会，社会日益分化为对立的两大阶级——资产阶级和无产阶级，资产阶级作为资本的代表，工人阶级作为雇佣劳动的代表，只要存在着资本的雇佣劳动关系，他们之间的斗争就是永远的，马克思坚决站到了工人阶级一方，通过理论的研究和现实的革命实践活动，来解救"现实的人"——工人阶级。而马克思所认可的科学性则进一步加深了马克思这种信念，马克思不同于以往的费尔巴哈、赫斯的"爱"的呓语，而是比较理性地面对"现实"，从冷漠而黯淡的本质出发，在历史唯物视野下从生产关系中去揭露人在这世界中的一种黑暗存在，并试图证明这种黑暗的现实只是人类历史发展的一个必经阶段，"每一个个人"个性独立、自由而全面的发展状态必然会在未来的某个阶段实现。这在马克思看来是人类社会发展规律、资本主义发展规律及人自身发展规律的合目的性和合规律性的统一。并且，依马克思的希望，由于无产阶级的本身就代表了一切非人的存在，那么当无产阶级获得解放的同时，那么人类也就获得了解放。也正因为如此，当马克思兑现他在《关于费尔巴哈的提纲》中的诺言——"哲学家们只是用不同的方式解释世界，问题在于改变世界"[①] ——时，在一开始就带上了浓重的阶级性和革命气息。

　　而马克思学说在一开始也确实是以"共产主义革命"的解读方式被传播的。这种对马克思学说的判定本身就造成了一种积极和消极的影响。值得

[①]《马克思恩格斯选集》第 1 卷，人民出版社 1995 年版，第 57 页。

肯定的是，首先它激励了被压迫的工人阶级认识到自身的命运，投身到解放自身的革命运动中；其次它激励了被压迫的殖民地国家人民把民族独立的斗争和个人自由、人类解放相结合起来。然而，也正是在号召个性解放和人类解放的这一实践过程中，却发生了一种连马克思本人也不想看到的景象，那就是对马克思学说"共产主义革命"的整体评定导致马克思"自由个性"理念的被忽视。我们已经知道马克思"自由个性"理念中关于"每一个个人"个性独立、自由而全面发展的价值理念始终贯穿于马克思整个共产主义学说的始终，马克思内心深处也总是强调这一点，也正是这一点引领着马克思的革命实践。但是，分析的实践并不能代表实践的分析，在实践过程中，马克思学说中的内在矛盾以及由于传播过程中受到各种因素的影响，这一最具有价值的"自由个性"理念反倒是被忽视了。这其中的原因是值得我们深思的。

（一）共产主义学说本身内部博弈导致马克思"自由个性"理念的被忽视

这一点实际上说的是目的和手段的关系问题，我们在第五章已经谈到过。在这里我想从对共产主义学说本身的分析来进一步说明问题。当然，或许有人会指责我在这里的分析有过多的唯心主义因素，但这的确是已经发生的事实。就马克思学说的整体结构而言，马克思是一种建立在经济语境内的人本主义和人本主义语境内的经济学论证，同时还有建立在其上的辩证法和外在的实践向度。而实践在相当程度上又表现为阶级之间的斗争和革命。这是马克思共产主义学说内部的一种内在逻辑，由此也决定了马克思共产主义学说以下几个特点。

由对抗走向和谐，这是马克思共产主义学说的第一个特点。空想共产主义只是给我们设计了一个美好的世界的"乌托邦"，但是缺乏严格的理论论证，找不到实现的路径。而从马克思的共产主义学说的基础来看，其一切特征都是建立在一种社会冲突理论的基础上的。马克思认为："没有对抗就没有进步。这是文明直到今天所遵循的规律。到目前为止，生产力就是由于这种阶级对抗的规律而发展起来的。"① 这种社会冲突理论运行机制集中体现在唯物主义的历史观上，即生产力和生产关系的辩证关系上，而外在表现形式是阶级之间的冲突——阶级对抗。因为存在着这样一种对抗体制，马克思谋求建立一种和谐的社会经济形态，即共产主义。而对共产主义的理解，马克思首先把其理解为是一种自然的发展过程，是人类社会工业化发展的必然结果。在这个社会里，人与自然，人与人之间，人与自身都能够得到自由的发展。就人而言，是"异化"的消除和"每一个个人"的个性独立、自由而全面的发展；就自然而言，自然是一种"人化自然"；人类社会即人与人之间的关系也将是一种和谐的状态。这是一种彻底的人道主义和自然主义的统一。

而要达到这一点，马克思作出了"实践性"选择，具体到现实中，首先就是"革命"。马克思高度重视人的主观能动性，认为人能够在认识到这一点以后，自觉地向这个方向努力，在实践中为实现这一"和谐"的目标而努力。马克思在"批判"失败以后，希图通过一种革命的方式，实现由"不和谐"到"和谐"的过渡，实质上也就是通过一种"以暴制暴"的方式来实现"和谐"，建立一种"大同"的社会。于是，马克思引进了"阶级斗争"的概念，并进行了改造，认为这是由阶级存在到阶级消亡的一个必然阶段，并以此构成了其重要的一个核心内容。虽然马克思实事求是地说过阶级斗争的发现不是他的功劳，"无论是发现现代社会中有阶级存在或发现各阶级间的斗争，都不是我的功劳。在我以前很久，资产阶级编撰学家就已经叙述阶级斗争的历史发展，资产阶级的经济学家也已经对各个阶级作过经济上的分析。我所加上的新内容就是证明了下列几点：（1）阶级的存在仅仅同生产发展的一定历史阶段相联系；（2）阶级斗争必然导致无产阶级专政；（3）这个专政不过是达到消灭一切阶级和进入无阶级社会的过渡……"②可是，这绝不是说马克思不重视阶级斗争，相反，马克思正是在

---

① 《马克思恩格斯全集》第4卷，人民出版社1965年版，第104页。
② 《马克思恩格斯选集》第1卷，人民出版社1995年版，第84页。

阶级斗争这种思维模式下提出无产阶级专政的概念的。恩格斯对马克思是了解的，他说马克思"斗争是他的生命要素，很少有人像他那样满腔热情、坚忍不拔和卓有成效地进行斗争"①，而马克思本人也曾经在茫茫的大海边对存在的本质做过就是"斗争"的理解。② 恩格斯说马克思是强调阶级斗争的，"马克思则证明，过去的全部历史是阶级斗争的历史，在全部纷繁和复杂的政治斗争中，问题的中心始终是社会阶级的社会和政治的统治……"③ 而在 1879 年 9 月 16—18 日给倍倍尔、李卜克内西以及白拉克的通告信中，马克思恩格斯再次强调了"阶级斗争"："至于我们，那么，根据我们的全部过去，摆在我们面前的只有一条路。将近 40 年来，我们都非常重视阶级斗争，认为它是历史的直接动力，特别是重视资产阶级和无产阶级之间的阶级斗争，认为它是现代社会变革的巨大杠杆；所以我们决不能和那些想把这个阶级斗争从运动中勾销的人们一道走。"④ 强调阶级斗争，这是马克思共产主义学说的第二个重要特点。

权威主义是马克思共产主义学说的第三个特点，梅林曾经这样描述道："巴黎公社失败后，几乎在所有的国家都暴露出来的对总委员会的专断不满，情况也正是如此。"⑤ 巴枯宁曾评价马克思道："马克思是当代伟大的经济学家和社会学家。我生平遇到过许多学者，但是我从来没有看见有一个人像他那样有学问和造诣深。"⑥ 然而巴枯宁也说道："马克思是个非常自私，好嫉妒，爱动和好报复的人，他俨然就是本国人民的上帝——耶和华，他不能容忍除了他之外，承认别的什么人是上帝！"⑦ "马克思在这个集团中要求得到尊敬，对于他不喜欢的人或者不幸没有像所希望的那样对他表示崇拜的

① 《马克思恩格斯选集》第 3 卷，人民出版社 1995 年版，第 777 页。

② 《马克思恩格斯全集》第 25 卷，人民出版社 2001 年版，第 687 页。

③ 《马克思恩格斯选集》第 3 卷，人民出版社 1972 年版，第 40 页。

④ 《马克思恩格斯全集》第 19 卷，人民出版社 1963 年版，第 189 页。

⑤ 梅林：《马克思传》，人民出版社 1965 年版，第 615 页。

⑥ 中共中央马克思恩格斯列宁斯大林著作编译局资料室编：《巴枯宁言论》，生活·读书·新知三联书店 1978 年版，第 262 页。

⑦ 中共中央马克思恩格斯列宁斯大林著作编译局资料室编：《巴枯宁言论》，生活·读书·新知三联书店 1978 年版，第 285 页。

人，他就立刻施展阴谋诡计和进行迫害，而且总是悄悄地和暗地里进行。"①
巴枯宁的评价显然过于偏颇。但是我们看到，共产主义的这三个特点必然导
致"自由个性"的目标与其实现路径的博弈。

当共产主义体系建立起来以后，当这种共产主义一旦入主现实实践，由
于其本身所带有的"内在博弈"特点及其操作机制的不完善，则不可避免
划分为实践者通过逻辑历史经济向度得出的目标性理想共产主义，以及由此
引申出的现实实践中的革命共产主义和国家共产主义。这也必然导致理想的
共产主义状态与现实共产主义运动的矛盾。在现实共产主义运动中，往往出
现手段高于价值目标的现象。对于共产主义理论体系内部难以避免的价值目
标和路径选择的博弈以及有时候手段高于目的的行为，马克思有时候是与其
脱离甚至反对的。"我不是马克思主义者"②，"我播下的是龙种，收获的却
是跳蚤"③。正是马克思对这种情况愤怒而无奈的表现。所以，尽管仍然提
及马克思的"自由个性"理念，但是它在由目标变为手段的同时也便被忽
视了。

（二）马克思学说诞生的时代背景导致对马克思"自由个性"理念的被忽视

造成马克思"自由个性"理念被忽视的第二个重要原因是马克思学说
诞生的时代背景。我们曾经在第五章简单提到过马克思"自由个性"理念
革命性如此强烈的原因。现在我们做进一步的分析。

1. 资本主义的发展与无产阶级的困窘境地的时代特征促使马克思
关注于阶级斗争的分析方法

18 世纪 60 年代开始的工业革命标志着资本主义生产关系的形成。它首

---

① 中共中央马克思恩格斯列宁斯大林著作编译局资料室编：《巴枯宁言论》，生活·读书·新知
　三联书店 1978 年版，第 235 页。
② 参见《马克思恩格斯全集》第 1 版，第 21 卷，第 541 页；第 22 卷，第 81 页；第 35 卷，第
　385 页；第 37 卷，第 432、446—447 页。
③《马克思恩格斯选集》第 4 卷，人民出版社 1995 年版，第 695 页。

先大大促进了生产力的发展。"在英国，棉花输入1764年约为380万镑，到1789年增至3200万镑；煤的产量1700年为260万吨，1790年增至760万吨，1795年又增至1000万吨；生铁产量1740年仅1.77万吨，1788年为6.8万吨，1796年增至12.5万吨以上；铁路总长1836年为251公里，1848年猛增至8203公里。在法国，棉花消耗量1831年为2800万公斤，到1845年增到6400万公斤；煤的消耗量1830年不过250万吨，到1847年提高到760万吨；钢铁的产量1832年为14.8万吨，到1847年增至37.3万吨。铁路线长1831年仅38公里，到1847年达1500公里。在德国，工厂生产的产值1820年为8500万英镑，1840年为15000万英镑；棉织品和生铁的产量从1836年到1844年约增50%；仅在普鲁士邦，采煤量就由1831年的700多万吨增到1842年的1490万吨；1835年始建铁路，1840年铁路总长为469公里，到1850年达5856公里。"① 对这一点马克思恩格斯是深有感触的，在《共产党宣言》中，马克思评价道："资产阶级在它不到一百年的阶级统治中创造了比过去一切时代还要多、还要大的生产力。自然力的征服，机器的采用，化学在工业和农业中的应用，轮船的行驶，铁路的通行，电报的使用，整个整个大陆的开垦，河川的通航，仿佛用法术从地下呼唤出来的大量人口，——过去哪一个世纪料想到在社会劳动里蕴藏有这样的生产力呢？"② 恩格斯也评价道："自从蒸汽和新的工具机把旧的工场手工业变成大工业以后，在资产阶级领导下造成的生产力，就以前所未闻的速度和前所未闻的规模发展起来了。"③ 其次，资本主义的发展还大大提高了人的能力，并且为人的全面发展提供了可能。一方面，资本主义生产出多种多样的社会需要，从而不断提高人的生产能力。"资本主义在促使劳动时间超出满足工人身体上的需要所决定的限度时，也使社会劳动即社会的总劳动划分得越来越多，生产越来越多样化，社会需要的范围和满足这些需要的资料的范围日益扩

---

① 黄楠森、庄福龄：《马克思主义哲学史》第1卷，北京出版社2005年版，第4页。
② 《马克思恩格斯选集》第1卷，人民出版社1995年版，第277页。
③ 《马克思恩格斯选集》第4卷，人民出版社1995年版，第741页。

大，从而使人的生产能力得到发展，因而使人的才能在新的方面发挥作用。"① 另一方面，大工业虽然在它的资本主义形式上再生产出旧的分工及其固定化的专业，但是，"它也同样不断地使社会内部的分工发生革命，不断地把大量资本和大批工人从一个生产部门投到另一个生产部门。因此，大工业的本性决定了劳动的变换、职业的更动和工人的全面流动性。"② "大工业又通过它的灾难本身使下面这一点成为生死攸关的问题：承认劳动的变换，从而承认工人尽可能多方面的发展是社会生产的普遍规律，并且使各种关系适应于这个规律的正常实现。大工业还使下面这一点成为生死攸关的问题：用适应于不断变动的劳动需求而可以随意支配的人员，来代替那些适应于资本的不断变动的剥削需要而出于后备状态的、可供支配的、大量的贫穷工人人口；用那种把不同社会职能当做相互交替的活动方式的全面发展的个人，来代替只是承担一种社会局部职能的局部个人。"③

　　如我们先前分析的，资本主义的确大大提高了人的生产能力，并且为人的全面发展提供了可能。可是在另一方面，资本主义造就的这种趋势却是以个人在资本面前独立性的丧失和智力身体上的畸形发展为代价的④。首先，当资本成为一种社会关系的时候，个人首先具有了相对于共同体的独立性。但是与此同时，由于个人的独立性是要以物——资本的表现形式为依赖，所以，个人在资本面前就再次丧失了独立性，尤其是在社会生产领域，个人完全从属于资本，成为资本的一个要素，完全丧失了发展自身个性的条件和可能，表现为异化。并且在这里个人与个人的社会联系也表现为物的联系，表现为异化。在这样的社会里，人与人之间的联系是如此的冷漠，每个人在追逐私人利益时表现出可怕的冷淡、不近人情的孤僻和目光短浅的利己主义，尤其是在资本主义发展较为充分的大城市里面，这些特点表现得尤为露骨、无耻。"人类分散成各个分子，每一个分子都有自己的特殊生活原则，都有

① 《马克思恩格斯全集》第47卷，人民出版社1979年版，第260页。
② 《资本论》第1卷，人民出版社1975年版，第533—534页。
③ 《资本论》第1卷，人民出版社1975年版，第535页。
④ 《资本论》第1卷，人民出版社1975年版，第402页。

自己的特殊目的,这种一盘散沙的世界在这里是发展到顶点了。"① "这样就自然会得出一个结论来:社会战争,一切人反对一切人的战争已经在这里公开宣告开始。正如好心肠的施蒂纳所说的,每一个人都把别人仅仅看做可以利用的东西;每一个人都在剥削别人,结果强者把弱者踏在脚下,一小撮强者即资本家握有一切,而大批弱者即穷人却只能勉强活命。"② 其次,资本主义的发展还造成了个人片面的畸形的发展。随着资本主义的发展,社会分工越来越细,人的片面发展和畸形发展也日趋严重。"工场手工业把工人变成畸形物,它压抑工人的多种多样的生产志趣和生产才能,人为地培植工人片面的技巧,这正像在拉普拉塔各州人们为了得到牲畜的皮或油而屠宰整只牲畜一样。不仅各种局部劳动分配给不同的个体,而且个体本身也被分割开来,成为某种局部劳动的自动的工具。"③ 因此,工场手工业的分工实质上是"靠使工人畸形化来发展社会劳动生产力"④。而机器和大工业则更加重了人的畸形发展,"滥用机器的目的是要使工人从小就变成局部机器的一部分"⑤。"现代社会内部分工的特点,在于它产生了特长和专业,同时也产生职业的痴呆。"⑥ "机器劳动极度地损害了神经系统,同时它又压抑肌肉的多方面运动,侵吞身体和精神上的一切自由活动。"⑦ 工人阶级"不仅在身体和智力方面,而且在道德方面,都遭到资产阶级的摈弃和忽视"⑧。

此外,资本主义的发展还改变了社会的结构,并使社会日益分裂为明显对立的两个阶级——资产阶级和无产阶级——资产阶级对无产阶级实施残酷的剥削,并使无产阶级处于贫困和悲惨的生活状态,开始走上反抗资本主义的道路。随着资本主义生产方式的确立,社会两极分化越来越显著,一方面财富日益集中到少数资本家手中;另一方面广大的手工业者和农民日益沦为

① 《马克思恩格斯全集》第2卷,人民出版社1957年版,第304页。
② 《马克思恩格斯全集》第2卷,人民出版社1957年版,第304页。
③ 《资本论》第1卷,人民出版社1975年版,第399页。
④ 《资本论》第1卷,人民出版社1975年版,第403页。
⑤ 《资本论》第1卷,人民出版社1975年版,第463页。
⑥ 《马克思恩格斯选集》第1卷,人民出版社1995年版,第169页。
⑦ 《资本论》第1卷,人民出版社1975年版,第463页。
⑧ 《马克思恩格斯全集》第2卷,人民出版社1957年版,第399页。

无产阶级。在论述资本与"自由个性"关系的那一章里面，我们已经从马克思那里看到由于资本在整个社会生产中占据统治地位，工人阶级处于一种非人和片面发展的状态。① 对于这一时期的描述，我们还可以从与马克思同时期的学者的著作中找到。首先便是恩格斯的《英国工人阶级状况》中的描述，从这篇文章中，我们会更加深刻地体会到马克思引用的那句至理名言："资本来到世间，从头到脚，每个毛孔都滴着血和肮脏的东西。"② 而马克思在写1861—1863年手稿的过程中，也一度重读这篇文章，并做了很多摘录，并高度评价道："你的书中的主要论点，连细节都已经被1844年以后的发展所证实了。"③ 在这篇文章里，恩格斯"根据亲身观察和可靠材料"对19世纪上半叶英国资本家对工人的残酷剥削及其工人阶级的悲惨命运做了详尽的描述。第一，劳动时间长，劳动强度大，劳动环境恶劣。第二，生活环境恶劣，生活条件差。"一个大城市都有一个或几个挤满了工人阶级的贫民窟。的确，穷人常常是住在紧靠着富人府邸的狭窄的小胡同里。可是通常总给他们划定一块完全孤立的地区，他们必须在比较幸福的阶级所看不到的这个地方尽力挣扎着活下去……这是城市中最糟糕的地区的最糟糕的房屋……这里的街道通常是没有铺砌过的，肮脏的，坑坑洼洼的，到处是垃圾，没有排水沟，也没有污水沟，有的只是臭气熏天的死水洼。城市中这些地区的不合理的杂乱无章的建筑形式妨碍了空气的流通，由于很多人住在这一个不大的空间里，所以这些工人区的空气如何，是容易想象的。此外，在天气好的时候街道还用来晒衣服：从一幢房子到另一幢房子，横过街心，拉上绳子，挂满了湿漉漉的破衣服。"④ 第三，身体健康情况差，思想道德水平低。恩格斯描述道："资产阶级的这种令人厌恶的贪婪造成了这样一大串疾病！妇女不能生育，孩子畸形发育，男人虚弱无力，四肢残缺不全，整代

---

① 在《资本论》中马克思对工人贫困的生活状况做了大量的描述。如《资本论》第1卷，人民出版社1975年版，第719、723、726、442页。

②《资本论》第1卷，人民出版社1975年版，第829页。

③《马克思恩格斯全集》第30卷，人民出版社1975年版，第338页。

④《马克思恩格斯全集》第2卷，人民出版社1957年版，第307页。

整代的人都毁灭了，他们疲惫而且衰弱，——而所有这些都不过是为了要填满资产阶级的脑袋！"① "我们随便把目光投到什么地方，到处都可以看到经常的或暂时的贫困，看到因生活条件或劳动本身的性质所引起的疾病以及道德的败坏；到处都可以看到人的精神和肉体在逐渐地无休止地受到摧残。"②

另外，由于资本主义内在矛盾的原因，资本主义周期性经济危机开始频繁爆发，加剧了资产阶级和无产阶级的矛盾。1770—1821 年间，英国棉纺织业处于停滞和不振的状态，1822—1824 年进入繁荣，1825 年又陷入危机；1827 年走向复苏，1835—1836 年呈现繁荣，1837—1838 年又进入危机。1839 年开始复苏、1840 年严重萧条，1845 年又严重萧条，1845—1848 年，又复苏高涨，1847 年再次危机。③ 恩格斯 1885 年在回顾经济危机的时候说道："所有过去应用蒸汽和机器获得的惊人成果，和 1850—1870 年这 20 年间生产的巨大飞跃比起来，和输出与输入的巨大数字、和积累在资本家手中的财富以及集中在大城市里的人的劳动力的巨大数字比起来，就微不足道了。诚然，这个进步和以前一样被每十年一次的危机所中断：1857 年有一次危机，1866 年又有一次，但是危机的这些反复发作现在已经被看成是一种自然的、不可避免的事情，这种事情算是命中注定的遭遇，但最后总是又走上正轨。"④ 每当危机来临之时，商业停顿、产品滞销、银行倒闭、信用凋敝、工厂关门、工人失业、社会一片萧条，社会生产力遭到极大破坏，工人阶级生活状况更加恶化，从而进一步加剧了资产阶级和无产阶级之间的矛盾，也使无产阶级作为独立的、直接反对资产阶级的政治力量登上历史舞台。从 19 世纪 30 年代初至 40 年代初期，法、英、德等国的无产阶级先后爆发法国里昂纺织工人起义、英国宪章运动以及德国西里西亚工人起义。由此可见，资本主义以无产阶级的牺牲为代价谋求发展的这种情境，无产阶级在这种情境下悲惨的遭遇以及与资产阶级不间断的斗争都促使马克思走向无

① 《马克思恩格斯全集》第 2 卷，人民出版社 1957 年版，第 307 页。
② 《马克思恩格斯全集》第 2 卷，人民出版社 1957 年版，第 499 页。
③ 庄福龄：《马克思主义史》第 1 卷，人民出版社 1996 年版，第 43—44 页。
④ 《马克思恩格斯选集》第 4 卷，人民出版社 1995 年版，第 427 页。

产阶级立场并关注于阶级斗争的分析方法。

2. 欧洲革命运动风起云涌的时代背景促使马克思倾向于暴力革命手段的选择

马克思"自由个性"理念具有鲜明的革命实践倾向，这不单单是由于外界强压的结果，更是因为当时的时代是革命的时代，各个阶级、集团为了自身的利益在欧洲进行着生死博弈和较量，矛盾经常性的爆发并且演化为革命。这一时期资产阶级要求推翻封建制度的资产阶级革命、各殖民地要求独立的民族解放运动以及无产阶级出于对自身地位的不满要求推翻资产阶级的无产阶级运动接踵而至，令人应接不暇。北美独立战争、法国大革命、拉丁美洲独立战争、法国 1830 年革命、英国宪章运动、德国西里西亚纺织工人起义、1848 年欧洲革命、爱尔兰民族解放运动、波兰民族解放运动、意大利民族统一运动、美国南北战争、巴黎公社工人起义、中国太平天国运动等一系列革命活动风起云涌，跌宕起伏。因此，这既是一个要求个性自由、思想活跃的年代，更是一个充斥着革命冲动与激情的年代。在这样一个充满着"自由"口号和"革命"激情的年代，马克思的"自由个性"理念无疑带上了鲜明的革命实践倾向。特别是由于当时各国政府对共产主义的态度也决定了马克思学说及其"自由个性"理念带上的浓重的革命性，并直接导致马克思倾向于暴力革命手段的选择。具体原因表现为：

其一，18 世纪和 19 世纪是一个变动与革命的时代，尤其是轰轰烈烈的法国大革命，标志着一个时代的来临。而法国大革命本身最重要的一笔遗产就是确立了一整套政治大变动的模式和典范，开启了以暴力寻求社会制度之门。法国大革命时期的雅各宾山岳党人被后来人们称为是"社会党人"，其施政意识为后来社会主义革命模式提供了典型的模板。当这种在法国大革命中形成的雅各宾意识和无产阶级意识相结合以后，就很容易形成暴力推翻政权的政治意识和行为。1848 年的资产阶级革命尤其是 6 月工人起义无疑是带有很大这方面的成分。恩格斯后来总结道："当二月革命爆发时，在关于革命运动的条件和进程的看法上，我们大家都受过去历史经验，特别是法国经验的影响。因为正是法国在 1789 年以来的全部欧洲历史中起了主导作用，而现在又是它发出了普遍变革的信号。因此，我们关于 1848 年 2 月在巴黎所宣布的'社会'革命即无产阶级革命的性质和进程的观念，带有回忆 1789—1830 年榜样的浓厚色彩，这是很自然和不可避免的。"①

其二，共产主义的实践伴随着暴力革命。在人们的眼中，对共产主义的继承一开始就是与暴力革命的继承并行的，共产主义就等于是暴力行动。恩格斯说："在 16 世纪和 17 世纪有理想社会制度的空想的描写，而在 18 世纪已经有了直接共产主义的理论（摩莱里和马布利）。"② 早在 16 世纪德国伟大的空想共产主义者先驱闵采尔曾经领导起义并建立了革命政权；到了 17 世纪和 18 世纪，在实践活动方面最有影响的是法国著名革命家和共产主义者巴贝夫和德萨米，1796 年，在法国大革命和闵采尔革命传统的影响下，巴贝夫发动了以暴力革命推翻法国资产阶级政权的暴动；到了 19 世纪 30 年代中期，法国著名的共产主义者布朗基提出新社会只有在通过暴力夺取政权的基础上才能实现，并发动了著名的"四季社"起义。而在他之后的魏特林在把共产主义思想带到德国的时候，第一次提出了采用人民武装革命夺取政权的暴力革命和革命专政思想。这些在马克思恩格斯早期接受共产主义思想的时候，对他们的取向无疑起了很大的导向作用。

其三，从体系和欧洲各政府对共产主义的态度来看，共产主义的体系和欧洲各大政府构成一对在欧洲范围内最激进的矛盾，这种矛盾使其他矛盾退居次要地位。共产主义体系的核心就是颠覆旧世界，它的目标指向社会上的一切，要颠覆当时的所有的政府，现代的和过时的私有制度社会，建立一个全新的社会。所以，在一开始就遭到了各国政府残酷的镇压，"为了对这个幽灵进行神圣的围剿，旧欧洲的一切势力，教皇和沙皇、梅特涅和基佐、法国的激进派和德国的警察，都联合起来了"③。这种情况，也使得一开始采取暴力手段成为正常的选择。

---

① 《马克思恩格斯选集》第 4 卷，人民出版社 1995 年版，第 509 页。
② 《马克思恩格斯选集》第 3 卷，人民出版社 1995 年版，第 721 页。
③ 《马克思恩格斯选集》第 1 卷，人民出版社 1995 年版，第 271 页。

其四，从马克思恩格斯本人来看，年轻人特有的革命热情及其人道主义情怀往往催动他们用极端的"以暴治暴"方式来解决问题。恩格斯在1892年为自己的早期著作《英国工人阶级状况》作序时指出，"那时作者还年轻，只有二十四岁，所以这本著作就带有作者青年时代的烙印，反映着他青年时代的优点和缺点；但是，无论是优点或缺点，现在都并不使他感到有什么羞愧"①，"我有意地不删去本书中的许多预言，其中包括青年人的热情使我大胆地做出的英国即将发生社会革命的预言"②。恩格斯晚年仍然为自己能够预测到"英国面临着一场按一切迹象看来只有用暴力才能解决的危机"③而自得。而马克思在回答一位记者提的问题："什么是存在"的时候，更是在沉思了很久之后望着波涛汹涌的大海说道："斗争"。④

其五，从资本主义的发展阶段来看，"在初期，资产阶级还没有和君主专制政体彻底决裂"⑤。是一种封建资本主义。由于刚刚从封建专制中脱胎出来，资本主义与封建势力仍然有着千丝万缕的联系，无论是英国还是法国，资产阶级的政治都有着很大的局限性，表现在19世纪中叶以前从理论到实践都很不完善，民主制度很不健全，封建残余很多，议会选举作用不大，法律对工人的限制很严格，工人没有合法罢工的权利等，这些直接诱使了工人采取极端方式解决问题；同时，伴随着资本主义增长的是大量失业人口的增长及其雇佣工人的悲惨生活，工人们开始了自发反对资本主义的斗争。这两方面的原因直接导致工人自发的捣毁机器、非法的罢工等暴力形式和资产阶级政府的血腥镇压。基于以上的原因，革命理所当然成为马克思恩格斯早期的选择。

除了以上因素，我们还看到，马克思学说诞生在资本主义发展初期的欧洲，阶级矛盾较为尖锐，资产阶级对地主阶级的斗争还尚未结束，资产阶级

---

① 《马克思恩格斯全集》第22卷，人民出版社1965年版，第311页。
② 《马克思恩格斯全集》第22卷，人民出版社1965年版，第317页。
③ 《马克思恩格斯全集》第22卷，人民出版社1965年版，第317页。
④ 《马克思恩格斯全集》第45卷，人民出版社1985年版，第722页。
⑤ 《马克思恩格斯选集》第4卷，人民出版社1995年版，第662页。

和无产阶级已经泾渭分明且冲突时起时伏，尤其是在马克思的母邦普鲁士，是一个落后于时代的国家，与马克思学说所要批判的语境在一开始就有着距离，而这种情形又进一步加剧了社会矛盾的尖锐性和不可缓和性。也正因为如此，尽管马克思学说在价值取向上是"每一个个人"的个性独立、自由而全面的发展，但是人们往往更多的是侧重于手段的选择和实现路径的具体实施，从而，对马克思学说阶级斗争学说和革命学说的关注远远超过了马克思这一"自由个性"理念，"自由"成了发动、达到"革命"目的的口号，而"自由个性"则成为一个遥远而在行动者看来以"革命"名义实现的形式。而"革命"所强调的则不是"个性"（虽然革命往往是打着要求"自由"的旗号），而是对"革命事业"的忠诚和严密的纪律性，这样，"革命爆发的原因也许是，要彰显人的价值，否弃旧生活，激发个体人对生活的判断。但在革命的自然力中，个体人的价值、判断和良心会受到削弱，甚至会被集体的价值、判断和良心所取代。这时就会发生客体化过程，发生人的本性的异化，即人的本性被抛入客体世界。"① 结果，在那个"革命"的时代，"自由"成了人们可期而不可预见的幻觉，马克思"自由个性"理念实质上已经被忽视了。这种情形极容易导致"左"的思想的产生，而"左"的思想反过来又进一步加剧了这种情形。这种情形又在马克思学说的传播过程中显得更加明显了。

（三）马克思学说在向东方社会传播过程中由于社会背景的不同导致马克思"自由个性"理念被忽视

造成马克思"自由个性"理念被忽视的第三个重要原因则是由马克思学说在向东方社会传播过程中由于社会背景不同而导致对其理解的偏差和不同侧重而造成的。

1. 马克思学说在俄国的历史命运和"自由个性"的被忽视

19 世纪末 20 世纪初的俄国状况比马克思所处的德国状况差不多甚至更

---

① ［俄］尼古拉·别尔嘉耶夫：《人的奴役与自由——人格主义哲学的体认》，贵州人民出版社1994 年版，第 169 页。

为落后。可以用马克思在《资本论》中评判德国的评语来对俄国做出中肯地描述："在资本主义生产已经在我们那里完全确立的地方……情况比英国要坏得多。在其他一切方面，我们也同西欧大陆所有其他国家一样，不仅苦于资本主义生产的发展，而且苦于资本主义生产的不发展。除了现代的灾难而外，压迫着我们的还有许多遗留下来的灾难，这些灾难的产生，是由于古老的陈旧的生产方式以及伴随着它们的过时的社会关系和政治关系还在苟延残喘。不仅活人使我们受苦，而且死人也使我们受苦。死人抓住活人。"① 一方面，俄国的资本主义在19世纪后半叶迅速发展了起来，"三四十年中，大机器生产在主要工业部门就取代了手工生产。例如欧俄地区工厂，60年代只有两三千家，而到世纪末就发展到3倍左右。生铁和石油产量从1861年到1890年增加了近10倍，出现了巴库、顿巴斯等新兴工业城市。俄国农村资本主义也迅速发展起来了，阶级分化日益加剧，从前的农奴少部分变成了使用新式农具和雇佣农业工人的富农，大部分成为出卖劳动力的贫雇农，有的农奴主也走上了资本主义经营道路。占农户总数15%的富农，占有全部耕地面积的一半。"② 可是另一方面，俄国的资本主义发展极为缓慢，仍然处在马克思所说的资本主义原始积累阶段。据统计，直到20世纪初，俄国年工业总产值在国民经济中只占41%，俄国仍然是一个小农占优势的国家，俄国人民受到封建剥削和资本主义剥削双重压迫，同时，由于国外市场的竞争以及国内的各种社会矛盾，从而加剧了俄国的危机，从1870年在彼得堡涅瓦纱厂爆发第一次工人罢工斗争开始，整个70年代共发生了350次罢工斗争。1902年仅在俄国的欧洲部分就发生了340次农民暴动。而由于俄国自身所处的地缘位置以及俄国同欧洲历史上的联系，俄国的先进知识分子早在19世纪40年代就知道了马克思的学说，并且很快地把其学说传播到国内。同时，尽管俄国废除了农奴制度，但是在沙皇统治下滋长的专制主义和大俄罗斯沙文主义却已经渗透和蕴涵在民族文化中。正因为这些客观条

---

① 《资本论》第1卷，人民出版社1975年版，第8—11页。
② 黄楠森、庄福龄、林利：《马克思主义哲学史》第4卷，北京出版社2005年版，第11页。

件,马克思学说在俄国的传播被弥漫于社会的专制主义和大俄罗斯沙文主义销蚀得变了形。在列宁那里,这主要表现为对集中、纪律、阶级斗争和无产阶级专政的侧重。在《国家与革命》一书中列宁明确说:"马克思学说中的主要之点是阶级斗争。人们时常这样说,这样写。但这是不正确的……因为阶级斗争学说不是由马克思而是由资产阶级在马克思以前创立的……只有承认阶级斗争,同时也承认无产阶级专政的人,才是马克思主义者。马克思主义者同平庸的小资产者(以及大资产者)之间的最深刻的区别就在这里。必须用这块试金石来检验是否真正理解和承认马克思主义。"① 而到了斯大林那里,俄国大国沙文主义和专制主义文化与马克思的学说相嫁接,从而形成了一种官僚社会主义,这种官僚社会主义的一个重要特征就是经济、政治和文化上的专制,在这种情形下,个体被湮没在专制主义的社会氛围中,丧失了丁点儿的话语权。所以,马克思学说在经过俄国的时候,其"自由个性"理念就再次受到忽视。马克思学说由此变成了列宁主义,甚至斯大林主义,这一现象不单单对马克思学说本身造成了影响,而且对马克思学说在中国的传播产生了重大的影响。

2. 马克思学说在中国的历史命运和"自由个性"被忽视的过程

中国对马克思学说的接受不是直接通过德国,不是通过它的原始途径了解马克思学说的,而是通过一系列的中介尤其是苏俄来理解马克思学说的,这也就决定了对其理解的偏差。蔡元培在其《社会主义史序》中提到:"西洋的社会主义,二十年前才输入中国。一方面是留日学生从日本间接输入的,译有《近世社会主义》等书。一方面是留法学生从法国直接输入的,载在《新世纪日刊》上。后来有《心声周刊》简单地介绍一点。俄国多数派政府成立以后,介绍马克思学说的人多起来了,在日刊、月刊中,常常看见这一类的题目。"② 实际上,"第一次世界大战之前,马克思主义仅有只言

---

① 《列宁选集》第 3 卷,人民出版社 1995 年版,第 139 页。
② 蔡尚思:《蔡元培学术思想传记》第 136 页。转引自王奇生《取径东洋转道入内——留日学生与马克思主义在中国的传播》,《中共党史研究》1989 年第 6 期。

片语传入中国，只是在苏联布尔什维克革命之后才逐渐进入中国人的心灵"①。马克思的学说诞生于西方先进国家，建立在西方先进国家实际基础上的，而列宁主义则与此不同，列宁主义是关于相对落后的关于俄国能否首先进行共产主义革命的理论，其关于政党、民主集中制、专政的理论是俄国化了的马克思学说，马克思学说价值底蕴中的自由主义精神已毫无踪迹可循，因此这与原始的马克思主义迥异不同。由于中国是同俄国一样落后或者说是更落后的国家，对于马克思学说的直接接受存在着文化的差异，俄国十月革命的爆发则激发了人们革命的热情，俄国既然能够革命，中国也就能够革命。所以，马克思学说首先是以列宁主义的"革命"姿态传入中国的。比如当时的李达"感到无限的喜悦，就留心看报纸上这一方面的消息，才知道所谓'过激派'和'过激主义'就是布尔什维克和布尔什维主义，而布尔什维主义就是列宁主义，列宁主义又是马克思主义，这才知道马克思主义、列宁主义的名称。"② 这实际上就是把马克思学说理解成了列宁主义，无形中做了一种转化。在这个过程中，马克思学说得以在中国传播和产生影响，其追求个性自由和人类解放的价值观念虽然鼓舞着仁人志士投入到救亡图存的伟大事业中。但是此时对马克思学说的理解更倾向于其他的如革命、阶级斗争、无产阶级专政方面，这在当时是一种十分普遍的现象。1903 年马君武在《社会主义与进化论比较》一文中写道："马克司者，以唯物论解历史学之人也。马氏尝谓阶级竞争为历史之钥。"③ 被誉为中国共产主义运动的先驱、最早的马克思主义者，中国共产党的主要创始人之一的李大钊也认为："阶级竞争恰如一条金线"，把马克思主义三个主要组成部分"从根本上联络起来"④。毛泽东后来也回忆道："记得我在一九二零年，第一次看了考茨基著的《阶级斗争》，陈望道翻译的《共产党宣言》，和一个英国人作的《社会主义史》，我才知道人类自有史以来就有阶级斗争，阶级斗争是

① 罗斯·特里尔著，刘路新等译：《毛泽东传》，河北人民出版社 1989 年版，第 44 页。
② 李达：《十月革命与中国知识分子》，《学习》1957 年第 21 期。
③ 转引自王天瑜《唯物史观在中国的早期传播及其遭遇》，《中国社会科学》2008 年第 1 期。
④ 转引自薛其林《李大钊传播唯物史观的巨大贡献》，《船山学刊》2007 年第 2 期。

社会发展的原动力……我只取了它四个字'阶级斗争',老老实实地来开始研究实际的阶级斗争。"① 直到 1949 年 8 月 14 日,毛泽东在《丢掉幻想,准备斗争》一文中仍然这样写道:"阶级斗争,一些阶级胜利了,一些阶级消灭了。这就是历史,这就是几千年的文明史。拿这个观点解释历史的就叫做历史的唯物主义,站在这个观点的反面的是历史的唯心主义。"② 在这种"阶级斗争"的思维模式下,马克思的"自由个性"理念实际上被忽视了。

另外不可否认的是,个性解放在马克思学说传入中国伊始就掀起了热烈的讨论。当时先进的知识分子不但不反对个性解放,反倒是极力提倡个性解放,五四运动时期的新文化运动的主旨之一便是个性解放。如陈独秀在《新青年》上发表文章主张效法西方,废除家族本位,建立个人本位的社会,发展人的独立个性。陈独秀在《青年杂志》发刊词《敬告青年》中称:"一切操行、一切权利、一切信仰,唯有听命各自固有之智能,断无盲从隶属他人之理。"在《一九一六年》这篇著名的文章中,陈独秀呼吁有为的男女青年要破除封建三纲的那些所谓的金科玉律,破除"以己属人之奴隶道德",树立"推己及人之主人道德","重个人独立自主之人格,勿为他人之附属品"。鲁迅先生在《文化偏至论》一文中,对西方近代资产阶级思想家斯蒂纳、叔本华、易卜生和克尔凯郭尔等人观点中那些赞扬个性解放和个性自由的思想,很是赞赏,并说缺少个性的人太多,是国家的不幸! 在他看来,不培养个性鲜明的才能之士,而使平庸者得势,我们这个民族是没有希望的。③ 胡适先生也积极倡导个性解放:"往往用强力摧折个人的个性,压制个人自由独立的精神;等到个人的个性都消灭了,等自由独立的精神都完了,社会自身也没有生气了,也不会进步了。"④ "社会最大的罪恶莫过于摧

---

① 《毛泽东农村调查文集》,人民出版社 1982 年版,第 21—22 页。
② 《毛泽东选集》第 4 卷,人民出版社 1991 年版,第 1487 页。
③ 转引自宋惠昌《五四运动与个性解放》,《中国党政干部论坛》2007 年第 5 期。
④ 胡适:《胡适学术文集·哲学与文化》中华书局 2001 年版,第 383—384 页。转引自宋惠昌《五四运动与个性解放》,《中国党政干部论坛》2007 年第 5 期。

折个人的个性，不使他们自由发展。"① 毛泽东 1944 年在修改《解放日报》的一篇社论稿时，特别加进了"解放个性"这个重要提法。他在给秦邦宪的信中说："有人说我们忽视或压制个性，这是不对的。被束缚的个性如不得解放，就没有民主主义，也没有社会主义。"② 在 1945 年党的七大报告中，毛泽东说："有些人怀疑中国共产党人不赞成发展个性，不赞成发展私人资本主义，不赞成保护私有财产，其实是不对的。民族压迫和封建压迫残酷地束缚着中国人民的个性发展，束缚着私人资本主义的发展和破坏着广大人民的财产。我们主张的新民主主义制度的任务，则正是解除这些束缚和停止这种破坏，保障广大人民能够自由发展其在共同生活中的个性。"③ "没有几万万人民的个性的解放和个性的发展，一句话，没有一个由共产党领导的新式的资产阶级性质的彻底的民主革命，要想在殖民地半殖民地半封建的废墟上建立起社会主义社会来，那只是完全的空想。"④

但是问题在于当时人们对个性解放要求的语境与马克思语境的"自由个性"并不完全相同。在 20 世纪初期，中国除了苦于资本主义的发展，除了苦于"死人抓住活人"以外，还附加上一个重要的特征，即沦为资本主义国家的殖民地和商品销售市场，帝国主义国家在经济上、政治上、文化上对中国进行全面地殖民和压迫。这就使中国追寻现代个性解放的整个过程萌发于民族的"救亡图存"。从戊戌变法、五四运动、国民党领导的资产阶级革命，再到中国共产党领导的新民主主义革命，甚至到新中国的社会主义建设，无不是以国家的救亡图存与发展为重。这样，在潜意识里就遮掩了个体意识。特别是拯救中华民族于危亡的这种信念在中国整体主义文化传统的环境下更加强烈了，二者的交互影响进一步加深了对个体的忽视，从而加深了对马克思"自由个性"理念的忽视程度。这一点是马克思学说在东西方传

---

① 胡适：《胡适学术文集·哲学与文化》中华书局 2001 年版，第 390 页。转引自宋惠昌《五四运动与个性解放》，《中国党政干部论坛》2007 年第 5 期。
②《毛泽东文集》第 3 卷，人民出版社 1996 年版，第 208 页。
③《毛泽东选集》第 3 卷，人民出版社 1991 年版，第 1058 页。
④《毛泽东选集》第 3 卷，人民出版社 1991 年版，第 1060 页。

播过程中最大的文化差别。从文化上来讲，西方文化向来是重视"个人"的，历来有"个人主义"和"自由主义"的传统，也正因为如此，当他们批判那种只是重视个人而忽视联合的"个人主义"时，不管他们采取的方式在我们看来是多么的唯心，都涵盖着要求"个人联合起来"的思想。比如与马克思同时代的英国维多利亚时代诗人安诺德就认为个人的完美必须是一种普遍的扩大，"由文化看来，只要个人还是孤立的时候，完美是不可能的。个人必须带着其余的人一起走向完美，不断地尽其所能来扩大和增加朝这方向迈进的人流的流量"①。所以，马克思的批判中是带着批判"个人主义"的色彩的、马克思强调的是一种基于个人自愿基础上的联合。而东方的情况恰恰是相反的情形，整体主义在东方的传统文化中占有相当大的比重，重整体、轻个人的现象比比皆是，这或许是导致马克思的思想来到东方以后发生转型的深层内在文化机制。东方人对个人个性的追求只是限于自我的狭小空间，一旦涉及外界的时候往往要么成为整体主义的一环，要么就永远游离于体制之外。虽然当时中国的知识分子也意识到了这一点，比如李大钊就指出："现在世界进化的轨道，都是沿着一条线走，这条线就是达到世界大同的通衢，就是人类共同精神联贯的脉络……这条线的渊源，就是个性解放。个性解放，断断不是单为一个分裂就算了事，乃是完成一切个性，脱离了旧绊锁，重新改造一个普通广大的新组织。一方面是个性解放，一方面是大同团结。这个性解放的运动，同时伴着一个大同团结的运动。这两种运动，似乎是相反，实在是相成。"② 而鲁迅先生在 1936 年也提出过警告："用笔和舌，将沦为异族的奴隶之苦告诉大家，自然是不错的，但要十分小心，不可使大家得着这样的结论：'那么，到底还不如我们似的做自己人的奴隶好。'"③ 但是终归是走了消解个性解放的道路。这一点在严复和梁启超身上表现的尤为明显，严复和梁启超都提倡个性解放，严复曾援引西方自由

---

① 《从文艺复兴到十九世纪资产阶级文学家艺术家有关人道主义人性论言论选辑》，商务印书馆 1971 年版，第 266 页。
② 李桂梅：《试论五四时期个性解放思想的特征》，《道德与文明》2002 年第 3 期。
③ 转引自董健、王彬彬、张光芒《启蒙在中国的百年遭遇》，《炎黄春秋》2008 年第 9 期。

主义学说呼吁："彼西人之言曰：唯天生民，各具赋畀，得自由者乃为全受。故人人各得自由，国国各得自由"①，"故今日之治，莫贵乎崇尚自由"②。梁启超也指出："自由者，天下之公理，人生之要具，无往而不适用者也。"③ 然而，他们对个人的这种理解是建立在有利于国家和民族的思想基础之上的，当二者发生矛盾的时候，严复便说："特观吾国今处之形，则小己自由，尚非所急……所急者，乃国群自由，非小己自由也"④，"外患如此，内忧亦然。间阎纷争，奸宄窃发，欲求社会安稳，亦不能不减夺自由"⑤，他甚至宣称："以不佞私见言之，天下仍须定于专制，不然，则秩序恢复之不可能，尚何富强之可跂乎?"⑥ 而梁启超同样也表示："自由云者，团体之自由，非个人之自由也"⑦，"一言以蔽之，则今日中国国民，只可以受专制，不可以享自由"⑧。其实，这不仅仅是严公和梁公的个人现象，而是整个中国近代史所呈现出来的一种普遍现象。我们都知道毛泽东也提倡个性自由，可是这种思想一与其实践相接触就无形中消解了。由此也可以看出中国传统整体主义文化的顽强以及在特有的民族危机的形势下所表现出来的特有的张力。

　　于是，当我们回顾马克思主义传入中国的那段历史，很自然地看到当时中国先进知识分子接受马克思主义的重要原因了。首先，他们深受中国传统儒家文化"修身、齐家、治国、平天下"的影响，而马克思寻求人类解放的那种价值取向与中国传统文化中"经世济民"的心理状态达到了一种契合；其次，由于中国深受资本主义国家的压迫，不少的先进中国人对资本主义社会的矛盾也是深有感触，因此对西方的资本主义文明持一种矛盾的心

① 转引自卢毅《章门弟子与近代个性解放思潮》，《北方论丛》2006 年第 2 期。
② 转引自卢毅《章门弟子与近代个性解放思潮》，《北方论丛》2006 年第 2 期。
③ 李华兴：《梁启超选集》，上海人民出版社 1984 年版，第 223 页。
④ 转引自卢毅《章门弟子与近代个性解放思潮》，《北方论丛》2006 年第 2 期。
⑤ 王栻：《严复集（五）》，中华书局 1986 年版，第 1298 页。转引自卢毅《章门弟子与近代个性解放思潮》，《北方论丛》2006 年第 2 期。
⑥ 转引自卢毅《章门弟子与近代个性解放思潮》，《北方论丛》2006 年第 2 期。
⑦ 李华兴等编：《梁启超选集》，上海人民出版社 1984 年版，第 227 页。
⑧ 李华兴等编：《梁启超选集》，上海人民出版社 1984 年版，第 435 页。

态，而马克思的社会主义学说不仅在理论上对资本主义制度进行了批判，而且在实践中由于列宁和斯大林的努力在苏联还成为了现实并且取得了巨大的成绩，这对于当时先进的中国人无疑是一种鼓舞。因此，在当时那种特殊的文化、时代背景下，中国先进的知识分子选择马克思主义是历史发展的必然和共同的心理倾向。甚至孙中山先生也几乎接受了社会主义，1905 年年初，孙中山在访问当时第二国际主席王德威尔得和书记处书记胡斯曼时自称是社会主义者，并表示："中国社会主义者要采用欧洲的生产方式，使用机器，但是要避免其种种弊病"，"我们要在将来建立一个没有任何过渡的新社会……中世纪的生产方式将直接过渡到社会主义的生产阶段，而工人不必经受资本家剥削的痛苦。"① 为此，孙中山还请求第二国际书记处接纳他为"党的成员"。虽然由于种种原因，孙中山的这个愿望没能实现。然而我们也由此看到，当马克思学说传入东方的那一刹那，其关于"联合"的思想与东方人思维中的"整体"的意识思想在潜意识里达到了一种默契。而这种"整体主义"机制在马克思传入中国的过程中，由于时代背景的衬托更加以"民族主义"的形式表现得淋漓尽致。对民族、国家的救亡图存观念远远超过了马克思所强调的个人的向度，对个人自由的追求被放到遥远的未来和第二层次的国度。于是，在东方传统的整体主义视野下形成的大一统的制度和习惯以及由此形成的专制主义习惯的背景下对马克思学说的理解产生了偏差。于是，对马克思所强调的联合，东方人原来就有着原始的、历史的文化积淀，但是对于马克思所强调的"个性解放"，如马克思所说的在德国进行现代社会的批判一样，本来就没有多少个人主义传统和精神的中国人又开始了对个人主义大规模的批判和鞭挞。于是，似乎如马克思在批判德国的"真正的"社会主义时所说的那样："德国的社会主义恰好忘记了，法国的批判（德国的社会主义是这种批判的可怜的回声）是以现代的资产阶级社会以及相应的物质生活条件和相当的政治制度为前提的，而这一切前提当时

---

① 转引自王列平《20 世纪初〈共产党宣言〉在中国传播始末》，《党史纵览》2007 年第 2 期。

在德国正是尚待争取的。"①

（四）中国人对马克思学说的接受受到《共产党宣言》在中国传播的影响

另外，中国人对马克思学说的接受在很大程度上是对"阶级斗争"的判定，而之所以产生这种判定的一个重要原因就是马克思的文献尤其是《共产党宣言》在中国的传播过程。19世纪末20世纪初，人们接触到的马克思的文章最多的是《共产党宣言》，《共产党宣言》就是马克思主义的象征。而《共产党宣言》本身"宣言"的性质必定是充满了斗志和激情，通读《共产党宣言》，你会感到"阶级斗争"的确像一条主线贯穿始终，而其中的激情更会激起人们，尤其是年轻人投入革命实践的浪潮中。而实际上，许多中国共产党人如周恩来、邓颖超、刘少奇、朱德、蔡和森等都是通过阅读《共产党宣言》走上革命道路的。邓小平同志在1992年"南方谈话"中也说："我的入门老师是《共产党宣言》……"②

让我们先来看一下十月革命以前人们对《共产党宣言》的理解。当时人们对马克思主义的了解主要就是通过日本版本《共产党宣言》的摘译。1906年，朱执信在《民报》发表文章对《共产党宣言》进行评述，其中一段他摘译道："自草昧混沌而降，至于吾今有生，所谓史者，何一非阶级争斗之陈迹乎。"（"到目前为止的一切社会的历史都是阶级斗争的历史"）1908年1月，在刘师培、何震等人创办的以宣扬无政府主义为主的《天义报》第15号上，刊登了恩格斯为《共产党宣言》所作《1888年英文版序言》的一部分，并加了编者按语说："案共产党宣言，发明阶级斗争说，最有裨于历史。此序文所言，亦可考究当时思想之变迁，欲研究社会主义之历史者，均当从此入门。"摘译往往是摘出作者认为能够体现文章主旨的文章来加以翻译，而我们现在看到，十月革命以前，知识分子在对《共产党宣

---

① 《马克思恩格斯选集》第1卷，人民出版社1995年版，第300页。
② 《邓小平文选》第3卷，人民出版社1993年版，第382页。

言》的理解就已经明显地注意到"阶级斗争"。而这种情况随着 1920 年由陈望道翻译的第一个完整的中文译本《共产党宣言》的出版更加明显了。该书一问世，广大知识分子就竞相争购。毛泽东在延安与斯诺谈话时曾回忆说：1920 年到北京时读了许多关于俄国情况和共产主义的书，其中有三本书特别铭刻在他的心中，使他树立起马克思主义信仰，其中之一就"是《共产党宣言》，陈望道译，这是用中文出版的第一本马克思主义的书……到 1920 年夏，在理论上，而且在某种程度的行动上，我已成为一个马克思主义者了"[1]。延安整风时，毛泽东在一次会议上又讲道"记得我在 1920 年，第一次看到了考茨基的《阶级斗争》，陈望道翻译的《共产党宣言》和一个英国人写的《社会主义史》，我才知道人类自有史以来，就是阶级斗争史，阶级斗争是社会发展的原动力，初步地得到认识问题的方法论。可是这些书上，并没有中国的湖南、湖北，也没有中国的蒋介石和陈独秀，但我只取了它四个字：'阶级斗争'，老老实实地来开始研究实际的阶级斗争。"[2]因此，在对《共产党宣言》的这种解读中，马克思"自由个性"理念就被忽视了。《共产党宣言》中关于自由人、自由人联合体的论述这个精髓思想也同时被忽视了。当然，当时中国先进的知识分子对《共产党宣言》做出这样的理解，也许更为要紧的是与当时中国救亡图存以及国内各种矛盾尖锐的时局有着相当大的关系的。

三、马克思学说在西方的批判性发展以及"自由个性"理念在中国逐渐彰显的时势、契机和意义

我们已经看到，由于马克思学说本身及其在向东方传播过程中社会文化

---

[1] 埃德加·斯诺：《西行漫记》，生活·读书·新知三联书店 1979 年版，第 130 页。
[2] 《毛泽东农村调查文集》，人民出版社 1982 年版，第 21—22 页。

背景的不同，马克思的"自由个性"理念在一开始就受到了"忽视"。但是，西方传统的自由主义精神和个人主义传统，以及西方社会较早拥有的对马克思"自由个性"理念的批判语境，却使马克思学说以另外一种方式得到继承和发展。而随着中国社会的逐渐发展，也逐渐具备了马克思学说所批判的社会语境，此情境下马克思"自由个性"理念也逐渐在中国得到了彰显。

（一）　马克思学说在西方的批判性发展

马克思学说在西方正是走了一条如德国哲学家斯密特所说的道路：当我们发现马克思的有些理论有问题时，以及一些马克思的理论不能回答问题时，我们就有两种选择：一是用现代资产阶级的理论学说来"充实"和"完善"马克思主义，二是找出马克思著作中潜在的东西来重新解释马克思主义。[①] 西方文化上特有的批判传统和社会背景使西方的学者以自己的方式在批判的视角下开始了对马克思学说的理解、继承和发展。

西方学者对马克思学说的理解一开始是围绕着"修正主义"展开的。1896 年 10 月，伯恩斯坦在《新时代》上以《社会主义问题》为总标题，发表了一系列"修正"马克思主义的文章。1899 年，伯恩斯坦发表了《社会主义的前提和社会民主党的任务》一书，对马克思学说展开了全面的修正。伯恩斯坦认为，马克思经济基础决定上层建筑的历史唯物主义原理是"经济唯物主义"、"历史宿命论"；辩证法则是"妨碍对事物进行正确考察的陷阱"；劳动价值论和剩余价值学说只不过是"纯粹的思维的构想"和"以假说为根据的公式"。而垄断组织可以防御乃至消除危机，资本主义不会走向崩溃。同时，伯恩斯坦认为，"阶级合作"是社会进步的动力；宣称资本主义能民主自由的"和平长入社会主义"；无产阶级专政是"低级文化"，"政治上的返祖现象"；主张把无产阶级政党变为"改良的党"、"民主的党"、"和平的党"；提出"运动就是一切，最终目的是微不足道"的理论公式。

---

① 转引自欧阳谦《人的主体性和人的解放》，山东文艺出版社 1986 年版，第 2 页。

伯恩斯坦的观点对第二国际产生了深远的影响，"法国的米勒兰、白里安、英国的海德门、麦克唐纳，意大利的屠拉梯、比索拉梯，奥地利的鲍威尔、阿德勒等人步伯恩斯坦的后尘，宣扬修正主义理论"①。但是同时也遭到了考茨基、倍倍尔、拉法格、李卜克内西、卢森堡、普列汉诺夫和列宁等马克思主义正统派的批判，尤其是十月革命的胜利，不但在实践上彻底颠覆了第二国际把马克思主义理解为经济决定论的思想，而且鼓舞了欧洲各国的无产阶级起来革命。从1918—1923年间，德国、意大利、匈牙利、芬兰、奥地利、波兰、保加利亚等国相继爆发了工人起义和人民起义，进行夺取政权的斗争，其他各主要资本主义国家也都发生了声势浩大的罢工运动。但是最后都以失败而告终。在这种背景下，卢卡奇、科尔施、葛兰西等人在寻找革命失败原因、探索革命道路的过程中，认为西方革命失败的一个主要原因是第二国际把马克思主义庸俗为经济决定论的结果，这种经济决定论抹杀了人的主观能动性，进而导致工人阶级的"阶级意识"不成熟。为了解释这种现象，1923年，卢长奇、柯尔施分别发表了《历史和阶级意识——马克思主义辩证法研究》和《马克思主义和哲学》，从而开始了对马克思主义从科学主义到人道主义理解的第一次尝试。

《1844年经济学哲学手稿》（1931）的发表为人们重新理解马克思的学说提供了一个新的契机。一些学者认为《1844年经济学哲学手稿》是"马克思的中心著作，是马克思思想发展上的主要关节点，而在这个关节点上，经济分析的原则都是从人的真正现实性这个观念直接推演出来的"②。并且从这时起，一些学者通过《1844年经济学哲学手稿》分析法西斯主义兴起的心理根源；反思启蒙精神、工具理性、科学技术、大众文化，致力于发达工业文明批判；构筑批判理论的哲学基础，并用各种西方社会思潮解释、补充、重建马克思主义。这个时期出现了弗洛伊德主义马克思主义、存在主义

---

① 庄福龄：《简明马克思主义史》，人民出版社2001年版，第179页。
② 《哲学中革命变革的起源——马克思的〈1844年经济学哲学手稿〉》，中国社会科学出版社1981年版，第2页。

马克思主义等多种把马克思主义人道主义化的流派。比如在弗洛姆看来，马克思的哲学正是"来源于西方人本主义的哲学传统，这个传统自斯宾诺莎开始，通过 18 世纪法国和德国的启蒙运动哲学家，一直延续到歌德和黑格尔，这个传统的本质就是对人的关怀，对人的潜在才能得到实现的关怀"①，但是以往的学者都没有"把马克思解释为是以他的人本主义的存在论（existentialism）为中心的"哲学。据此弗洛姆指出："马克思的目标是使人在精神上得到解放，使人摆脱经济决定论的枷锁，使人的完整的人性得到恢复，使人与其伙伴们以及与自然界处于统一而且和谐的关系之中"。"通过恢复一切人的未异化的、从而是自由的能动性，使人获得解放，并达到那样一种社会，在那里，目的是人而不是产品，人不再是'畸形的'，变成了充分发展的人"②。梅洛—庞蒂则指出："马克思在学术上的新贡献不在于把哲学问题和人类问题归结为经济问题，而在于从经济问题里找出哲学问题和人类问题的真实相等物。"③"谁说历史是一个仪表装置，而个人是齿轮。那不是马克思。"④"如果马克思认为，历史的承受者和辩证法的动力既不是独立的社会世界，又不是'精神世界'，也不是观念的独特运动或集体意识，那又该是什么呢？那就是人，是以某种方式参与征服自然，并在此过程中以一定形式与他人发生交往的人，是具体的人在交往中保持的相互主观性，是正在根据一种典型方式实现着自己的各种存在的、具有连续性和共时性的共同体。"⑤ 列斐伏尔则从对马克思的异化理论解释中引出了日常生活批判理论，他声称："马克思主义应当是日常生活的批判的认识"，而异化理论和"总体的人"的理论是对日常生活批判的指针。萨特则指出，马克思主义的"停滞"主要表现在它中间出现了"人学的空场"，"一旦马克思主义思想以

---

① 转引自张一兵《另一个马克思：一种人本主义的诠释——费洛姆〈马克思关于人的概念〉解读》，《马克思主义研究》2003 年第 5 期。
② 转引自《西方学者论〈1844 年经济学哲学手稿〉》，复旦大学出版社 1983 年版，第 62 页。
③ 转引自李杰《20 世纪西方马克思主义视域中的人道主义马克思》，《理论月刊》2007 年第 1 期。
④ 转引自庄福龄《简明马克思主义史》，人民出版社 2001 年版，第 330 页。
⑤ 季国清：《马克思主义的人本化在中国悄然兴起》，《哈尔滨师专学报》1999 年第 5 期。

人的向度……作为人类学知识的基础，存在主义就将失去任何存在的理由"①。第二次世界大战以后，除了对马克思主义作人道主义的理解之外，还出现了一种强调马克思主义科学性的趋向。如意大利的"新实证主义马克思主义"、法国的"结构主义马克思主义"、英美地区的"分析学派的马克思主义"。"新实证主义马克思主义"注重分析马克思主义的方法论和辩证法，而且把目光投向现实的层面，试图把马克思主义历史理论解释成一门经验科学；"结构主义马克思主义"则宣称马克思主义是一种"理论上的反人道主义"，马克思彻底抛弃了人道主义的"理论框架"；而"分析学派的马克思主义"的突出特点是把西方分析哲学的方法引入马克思主义研究领域，并试图通过现代数学、数理逻辑和模式结构等方法重新解释马克思主义理论。进入20世纪90年代以来，尤其是进入21世纪以来，西方学者对马克思学说的研究更是走向了多元，出现了诸如"生态主义的马克思主义"、"解构主义的马克思主义"、"英美的马克思主义"等多种流派，这些流派从不同的角度入手对马克思学说本身及其在当代的生命力做出解释。可以说，马克思学说在西方的发展充满了强烈的现实感、时代感以及强烈的批判精神。

（二）马克思"自由个性"理念在中国逐渐彰显的时势、契机和意义

我们已经讨论了马克思学说在传入中国时马克思"自由个性"理念就被忽视的事实。而在新中国成立后，由于急于想摆脱中国经济社会发展落后的面貌，我们急于搞建设，求发展，结果在经济发展过程中不把人当人；而受到斯大林主义的影响，一次又一次思想文化领域的政治运动又使每个人人人自危，噤若寒蝉，更莫说其个性的展现了。特别是到了"文化大革命"时期，由于高度集权的政治体制、计划经济体制等多方面的原因，我们不但没有给予个性解放以应有的重视，相反，却把个性解放等同于资产阶级思

① 萨特：《对于一种方法的探求》1963年纽约版，第30页。转引自庄福龄《简明马克思主义史》，人民出版社2001年版，第356页。

想，对其进行了风雨雷电般的批判，使其变成理论禁区。因此，实质上马克思的"自由个性"理念仍然是处于一种"空场"的状态。而在经历了"文化大革命"十年历史的磨难和历史反思之后，伴随着我国社会主义市场经济的建立以及由此而来的人的独立自主意识和自我个性的增强，马克思"自由个性"理念越来越为人们所认识、接受并日益被认定为马克思学说中的核心要素。尤其是在改革开放以后，伴随着人的个性得到释放和张扬，人们开始从马克思的学说中挖掘出"人"的在场。在理论界兴起了马克思人学的研究热潮，在文艺界出版了大量歌颂个性解放的作品，从这一时期开始，马克思学说中的"个性解放"因素开始在中国人的自觉意识中发展起来，同样，马克思学说中这一珍贵的"自由个性"理念也开始逐渐在中国得到彰显。就这一点来说，马克思学说经历了与在西方相同的命运理路，是社会发展引导了学说，而不是学说引导了社会发展。

中国的个性解放首先是以对人的自然欲望的解放开始的。在"文化大革命"之后，被压抑的人的自然性（欲望）比较充分地得到了释放，这一时期，社会各界都充满了对"人"的肯定和"个性解放"的话语。首先表现在文学作品中是大量关于性爱的描写，这些描写都生动地刻画出人不单纯是一个理性的动物，人有自然的欲望和冲动。而这由此导致理论界开始在马克思学说中去寻求相关的理论依据，此时人们才发现，原来在马克思学说中早就有关于"现实的人"、"有生命力的人"、"异化"等的阐述。这种发现带来的效应是双重的，一方面在马克思学说里为中国人追求再次的个性解放找到了正当的理由，另一方面更是对马克思学说中"自由个性"理念关于尊重个人和主体性地位的一种承认。这一时期对中国的马克思学说而言，是一次对自身的颠覆，更是一次涅槃的重生。马克思学说本身的精神内涵和价值底蕴就是在这样一个年代得到充分挖掘、得益于改革开放的大背景和人们切身的感触，也正因为如此，当时人们对这一点的挖掘是真诚而热烈的。①

---

① 对这一时期人的个性的解放情况可参见张光芒《新时期的人性解放"三部曲"——论新时期启蒙文学思潮》，《南京大学学报》2003 年第 1 期。

然而，由于改革开放是在不断地排除"左"的理论干扰下进行的，所以，追求个性解放的这种心理诉求当然也遇到了更大的阻力。1983 年，胡乔木在署名文章《关于人道主义和异化问题》中极力批判了"人是马克思主义的出发点"这种观点，极力批判了"人是目的，人是中心"这种理念，对"人的价值""、人的尊严"、"人的自由"、"人的需要"等种种说法予以了粗暴的否定，认为这是搞"资产阶级自由化"，从而上演了一场"消除精神污染"的闹剧。后来，虽然胡乔木对此作了自我批评，但中国人学空场的状态并没有得到根本的改变。

如果说对马克思"自由个性"理念的这种关注在一开始是更多地是由于历史的因素而导致人们主观愿望的自发挖掘，在进入 20 世纪 90 年代特别是进入 21 世纪以后，对马克思学说这一价值层面的挖掘则更多地是由于社会背景已经发生了巨大的变化，越来越适应于马克思学说所要批判的语境了。经过 30 多年的改革开放，中国的社会主义市场经济逐渐建立起来，而相应的人的独立性、自主性和自由性也在普遍地增强，与此同时马克思"自由个性"理念所依托的"物的依赖"也越来越明显地出现在人们的日常生活中，这一现象一方面表明了马克思学说本身的预见性和正确性，另一方面也再次对马克思学说适应时代提出了新的要求。为此，中国共产党提出要构建社会主义核心价值观念，以人为本、科学发展、和谐发展，这是适应时代要求变化做出的明智之举，而这也为进一步深挖马克思学说中这一珍贵的"自由个性"理念提供了一大契机和可能。而与之相对应的是另外一个十分迫切的事实，这一事实使深挖马克思"自由个性"理念在当前显得尤为迫切。那就是马克思的学说不再像 20 世纪那样为人们所推崇，马克思主义作为国家指导思想的"显学"地位与它在民间暗淡的遭遇形成了鲜明的对比。因此，如何寻找出马克思主义在当代新的增长点就显得尤为迫切，而通过深度挖掘马克思"自由个性"这一思想，在理论上说清"自由个性"理念，一方面是对马克思本人的尊重，另一方面这对于人们全面审视马克思的思想和学说，重新认识马克思主义科学实质，现行体系，说明马克思主义的当代生命力更是具有重大的理论意义。而如果能够说明马克思"自由个性"理念的确在马克思主义学说中占有十分重要的位置，那么就能够说明以往我们对马克思学说的理解是出现了偏差，从而有理由对马克思学说在适才的暗淡遭遇做出合理的解释。并且，这种解释一旦说得通，同时也就适应了当前社会发展的情势，这样马克思学说又能够再次发挥出解释世界的能力，与此同时也再次焕发出马克思主义的生命力。

而事实上，我们也正是要以"自由个性"即"每一个个人"个性独立、自由而全面的发展这一价值目标来重新彰显马克思主义的生命力。所谓生命力，就是指一种理论的时效性，如果说此种理论于一个时代或几个时代有指导和借鉴意义，那么我们可以说它在这个时代或这几个时代是有生命力的。譬如儒学之所以未在春秋时期反而在汉朝时期开始成为显学，是因为它的内容适应了汉朝巩固天下的需要；再如西方的基督教之所以能够成为西方人日常生活中的一部分，是因为它的内容适应了人们寻求寄托的心理需要；又诸如"中和"、"和谐"等等中华传统思想于今日的和谐社会有着启迪意义，所以此种理论才在今日中国成为一种热潮。马克思共产主义革命理论之所以在19世纪和20世纪在世界上众多落后民族国家生根发芽并席卷整个世界，恰恰是因为其阶级斗争学说适应了那个时代天下穷人的需要，而这些革命成功后又忽视了马克思要使每个人都成为自由人，成为全面发展的"自由个性"的人这种每个人的心理需要。在共产主义的实践中更是没有做到这一点，所以马克思主义威望下降了，不少社会主义国家垮台了。既然我们现在知道"自由个性"即追求"每一个个人"个性独立、自由而全面的发展是整个马克思学说的价值目标所在，并且在历史上其思想的真正价值却被忽视了，那么现在就应当自觉地去彰显马克思这一"自由个性"理念，端正其在马克思学说中的本来地位，并且以此来重新理解马克思学说，从而恢复马克思主义在当代的生命力。

因此，在当前首先就要强调马克思这一"每一个个人"个性独立、自由而全面发展的价值目标，并首先在中国确立个性解放的观念。于中国而言，长期以来不是个性太多了，而是个性太少了，个性在相当长的时期内受到压抑,梁漱溟先生说:"中国文化最大之偏失，就在个人永不被发现这一点上。"① 为此，我们首先特别要注重尊重个体的优先性。解放个性，发展个性，要尊重个体，尊重个人权利，尊重个人尊严，以人为本。克服"重物轻人"的观念，尊重和回归人民群众的主体地位，既要代表最广大人民的根本利益，也要以个体的人为本，尊重个性，尊重个人权利，尊重个人尊严。其次，在倡导全面发展的同时尊重个体的差异性。马克思说："即使在一定的社会关系里每一个人都能成为出色的画家，但是这决不排斥每一个人也成为独特的画家的可能性。"② 现代社会的发展不仅仅需要全面发展的人，更需要在全面发展基础上多种多样的个性，只有这样，才能够创造一种百花争艳的大好局面。与其同时，我们更要在尊重个体、确立个性解放观念的基础上侧重社会公正，保证每个人都能得到健康自由地发展。我们不能忘记：马克思"自由个性"所最终要达到的是"每一个个人"个性独立、自由而全面的发展，而不是某些人或者个别人。尤其是在当前社会主义市场经济刚刚确立但是不完善，贫富分化现象日益扩大，各种不公平现象时而发生的情势下，更是不能以个性解放的名义来损害社会公正。

四、马克思"自由个性"理念历史生成的启示：关于"自由个性"与资本、所有制、革命交互关系的历史反思与思考

我们已经从东西方社会的文化背景分析了马克思学说以及"自由个性"理念在东西方不同历史命运的事实。现在，让我们结合前几章的分析，从"自由个性"与资本、革命、所有制之间的交互关系入手，去发现其中更深层次的原因。一旦我们把握了这种深层次的原因，那么不但会使我们对以往

---

① 转引自朱庆育《个人主义思想的古希腊渊源》，《社会科学论坛》2001 年第 7 期。
②《马克思恩格斯全集》第 3 集，人民出版社 1960 年版，第 460 页。

的那段历史有更深的了解，更能为我们以后的行动提供有益的启示。

不过在此之前，我们先要涉及资本和人的价值关系问题。资本的双重性质决定了它一方面贬低人的价值，消弭人的个性，可是另一方面却也为人的价值实现提供标准，并为"每一个个人"的个性独立、自由而全面发展准备着条件。所以，在一定的历史时期，资本的在场是不可或缺的。

首先必须要了解的问题是，"价值"存在着一个由"自我肯定"到"交换价值"的转变过程。马克思是这样来看待"物"的价值的。"物的（weft）事实上是它自己的 virtues（功能、力量、优点），而它的交换价值却和它的物的属性完全无关。"① 我同意马克思对物的"价值"就是自身功能、力量、优点等属性的说法。它首先标明的是物（包括人）对自身的肯定。然而，不能因此就认为它的交换价值就与它的物的属性完全无关。物的价值虽然是内在的，但是也必须要有表现的形式才对。如果没有表现的形式，那么物的价值就根本没有了标度，没有了标度的价值又怎么称得上是有价值的呢？所以，物的价值不仅仅表现在对自身的肯定，更应当表现在对异己的物的"有用性"上。拿空气来讲，空气有自身的特性，但是，其价值只有在为人所感受到的时候才体现出来。② 然而，由于物的不同的属性或者是出于稀缺的原因（这可能是由于自然界中的稀缺，也可能是由于分工（私有制）造成的物品稀缺），以及人的需要，就使得交换成为可能和现实。而一出现了交换，商品随之产生，物的价值也随之由"自我肯定"转化为"交换价值"的形式，"交换价值"的出现不但表明物的"价值"，而且表明了物为人的社会存在，反映了人与人之间的关系。在此过程中，由于双方（应当包含三重性质的双方——买方与卖方、买方与买方、卖方与卖方）的竞争，使得交换价值出现波动，于是价值也相应出现波动。这样，"交换价值"就成为"价值"的表现形式，成为衡量"价值"的一个重要标度。

---

① 《马克思恩格斯全集》第 26 卷（Ⅲ），人民出版社 1974 年版，第 326—327 页。

② 笔者在这里对"物"意义上的"价值"与马克思在"商品"意义上的"价值"是有区别的。它指的是一种"有用性"，更类似于马克思笔下的"使用价值"。

至于人的价值衡量问题，也是同样的逻辑。首先，资本在进入生产过程中之前，它的表现形式是货币资本。货币是固定的充当一般等价物的商品，体现着商品生产者之间的经济关系，它首先是一种关系，是交换价值的一种体现。交换价值或者说货币在人的"价值"上起的作用是双重的，一方面，使人的本质发生异化，导致人的价值贬值；另一方面，在一定的历史发展阶段，提供了衡量人的价值的一种标准，在商品交换过程中，双方一开始就是作为自由的和平等的商品所有者出现的，他们通过自由竞争和等价交换，最后又确证了自身的平等和自由。"交换，确立了主体之间的全面平等，那么内容，即促使人们去进行交换的个人材料和物质材料，则确立了自由。可见，平等和自由不仅在以交换价值为基础的交换中受到尊重，而且交换价值的交换是一切平等和自由的生产的、现实的基础"①。其次，资本是一种能够带来剩余价值的价值形式，虽然说它的一个重要前提是劳动力（人）成为商品，但是，"以交换价值为基础的生产"需要资本的参与，它不仅仅是一种社会关系，还能带来价值的增值和物质财富的增长，是生产经营中不可缺少的要素，是人类社会发展不可逾越的必然阶段，也正因为如此，马克思在《1857—1858年经济学手稿》中指出"自由个性"是一个历史生成的过程，"人的依赖关系（起初完全是自然发生的），是最初的社会形态，在这种形态下，人的生产能力只是在狭窄的范围内和孤立的地点上发展着。以物的依赖性为基础的人的独立性，是第二大形态，在这种形态下，才形成普遍的社会物质交换，全面的关系，多方面的需求以及全面的能力体系。建立在个人全面发展和他们共同的社会生产能力成为他们社会财富这一基础上的自由个性，是第三个阶段。第二个阶段为第三个阶段创造条件。"② 所以，我们看到，资本是一把双刃剑，它在肯定人的同时否定着人，可是又在否定着人的同时创造着人。也正因为如此，我们对待资本的态度一定要持有相当的谨慎，在一定的历史时期，培育资本不仅仅是应当，而且是必须的任务，如

---

① 《马克思恩格斯全集》第46卷（上），人民出版社1979年版，第197页。
② 《马克思恩格斯全集》第46卷（上），人民出版社1979年版，第104页。

果有谁违背这一条客观规律，只能遭到规律的惩罚，这一点已经为事实所证明。

当然，为此我们不得不回顾马克思对此的思考。马克思的的确确是看到了资本对人的价值所起的作用的。如我们已经看到的，马克思从"商品"入手，通过揭示商品的二重性根源，即劳动二重性来说明问题。他指出：对商品价值的衡量实质上是对劳动的衡量。当人成为雇佣劳动者（工人），即特殊的商品的时候，他所体现的实质上就是一种"交换价值"。于是，人的价值成为一种变动的了，也就出现了人的价值贬值的情况，也就是说交换价值是人的价值的一种变异的存在。很明显，马克思作如此判断的一个前提和线索是其对人的本质的思考：人的价值是人的本质力量的直接体现和对象化。马克思是始终站在"人"角度来思考问题。这种思考的结果必然会导致对"交换价值"的否定，所以，马克思说，到了共产主义社会"以交换价值为基础的生产便会崩溃，直接的物质生产过程本身也就摆脱了贫困和对抗性的形式。个性得到自由发展"①。也正因为如此，马克思对其根源——分工和私有制也必然采取否定态度。

所以，马克思和恩格斯认为，共产主义社会是对以"交换价值"和资本成为人的价值标度的克服。马克思指出：在共产主义的初级阶段："在一个集体的、以生产资料公有为基础的社会中，生产者不交换自己的产品；用在产品上的劳动，在这里也不表现为这些产品的价值，不表现为这些产品所具有的某种物的属性，因为这时，同资本主义社会相反，个人的劳动不再经过迂回曲折的道路，而是直接作为总劳动的组成部分存在着。"② 在共产主义社会里，由于实现了社会共同占有生产资料，也就是消除了私有制，所以，生产者之间的商品交换关系消失，交换价值也就无从谈起，交换价值的

①《马克思恩格斯全集》第46卷（下），人民出版社1979年版，第219页。
②《马克思恩格斯选集》第3卷，人民出版社1995年版，第303页。这段话在《马克思恩格斯全集》第19卷（人民出版社1963年版，第20页）被翻译为"在一个集体的、以共同占有生产资料为基础的社会里，生产者并不交换自己的产品；耗费在产品生产上的劳动，在这里也不表现为这些产品的价值，不表现为他们所具有的某种物的属性，因为这时和资本主义社会相反，个人的劳动不再经过迂回曲折的道路，而是直接地作为总劳动的构成部分存在着。"

消失还原了人的价值，相应地，人的价值贬值现象消失了，人的个性得到了自由的发展。恩格斯也谈道："社会一旦占有生产资料并以直接社会化的形式把它们应用于生产，每一个人的劳动，无论其特殊的有用性质是如何的不同，从一开始就直接成为社会劳动。那时，一件产品中所包含的社会劳动量，可以不必首先采取迂回的途径加以确定；日常的经验就直接显示出这件产品平均需要多少数量的社会劳动……因此，在上述前提下，社会也不会赋予产品以价值。"① 可以看到，这就是马克思所说的"社会个人的所有制"。

问题的原因和结果已经阐述清楚。但是，就其具体发生过程而言，马克思并没有具体指明。唯一的两处表现在马克思《资本论》和《哥达纲领批判》里。在《资本论》中，马克思结合科学技术对资本发展及其自行消失过程的分析，指出"股份制"和"合作工厂"是转向共产主义社会的"过渡点"。而在《哥达纲领批判》里面，马克思则指出，在通向共产主义社会的过程中会有这样的一种情形，"它不是在自身基础上已经发展了的，恰好相反，是刚刚从资本主义社会中产生出来的，因此它在各方面，在经济、道德和精神方面还带着它脱胎出来的那个旧社会的痕迹。所以，各个生产者在作了各项扣除以后，从社会领回的，正好是他给予社会的。他给予社会的，就是他个人的劳动量。"② 这就是"共产主义社会的第一阶段"。在这一阶段，仍然存在着以劳动"凭证"为主要形式的"资产阶级权利"——"平等的权利"，"显然，这里通行的是调节商品交换（就它是等价的交换而言）的同一原则"③。这种原则还体现在"消费资料"的分配中。由于处在生产资料公有制的社会里，"除了个人的消费资料，没有任何东西可以转化为个人的财产"，在消费资料分配的过程中通行的"一种形式的一定量劳动同另一种形式的同量劳动相交换"④。实际上，马克思在这里提出了按劳分配原则。

---

① 《马克思恩格斯选集》第3卷，人民出版社1995年版，第660页。
② 《马克思恩格斯选集》第3卷，人民出版社1995年版，第304页。
③ 《马克思恩格斯选集》第3卷，人民出版社1995年版，第304页。
④ 《马克思恩格斯选集》第3卷，人民出版社1995年版，第304页。

这样就出现了马克思关于未来社会发展进程中对"所有制"形式的两种预测，实质上，对"按劳分配"的预测也是马克思注意到历史发展延续性的体现。他指出了由资本主义社会内部自然产生出来的共产主义社会必然带有资本主义法权的成分。但马克思同时认为，在这种情况下，等价交换的原则就在"各个个别的场合"都成为原则和实践的同一；而不是像在资本主义社会里，只是作为"平均数"才存在。马克思进一步指出这种平等是建立在"同一尺度"——劳动的基础上的，而劳动的质量则取决于很多其他因素。同时，由于人的体力和智力的差别、人的天赋的差别等等，"所以就它的内容来讲，它像一切权利一样是一种不平等的权利"①。马克思说："这些弊病，在经过长久阵痛刚刚从资本主义社会产生出来的共产主义第一阶段，是不可避免的，权利决不能超出社会的经济结构以及由经济结构制约的社会的文化发展。"② 马克思认识到这是一种必然的现象。然而对其中的具体运行中所可能出现的问题，马克思和恩格斯显然回避了，或者说论述得很不彻底，或者说论述得不够科学。在简单地对共产主义第一阶段的"资产阶级法权"作了分析以后，马克思立刻转移到对"共产主义社会高级阶段"的理想性描述："在共产主义社会高级阶段，在迫使个人奴隶般地服从分工的情形已经消失，从而脑力劳动和体力劳动的对立也随之消失之后；在劳动已经不仅仅是谋生的手段，而且本身成了生活的第一需要之后；在随着个人的全面发展，他们的生产力也增长起来，而集体财富的一切源泉都充分涌流之后，——只有在那个时候，才能完全超出资产阶级权利的狭隘眼界，社会才能在自己的旗帜上写上：各尽所能，按需分配！"③ 马克思也显然没有考虑，或者回避了一个关键问题：在以"劳动"为尺度进行分配过程中，对劳动的再衡量问题，"一种形式的一定量劳动同另一种形式的同量劳动相交换"缺乏了"资本"和"交换价值"这一中介，是不能单单以一张从社

①《马克思恩格斯选集》第 3 卷，人民出版社 1995 年版，第 305 页。
②《马克思恩格斯选集》第 3 卷，人民出版社 1995 年版，第 305 页。
③《马克思恩格斯选集》第 3 卷，人民出版社 1995 年版，第 305—306 页。

会领得的"凭证"来代替的，这样做的后果也是马克思所没有想到的。而如果说对劳动的衡量尺度还是有的，那就是恩格斯说过的"日常的经验就直接显示出这件产品平均需要多少数量的社会劳动"①。但是，简单地通过日常经验来衡量，其本身就是很不科学的。这也就注定了"按劳分配"在其具体实施过程中一定会发生变异。

事实上也的确如此。在社会主义国家或者说国家社会主义成立以后，所做的第一件事情就是实行"按劳分配"。马克思和恩格斯所没有考虑到的问题都出来了。首先，马克思恩格斯的"按劳动量"分配的观点实质上蕴涵了一个资本运行机制消除的前提条件，这种资本运行机制的消除本来应当是来源于"资本主义社会"的，而历史上的国家社会主义却不是脱胎于"资本主义社会"，其本身就不具备马克思恩格斯所说的那种实行"按劳分配"的前提条件。其次，"按劳动量"分配理论本身的不完整性论述似乎蕴涵着人为消除资本的含义。虽然马克思和恩格斯没有明确提出，而且也曾经提到过"股份制"和"合作制"工厂，但是其前提条件，即共产主义第一阶段到底如何出现，并且资本是如何消除的，马克思并没有论述。反之，由于在实际的革命实践中实行的是"夺取国家政权"，实现由"国家占有"的实际革命战略策略，"人为消除资本"似乎也成了马克思恩格斯"按劳动量"分配的本来应有之意。

所以，在现实的国家社会主义发展进程中，各个社会主义国家首先"人为消除资本"，继起施行"按劳分配"原则。这就形成了通过国家强制性力量来消除资本的苏联模式。从列宁到斯大林再到毛泽东，概莫能外。由于"按劳分配"是企图在本应"资本"发挥作用并体现人的价值的时候，硬性消除了资本；且由于其不可操作性的原因，结果导致在具体的社会主义实践中，形成了一个事与愿违的结果：人的价值也相应消失了，其提出的不是通过"人为消灭资本"，而是通过"资本"的内在发展而出现的新形式："股份公司"和"合作工厂"，作为"过渡点"的思想，也被人们忽视了。

---

① 《马克思恩格斯选集》第 3 卷，人民出版社 1995 年版，第 660 页。

也正因为如此，在东方传统社会主义模式下，个人的价值为集体、国家的价值所取代，个人的自由遭到集体、国家最大限度地限制。于是出现了马克思自己曾经批判过的"粗陋共产主义"，"这种共产主义，由于到处否定人的个性，只不过是私有财产的彻底表现，私有财产就是这种否定。普遍的和作为权力形成起来的忌妒，是贪欲所采取的并且仅仅是用另一种方式来满足自己的隐蔽形式。"① "对私有财产的最初的积极的扬弃，即粗陋的共产主义，不过是想把自己作为积极的共同体确定下来的私有财产的卑鄙性的一种表现形式。"② 所以，从根本上来说，这离马克思的初始目标是背道而驰的，是违背马克思主义的。也正因为如此，在一定的历史发展阶段，不但不能够消灭资本，还要保护资本，培育资本，充分挖掘资本内在的社会性性质。这便过渡到我们对"股份制"的思考。

我们发现，相对于"公有制"而言，建立在资本社会化基础之上的股份制或许正是"社会个人所有制"的起点。消灭私有制以后，财富的占有形式是什么呢？长期以来我们一直认为是公有制，这里有马克思恩格斯的原因，他们在多个场合多次提到"公有制"，在生产资料的集体占有和国家占有以前，马克思关注的是资本主义私有制度，工人阶级没有生产资料，要消灭资本，只有联合，而最先必须是生产资料的联合，这是一个很正常的逻辑，由资本主义私有制推到工人阶级的公有制，并且首先是无产阶级国家的占有，并把其作为一种过渡，这是马克思恩格斯的真实思想，这同时也是对资本主义私有制本质批判的结果。马克思恩格斯看到了"私有制的原罪"，这是值得肯定的，但是马克思恩格斯并不可能因此预见到"公有制"所带来的问题。因为他们的思维方式首先是来自于对资本主义私有制度的反向思考，其设计于今日的借鉴意义是十分有限的。另外，在他们对所有制度的设计过程中，过于乐观地设计了把无产阶级国家性质作为公有制代表的一个过渡，公有制于是成为国家所有制，集体所有制，而这样一来，资本家的位置

---

① 《马克思恩格斯全集》第42卷，人民出版社1979年版，第118页。
② 《马克思恩格斯全集》第42卷，人民出版社1979年版，第119页。

就被国家和集体所取代，个人刚刚从资本中摆脱出来，进而在国家和集体面前又再次失去了独立性。可是对于这一点，由于马克思和恩格斯自身的局限性，他不会细致去考虑个人与无产阶级国家、集体之间的关系，因此对于集体和国家对个人所产生的这种异化现象，也不能因此对他们过于责备。另一方面，他们提出的"社会所有制"，即由社会去占有生产资料，要所有权普遍化，使社会的每个人都能够掌握生产资料，从而形成"社会的共同的生产能力"，共同的占有财富，从而在此基础上达到每个人的自由而全面的发展。其考察本身也是对的。但是，采取"社会所有"的描述方法一方面会把我们导向国家所有制和集体所有制，另一方面，这种描述还会给我们造成一个假象，即社会，我们实质上是把私人的所有权化作社会的所有权，在这一过程中出现了新的异化。社会本身上升到主宰的地位，而其中的个人则被社会吞没了存在。无疑，只有消除个人的私有制才能消除资本的异化，但是消除了个人的私有制，如何寻求一个新的途径防止社会对个人产生的新的异化，这又是我们所要面临的新的课题。不过现在有一点可以确认的是，无论是集体的所有，国家的所有，社会的所有，要解决的一个问题就是所有权主体的实现问题，其根本价值应当落在"个人"的"协作"基础上，而不是把主体异化为国家、集体，"个人"却沦为一个个的零部件。这里同样需要注意到一个问题：个人与社会之间的关系同样是很微妙的，个人必须在社会中才能验证自己的存在，从与他人的交往中获得自己的存在。但是个人与个人之间又因为是不同的个体而存在不同的特殊性，从而产生各种冲突，"联合"这种形式虽然从理论上说是合理的，但是在现实生活中，一旦联合，个人往往为集体所湮没，所以，纯而又纯的公有制往往起到反效果，是绝对不可取得，是典型的空中楼阁。"重建个人所有制"，在生产力高度发达和普遍发达的基础上建立"社会的个人的所有制"。于今日，似乎股份所有制是比较有效的形式，但是其也存在着不少的弊端，但在改进的条件下，其未来还是光明的，或许股份所有制就是马克思所说的"重建个人所有制"的起点。

同资本一样，革命也是一把双刃剑。在社会主义的革命者看来，正是由于资本的存在才导致人的个性压抑以及对人本身的漠视。所以，要恢复人自由而全面发展的这种个性，就需要无产阶级的革命行动，而且首先就要夺取政权，之后再在这个基础上发展生产力，改善生产关系，从而为"每一个个人"的个性独立、自由而全面发展准备条件。可是，这一理论的逻辑却与历史上社会主义革命的实践存在着不小的时差。从历史上我们可以看到，发生社会主义革命的往往不是资本主义发展程度比较发达的国家，反而是资本主义发达国家周边一些资本主义不发达国家，人民大众通过暴力夺取政权，走上社会主义道路。原因是什么呢？恰恰是由于资本为谋求利润在全球化扩张的结果。由于资本最大限度地追求利润的本性，各个资本主义国家之间发生尖锐的矛盾冲突，并由此引发战争；而战争必然导致那些资本主义不发达国家内部矛盾激化，从而爆发革命；又由于它的资本主义的发展造就成的无产阶级队伍，从而使革命带上了明显的社会主义倾向性质。然而，这种情况也直接导致现实社会主义上层建筑的构建仅仅是社会主义的萌芽。基于资本的不发达，这种萌芽相当的孱弱，明显的带有从前资本主义形态脱胎出来的性质，而革命的主要任务却是为资本的进一步发展提供空间和条件。如果认识不到这一点，在革命胜利以后，仍然遵循"革命"的惯性思维，而盲目地去革"资本"的命，人为地实施资本的"不发展"政策，大搞特搞"平均主义的共产主义"而丝毫不顾及资本对人价值的肯定以及对保证个性自由的积极作用，就非但不能够实现人的价值和人的个性独立和自由，反而会因此走向它的反面。由此我们得到的教训已经够多。而反观西方资本主义发达国家，第二次世界大战以后，资本度过了早期血腥的原始积累和建立秩序的阶段，进入了稳步发展的成熟期，并渗透到政治、经济、文化、社会、生活等等各个方面。与早期的资本主义时期不同，当代资本主义国家也锐新改革，多领域进行调整，有力地保持了政治稳定、社会安定、文化进步。资本主义所作的这些改变，虽然从主观上是为了维护其统治，但却是资本内在矛盾的必然结果，其中包含了大量符合社会化大生产和现代文明的因素，形成了"普遍的社会物质交换，全面的关系，多方面的需求以及全面的能力体系"，从而为人的"自由个性"的实现提供了必要的条件，而这也恰恰是资本为实现"每一个个人"的个性独立、自由而全面发展而发挥作用的鲜明写照。而中国在经过历史的惨痛和教训之后，终于认识到与西方资本主义国家之间在生产力水平、生产的社会化水平以及现代化的文明成果存在着不小的差距，是幼年时期的社会主义，是"不够格"的社会主义。因此，对社会主义的本质重新进行认识，对传统模式进行大刀阔斧的改革，不再盲目消除资本，单纯实行公有化、国有化，而是在本国国情的基础上，建立社会主义市场经济，不断探索社会化的多种形式，从而使社会主义的发展进入了一个崭新的时期，也使我们向"每一个个人"的个性独立、自由而全面发展这一价值目标又进了一步。

当我们以这种心态来审视当前我国社会的发展，一方面我们要始终以经济建设为中心，唯有借助于发展起来的生产力，"才有可能实现这样一种社会状态，在这里不再有任何阶级差别，不再有任何对个人生活资料的忧虑，并且第一次能够谈到真正的人的自由，谈到那种同已被认识的自然规律和谐一致的生活"①。没有生产力的发展，我们只会不断地陷入贫穷的平均主义的共产主义社会中。而要推动生产力的进步，就需要资本充分而全面的发展，因此，我们要采取措施保证资本有节制的发展。而另一方面，我们一定要谨记切不可陷入"唯生产力"的另一极端，切切不可忘记资本的本性是"唯利是图"，尤其在我们恢复市场经济的在场以后，社会结构发生了根本性的变化。一方面，社会上已经出现新生的资本家阶层，而这种新生资本家阶层的形成除了靠自力更生奋斗起来的人以外，还有数量上不多但是靠制度的转型或者权力寻租而形成的大资产阶层。另一方面，大量城市边缘群体的出现，包括城市的下岗职工、涌入城市的大量农民工等已经逐渐形成新兴的无产阶层。由资本本身的唯利是图给人本身带来的消极影响以及由此而来的社会不公也逐步显现且越来越成为当前社会的一个主要矛盾，或许在此时此刻，我们也越来越具备马克思学说所要批判的语境。幸而我们的处境与马克思所批判的那个自由放任的社会不同，我们已经知道了这种规律，并且我们

---

① 《马克思恩格斯选集》第 3 卷，人民出版社 1995 年版，第 456 页。

还知道了走到另一极端的后果，两种极端的事实使我们能够更加谨慎地看待这种苦痛的发展历程，也使我们能够更好地发挥主观能动性去缓和这种矛盾。

鉴于这种思考，一是要继续深化改革，把生产资料的终端所有权回归个人，发展和完善股份制和社会主义市场经济体制，以调动企业和个人的生产积极性营造个体独立、自由而全面发展的基础条件；二是逐渐完善社会公平保障体系，使中国每一个个人都能平等地得到基本的生活保障，公平地共享改革发展的成果。而要做到这两点，最为关键的还是要逐步营造一个具有中国特色的公民社会。中国当前的公民社会只是在形成过程中，不能够说是真正形成，还有很多弊端。虽然总体上是促进了人们个性的发展，但是还是很不成熟。而这实际上就是要求保护个人权益。最重要的一点是保证"个人所有权"。这可以说是"退一步，进两步"，我们已经做到了这一点。虽然在这个过程中会出现很多不公平的现象，比如这种进步是以一部分人获得既得利益和一部分人牺牲自身利益来获得的。但是从大义上来看，相对于只有公权而没有个人空间的私权，这已经是大大的进步。只有在我国的公民社会真正形成，一方面，我们才能够发展起我们的个性，另一方面，在现实语境上我们才能够有资格接受马克思的审判。

通过我们对"自由个性"与资本、所有制、革命交互关系的历史反思，我们再次看到，资本和革命就好像是两把双刃剑，在保证"每一个个人"走向"个性独立、自由而全面发展"的同时也在以自己的方式消弭着人的个性独立和自由。所以，对待这两件武器，我们要明智而谨慎。而同时我们也再次看到，"所有权"对于一个人保持其个性独立和自由所起到的关键性作用，因此，无论采取什么样的所有制形式，有一点是必然的，那就是必须保证"个人的所有权"，丧失了所有权，个性、独立、自由全都会成为一句空话。而实际上，于今日的中国而言，正是要在对此清醒认识的基础上确立马克思"自由个性"理念在马克思学说中的价值目标地位，也正是要以此为理念在现实生活中去实践"每一个个人"的个性独立、自由而全面发展。现在，当我们怀着这种心情再次回首人类从蛮荒到文明的发展历史，当我们再次回首马克思主义发展的历史百年，当我们再次感受当前社会主义市场经济条件下日益滋长起来的个性解放潮流，当我们再次审视近年来党中央做出的一系列重大决策，科学发展观、和谐社会、社会主义核心价值体系，我们不禁会发出这样的感叹，谁说"自由个性"是一个遥不可及的目标，"自由个性"已经并且正在中国大地上实现着。而在这一进程中，我们要谨记江泽民同志在纪念中国共产党80周年的讲话中所说的话："必须看到，实现共产主义是一个非常漫长的历史过程。过去，我们对这个问题的认识比较肤浅、简单。经过这么多年的实践，现在，我们对这个问题的认识要全面和深刻得多了。我们对社会未来发展的方向可以做出科学上的预见，但未来的事情具体如何发展，应该由未来的实践去回答。我们要坚持正确的前进方向，但不可能也不必要去对遥远的未来作具体的设想和描绘。以往的经验教训已充分说明，这样做很容易陷入不切实际的空想。大家都应该深刻认识这个道理。"①

---

① 《江泽民文选》第 3 卷，人民出版社 2006 年版，第 293 页。

结　语

这是一个转型的年代，决定了这也必将是一个混乱的年代。《乔家大院》、《走西口》和《白银谷》是一种典型的人的依赖性和物的依赖性相辅相成的描述，《集结号》的上演说明社会开始真正地形成关注个人，尊重个性的意识。各种反腐败题材的大电视、大电影更是层出不穷地唤起人们对贪官污吏的羡慕与痛恨。年味越过越淡了，可是光宗耀祖仍然是人们津津乐道的话题。但是，还会出现这种情形，如果家族是一种落后的和保守的农村家族，个人却往往产生有一种想逃逸出去的想法，而如果这个家族是一个十分显赫的家族，个人往往希望参与其中并分享其成。煤炭老板的贪婪与无奈、官僚肆无忌惮的腐败与看似诚心诚意的忏悔、自由恋爱与门第婚姻之间的碰撞、日渐涌起的公务员热、公权依旧对私权的僭越、个人的自私自利、网络爆出的各种诸如"李刚门"、"艳照门"、"兽兽门"等等"门事件"……我不知道这是进步还是退步。所以，在我们的个性终于得到短暂释放的同时我们还应当怀有一丝的谨慎。所以，如果仔细读一读我的这篇论文，您就会看到整篇论文实质上就是一个矛盾，而且我也的的确确在挣扎，当我写下"自由个性"这四个字，可是看一下现实，却有一种失落感，现实生活中太多的羁绊阻碍了人们前进的步伐，当我们达不到我们的目标，或者说已经迷失了我们的目标的时候，我们往往采取掩耳盗铃的态度，文过饰非。卢梭曾经说过一句至理名言："人是生而自由的，但却无往不在枷锁之中"。难道真的是这样吗？

世界性交往、2008 年全球性金融危机的爆发又一次证明了马克思思想的正确性。个性伴随着市场经济的发展也逐渐明显，80 后、90 后更是以鲜明的个性自由的口号向老前辈们提出了挑战，"我们要自由"、"我们要个性"。的确，马克思看到这些，会感到很高兴。可是另一方面，他还会很担心，因为这还不是他所希望要的最终结果，只能期盼，他的伟大的事业能够由他的继任者们种植好他的"龙种"，收获的可能还不是龙，但绝不应当是"跳蚤"①。我们只是想在维持个人和社会之间平衡的基础上做一些善意的改革，在保证社会取得进步的前提下"退一步，进两步"，或许只有这样，我们才能真正在实践中做到个性与社会的统一，保证每一个"个人"，每一个个性都能在有限的条件下得到自由而全面的发展。但是，在理论上，我们则应当坚持它的彻底性，并且坚信"光是思想竭力体现为现实是不够的，现实本身应当力求趋向思想"②。

---

① 恩格斯在致保尔·拉法格时候说："马克思曾经说过：'我知道我们自己不是马克思主义者。'马克思大概会把海涅对自己的模仿者说的话转送给这些先生们：'我播下的是龙种，而收获的是跳蚤。'"（《马克思恩格斯全集》第 37 卷，人民出版社 1971 年版，第 446 页）
② 《马克思恩格斯全集》第 1 卷，人民出版社 1956 年版，第 462 页。

附录一

对马克思"自由个性"
理念与欧洲社会文化
渊源的具体分析

已故著名作家魏巍先生有一次在与人聊天的时候说:"马克思在《资本论》中直接引用了荷马、莎士比亚、索福克勒斯、味吉尔、阿泰纳奥斯、贺雷西、但丁、席勒、歌德、塞万提斯、笛福、比彻、斯托、巴尔扎克、海涅等几十位世界文学史上名家名著的佳句、典故。因而,翻开《资本论》我们不仅可以得到经济理论的修养,而且还可以受到文学艺术的陶冶。"[①]事实上,马克思不仅仅有着文学的修养,在经济学、哲学、数学、历史学等各方面都有着很深的造诣。仅 1864 年,马克思给恩格斯开列的一个书目上就包括了历史、哲学、地理学、天文、物理、社会、生物、游记、数学等多方面的内容。[②]

1. 文学与马克思

(1) 小说

拉法格回忆道:"像达尔文一样,他也是一个小说爱好者。他比较喜欢

---

① 张庞:《巍然天地苍生情——记著名作家、诗人魏巍与我的一段词话情缘》,《文艺报·周六版》2008 年第 33 期。

②《马克思恩格斯全集》第 31 卷,人民出版社 1972 年版,第 28 页。

18世纪的小说，特别是菲尔丁①的小说。现代②小说家中，他最喜欢保尔·德·科克、查理·利弗尔、亚历山大·大仲马和瓦尔特·司各脱，他认为司各脱的长篇小说《清教徒》是一部典范作品。他特别喜欢探险故事和幽默的短篇小说。"③ 马克思曾经在给贝尔塔奥古斯蒂的一封信里谈道："感谢您发表在《科伦日报》上的小说给予我的享受。您的卓越才能是每个人都能看到的……此外请您允许我补充一句，对德国小说来讲，我是一个很大的异教徒，我认为它无足轻重，由于我十分偏爱优秀的法国、英国和俄国的小说家，因此我也曾带着惯有的怀疑来读您的《苦难的一年》。"④ 可见，马克思对法国、英国、俄国的小说是比较青睐的。另外，马克思还相当推崇塞万提斯和巴尔扎克，称他们是超群的小说家。

（2）诗歌、散文、戏剧

根据拉法格的回忆，马克思能够背诵海涅和歌德的许多诗句，并常在谈话中引用他们的句子，他经常研读诗人们的著作，从整个欧洲文学中挑选诗人。⑤ 在五十岁学习俄文以后，还经常津津有味地阅读俄国诗人和散文家的著作，他"特别敬爱普希金、果戈里和谢德林"⑥。另外，马克思每年都要重读一遍埃斯库罗斯的希腊原文作品，并把埃斯库罗斯和莎士比亚当做人类两个最伟大的戏剧天才来热爱他们。⑦ 他差不多每天都读歌德、莱辛、莎士比亚、但丁与塞万提斯的作品，认为他们是他的语言教师。⑧

2. 经济学与马克思

不可否认的是马克思的最直接的思想渊源来自于对古典政治经济学的继承。我们知道《剩余价值理论》是"17世纪中叶以来的政治经济学理论

---

① 菲尔丁·亨利，英国现实主义作家，18世纪英国启蒙运动的最大代表人物之一。
② 19世纪的小说。
③ 保尔·拉法格等著，马集译：《回忆马克思恩格斯》，人民出版社1973年版，第5页。
④《马克思恩格斯全集》第34卷，人民出版社1972年版，第392页。
⑤ 保尔·拉法格等著，马集译：《回忆马克思恩格斯》，人民出版社1973年版，第4页。
⑥ 保尔·拉法格等著，马集译：《回忆马克思恩格斯》，人民出版社1973年版，第6页。
⑦ 保尔·拉法格等著，马集译：《回忆马克思恩格斯》，人民出版社1973年版，第4页。
⑧ 保尔·拉法格等著，马集译：《回忆马克思恩格斯》，人民出版社1973年版，第44页。

史"①。恩格斯在致拉法格的一封信中这样说:"德国的经济学家从来也没有指责过马克思提出的理论同斯密、李嘉图的理论毫无关联;恰恰相反,他们却指责斯密和李嘉图派生了马克思,似乎马克思只是从这些先辈关于价值、利润和地租的理论中,总之,从先辈关于劳动产品分配的理论中引申出结论。"② 如果我们反过来理解这句话,就会得出这样的结论:马克思的理论成就的确与斯密和李嘉图有相当密切的关系。马克思自己也说:"政治经济学的对立面,即社会主义和共产主义,是在古典政治经济学本身的著作中,特别是在李嘉图的著作中找到自己的理论前提的,而后者应被看做古代政治经济学的最完备和最后的表现。"③ 另外,为了写作《资本论》,马克思还搜集了大量官方调查报告及其统计资料。拉法格说马克思是"西欧唯一了解这些文件的经济学家。"④ 卡尔·马克思在笔记本最后一本上列举了150多种版本的俄国书籍⑤,从内容来看,编号(1)—(32)是关于俄国的统计资料。1867年4月30日马克思给迈耶尔的信中再次提到这些官方材料的重要性,"第一卷包括《资本的生产过程》。除了一般理论上的阐述,我还根据从来没有被利用过的官方材料非常详尽地叙述了英国农业和工业无产阶级最近二十年的状况,以及爱尔兰的状况"⑥。

3. 数学、生物学与马克思

诗歌和小说不仅仅是马克思的精神休息方法,而且潜移默化中给马克思带来了很多的感受和启迪。与这种情况相类似的还有数学,不过马克思不仅把数学当做是一种独特的精神休息方法,而且如大家看到的那样,他把数学看做是研究问题的一个很重要的方法。马克思曾经说:"一种科学,只有在成功地运用数学时,才算达到了真正完善的地步。"⑦ 而马克思也的确是这

① 《马克思恩格斯全集》第31卷,人民出版社1972年版,第544页。

② 《马克思恩格斯全集》第37卷,人民出版社1971年版,第46页。

③ 《马克思恩格斯全集》第46卷(上),人民出版社1979年版,第40页。

④ 保尔·拉法格等著,马集译:《回忆马克思恩格斯》,人民出版社1973年版,第6页。

⑤ 《马克思恩格斯全集》第50卷,人民出版社1985年版,第372页。

⑥ 《马克思恩格斯全集》第31卷,人民出版社1972年版,第544页。

⑦ 保尔·拉法格等著,马集译:《回忆马克思恩格斯》,人民出版社1973年版,第7页。

样做的。例如他在不变资本与可变资本的划分、社会两大部类的交换过程以及对资本必然灭亡的论证等等一系列的分析中都运用到了数学。马克思给恩格斯的信中说:"我不止一次地想计算出这些作为不规则曲线的升和降,并曾想用数学的方式得出危机的主要规律(而且现在我还认为,如有足够的经过检验的材料,这是可能的)。"① 在研究剩余价值率时,马克思说:"这些就要运用数学上的一条定律,就是数学上运用变量和常量的定律,即运用常量和变量相加减的定律。"② 事实上我们在《1861—1863 年经济学手稿》中也的确经常看到这种情况(比如第三个笔记本第 95 页的开头)。同时,马克思对当时刚刚出现的微积分也做了专门研究,写下《数学手稿》,深刻揭示了微分学的意义。1864 年 7 月马克思患了流感,在生病期间马克思阅读了卡本特尔的《生理学》、洛德的《生理学》、克利克尔的《组织学》、施普尔茨海姆的《脑和神经系统的解剖学》以及施旺和施莱登关于细胞的著作。③

4. 哲学、历史学与马克思

莫泽斯·赫斯在给一个朋友的信中说,"你应该准备去结识一位最伟大的哲学家,也许是当今活着的唯一的真正的哲学家。他将给中世纪的宗教和政治以最后的打击。他既有最深刻的哲学严肃性,也有最敏锐的机智。请你设想一下,如果把卢梭、伏尔泰、霍尔巴赫、莱辛、海涅和黑格尔结合成一个人——我说的是结合,不是凑合——,那这个人就是马克思博士。"④ 马克思对历史的研究更不用多说了,甚至在其晚年马克思还摘录撰写了一部从公元前 1 世纪初至 17 世纪中叶世界各国的史稿《历史学笔记》。

对于马克思从这些多种类型的书籍中汲取营养,当时《芝加哥论坛报》一位匿名的记者在访问记中这样写道:"他的谈话不是直线一条,话题变化

---

① 《马克思恩格斯〈资本论〉书信集》,人民出版社 1976 年版,第 330 页。
② 《资本论》第 1 卷,人民出版社 1975 年版,第 240 页。
③ 《马克思恩格斯全集》第 30 卷,人民出版社 1972 年版,第 410 页。
④ 转引自［英］戴维·麦克莱伦著,王珍译《卡尔·马克思传》,中国人民大学出版社 2005 年版,第 37 页。

之多就像他书架上卷卷不相同的书籍一样。通常根据一个读的书就可以评价这个人；所以如果我告诉你，我粗看一眼就发现了莎士比亚、狄更斯、萨克雷、莫里哀、拉辛、蒙田、培根、歌德、伏尔泰、潘恩，英国的、美国的、法国的蓝皮书，俄文、德文、西班牙文和意大利的政治和哲学著作，等等，你就会做出自己的结论了。"① 文学作品使马克思带上了浓厚的浪漫主义情感，但是经济学著作数学的方法又使马克思回归理性，这样一个复杂的人。因此，把马克思简单归结为一个哲学家是不确切的；而如果把马克思归结为一个单纯的经济学家，那同样是忽视了马克思对人类生存的终极关怀的思考。尽管马克思强调自己在叙述事实，但是我们仍然可以感觉到马克思对人类受资本奴役而无法解脱的那种悲天悯人的伤感以及要求寻求改变的愤怒的激情；如果说马克思是一个单纯的革命家，大概也是不能够包括马克思自己对自己的肯定。如马克思所说，我不是马克思主义者。马克思就是马克思，一个独特的人。独特的个性，自由的个性，马克思的"自由个性"理念的马克思的个性。

下面在这一部分我想简要谈一下马克思对一些主要思想家和人物的态度，这种态度反过来也表明了这些思想家和人物对马克思产生的影响，同时这也有利于进一步理解马克思"自由个性"的主题。不过事先声明的是，这部分的论述主要着眼点并不是这些人物的思想，而是他们与马克思之间的某种联系。

1. 埃斯库罗斯、斯巴达克与马克思

埃斯库罗斯是古希腊最伟大的悲剧诗人，斯巴达克却是历史上的一位奴隶起义军领袖。我把他们放在一起来讨论与马克思的关系，首先是因为埃斯库罗斯第一次用古代关于普罗米修斯的神话创造了一个为人类幸福、向人间和天上的诸神勇敢挑战的战士——"盗火者"普罗米修斯的伟大形象。马克思评价这位伟大的战士是"哲学日历中最高尚的圣者和殉道者"②，并引

---

① 《马克思恩格斯全集》第25卷，人民出版社2001年版，第641页。
② 《马克思恩格斯全集》第40卷，人民出版社1982年版，第190页。

用了他向宙斯派来的使者所说的如下一段话："你好好听着，我绝不会用自己的痛苦，去换取奴隶的服役：我宁肯被缚在崖石上，也不愿作宙斯的忠顺奴仆。"① 这种普罗米修斯盗取天火拯救人类的情结可以说是深深感染了马克思的心灵，并引导着马克思投身到人类解放的伟大事业中去。同时，被锁链绑缚的普罗米修斯的形象也很容易让马克思联想起斯巴达克为了追求自由解放而奋起起义，最终被钉到十字架上的伟大壮举。再结合马克思从事的无产阶级和人类解放的伟大事业，我们也就深刻理解了为什么马克思说"斯巴达克是整个古代史中最辉煌的人物。一位伟大的统帅（不像加里波第），高尚的品格，古代无产阶级的真正的代表"② 了。

2. 马丁·路德与马克思

于光远先生在他编辑的《马克思恩格斯论喝酒》一节中讲道，马克思在写给他女婿保尔·法拉格的父亲佛郎斯瓦·法拉格的信中有这样一段话：衷心的感谢您寄来的葡萄酒。我出身于葡萄酒产区，自己也是葡萄园主，所以能恰当的鉴赏和品评葡萄酒。我和路德（马丁·路德）老头一样的，甚至认为，不喜欢葡萄酒的人永远不会有出息（永远没有无例外的规则）。当然，我们不能够仅仅因为马克思和路德都喜欢葡萄酒就把两个人拉到一起。我们已经谈到马克思的思想中有一种弥赛亚式的"救赎"情结，而马丁·路德作为倡导宗教改革的领袖，其提出的"因教称义"赋予了个人直接面对上帝，以自己的良心做判断的宗教信仰自由，这实际上是一种典型的近代个人意识的觉醒。因此有人评价说路德的宗教改革是西方近代个人主义的滥觞，"如果没有路德的思想解放运动，那么康德哲学中关于独立道德人格的理论就不可能产生"③。众所周知，德国古典哲学恰是马克思思想的重要来源之一。从这个意义上，马克与路德在自由精神的承继关系上远比葡萄酒要深刻得多了。

---

① 《马克思恩格斯全集》第40卷，人民出版社1982年版，第190页。
② 《马克思恩格斯全集》第30卷，人民出版社1974年版，第159页。
③ 汉斯·约阿西姆·施杜里希著，吕叔君译：《世界哲学史》，山东画报出版社2006年版，第204页。

3. 但丁与马克思

但丁是中世纪盛期最卓越的文学家、思想家，人文主义的先驱。他的不朽诗篇《神曲》被誉为中世纪的百科全书。恩格斯评价但丁说："封建的中世纪的终结和现代资本主义纪元的开端，是以一位大人物为标志的，这位人物就是意大利人但丁，他是中世纪的最后一位诗人，同时又是新时代的最初一位诗人。"① 除了这个原因以外，马克思的但丁情结还主要表现在其写作态度上。在其重要著作《政治经济学批判》序言结束语中，马克思引用了但丁《神曲·地狱篇》第三部的一句话：我的见解，不管人们对它怎样评论，不管它怎么不合乎统治阶级的自私的偏见，却是多年诚实研究的结果。但是在科学的入口处，正像在地狱的入口处一样，必须提出这样的要求："这里必须根绝一切犹豫，这里任何怯懦都无济于事。"② 而在《资本论》序言结束语中马克思再次引用了但丁《神曲·炼狱篇》第五首歌中的一句话，说道："任何的科学批评的意见我都是欢迎的。而对于我从来就不让步的所谓舆论的偏见，我仍然遵守伟大的佛罗伦萨人的格言：走你的路，让人们去说罢！"③

4. 塞万提斯、莎士比亚、巴尔扎克与马克思

塞万提斯是"超群的小说家"，其代表作是《唐·吉诃德》。这部小说描绘了一个沉迷于骑士小说中的人物形象。拉法格说马克思"把《唐·吉诃德》当做衰落的骑士制度的史诗，骑士的德行在刚刚兴起的资产阶级世界中已显得荒诞和可笑了"④。在《德意志意识形态》中，马克思多次把自己的对手比作小说中愚笨的桑乔；而在《政治经济学批判》中，马克思在提及"自由个性"实现条件的时候说："如果我们在现在这样的社会中没有发现隐蔽地存在着无阶级社会所必需的物质生产条件和与之相适应的交往关

---

① 《马克思恩格斯选集》第1卷，人民出版社1995年版，第269页。
② 《马克思恩格斯选集》第2卷，人民出版社1995年版，第35页。
③ 《马克思恩格斯选集》第2卷，人民出版社1995年版，第103页。
④ 保尔·拉法格等著，马集译：《回忆马克思恩格斯》，人民出版社1957年版，第6页。

系，那么一切炸毁的尝试都是唐·吉诃德的荒唐行为。"①

　　莎士比亚是16世纪后半叶到17世纪初英国最著名的作家（本·琼斯称他为"时代的灵魂"），也是欧洲文艺复兴时期人文主义文学的集大成者。他的作品真实反映了资本主义原始积累阶段的残酷的社会现实，并对货币的本质作了绝妙的描写。马克思把莎士比亚称为"人类最伟大的天才之一"。拉法格说，马克思特别"热爱莎士比亚，曾经专门研究过他的著作，连莎士比亚剧中最不惹人注意的人物他都很熟悉。马克思一家对伟大的英国剧作家有一种真诚的敬仰"②。在马克思的著作中，经常引用莎士比亚《雅典的太门》的那段名言："金子！黄黄的，发光的、宝贵的金子……这东西，只这一点点儿，就可以使黑的变成白的，丑的变成美的，错的变成对的，卑贱变成尊贵，老人变成少年，懦夫变成勇士。"③ 马克思还说："莎士比亚把货币的本质描绘得十分出色。"④ 从中可以看出马克思对莎士比亚的推崇，亦可以看出莎士比亚对马克思的影响。

　　巴尔扎克是19世纪法国伟大的批判现实主义作家，欧洲批判现实主义文学的奠基人和杰出代表，他的作品集中揭露了资本主义社会物欲横流、在金钱面前人性丑恶和虚伪的社会现实，尤其是其"最出色的画稿之一"《欧也妮·葛朗台》上演了一幕"没有毒药，没有尖刀，没有流血的平凡悲剧"，再现了19世纪初期法国社会中人和人之间的赤裸裸的金钱关系。恩格斯评价巴尔扎克是"比过去、现在和未来的一切左拉都要伟大得多的现实主义大师，他在《人间喜剧》里给我们提供了一部法国"社会"特别是巴黎'上流社会'的卓越的现实主义历史……他描写了这个在他看来是模范社会的最后残余怎样在庸俗的、满身铜臭的暴发户的逼攻之下逐渐灭亡，或者被这一暴发户所腐化，他描写了贵妇人（她们对丈夫的不忠只不过是维护自己的一种方式，这和她们在婚姻上听人摆布的方式是完全相适应的）

---

① 《马克思恩格斯全集》第46卷（上），人民出版社1979年版，第106页。
② 保尔·拉法格等著，马集译：《回忆马克思恩格斯》，人民出版社1973年版，第4页。
③ 《马克思恩格斯全集》第42卷，人民出版社1979年版，第151页。
④ 《马克思恩格斯全集》第42卷，人民出版社1979年版，第152页。

怎样让位给专为金钱或衣着而不忠于丈夫的资产阶级妇女。在这幅中心图画的四周,他汇集了法国社会的全部历史,我从这里,甚至在经济细节方面(如革命以后动产和不动产的重新分配)所学到的东西,也要比从当时所有职业的历史学家、经济学家和统计学家那里学到的全部东西还要多……这一切我认为是现实主义的最伟大胜利之一,是老巴尔扎克最重大的特点之一。"① 马克思亦认为巴尔扎克是位"超群的小说家",说:"巴尔扎克曾对各色各样的贪婪作了透彻的研究。那个开始用积累商品的办法来贮藏货币的老高利贷者高布赛克,在他笔下已经是一个老糊涂虫了。"② 根据拉法格的回忆,马克思还计划在一完成自己的政治经济学著作之后要写一篇关于巴尔扎克的最大著作《人间戏剧》的文章。由是也可以看出巴尔扎克对马克思的影响。

5. 笛福与马克思

笛福是英国启蒙时期现实主义小说的奠基人,被誉为"小说之父"。他的代表作《鲁滨逊漂流记》塑造了一位具有探险和侠义精神的鲁滨逊的形象。马克思十分喜爱这部探险小说,在自己的作品中多次提到鲁滨逊。首先,马克思把鲁滨逊看做是一个从中世纪脱离出来的"独立的人",是一个已经摆脱了中世纪的人的依赖的关系的"资产者"的形象。对这一点的解释,恩格斯曾经在1884年给考茨基的信中说:"马克思讲的鲁滨逊,是真正的鲁滨逊,即丹尼尔·笛福原书中的鲁滨逊……如果我们没有记错的话,他当时还贩卖奴隶,总之,这是一个真正的'资产者'。"③ 其次,在孤岛上鲁滨逊"精确地分配自己执行各种职能的时间",因此马克思设想的"自由人联合体"变成了鲁滨逊,"在那里,鲁滨逊的劳动的一切规定又重演了,不过不是在个人身上,而是在社会范围内重演"④。在这里的"自由人"就是

---

① 《马克思恩格斯全集》第37卷,人民出版社1971年版,第41页。
② 《资本论》第1卷,人民出版社1975年版,第646页注(28a)
③ 《马克思恩格斯全集》第36卷,人民出版社1974年版,第211页。
④ 《资本论》第1卷,人民出版社1975年版,第95页。

鲁滨逊,"停止一切交换才能拯救平等交换,那时某家和某乙就都会变成鲁滨逊"①。可以说,是笛福为马克思提供了一个能够表达自己心中理想的人物和社会形象。

6. 伏尔泰、卢梭与马克思

《马克思传》的作者麦克莱伦指出:从保留下来的亨利希·马克思的信件来看,用马克思孙女爱琳娜的话来说,他确实是"一个真正的18世纪的法国人,对伏尔泰、卢梭熟稔于心"。而事实上也必然如此。虽然我们找不到马克思对伏尔泰的直接评价,但是"伏尔泰不只是一个人,而是整整一个时代",这是雨果的评价。对这位18世纪启蒙运动的导师和领袖,"法兰西思想之王"、"法兰西最优秀的诗人"、"欧洲的良心",处在时代前沿的马克思不可能不知道,甚至可能是相当熟悉的。因此,伏尔泰对马克思的影响也必然是不可避免的。以下的事实可以给我们提供例证。伏尔泰曾经写过一部关于中国的戏剧《中国孤儿》,马克思读了以后把伏尔泰在剧本中宣扬的主旨概括为一句话:"征服者被征服",这反映了马克思从中对历史唯物的思考。1863年马克思向恩格斯讲述他在伦敦街头见闻的时候说:"这里现在有一个牧师(与在约翰街作宣传的无神论者不同)对市民作自然神论的宣传,完全伏尔泰式地嘲笑圣经(我妻子和孩子们去过那里两次,称赞他是一个幽默家)。"② 这表明马克思是熟谙伏尔泰嘲讽式的写作风格的,如果我们再看一看马克思的写作风格,就知道伏尔泰对马克思的影响了。尤其马克思和恩格斯在高度评价公元1世纪讽刺性散文作家琉善的时候,称他为"古代的伏尔泰",这从一个侧面反映了马克思恩格斯是十分推崇伏尔泰的。马克思在1868年给库格曼的一封信中还借用伏尔泰的"这不是为裁缝和鞋匠写的"话来表达对自己的作品在俄国受到欢迎的态度。③ 另一方面,马克思也看到了伏尔泰的局限性。一是批评伏尔泰在信神和不信神之间的动摇,虽然伏尔泰对基督教极尽讽刺之能事,但是伏尔泰并不是一个彻底的唯物主

---

① 《马克思恩格斯全集》第4卷,人民出版社1965年版,第116页。
② 《马克思恩格斯全集》第30卷,人民出版社1974年版,第338页。
③ 《马克思恩格斯全集》第32卷,人民出版社1974年版,第554页。

义者，在《终于得到解释的圣经》注释中，伏尔泰以敬神的议论补充正文中不信神的宣传，马克思因此评论道：可是"有谁相信这些注释的赎罪的能力呢？"二是马克思批评施托尔希不去历史地考察物质本身，从而脱离了精神生产的基础，从而沦为"泛泛的毫无内容的空谈"时候引证了伏尔泰的《亨利亚特》，说道："例如资本主义生产就同某些精神生产部门如艺术和诗歌相敌对。不考虑这些，就会坠入莱辛巧妙地嘲笑过的 18 世纪法国人的幻想。既然我们在力学等方面已经远远超过了古代人，为什么我们不能也创作出自己的史诗来呢？于是出现了《亨利亚特》来代替《伊利亚特》。"①由此可见伏尔泰对马克思造成的多方面影响。

尽管启蒙时期理性逐渐代替神性走上了神坛的宝座，但是与此同时也回荡着一些反理性的声音，其中最主要的代表人物是同样身为 18 世纪法国大革命的思想先驱，启蒙运动最卓越的代表人物之一的卢梭。卢梭虽然主张"人是生而自由的，但却无往不在枷锁中"②。"人所共有的自由，乃是人性的产物"、"每个人都是生而自由、平等"，但是，与伏尔泰和其他启蒙思想家崇尚理性不同，卢梭已经看到了文明带来的人性的异化。卢梭有先见地指出："由于人类能力的发展和人类智慧的进步，不平等才获得了它的力量并成长起来；由于私有制和法律的建立，不平等终于变得根深蒂固而成为合法的了。"③ 卢梭怀疑理性的至高无上性，说："理性欺骗我们的时候太多了，我们有充分的权利对它表示怀疑。"④ 因此，他求助于人的"良心"，追求一种人的"天良"中的"天国"。卢梭试图通过"良心"，"以人的神性来接管此岸秩序……把上帝之城与世俗之城的两维对立压缩为一个平面维度，平面铺展为天国在人间的历史实践。"⑤ 这恰如朱学勤所指出的："卢梭首先继承了中世纪救赎传统，并努力把这一传统传递给近代社会。正是在这一点

---

① 《马克思恩格斯全集》第 26 卷（Ⅰ），人民出版社 1972 年版，第 296 页。
② 卢梭著，何兆武译：《社会契约论》，商务印书馆 1980 年版，第 8 页。
③ 卢梭：《论人类不平等的起源和基础》，商务印书馆 1997 年版，第 149 页。
④ 卢梭：《爱弥尔》下卷，商务印书馆 1978 年版，第 411 页。
⑤ 朱学勤：《道德理想国的覆灭——从卢梭到罗伯斯庇尔》，生活·读书·新知三联书店 1994 年版，第 1 页。

上，他与坚持世俗理性的启蒙运动发生根本性的分歧。卢梭是一个颠覆性的二传手。他传出的是一个爆炸性的烈球。他的颠覆对象并不是彼岸天国，那一天国已随上帝远去。他要颠覆的对象，是此岸文明结构——从世俗生活一直到政治王国。他的理论包装是历史复古主义的悲观色彩，其内里的填料却是一种可燃可爆的道德理想主义：建道德共同体，重建世俗社会、政治结构、文明规范。在这个意义上说，卢梭理论是一种早产的解构主义，社会政治上的解构主义。因此，它一旦落地引爆，就不仅仅是一场英美式的政治革命。它要把政治革命延伸为社会革命，把社会革命延伸为道德革命，把一次革命引伸为不断革命、继续革命、再生性革命。用罗伯斯庇尔的话来说，那一场革命不仅仅是一场国内战争，而是一场国际战争，更兼一场宗教战争。"① 从这种对卢梭思想逻辑的解释来看，就如恩格斯所说的："在卢梭那里不仅已经看到那种和马克思《资本论》中所遵循的完全相同的思想进程，而且还在他的详细叙述中可以看到马克思所使用的整整一系列的辩证的说法：按本性说是对抗的、包含着矛盾的过程，每个极端向它的反面的转化，最后，作为整个过程的核心的否定的否定。"② 在《社会契约论》里，卢梭设想："要找出一种结合的形式，使它能以全部共同的力量来卫护和保障每个结合者的人身和财富，并且由于这一结合而使每一个与全体相联合的个人又只不过是在服从自己本人，并且仍然像以往一样地自由。"③ 从卢梭对这种联合体的阐述也可以看出对马克思的影响。恩格斯在《反杜林论》中也高度评价了卢梭的平等观："这一观念特别是通过卢梭起了一种理论作用，在大革命的时刻以及在大革命之后起了一种实际的政治作用，而今天差不多在一切国家的社会主义运动中自然起着很大的鼓励作用。"④ 或许正因为如此，德国著名学者汉斯·约阿西姆·施杜里希才认为马克思的社会主义完全

---

① 朱学勤：《道德理想国的覆灭——从卢梭到罗伯斯庇尔》，生活·读书·新知三联书店 1994 年版，第 3 页。

② 《马克思恩格斯选集》第 3 卷，人民出版社 1995 年版，第 483 页。

③ 卢梭：《社会契约论》，商务印书馆 1997 年版，第 23 页。

④ 《马克思恩格斯选集》第 3 卷，人民出版社 1995 年版，第 444 页。

可以用卢梭的一些语句来表达。①

7. 狄德罗与马克思

在那份"马克思的自白"中，马克思对"您最喜爱的散文家"给出的答案是——狄德罗。对这一点，梁赞诺夫曾经表示过惊奇，不过也给出了自己的解释。② 正如马克思喜爱莎士比亚一样，马克思对狄德罗的喜爱不仅仅是因为他主编了《百科全书》，也不仅仅因为其被马克思称为"无与伦比的作品"③，被恩格斯称为"辩证法的杰作"④ 的《拉摩的侄儿》。马克思和恩格斯对狄德罗的喜爱还有一个主要因素，就是狄德罗是第一个把唯物主义哲学与彻底的无神论连在一起并始终坚持他的立场的品格。据说狄德罗去世前曾经会见过一位神父，那位神父十分隐晦地表示希望狄德罗能够做一个小小的妥协，并暗示他曾经拒绝给伏尔泰墓地，而狄德罗的回答则是："我懂你的话，神父！你不愿让伏尔泰安葬，是因为他不相信圣子的神性。好吧，我死后，随便人们把我葬在哪里都行，但我要宣布我既不相信圣父，也不相信圣灵，也不相信圣族的其他任何人！"狄德罗坚持信仰如此，回想马克思在自己的博士论文里借普罗米修斯之口说"我痛恨所有的神"以及对普罗米修斯"哲学历书上最高尚的圣者和殉道者"，再对照恩格斯在《路德维希·费尔巴哈和德国古典哲学的终结》中的评价——"法国唯物主义者同自然神论者伏尔泰和卢梭一样，几乎狂热地抱有这种信念，并且往往为它付出最大的个人牺牲。如果说，有谁为了'对真理和正义的热诚'（就这句话的正面的意思说）而献出了整个生命，那么，例如狄德罗就是这样的人。"⑤ 就能够想象出马克思为什么如此喜欢狄德罗了。

8. 歌德、席勒与马克思

歌德是18世纪中叶到19世纪初德国和欧洲最重要的剧作家、诗人、思

---

① 汉斯·约阿西姆·施杜里希著，吕叔君译：《世界哲学史》，山东画报出版社2006年版，第271页。
② 参见梁赞诺夫《卡尔·马克思的自白》，解放军文艺出版社1997年版。
③ 《马克思恩格斯全集》第32卷，人民出版社1974年版，第283页。
④ 《马克思恩格斯选集》第3卷，人民出版社1995年版，第733页。
⑤ 《马克思恩格斯选集》第4卷，人民出版社1995年版，第222页。

想家，其最大的贡献就是花了 60 年写成《浮士德》。"浮士德走出阴暗的书斋，走向大自然和广阔的现实人生，体现了从文艺复兴、宗教改革、直到"狂飙突进"运动资产阶级思想觉醒、否定宗教神学、批判黑暗现实的反封建精神。浮士德与甘泪卿的爱情悲剧，则是对追求狭隘的个人幸福和享乐主义的利己哲学的反思和否定。从政的失败，表明了启蒙主义者开明君主的政治理想的虚幻性。与海伦结合的不幸结局，则宣告了以古典美对现代人进行审美教化的人道主义理想的幻灭。最终，浮士德在发动大众改造自然，创建人间乐园的宏伟事业中找到了人生的真理，从中我们不难看到 18 世纪启蒙主义者一再描绘的'理性王国'的影子，并依稀可闻 19 世纪空想社会主义者呼唤未来的声音。"① 因此，歌德描述的浮士德表现出来的是一种人"立足于现实，在理性精神的主导下，不断地走向超越，以取得人性的完善和提升来实现德国真正的古典精神。"② 如果我们看一下马克思的生平和精神之旅，是可以看到一个"浮士德"式的马克思的，同浮士德一样，马克思也是从书斋走向大自然和广阔的现实人生，并在经历了思想上的挣扎以后，投入到发动群众为共产主义而奋斗的伟大事业中，从而实现了自己为"全人类解放"而服务的宏愿。可以说，马克思在浮士德身上看到了自己，因此，在马克思的自白中，当回答您喜爱的诗人时，马克思提到了三个人的名字：埃斯库罗斯、莎士比亚和歌德。而在问及您喜爱的女英雄时，马克思的回答自然是浮士德心中的爱人甘泪卿了。由此可见歌德对马克思的影响不是一般。

席勒被誉为"浪漫主义之父"并被公认为德国文学史上地位仅次于歌德的伟大作家，"贯穿席勒全部作品的是自由这个理想。"③ 席勒认为："希腊人的本性把艺术的一切魅力和智慧的全部尊严结合在一起，不像我们的本性成了文化的牺牲品——他们既有丰满的形式，又有丰富的内容；既能从事

---

① 杜鹃：《〈红楼梦〉与〈浮士德〉灵肉母题文化意义的比较》，《丹东师专学报》2003 年第 4 期。
② 杜鹃：《〈红楼梦〉与〈浮士德〉灵肉母题的文本对话》，《河北学刊》2005 年第 2 期。
③ 爱克曼辑录，朱光潜译：《歌德谈话录》，人民出版社 1978 年版，第 107 页。

哲学思考，又能创作艺术；既温柔又充满力量。在他们的身上，我们看到了想象的青年性和理性的成年性结合成的一种完美的人性。"① 然而在现代社会，由于文化和技术的发展，分工的细化，人被分裂成了碎片。"享受与劳动，手段与目的，努力与报酬都彼此脱节了。人永远被束缚在整体的一个孤零零的小碎片上，人自己也只好把自己造就成一个碎片。他耳朵里听到的永远只是他推动的那个齿轮发出的单调乏味的嘈杂声，他永远不能发展他本质的和谐，他不是把他的人性印在他的天性上，而是仅仅变成他的职业和他的专门知识的标志。"② 如何改变人类这种异化的存在状态呢，从而回顾希腊人那里找到的完美的人性呢？席勒认为："这个工具就是美的艺术"，"人丧失了他的尊严，艺术把他拯救。"③ 尽管我们知道马克思本人对席勒并不怎么欣赏④，如马克思在批评欧仁·苏的人物形象塑造时也把矛头指向席勒，认为这些都是因为"席勒的有害的影响"。1858 年马克思说道："卢格这个畜生……证明说'莎士比亚不是戏剧诗人'，因为'他没有任何哲学体系'。而席勒，由于他是康德信徒，才是真正的'戏剧诗人'。"⑤ 马克思在《致斐·拉萨尔》信中，针对拉萨尔在剧本的观念图解式说："我认为，你的最大缺点就是席勒式地把个人变成时代精神的单纯的传声筒。"⑥ 然而对照马克思在《1844 年经济学哲学手稿》中关于"异化劳动"的论述，我们很容易看出二者的继承性，所以康斯坦蒂孪甚至说："马克思把感性重新整合进入沉思的生活无疑是与席勒的审美人类学一致的，他以类似的方式试图协调感性自然与理性。"⑦

---

① 席勒：《美育书简》中国文联出版公司，1884 年版，第 48—49 页。
② Friedrich Schiller. Smtliche Werke，Band V，Carl Hanser Verlag，Munchen，1987，p. 583.
③ Friedrich Schiller. Smtliche Werke，Band V，Carl Hanser Verlag，Munchen，1987，p. 394.
④ 对这一点的分析见叶隽《马克思、"莎士比亚化"与"席勒化"》，《中华读书报》2008 年 12 月 17 日。
⑤《马克思恩格斯全集》第 29 卷，人民出版社 1972 年版，第 356 页
⑥《马克思恩格斯全集》第 29 卷，人民出版社 1972 年版，第 574 页。
⑦ 转引自李亚军《论席勒的"游戏冲动"说所蕴涵的审美人类学思想》，《中国学术研究》2008 年第 1 期。

9. 康德、费希特与马克思

恩格斯在《社会主义从空想到科学的发展》中说:我们德国社会主义者以不仅继承了圣西门、傅立叶和欧文,而且继承了康德、费希特和黑格尔而感到骄傲。① 我们先来看康德和费希特。康德是德国古典哲学第一人。在18世纪后期,康德思想被看做是德国理性与自由思想的旗帜,看做是"法国革命的德国理论"。在当时的德国,康德的思想一度成为人们讨论的时髦。据说马克思就读的特里尔中学康德气氛十分浓厚,校长兼历史教师约翰·胡果·维登巴赫是一个"精通康德的专家"②,宗教课教师约瑟夫·库珀也受到康德很大的影响,而马克思的父亲亨利希·马克思本人就是一个康德崇拜者,在这种社会环境下,马克思不可能不受到康德思想的影响。马克思在柏林大学期间曾经试图搞一个大的法哲学体系,不过在1837年11月给父亲的信里马克思却说道:"在实体的私法的结尾部分,我看到了全部体系的虚假,体系纲目近似康德的纲目。"③ 由此可见康德对马克思的影响。而在谈到由理想主义转而向现实本身去寻求观念的时候,马克思说:"我曾拿它同康德和费希特的理想主义比较,并从其中吸取营养。"④ 另外一个事实是康德在对人的理解上对马克思产生了很大的影响。康德完成了一个人类思想领域的"哥白尼革命",他认为不是事物在影响人,而是人在影响事物。是我们人在构造现实世界,在认识事物的过程中,人比事物本身更重要。因此他提出"人为自然立法"、"人是目的,而不是手段"的命题,而马克思在《〈黑格尔法哲学批判〉导言》提出"人是人的最高本质"⑤、"人的根本就是人本身"⑥、"人本身是人的最高本质"⑦ 的命题。相比较康德的"从人并不是物件,"你的行动,要把你从自己人身中的人性,和其他人身的人

① 《马克思恩格斯选集》第3卷,人民出版社1995年版,第692页。
② 戴维·麦克莱伦:《马克思主义以前的马克思》,社会科学文献出版社1992年版,第32页。
③ 《马克思恩格斯全集》第1卷,人民出版社1956年版,第13页。
④ 《马克思恩格斯全集》第1卷,人民出版社2004年版,第15页。
⑤ 《马克思恩格斯全集》第1卷,人民出版社1956年版,第461页。
⑥ 《马克思恩格斯全集》第1卷,人民出版社1956年版,第460页。
⑦ 《马克思恩格斯全集》第1卷,人民出版社1956年版,第467页。

性，在任何时候都同样看做目的，永远不能只看做是手段"的判断，显然是有着异曲同工的妙处。而马克思本人也的确十分推崇康德。把康德哲学看成是"法国革命的德国理论"，并说，"一切内在条件一旦成熟，德国的复活日就会由高卢雄鸡的高鸣来宣布"①。

费希特秉承与康德的自由观念并明确表示：'我的体系是第一个关于自由的体系'"。他说："任何把自己看做是别人的主人的人，他自己就是奴隶，即使他并非果真如此，他也毕竟确实具有奴隶的灵魂，并且在以后遇到奴役他的强者面前，他会卑躬屈膝，只有这样一种人才是自由的，而且通过某种影响也真正使周围的人一切都获得了自由。"② 费希特相信，现在的社会是一个过渡点，人通过劳动，科学和创造性劳动，一定会建立起一个符合人的尊严的伟大的"道德共同体"和"伦理王国"，在这个王国中，"一切人类关系中最高尚的东西，即永恒的自由将由此诞生。"③ 马克思对费希特同样是尊重的。我们已经知道在大学时期，马克思已经从费希特的理想主义那里汲取营养。而 1842 年马克思在批评普鲁士书报检查令的时候把康德、费希特、斯宾诺莎称作是道德领域内的巨人。④ 1872 年马克思在第一国际海牙代表大会上甚至称费希特为"德国第一个社会主义者"⑤。由此可见马克思对费希特的看重。

10. 黑格尔、费尔巴哈与马克思

黑格尔是德国古典哲学的集大成者。他崇拜法兰西的理性和自由，赞赏卢梭天赋人权和自由平等的主张。他说："精神，——人之所以为人的本质——是自由的。"⑥"自由精神的旗帜"，"就是我们现在所拥护的、我们

---

① 《马克思恩格斯全集》第 1 卷，人民出版社 1956 年版，第 467 页。
② 《论学者的使命》，第 26 页。转引自陈刚《近代欧洲哲学史上的自由观——马克思对传统自由观的扬弃与超越》，《学海》1992 年第 3 期。
③ 《人的使命》，第 96 页。转引自陈刚《近代欧洲哲学史上的自由观——马克思对传统自由观的扬弃与超越》，《学海》1992 年第 3 期。
④ 《马克思恩格斯全集》第 1 卷，人民出版社 1956 年版，第 15 页。
⑤ 《马克思恩格斯全集》第 44 卷，人民出版社 1982 年版，第 595 页。
⑥ 《历史哲学》，三联书店 1956 年版，第 56 页。

现在所擎举的"。马克思在大学时期就通读过黑格尔的全部著作，并为黑格尔所倾倒。即使在对黑格尔做出尖锐的批评以后，马克思对黑格尔仍然怀有内在的敬意，当黑格尔被当做一条"死狗"的时候，马克思却毫不讳言公开承认自己是黑格尔这伟大思想家的学生。① 拉法格对我们说，他常听到马克思引用他青年时代的哲学导师黑格尔的一句话："即令是一个恶徒的犯罪思想，也要比天堂里的奇迹更伟大更崇高。"② 马克思从黑格尔那里有选择性地拿到了三件礼物，一是辩证法，在其文稿中无论是在话语的逻辑还是在观点的陈述上都能看出马克思对黑格尔辩证法继承性的那种淋漓尽致。马克思在 1868 年给狄慈根的一封信中说："一旦我卸下经济负担，我就要写《辩证法》。辩证法的真正规律在黑格尔那里已经有了，自然是具有神秘的形式。必须把它们从这种形式中解放出来。"③ 在《资本论》第二版序言中，马克思特别指出了与黑格尔辩证法的继承关系："我要公开承认我是这位大思想家的学生，并且在关于价值理论的一章中，有些地方我甚至卖弄起黑格尔特有的表达方式。辩证法在黑格尔手中神秘化了，但这决不妨碍他第一个全面地有意识地叙述了辩证法的一般运动形式。在他那里，辩证法是倒立着的。必须把它倒过来，以便发现神秘外壳中的合理内核。"④ 二是强烈的历史感，恩格斯在他的一篇关于马克思的《政治经济学批判》（1859）的书评中强调到："黑格尔的思维方式不同于所有其他哲学家的地方，就是他的思维方式有巨大的历史感作基础。形式尽管那么抽象和唯心，它的思想发展却总是与世界历史的发展紧紧地平行着，而后者按他的本意只是前者的验证。真正的关系因此颠倒了，头脚倒置了，可是实在的内容却到处渗透到哲学中"⑤，黑格尔"是第一个想证明历史中有一种发展、有一种内在联系的

---

① 《资本论》，人民出版社 1975 年版，第 24 页。

② 保尔·拉法格等著，马集译：《回忆马克思恩格斯》，人民出版社 1973 年版，第 7 页。

③ 《马克思恩格斯全集》第 32 卷，人民出版社 1974 年版，第 535 页。

④ 《资本论》，人民出版社 1975 年版，第 24 页。

⑤ 《马克思恩格斯全集》第 13 卷，人民出版社 1962 年版，第 531 页。

人……"① 因此，"这个划时代的历史观是新的唯物主义观点的直接的理论前提"②。三是对人的主体性的尊重。黑格尔认为，精神王国是由人创造出的。人可以做出关于神的王国的各种想象，这就是一个在人的头脑中实现的，并由人变成存在的永久精神王国。可是另一方面，黑格尔在强调人在创造历史中的作用的同时，却把它发展到了极端和绝对，结果导致人和历史的分离。而在马克思那里，人和历史不再是黑格尔那里的矛盾和分裂，而是统一的。历史就是人的历史，在崇尚人的同时，也就是重视历史，"我们根本没有想到要怀疑或轻视'历史的启示'；历史就是我们的一切，我们比任何一个哲学学派，甚至比黑格尔，都更重视历史"；"我们要求把历史的内容还给历史，但我们认为历史不是'神'的启示，而是人的启示，并且只能是人的启示"③。从黑格尔出发，马克思和恩格斯正确解决了历史和人的矛盾，揭示了这个现代之谜。

另外，费尔巴哈对马克思也产生了很大的影响。"在我们的狂飙时期，费尔巴哈给我们的影响比黑格尔以后任何其他哲学家都大。"④ 恩格斯评价费尔巴哈的标志性著作《基督教的本质》说："这部书的解放作用，只有亲身体验过的人才能想象的到。那时大家都很兴奋：我们一时都成为费尔巴哈派了。马克思曾经怎样热烈地欢迎这种新观点，而这种新观点又是如何强烈地影响了他（尽管还有种种批判性的保留意见），这可以从《神圣家族》中看出来。"⑤ 在1842—1843年间，费尔巴哈又先后发表了《关于哲学改造的临时纲要》和《未来哲学原理》，明确而有力地提出了人本学或人本主义原则和"德法原则"等。马克思这时由于接受了费尔巴哈的《关于哲学改造的临时纲要》中所宣传的新哲学的"德法原则"，即所谓"真正的、与生活、与人同一的哲学家，必须有德国人和法国人的混合血统"⑥，因此在马

---

① 《马克思恩格斯全集》第13卷，人民出版社1962年版，第531页。
② 《马克思恩格斯全集》第13卷，人民出版社1962年版，第531页。
③ 《马克思恩格斯全集》第1卷，人民出版社1956年版，第650页。
④ 《马克思恩格斯选集》第4卷，人民出版社1995年版，第212页。
⑤ 《马克思恩格斯选集》第4卷，人民出版社1995年版，第222页。
⑥ 《十八世纪末十九世纪初德国哲学》，商务印书馆1964年版，第596页。

克思在复信给卢格时就说："即使《德国年鉴》重新获得出版……而现在这样已不够了。相反,《德法年鉴》这才是原则,是能够产生后果的事件,是能够唤起热情的事业。"① 显然,马克思这时的思想是受到费尔巴哈很大影响的。最能体现马克思受费尔巴哈影响的就是《1844年经济学哲学手稿》,在那里马克思关于"类本质"的论述明显是借鉴了费尔巴哈的观点。但是,费尔巴哈的缺陷却是"以美文学的词句代替了科学的认识,主张用'爱'来实现人类的解放,而不主张用经济上改革生产的办法来实现无产阶级的解放,一句话,它沉溺在令人厌恶的美文学和泛爱的空谈中了"②。因此马克思说:"费尔巴哈的警句只有一点不能使我满意,这就是,他过多地强调自然而过少地强调政治。"③ 也正因为如此,马克思在《关于费尔巴哈的提纲》里面说,费尔巴哈"在《基督教的本质》中仅仅把理论的活动看做是真正人的活动,而对于实践则只是从它的卑污的犹太人的表现形式去理解和确定。因此,他不了解'革命的'、'实践批判的'活动的意义。"④

11. 赫斯、恩格斯与马克思

赫斯是马克思接受共产主义学说的中介者。他明确提出要将费尔巴哈哲学与蒲鲁东的社会主义结合起来,创建一种"科学共产主义"。在赫斯著名的《论货币的本质》中,赫斯用费尔巴哈的"类生活"来论证共产主义,用异化概念来分析货币,指出货币是人的本质的异化,并从此出发对现代商业社会的利己主义和政治经济学原理进行道德批判。赫斯指出,要消除这种异化,实现人的真正自由活动,只有通过共产主义。虽然赫斯的总体思路是"类生活"这一哲学思维,但他是力图从现实的政治经济学角度来说明问题的。赫斯论证的前提是,承认在现实生活中,货币是"生命的中介"、"人的能力"、"现实的生产力",同时,赫斯也看到了"货币是彼此异化的人,外化的人的产物",是扼杀生命的交换手段。这其中已经闪烁着从生产力角

---

① 《马克思恩格斯全集》第27卷,人民出版社1972年版,第441页。
② 《马克思恩格斯选集》第4卷,人民出版社1995年版,第222页。
③ 《马克思恩格斯全集》第27卷,人民出版社1972年版,第442—443页。
④ 《马克思恩格斯选集》第1卷,人民出版社1995年版,第54页。

度来分析问题的火花。这些火花无疑为马克思借鉴吸收，并体现在《德意志意识形态》中。赫斯在《论货币的本质》中强调了自己的社会历史观。他认为人们当前所处的社会是一个"社会动物世界"，不是人类社会应当的"有机的共同体"。他指出，只有在"人的一切力量的最高度的发展上"，"有机的共同体"才能产生。然而现实中却存在着这样一个矛盾。即：人们要得到发展就必须交往，但是，在交往的发展中，人们却是作为单个的和孤立的人彼此进行斗争。而且，这种彼此之间的斗争还是人们所必需的，人们之间只有相互斗争，才能去赢得自己的生活，发展自己的力量和能力。然而，这"完全不是我们企图赢得和希望赢得的东西"。赫斯强调，只有当斗争确实有助于提升人们的力量和能力的时候，对人们来说才是有益的，"在我们的力量和能力已经发展起来以后，如果我们不向共产主义过渡，我们就只会彼此使对方毁灭。现在我们的力量由于斗争已经不能再进一步发展了，其所以不能，就因为我们的力量已经发展起来了。"①"我们一方面只是毫无结果地浪费自己的力量；另一方面，这些力量通过生产力的过剩又根本不能得到进一步的发展。"② 所以，赫斯认为，"在我们所达到的这个发展阶段"，必须通过"我们的力量的联合"，来形成"我们的生活"。这种联合源于人类"自己的本性的内在的必要性和关系的外在需要的驱使"，而不是"异己的存在物"或者"作为第三者的中介物"。到了共产主义社会，货币机器就要停止运转，"社会动物世界"的丧钟就要敲响了。这种论述逻辑，虽远远不及马克思的《德意志意识形态》，我们却也感受到了《德意志意识形态》中关于社会历史观的雏形。然而，赫斯却没有找到社会革命的真正力量，他试图通过爱来使孤立的个人联合起来，不但如此，他甚至认为："庞大的人群总是粗笨的；力量不是在群众中，而是在知识分子中。知性的爱永远是立法者。"③ 而马克思则早已经在人民群众中发现了共产主义革命可以依托的

---

① 《国际共运史研究资料》第 7 册，人民出版社 1982 年版，第 207 页。
② 《国际共运史研究资料》第 7 册，人民出版社 1982 年版，第 207 页。
③ 转引自奥古斯特·科尔纽《马克思恩格斯传》第 1 卷，生活·新知·三联书店 1963 年版，第 261 页。

力量——无产阶级。另外，如果说赫斯更倾向于哲学上的"异化"和道德上的批判价值诉求，马克思则更关注社会经济发展运行机制。这一点，马克思是与恩格斯较为相似的。

恩格斯与马克思是一种真正的精神上的伙伴，也是一种生活中的朋友。可以说，如果没有恩格斯，根本不会有马克思的成就。在一开始，与其说是恩格斯接受了马克思的想法，倒不如说恩格斯引导了马克思。恩格斯的《政治经济学批判大纲》不但表明马克思和恩格斯"在一切理论领域都显出完全一致"①，更给马克思带来了很大的启发，对马克思思路的形成产生了巨大的影响。当马克思读到《政治经济学批判大纲》时，曾给予了高度评价，作了极为详尽地摘要，称之为"批判经济学范畴的天才大纲"②。而在《资本论》的写作过程中，恩格斯在内容上给马克思提供建议③，为马克思的写作提供素材，与马克思讨论学术问题，在一些重要的看法上，比如在固定资本的补偿基金、不变资本、地租等问题上，马克思都要同恩格斯探讨。④ 即使在《资本论》第 1 卷出版以后，恩格斯还要在格式上给马克思提供建议⑤，并且为了达到传播和宣传的目的写了好几篇"书评"。在马克思逝世以后恩格斯还担任起编辑和出版《资本论》第 2 卷、第 3 卷的重任。更不用提恩格斯在生活中给马克思及其家人提供的无数次帮助了。

12. 圣西门、傅立叶、欧文与马克思

圣西门、傅立叶和欧文是 19 世纪初叶的三个伟大的空想主义者。恩格斯说：德国的理论上的社会主义永远不会忘记，它是依靠圣西门、傅立叶和欧文这三位思想家而确立起来的。虽然这三位思想家的学说含有十分虚幻和空想的性质，但他们终究是属于一切时代最伟大的智士之列的，他们天才地预示了我们现在已经科学地证明了其正确性的无数真理。⑥ 他们"的见解曾

---

① 《马克思恩格斯全集》第 1 卷，人民出版社 1956 年版，第 575 页。
② 《马克思恩格斯选集》第 2 卷，人民出版社 1995 年版，第 33 页。
③ 《马克思恩格斯全集》第 31 卷，人民出版社 1972 年版，第 316 页。
④ 《马克思恩格斯全集》第 31 卷，人民出版社 1972 年版，第 332—333 页。
⑤ 《马克思恩格斯全集》第 31 卷，人民出版社 1972 年版，第 308 页。
⑥ 《马克思恩格斯选集》第 2 卷，人民出版社 1972 年版，第 300—301 页。

经长期支配着 19 世纪的社会主义观点，而且现在还部分地支配着这种观点。法国和英国的一切社会主义者不久前都还信奉这种见解，包括魏特林在内的先前的德国共产主义也是这样"①。的确，从他们的思想来看，在很多层面上都预示了科学共产主义的萌芽。② 由此也可以看出三大思想家对马克思的影响也是很明显的。

圣西门对马克思的影响表现在诸多方面。首先，他特别强调，随时随地首先关心"人数最多和最贫穷的阶级"③，"真正的自由"是"尽量广泛地和无障碍地发展人们在世俗方面或精神方面有利于集体的才能"④。他在临终时向自己的学生说："我毕生所追求的就是如何保证所有的人的天资得到最自由的发展。"⑤ "在这即将离开人间的时刻，我只能对你们说：用你们联合力量去完成最伟大的成就的时候来到了。梨子已经成熟，只等你们去摘。"⑥ 其次，在历史观方面，圣西门坚持人类历史是一个连续的、上升的历史过程，在他的观念里，人类历史划分为原始社会、古希腊罗马奴隶社会、中世纪神学和封建社会、从 15 世纪开始的破坏神学和封建体系时代、以及"实业制度"五个阶段，而在每一个阶段都包含着"正在消逝的过去的残余和正在成长的未来的萌芽"⑦。而现在正处在由封建制度向"实业制度"的过渡阶段。在"实业制度"里面，"一切人都要劳动，都要把自己看成属于某一工场的工作者"⑧，"必须制定明确的和配合得十分合理的工作计划"，以保证按照"协作的共同目的"紧密联系起来，"在新的政治制度下，

---

① 《马克思恩格斯选集》第 3 卷，人民出版社 1995 年版，第 732 页。

② 关于三大空想社会主义者的思想，可以参阅高放、李景治、蒲国良先生的著作《科学社会主义的理论与实践》，中国人民大学出版社 1990 年版，第 49—67 页。

③ 《马克思恩格斯选集》第 3 卷，人民出版社 1995 年版，第 726 页。

④ 《圣西门选集》第 1 卷，商务印书馆 1979 年版，第 256 页。

⑤ 《马克思恩格斯全集》第 3 卷，人民出版社 1960 年版，第 559 页。

⑥ 《圣西门选集》，下卷第 287 页。转引自《空想社会主义学说史》，浙江人民出版社 1981 年版，第 163 页。

⑦ 《圣西门选集》第 1 卷，商务印书馆 1979 年版，第 265 页。

⑧ 《圣西门选集》上卷，第 86 页。也可参见《马克思恩格斯选集》第 3 卷，人民出版社 1995 年版，第 726 页。

社会组织的唯一而长远的目的，应当是尽善尽美地运用科学、艺术和工艺的现有知识来满足人们的需要，传播、改进和尽量丰富这些知识"①。第三，圣西门已经看到了经济在社会发展中的作用，例如他指出："生产有益的物品，是政治社会能够为自己规定的唯一合理的和正确的目的，所以尊重生产和生产者的原则，要比尊重财产和所有者的原则有益得多。"②"社会的存在决定于所有权的保存，而不决定于最初制定这项权利的法律的保存。"③此外，圣西门还看到了人类社会阶级斗争的存在，"这在1802年是极为天才的发现"④，从圣西门的这诸多观点来看，其很多都为马克思恩格斯所接受。正如恩格斯所说："我们在圣西门那里看到了天才的远大眼光，由于他有这种眼光，后来的社会主义者的几乎所有并非严格意义上的经济学思想都以萌芽状态包含在他的思想中。"⑤这里的社会主义者当然也包括马克思和恩格斯本人。

傅立叶比圣西门更为深刻地对资本主义制度进行了批判，"在傅立叶的著作中，几乎每一页都放射出对备受称颂的文明造成的灾祸所作的讽刺和批判的火花。"⑥傅立叶从人的天性是"自由劳动"入手，指出："每个人天生就爱好或者喜欢某种劳动，所以这些个人爱好的而全部总和就必然会形成一种能满足整个社会需要的力量。"⑦而现代社会把"劳动变成痛苦的事情，把欢乐变成大部分劳动者享受不到的东西，是极端不合理的"⑧。在资本主义制度下，是"个人反对大众的普遍战争"⑨，劳动的工人的贫困随着生产

---

① 《圣西门选集》第1卷，商务印书馆1979年版，第243页。
② 转引自《空想社会主义学说史》，浙江人民出版社1981年版，第165页。
③ 《圣西门选集》上卷，第229页。转引自《空想社会主义学说史》，浙江人民出版社1981年版，第165页。
④ 《马克思恩格斯选集》第3卷，人民出版社1995年版，第726页。
⑤ 《马克思恩格斯选集》第3卷，人民出版社1995年版，第726—727页。
⑥ 《马克思恩格斯选集》第3卷，人民出版社1995年版，第615页。
⑦ 《马克思恩格斯全集》第1卷，人民出版社1956年版，第578页。
⑧ 《马克思恩格斯全集》第1卷，人民出版社1956年版，第578页。
⑨ 《傅立叶选集》第3卷，第223页。转引自《空想社会主义学说史》，浙江人民出版社1981年版，第202页。

发展的程度而增长，"工厂主阶级所关心的是，缩减工人的工资和掩盖他们的贫困"①，"所谓臻于完善境界的文明制度只不过是一种人间地狱"，是"恢复了的奴隶制度"②。而造成"一切灾难的主要原因是生产的分散性或不协调的劳动"，并且由于这种生产无政府状态导致资本主义的周期性的"生产过剩引起的危机"。因此，傅立叶说，"我的目的不在于改善文明制度，而在于消灭这个制度"。不但如此，傅立叶认为，人类社会呈现出一种螺旋式向上发展。资本主义制度由于自身的"恶性循环"必然走向灭亡，为一种更高级的"协作制度"——"法郎吉"所取代。看到这种思想逻辑，我们就可以想象马克思与傅立叶在精神上的某种相通之处了。

相比圣西门和傅立叶，欧文在思想上更加深刻。在欧文看来，"私有财产或私有制，过去和现在都是人们所犯的无数罪行和所遭的无数灾祸的原因"，它使"人变成魔鬼，使全世界变成地狱"，在资本主义制度下，实际上充满了财富……但到处是苦难深重"③。因此，要消灭私有制。欧文另一个突出特点是从政治经济学的角度分析资本主义制度，他从李嘉图的劳动价值论出发，指出劳动是创造财富的源泉，工人们通过自己的生产，不仅仅"生产出自己的生活资料"，而且"生产出剩余产品"④。可是在资本主义制度下，产品却为资本家占有了，因此应当改变这种不合理的分配情况。同时，欧文还从生产力的发展角度论述了废除资本主义制度的必要性和必然性，就这一点而言是圣西门和傅立叶所无法企及的。也正因为如此恩格斯评价说：欧文在"资本主义最发达的国家里，在这种生产所造成的种种对立的影响下，直接从法国唯物主义出发，系统阐述了他的消除阶级差别的方案"⑤。欧文不但在思想的深刻性上要超过圣西门和傅立叶，更是身体力行，

① 《傅立叶选集》第3卷，第52页。转引自《空想社会主义学说史》，浙江人民出版社1981年版，第203页。

② 《傅立叶选集》第1卷，商务印书馆1981年版，第117页。

③ 《欧文选集》第1卷，第221页。转引自《空想社会主义学说史》，浙江人民出版社1981年版，第240页。

④ 《欧文选集》第1卷，第312页。转引自《空想社会主义学说史》，浙江人民出版社1981年版，第239页。

⑤ 《马克思恩格斯选集》第3卷，人民出版社1995年版，第721页。

创办了共产主义移民区、"新和谐"公社、"全国劳动产品交换市场"等共产主义的典型实验，在实验失败以后，欧文还在无产阶级中进行了三十年活动，成为英国工人运动的领导者。因此，马克思高度评价欧文说："一经踏上革命的道路，即使遇到失败，也总是能从中汲取新的力量，而且在历史的洪流中漂流得愈久，就变得愈坚决。"① 从中也可以看出欧文对马克思在精神和思想上的影响。

13. 达尔文、比·特雷莫与马克思

马克思在 1861 年 1 月 16 日给拉萨尔的信中写道："达尔文的著作非常有意义，这本书我可以用来当做历史上的阶级斗争的自然科学依据……虽然存在许多缺点，但在这里不仅第一次给了自然科学中的'目的论'以致命的打击。而且也根据经验阐明了它的合理的意义。"② 1862 年，马克思给恩格斯的信中说："值得注意的是，达尔文在动植物界重新认识了他自己的英国社会及其分工、竞争、开辟新市场、'发明'以及马尔萨斯的'生存斗争'。这是霍布斯的一切人反对一切人的战争，这使人想起黑格尔的《现象学》，那里面把市民社会描写成'精神动物的世界'，而达尔文则把动物世界描写成市民社会……"出于景仰，马克思在 1873 年将他的德文本《资本论》第 1 卷第二版题赠达尔文。③ 但是，马克思对达尔文也有自己的不满，对达尔文的不满来自于与达尔文说自己的学说是"马尔萨斯"理论在植物和动物上的应用的观点，马克思说，这是达尔文对马尔萨斯理论的误读，马尔萨斯理论的"全部奥妙在于这种理论不是应用于植物和动物，而是只应用于人类，说它是几何级数增加，而跟植物和动物对立起来"④。

马克思称赞另一本"非常重要的著作"是比·特雷莫的《人类和其他生物的起源和变异》。马克思在给恩格斯的信中写道："有一本很好的书，

① 《马克思恩格斯选集》第 30 卷，人民出版社 1975 年版，第 522 页。
② 《马克思恩格斯〈资本论〉书信集》，人民出版社 1976 年版，第 156 页。
③ 达尔文收到马克思的书后曾复了一信，其主要内容为："蒙您赠与巨著《资本论》……不胜感荷！获此宝书……将加倍细心研究此深刻而重大的政治经济问题……我们两人均赤诚期望于普及知识，并使人类幸福不断增长而效劳。"
④ 《马克思恩格斯〈资本论〉书信集》，人民出版社 1976 年版，第 161 页。

一旦我做好必要的摘记就寄给你……这就是 1865 年巴黎出版的比·特雷莫的著作《人类和其他生物的起源和变异》。尽管我发现了一些缺点，但是这本书比起达尔文来还是一个非常重大的的进步……在达尔文那里，进步是纯粹偶然的，而在这里却是必然的……在运用到历史和政治方面，比达尔文更有意义和更有内容，对于某些问题，例如民族特性等等，在这里第一次提供了自然的基础。"① 不过恩格斯对这本书的态度是冷淡甚至讨厌的，为此马克思针对恩格斯对特雷莫的批评进行了辩护②，两个人发生了争吵③，以致一个月他们没有通信联系。④ 从马克思坚持对特雷莫书的肯定性评价可以看出马克思关于人类社会的发展是一个自然的发展的辩证过程的观点，而"自由个性"的生成过程也正是一个自然地历史发展过程的契合性。

14. 孔德与马克思

孔德主义或实证论，是以其创始人奥古斯特·孔德的名字而得名的哲学派别。实证论者反对任何革命行动，否认无产阶级和资产阶级阶级利益的不可调和性。他们的理想是阶级合作。因此，马克思对孔德及其追随者是深恶痛绝的。马克思在给燕妮的一封信中说："当我们在他那儿闲坐时，他顺便让我看了一下最近一期《双周评论》赫胥黎的文章，这篇文章中赫胥黎把老康格里弗挖苦痛骂了一顿。达金斯也是孔德主义者或实证主义者的死敌。他同意我的看法，他们除了自高自大以外没有任何实证的东西。"⑤ 1870 年，马克思在给库格曼的信中说比利斯教授是一个孔德主义者，"因此，不能不抛出各种各样的怪论"⑥。1871 年马克思在给爱德华·斯宾塞·比斯利的信中说："尽管我很钦佩您在《蜂房》上发表的文章，但是我几乎为在该报上

---

① 《马克思恩格斯全集》第 31 卷，人民出版社 1972 年版，第 250—251 页。

② 《马克思恩格斯全集》第 31 卷，人民出版社 1972 年版，第 260 页。

③ 《马克思恩格斯全集》第 31 卷，人民出版社 1972 年版，第 262 页。

④ 迹象表明，在 1866 年 10 月 5 日恩格斯第二次写信对特雷莫进行尖锐的讽刺并不同意马克思的观点后以后，直到 1866 年 11 月 8 日马克思再次给恩格斯去信为止，两人有一个月没有通信。尽管马克思把这归咎于劳拉的办事不利。参见《马克思恩格斯全集》第 31 卷，人民出版社 1972 年版，第 264 页。

⑤ 《马克思恩格斯全集》第 32 卷，人民出版社 1974 年版，第 602 页。

⑥ 《马克思恩格斯全集》第 33 卷，人民出版社 1973 年版，第 167 页。

看到您的大名而感到惋惜。——请允许我顺便指出，我作为一个有党派的人，是同孔德主义势不两立的，而作为一个学者，我对它的评价也很低。但是我认为您是英国和法国的唯一的一个不是作为宗派主义者，而是作为历史学家（从这个词的最好的意义上讲）来对待历史上的转折点（危机）的孔德主义者。"① 不过，需要说明的是，马克思对孔德的态度是伴随着19世纪上半叶实证主义思潮开始兴起，而德国的思辨哲学仍然占有很大的市场的背景下产生的。马克思先是受到德国古典哲学的训练，后来到强调实证的法国和英国，这两种思潮在一起深深影响了马克思，马克思一方面鄙视那种孔德式样的实证方法，另一方面对于德国古典哲学那种纯粹的抽象分析早已表达了自己的不满。所以，马克思成了社会学界的牛顿，把黑格尔的辩证法颠倒了过来，同时运用实证的手段去做调查分析，以理论的抽象分析与实证的事例证明结合起来论述问题。而到了马克思的晚年，马克思对古代社会进行了实证主义的研究，从中可以看到马克思似乎在批判孔德的同时又受到了孔德的影响。

15. 弗列罗夫斯基与马克思

马克思对弗列罗夫斯基怀有一种好感，在1870年2月10日给恩格斯的信中，马克思高度评价了这位作者的书《俄国工人阶级的状况》，并说这是继恩格斯的《英国工人阶级状况》问世之后最重要的一本书，是"第一部说出俄国经济状况真相的著作"②。1870年3月5日，马克思在给拉法格夫妇的信中再次提到了这本书，并且对其做了高度的评价，称它是"一部卓越的著作"③。并且认为，"在研究了他的著作之后可以深信，波澜壮阔的社会革命在俄国是不可避免的，并在日益临近，自然是具有同俄国当前发展水平相应的初级形式。这是好消息。俄国和英国是现代欧洲体系的两大支柱。其余一切国家，甚至包括美丽的法国和有教养的德国在内，都只具有次要意

---

① 《马克思恩格斯全集》第33卷，人民出版社1973年版，第228页。
② 《马克思恩格斯全集》第32卷，人民出版社1974年版，第421页。
③ 《马克思恩格斯全集》第32卷，人民出版社1974年版，第646页。

义"①。

此外，在欧洲历史上还有很多人物对马克思产生了影响，由于论文本身主题的限制，对这一点更为细致的考察我将会在另外一篇论文里面完成。

---

① 《马克思恩格斯全集》第 32 卷，人民出版社 1974 年版，第 646 页。

附录二

对马克思"自由个性"理念的人格个性渊源分析

在这一部分里，我们准备从马克思个人的性格特征，说明马克思的思想中潜藏着浓厚的个性因素，正是这种个性因素，导致马克思的思想构架中这一独特"自由个性"理念的形成。

一、鲜明的人格个性

马克思本人是一个个性十分鲜明的人。这一点首先表现在他的学生时代，在波恩读大学的时候，马克思一度违反校规，曾经因为酗酒被校方关禁闭，因为决斗左眼受了伤，并因为"在科伦携带被禁止武器"受到调查。马克思在对待他人的态度上，对于自己喜欢的人和事情他竭力去帮助完成；反之，对于他看不惯的人和事物，他会立刻表现出他的憎恶，并用令人难以忍受的言辞去讽刺挖苦，这从马克思所写的论战文章中都可以看得出来。马克思的一生也表明其鲜明的个性特征。为了人类解放的伟大事业，马克思付出了沉重的代价，一生穷困交加，连家庭也不能自持。这一点，也是一般人所做不到的。另外，我们还可以从马克思的婚姻看出马克思的确是一个不守规矩的人。马克思和燕妮的婚姻首先是在瞒着燕妮父母的情况下的进行的，直到定了婚以后才敢告诉家里人。不过，马克思的婚姻后来好像也出过问题，马克思出了轨，同他们的管家德穆勒偷情并且生了一个孩子，在这件事发生的时候，当时正是英国维多利亚女王当政时期，传统道德观念非常严谨，如果没有足够的勇气，马克思是不敢做这件事情的。

据《马克思传》的作者戴维·麦克莱伦介绍，"在个人生活上，他极度没有条理、愤世嫉俗，是一个糟糕的家庭主人。他过着一种真正的吉卜赛人的生活。他极少清洗、修饰、换衣服；常常醉酒。虽然他经常一连几天都无所事事，但当他有大量工作的时候又会毫不疲倦夜以继日地去做。他没有固定的作息时间。常常通宵达旦，然后中午就和衣躺在沙发上，一直睡到晚上，整个世界的运转都打扰不了这个房间"①。而李卜克内西则回忆道："在我所认识的人物（伟大的、中等的和渺小的）中，完全没有虚荣心的不多，马克思便是其中一个。他十分伟大、十分刚强，而且也十分高傲，不屑于流于虚荣。他从不装模作样，始终保持本色。他像小孩子一样不善于作假和伪装。除了社会或政治的理由必须这样做而外，在其他任何场合他总是毫无顾忌地充分表露自己的思想和情感。有时候客观情况需要掩饰情感，这时他常常显得像小孩子一样的手足无措，因而使他的朋友发笑。"② 从马克思对待拉法格和劳拉谈恋爱的态度上，我们还可以看出马克思作为一个父亲的立场，劳拉是马克思最喜爱的"白鹦鹉"，马克思对这只小鸟的未来是担心和关注的。在1866年8月13日马克思给拉法格的信中，马克思对其提出了不要随便对劳拉动手动脚的种种告诫以及希望进一步了解拉法格本人和家庭的想法。③ 在给爱琳娜的一封信里，马克思说对拉法格和劳拉的分手感到很高兴，并且说："老实说，我倒挺喜欢这个小伙子，但同时我也有一点嫉妒

---

① 戴维·麦克莱伦：《卡尔·马克思传》，中国人民大学出版社2005年版，第255页。
② 保尔·拉法格等著，马集译：《回忆马克思恩格斯》，人民出版社1973年版，第47页。
③《马克思恩格斯全集》第31卷，人民出版社1972年版，第520页。

他、因为他想夺走我的前任的'私人秘书'"①。关于马克思本人的性格特征，达·梁赞诺夫在《卡尔·马克思的自白》里也作了阐述。从一份多少带有游戏成分的马克思的自白的文献中，我们可以看出马克思是一个有着多么鲜明个性的人啊!②

  您喜爱的优点：一般人……………………淳朴。

　　　　　　　　男人……………………………刚强。

　　　　　　　　女人……………………………柔弱。

　　　　　　您的特点……………………………目标始终如一。

　　　　　　您对幸福的理解……………………斗争。

　　　　　　您对不幸的理解……………………屈服。

　　　　　　您能原谅的缺点…………………轻信。

　　　　　　您厌恶的缺点…………………………奉迎。

　　　　　　您厌恶的人………………………马丁·塔波尔。

　　　　　　您喜欢做的事……………………啃书本。

　　　　　　您喜爱的诗人…………………莎士比亚、埃斯库罗斯、

　　　　　　　　　　　　　　　　　　　　歌德。

　　　　　　您喜爱的散文家…………………狄德罗。

　　　　　　您喜爱的英雄………………………斯巴达、开普勒。

　　　　　　您喜爱的女英雄…………………甘泪卿。

　　　　　　您喜爱的花……………………………瑞香。

　　　　　　您喜爱的颜色…………………………红色。

　　　　　　您喜爱的名字…………………………劳拉、燕妮。

　　　　　　您喜爱的菜………………………………鱼。

　　　　　　您喜爱的格言……………………人所具有的我都具有。

　　　　　　您喜爱的箴言……………………怀疑一切。

---

① 《马克思恩格斯全集》第31卷，人民出版社1972年版，第529页。

② 《马克思恩格斯全集》第31卷，人民出版社1972年版，第588页。

对于这份自白书，苏联的梁赞诺夫曾经具体做过分析。从中我们可以看到，马克思是一个思想上的伟人，但是首先他是一个"凡人"，一个"人所具有的我都具有"的普通人，这是一个具有鲜明的个性的人。正如席勒所说，你是什么样的人，你就有什么样的哲学。如果马克思是一个十分平庸而且墨守成规、保守的人，自然也不会发出"自由个性"的号召。同时，不可避免地马克思有一种想要成名的愿望。马克思的父亲在一封信里面给我们说明了这一点："你的前途，你要在某一时候成名的这种值得赞许的愿望"①，这一切都表明，马克思是一个人所具有的我都具有的普通人，也正因为如此他也是有着自己鲜明个性的一个人，如果马克思是一个十分呆板、保守的人，那么无论如何不可能形成这种强烈要求自由和个性自由的思想的。

二、科学严谨的研究态度

与此同时，我们已经看到，"自由个性"是马克思心中不自觉的自我目标，又是他理想中自觉的人类生存目标。不过我们也看到马克思对"自由个性"的追逐分析和判断并不是如某些学者那样通过一些教义式的说法来空洞地说明问题，马克思试图通过一种从历史和逻辑地角度来阐明他所认可的从哲学视角来看的事实。正如马克思在《政治经济学批判》序言里面所说的："我的见解，不管人们对它怎样评论，不管它那么不合乎统治阶级的自私的偏见，却是多年诚实研究的结果。但是在科学的入口处，正像在地狱的入口处一样，必须提出这样的要求：'这里必须根绝一切犹豫；这里任何怯懦都无济于事。'"②

---

① 《马克思恩格斯全集》第 40 卷，人民出版社 1982 年版，第 858 页。
② 《马克思恩格斯选集》第 2 卷，人民出版社 1995 年版，第 35 页。

1. 讨厌空谈崇尚明确和逻辑

马克思最为讨厌"空谈家"。根据李卜克内西的回忆，"空谈家"在马克思嘴里是最为严厉的谴责语，马克思认为，"'应该逻辑地思维和明确地表达思想'。"① 列斯纳在回忆马克思的时候说，只到 1847 年听了卡尔·马克思的演说，读懂了《共产党宣言》以后，他才明白："仅凭个人的热情和善良的意志是不足以改造人类社会的……直到狂热和幻想有了一些克服，我才明确了目的，提高了觉悟。"② "马克思是天才的人民领袖。他发表的演说简洁而有条理，逻辑性很强；他决不浪费笔墨，一字一句都有深刻的含义，都是整个论据中不可缺少的一环。在马克思身上嗅不到一点空想家的气息。我越是深刻地了解魏特林时期的共产主义和《共产党宣言》的共产主义之间的差别，就越是清楚地感到马克思是成熟的社会主义思想的代表。"③ 这一点也表现在马克思对"自由人"的批判上，马克思说道，他们的作品"不是从自由的、也就是独立的和深刻的内容上看待自由……我要求他们：少发些不着边际的空论，少唱些高调，少来些自我欣赏，多说些明确的意见，多注意一些具体的现实，多提供一些实际的知识"④。因为"施蒂纳在'自由人'当中显然是最有才能、最富独立性和最勤奋的人，但是尽管如此，他还是从唯心主义的抽象概念跳到了唯物主义的抽象概念，结果一无所获"⑤。马克思在《德意志意识形态》中对施蒂纳进行讨伐或许也有这个因素在其中。

2. 全面而细致深入地考察问题

拉法格曾经这样说："马克思以只有他所特有的那种丰富的旁征博引和见解向我讲解了他那人类社会发展的辉煌理论。就像在我眼前揭开了一道帷幕一样，我有生以来第一次清楚地把握了世界历史的逻辑，并且能够找到社

---

① 保尔·拉法格等著，马集译：《回忆马克思恩格斯》，人民出版社 1973 年版，第 41 页。
② 保尔·拉法格等著，马集译：《回忆马克思恩格斯》，人民出版社 1973 年版，第 103 页。
③ 保尔·拉法格等著，马集译：《回忆马克思恩格斯》，人民出版社 1973 年版，第 108 页。
④ 《马克思恩格斯全集》第 27 卷，人民出版社 1972 年版，第 436 页。
⑤ 《马克思恩格斯全集》第 27 卷，人民出版社 1972 年版，第 14 页。

会发展和思想发展表面上如此矛盾的现象的共同的物质原因。"① "马克思理解事物的本质。他不仅看到事物的表面,而且深入到事物的深处,在相互作用中和相互反作用中来考察一切组成部分。他分出每一个组成部分并探寻它发展的历史。然后他就由事物转而考察它的环境,观察后者对前者和前者对后者的相互作用。接着又回头去探讨所研究事物的起源、变化、进化以及它所完成的革命,最后甚至探究它各种各样的作用。"②

3. 把自己的著作做成一件艺术品

拉法格回忆道:"马克思不仅从不引证一件他还未十分确信的事实,而且在他尚未彻底研究好一个问题时他决不谈论这个问题。他决不出版一本没有经过他仔细加工和认真琢磨过的作品。他不能忍受把未完成的东西公之大众的这种思想。要是他没有作最后校正的手稿拿给别人看,对他是最痛苦的事情。他的这种感情非常强烈,有一天他向我说,他宁愿把自己的手稿烧掉,也不愿半生不熟地遗留于身后。"③ 这一点马克思自己也曾经作过表述,1865 年 7 月,马克思已经写完资本论的前三册,并认为解决了所有的问题,但是"我仍然不能下决心在一个完整的东西还没有摆在我面前时,就送出任何一部分。不论我的著作有什么缺点,它们都有一个长处,即它们是一个艺术的整体;但是要达到这一点,只有用我的方法,在它们还没有完整地摆在我面前时,不拿去复印"④。在 1865 年 7 月给恩格斯的信中,马克思再次重申保持《资本论》作为整体的艺术美的重要性。拉法格说:"恩格斯本人治学的态度非常严谨,但是他屡次因马克思的那种过分的审慎而烦恼,因为无论哪一句话,非经十种不同方法的证明,马克思是不愿提出来的。"⑤

---

① 保尔·拉法格等著,马集译:《回忆马克思恩格斯》,人民出版社 1973 年版,第 9 页。
② 保尔·拉法格等著,马集译:《回忆马克思恩格斯》,人民出版社 1973 年版,第 10 页。
③ 保尔·拉法格等著,马集译:《回忆马克思恩格斯》,人民出版社 1973 年版,第 12 页。
④ 《马克思恩格斯全集》第 31 卷,人民出版社 1972 年版,第 588 页。
⑤ 《摩尔和将军——回忆马克思恩格斯》,人民出版社 1982 年版,第 121 页。

三、"完美的人"的理想人格

　　这里不得不说一下马克思的父亲。马克思是父亲的荣耀。父亲希望马克思成为一个有教养的"完美"的人。马克思一个姐姐，四个妹妹，两个弟弟，是家里的长子，两个弟弟又体弱多病，所以很自然受到父亲的宠爱，再加上马克思本身所带的那超人的天赋，这使得父亲对马克思期望很大。老马克思劝诫儿子道："应将天赋用于使自身完善。但是，究竟应当怎样做呢？人是人，是有精神的生物，同时又是社会的成员，国家的公民。因此，说的是体魄上、精神上、智力上和政治上的完善。只有在争取达到这个伟大目标时做到和谐协调，才能形成美好的、迷人的整体，它使上帝、人们、父母和爱人都喜欢，而且称得上是比跟老同学重逢更真切、更自然的写照。"① "如果仅限于努力使某些个别部分完善，即使这种努力是最真诚的，也不仅得不到任何好结果，反而产生讽刺性效果：在体魄方面上——是花花公子；在精神方面——是狂热的幻想家；在政治方面——是阴谋家；而在智力方面——则是书呆子。"② 可见，父亲对儿子的期望值是多么的高。而马克思的确在中学时代就表达了要成为一种"完美的人"的心态，在《根据〈约翰福音〉论教徒同基督结合为一体》中，马克思认为人只有通过与基督结合才能够使内心高尚并得到安宁和快乐的想法。③ 而在《青年在选择职业时的考虑》中，马克思则认为，青年应当选择一种使其自身获得最高尊严的职业，一种"臻于完美境界的职业"，在这种职业里面不是作为奴隶般的工具，而是在

---

① 《马克思恩格斯全集》第40卷，人民出版社1982年版，第878—879页。
② 《马克思恩格斯全集》第40卷，人民出版社1982年版，第879页。
③ 《马克思恩格斯全集》第40卷，人民出版社1982年版，第822—823页。马克思在这里说，快乐只有同基督并且通过基督同上帝结合在一起的天真无邪的童心，才能体会得到，这种快乐会使生活变得更加美好和崇高。

自己的领域内独立地进行创造。因此他说："在选择职业时，我们应该遵循的主要指针是人类的幸福和我们自身的完美……人们只有为同时代的人完美、为他们的幸福而工作，才能使自己也达到完美。如果一个人只为自己劳动，他也许能够成为著名学者、大哲家、卓越诗人，然而他永远不能成为完美无痴的伟大人物。"① 正是由于这种"完美的人"和"为人类幸福"而工作的信念，支持着马克思选择了"最能为人类而工作的职业"，做出了庞大的牺牲，承受了旁人所不能承受的"重担"，但是，正如马克思所说的："那时我们所感到的就不是可怜的、有限的、自私的乐趣，我们的幸福将属于千百万人，我们的事业将默默地、但是永远发挥作用地存在下去，而面对我们的骨灰，高尚的人们将洒下热泪。"②

①《马克思恩格斯全集》第40卷，人民出版社1982年版，第7页。
②《马克思恩格斯全集》第40卷，人民出版社1982年版，第7页。

参考文献

（一）经典著作

《马克思恩格斯全集》第 1 版第 1—50 卷，人民出版社 1956—1985 年出版。

《马克思恩格斯全集》第 2 版第 1 卷，人民出版社 1995 年版。

《马克思恩格斯全集》第 2 版第 3 卷，人民出版社 2002 年版。

《马克思恩格斯全集》第 2 版第 10 卷，人民出版社 1998 年版。

《马克思恩格斯全集》第 2 版第 11 卷，人民出版社 1995 年版。

《马克思恩格斯全集》第 2 版第 21 卷，人民出版社 2003 年版。

《马克思恩格斯全集》第 2 版第 25 卷，人民出版社 2001 年版。

《马克思恩格斯全集》第 2 版第 30 卷，人民出版社 2001 年版。

《马克思恩格斯全集》第 2 版第 31 卷，人民出版社 1998 年版。

《马克思恩格斯全集》第 2 版第 44 卷，人民出版社 2001 年版。

《马克思恩格斯全集》第 2 版第 45 卷，人民出版社 2003 年版。

《马克思恩格斯全集》第 2 版第 46 卷，人民出版社 2003 年版。

《马克思恩格斯全集》第 2 版第 47 卷，人民出版社 2004 年版。

《马克思恩格斯选集》第 1—4 卷，人民出版社 1972 年版。

《马克思恩格斯选集》第 1—4 卷，人民出版社 1995 年版。

Karl Marx Frederick Engels *Collected works*，Volume 6，progress publishers

Moscow，1976.

Karl Marx Frederick Engels *Collected works*，Volume 3，progress publishers Moscow，1975.

Karl Marx Frederick Engels *Collected works*，Volume 29，progress publishers Moscow，1976.

《马克思恩格斯全集人名索引》，人民出版社 1979 年版。

《资本论》第 1—3 卷，人民出版社 1975 年版。

《资本论》第 1 卷（德文版第 1 版），人民出版社 1987 年版。

《资本论》第 1 卷（法文版），中国社会科学出版社 1983 年版。

《马克思恩格斯列宁斯大林论德国古典哲学》，商务印书馆 1962 年版。

《马克思、恩格斯、列宁、斯大林论历史人物评价问题》，人民出版社 1981 年版。

《马克思恩格斯〈资本论〉书信集》，人民出版社 1976 年版。

郭大力译：《剩余价值学说史》，人民出版社 1975 年版。

《毛泽东选集》第 1—4 卷，人民出版社 1991 年版。

《毛泽东文集》第 5 卷，人民出版社 1996 年版。

《邓小平文选》第 1—3 卷，人民出版社 1 卷（1994 年）、2 卷（1994 年）、3 卷（1993 年）版。

《江泽民文选》第 1—3 卷，人民出版社 2006 年版。

（二）论著类

李善明主编：《马克思恩格斯经济学创建纪略》，河北人民出版社 1984 年版。

胡培兆：《马克思与〈资本论〉》，四川人民出版社 1980 年版。

马家驹、蔺子荣：《〈资本论〉学习与研究》，山东人民出版社 1985 年版。

赵洪编：《〈资本论〉第一稿研究》，山东人民出版社 1992 年版。

徐杰、陈光林、陈乃圣：《马克思与〈资本论〉》，山东人民出版社 1985 年版。

胡培兆、林圃：《〈资本论〉在中国的传播》，山东人民出版社 1985 年版。

宋涛主编：《〈资本论〉辞典》，山东人民出版社 1988 年版。

刘佩弦主编：《马克思主义与当代辞典》，中国人民大学出版社 1988 年版。

［日］久留间鲛造，宇野弘藏等编，薛敬孝、李树果、王健宜译：《资本论辞典》，南开大学出版社 1989 年版。

漆琪生：《〈资本论〉大纲第一卷》，人民出版社 1985 年版。

王东：《马克思学新奠基——马克思哲学新解读的方法论导言》，北京大学出版社 2006 年版。

聂锦芳：《清理与超越：重读马克思文本的意旨、基础与方法》，北京大学出版社 2005 年版。

瞿铁鹏：《马克思社会研究方法论》，上海人民出版社 1991 年版。

［英］戴维·麦克莱伦著，王珍译：《卡尔·马克思传》，中国人民大学出版社 2005 年版。

［德］弗·梅林著，樊集译：《马克思传》，人民出版社 1973 年版。

［德］海因里希·格姆科夫等著，易廷镇、侯焕良译：《马克思传》，人民出版社 2000 年版。

［苏］伽·谢列布里雅柯娃著，刘辽逸、青水、张孟恢、林三木译：《盗火》，中国青年出版社 1984 年版。

［苏］伽·谢列布里雅柯娃著，青水译：《马克思的青年时代》，中国青年出版社 1959 年版。

［苏］E. A. 斯捷潘诺娃著，关益、李荫寰译：《马克思传略》，中国社会科学出版社 1982 年版。

［苏］瓦连京·奇金、［苏］达·梁赞诺夫著，彭卓吾译：《马克思的自白：卡尔·马克思对女儿 20 个问题的回答》，解放军文艺出版社 1997 年版。

［法］保尔·拉法格等著，马集译：《回忆马克思恩格斯》，人民出版社 1973 年版。

［德］威·李卜克内西著：《我景仰的人》，人民出版社 1982 年版。

刘凤舞：《马克思传略》，四川人民出版社 1985 年版。

［英］戴维·麦克莱伦著，李智译：《马克思以后的马克思主义》，中国人民大学出版社 2004 年版。

［美］汉娜阿伦特著，孙传钊译：《马克思与西方政治思想传统》，江苏人民出版社 2007 年版。

［美］维塞尔著，陈开华译：《马克思与浪漫派的反讽·论马克思主义神话诗学的本源》，华东师范大学出版社 2008 年版。

［法］泰·德萨米著：《公有法典》，商务印书馆 2001 年版。

［德］埃里希·弗洛姆著，陈学明译：《逃避自由》，工人出版社 1987 年版。

［苏］ЛИ Н 巴日特诺夫著，刘丕坤译：《哲学中革命变革的起源——马克思的〈1844 年经济学——哲学手稿〉》，中国社会科学出版社 1981 年版。

［美］迈克尔·哈特、［意］安东尼奥·奈格里著，杨建国、范一亭译：《帝国》，江苏人民出版社 2005 年版。

许庆朴等：《马克思恩格斯学说与中国现实》，人民出版社 2007 年版。

李爱华等：《马克思主义国际关系理论》，人民出版社 2006 年版。

万光侠等：《思想政治教育的人学基础》，人民出版社 2006 年版。

许庆朴、李爱华主编：《有中国特色社会主义理论探源》，人民出版社 2002 年版。

马永庆等：《中国传统道德概论》，山东大学出版社 2006 年版。

万光侠：《效率与公平：法律价值的人学分析》，人民出版社 2000 年版。

许庆朴、张福记主编：《近现代中国社会（上、下）》，齐鲁书社 2002 年版。

庄福龄编：《马克思主义史》第 1 卷，人民出版社 1996 年版。

马健行编：《马克思主义史》第 2 卷，人民出版社 1995 年版。

黄楠森、庄福龄、林利编：《马克思主义哲学史》第 1、2 卷，北京出版社 2005 年版。

庄福龄主编：《简明马克思主义史》，人民出版社 2001 年版。

李衍柱：《马克思主义典型学说史纲》，山东文艺出版社 1989 年版。

黄继锋：《东欧新马克思主义》，中央编译出版社 2002 年版。

高放、李景治、蒲国良主编：《科学社会主义的理论与实践》，中国人民大学出版社 2003 年第 3 版。

杨春贵主编：《马克思与时俱进 100 例》，中共中央党校出版社 2003 年版。

本书编写组：《空想社会主义学说史》，浙江人民出版社 1981 年版。

王文英编：《著名马克思主义哲学家评传》，山东人民出版社 1990 年版。

赵天成、李娟芬：《马克思的幽灵与现实》，社会科学文献出版社 2004 年版。

孙伯鍨：《探索者道路的探索：青年马克思恩格斯哲学思想研究》，南京大学出版社 2002 年版。

［美］约翰·巴克勒、贝内特·希尔、约翰·麦凯著，霍文利等译：《西方社会史》，广西师范大学出版社 2005 年版。

［美］路易斯·亨利·摩尔根著，杨东莼等译：《古代社会》，中央编译出版社 2007 年版。

［美］斯塔夫里阿诺斯著，董书慧等译：《全球通史》，北京大学出版社 2005 年版。

［英］韦尔斯著，张春光译：《世界史纲》，江西人民出版社 2006 年版。

［美］菲利普·李·拉尔夫等著：《世界文明史》，商务印书馆 1998 年版。

［美］罗兹·墨菲著，黄磷译：《亚洲史》，海南出版社、三环出版社 2004 年版。

金观涛、唐若昕：《西方社会结构的演变——从古罗马到英国资产阶级革命》，四川人民出版社 1985 年版。

马啸原：《西方政治制度史》，高等教育出版社 2000 年版。

陈刚：《西方精神史》，江苏人民出版社 2000 年版。

刘玉安等：《西方政治思想通史》，山东大学出版社 2003 年版。

全国干部培训教材编审指导委员会：《世界历史十五讲》，人民出版社 2006 年版。

齐涛编：《简明世界通史》，泰山出版社 2000 年版。

刘祚昌等主编：《世界通史》（近代卷），人民出版社 2004 年版。

解恒铮编：《世界风化图史》，吉林摄影出版社 2001 年版。

张广智：《西方史学史》，复旦大学出版社 2004 年版

冯景源：《人类境遇与历史时空——马克思〈人类学笔记〉、〈历史学笔记〉研究》，中国人民大学出版社 2004 年版。

刘相、刘德军等编：《人类思想解放史论》，人民出版社 2007 年版。

高放：《纵览世界风云》，中国书籍出版社 2002 年版。

高继文：《新经济政策理论研究》，中国人民公安大学出版社 2000 年版。

周仲秋：《马克思的社会主义观》，湖南师范大学出版社 2002 年版。

黄楠森、陈志尚主编：《人学理论与历史——人学原理卷》，北京出版社 2004 年版。

黄楠森、赵敦华主编：《人学理论与历史——西方人学观念史卷》，北京出版社 2005 年版。

黄楠森、李中华主编：《人学理论与历史——中国人学思想史卷》，北京出版社 2005 年版。

黄克剑：《人韵———种对马克思的读解》，东方出版社 1996 年版。

袁贵仁：《马克思的人学思想》，北京师范大学出版社 1996 年版。

韩庆祥、亢安毅：《马克思开辟的道路——人的全面发展研究》，人民出版社 2005 年版。

韩庆祥：《马克思人学思想研究》，河南人民出版社 1996 年版。

韩庆祥：《马克思人学思想发微》，中国社会科学出版社 1992 年版。

陈小鸿：《论人的自由全面发展》，人民出版社 2004 年版。

本书编写组：《关于人的学说的哲学探讨》，人民出版社1982年版。

衣俊卿主编：《现代性焦虑与文化批判》，黑龙江大学出版社2007年版。

雷骥：《现代思想政治教育的人性基础研究》，人民出版社2008年版。

谢武军、宋惠昌：《人的发现与人的解放——中国近代价值观的嬗变》，四川人民出版社2008年版。

阮青：《中国个性解放之路》，华东师范大学出版社2004年版。

［俄］尼古拉·别尔嘉耶夫著，徐黎明译：《人的奴役与自由——人格主义哲学的体认》，贵州人民出版社1994年版。

［苏］伊·谢·科恩著，佟景韩、范国恩、许宏治译：《自我论》，三联书店1986年版。

北京大学西语系资料组编：《从文艺复兴到十九世纪资产阶级文学家艺术家有关人道主义人性论言论选辑》，商务印书馆1971年版。

欧阳谦：《人的主体性和人的解放》，山东文艺出版社1986年版。

［美］房龙著，迮卫、靳翠微译：《宽容》，三联书店1985年版。

《圣经·新约》，香港圣经公会出版。

冯契主编：《哲学大辞典》，上海辞书出版社1992年版。

谢庆绵：《西方哲学范畴史》，江西人民出版社1987年版。

李武林、谭鑫田、龚兴主编：《欧洲哲学范畴简史》，山东人民出版社1986年版。

童浩主编：《哲学范畴史》，河南人民出版社1987年版。

苗力田、李毓章主编：《西方哲学史新编》，人民出版社1990年版。

赵敦华：《西方哲学简史》，北京大学出版社2001年版。

陈修斋主编：《欧洲哲学史上的经验主义和理性主义》，人民出版社1986年版。

周向军、傅永军主编：《现代性的踪迹》，泰山出版社1998年版。

［英］罗素著，何兆武、李约瑟译：《西方哲学史》，商务印书馆1963年版。

马勇：《伦理道德史话》，社会科学文献出版社2000年版。

顾肃、张凤阳:《西方现代社会思潮史》,山东教育出版社 2004 年版。

何兆武、陈启能主编:《西方近代社会思潮史》,山东教育出版社 2001 年版。

北京大学哲学系编译:《十六—十八世纪西欧各国哲学》,商务印书馆 1975 年第 2 版。

〔美〕理查德·塔纳斯著,吴象婴、晏可佳、张广勇译:《西方思想史——对形成西方世界观的各种观念的理解》,上海社会科学院出版社 2007 年版。

夏基松主编:《现代西方社会思潮》,南京大学出版社 1986 年版。

刘放桐编著:《新编现代西方哲学》,人民出版社 2000 年版。

朱学勤:《道德理想国的覆灭——从卢梭到罗伯斯庇尔》,三联书店 2003 年版。

董德福、史云波:《回首五四——百年中国思潮和人物》,人民出版社 2008 年版。

〔法〕卢梭著,张友谊译:《社会契约论》,外文出版社 1998 年版。

〔古希腊〕柏拉图著,刘静译:《理想国》,外文出版社 1998 年版。

〔英〕托马斯·莫尔著,邢占军译:《乌托邦》,外文出版社 1998 年版。

〔英〕约翰·密尔著,张友谊等译:《论自由》,外文出版社 1998 年版。

〔意〕康帕内拉著,张友谊译:《太阳城》,外文出版社 1998 年版。

〔瑞士〕雅各布·布克哈特著,何新译:《意大利文艺复兴时期的文化》,商务印书馆 2002 年版。

李武林:《自由论》,山东大学出版社 2007 年版。

〔英〕安东尼·吉登斯著,郭忠华、潘华凌译:《资本主义与现代社会理论——对马克思、涂尔干和韦伯著作的分析》,上海译文出版社 2007 年版。

〔德〕汉斯·约阿西姆·施杜里希著,吕叔君译:《世界哲学史》,山东画报出版社 2006 年版。

本书编委会编:《社会主义思想宝库》,中国广播电视出版社 1991 年版。

[美] 阿尔温·托夫勒著，朱志焱、潘琪、张焱译：《第三次浪潮》，三联书店 1984 年版。

朱志敏：《中国共产党与 20 世纪中国文化》，中国社会出版社 2004 年版。

宗寒：《国有经济读本》，经济管理出版社 2002 年版。

周仲秋：《平等观念的历程》，海南出版社 2002 年版。

[英] 迪克·威尔逊著：《毛泽东传》，中央文献出版社 2000 年版。

刁培军：《自然力、市场经济与社会进步》，山东人民出版社 2003 年版。

王守梅等主编：《政治经济学通论》，北京师范大学出版社 2000 年版。

（三）论文类

王宏维：《"国外马克思主义重大前沿问题学术研讨会"综述》，《马克思主义研究》2007 年第 6 期。

邹诗鹏：《国外马克思主义研究状况及前沿》，《新华文摘》2008 年第 24 期。

刘同舫：《人类解放的进程与社会形态的嬗变》，《中国社会科学》2008 年第 3 期。

刘德厚：《对马克思人类解放历史进程学说的再认识》，《武汉大学学报》1998 年第 6 期。

郝敬之：《论马克思学说的整体性》，《马克思主义、列宁主义研究》（人大复印）2005 年第 4 期。

杨鲁慧：《论马克思社会历史观与主体价值观相统一》，《当代世界与社会主义》2005 年第 1 期。

吴巨平：《论马克思恩格斯的自由观》，《马克思主义研究》2006 年第 11 期。

雷龙乾：《马克思的现代性批判理论刍议——兼论"物的依赖性"》，《北京大学学报》（哲学社会科学版）2007 年第 1 期。

程长羽：《马克思主义的灵魂：劳动人道主义》，《经济师》1999 年第 8 期。

许全兴：《马克思对德国古典哲学自由精神的继承和发展》，《中共中央党校学报》2005 年第 3 期。

许全兴：《人的自由而全面发展与现代性》，《江苏社会科学》2005 年第 1 期。

许全兴：《人的自由、人的解放——关于人的自由而全面发展的一点思考》，《中共南京市委党校南京市行政学院学报》2003 年第 1 期。

许全兴：《为中国个性解放呐喊——阮青著〈中国个性解放之路〉一书序》，华东师范大学出版社 2004 年版。

许全兴：《中国个性解放之路》，《北京日报》2006 年 4 月 24 日。

万光侠：《论以人为本的价值哲学底蕴》，《山东师范大学学报》2004 年第 5 期。

王天瑜：《唯物史观在中国的早期传播及其遭遇》，《中国社会科学》2008 年第 1 期。

黄楠森：《马克思主义与人道主义》，《北京日报》2003 年 12 月 15 日。

蔡仪：《马克思思想的发展及其成熟的主要标志——〈经济学——哲学手稿〉再探》（上篇），《文艺研究》1982 年第 3 期。

蔡仪：《论人本主义、人道主义和"自然人化"说——〈经济学—哲学手稿〉再探》（下篇），《文艺研究》1982 年第 4 期。

张庞：《巍然天地苍生情——记著名作家、诗人魏巍与我的一段词话情缘》，《文艺报·周六版》2008 年第 33 期。

程约汉：《西方著名作家笔下的资本主义与资产阶级》，国学网，中国经济史论坛，http：//economy. guoxue. com/article. php/14486。

秦晖：《共同体·社会·大共同体——评腾尼斯〈共同体与社会〉》，《书屋》2000 年第 2 期。

俞思念、雷忠：《论马克思关于未来社会预见的科学性》，《马克思主义研究》2008 年第 7 期。

孙力：《科学发展观：三大命题中的马克思主义新贡献》，《马克思主义研究》2008 年第 10 期。

谢韬、辛子陵：《试解马克思重建个人所有制的理论与中国改革》，《炎黄春秋》2007 年第 6 期。

《日学者称中国正在进入"原始资本主义"阶段》，《参考资料》2004 年 4 月 20 日。

盛琼：《一个人的共产主义》，《天涯》2004 年第 4 期。

李兴耕译：《"马克思至今仍然是具有重大现实意义的人物"——霍布斯鲍姆访谈录》，《马克思主义、列宁主义研究》（人大复印）2005 年第 9 期。

［德］英格埃尔伯著，黄文前译：《在马克思、马克思主义和种种马克思主义之间——马克思理论的几种解读方式》，《马克思主义、列宁主义研究》（人大复印）2004 年第 10 期。

俞吾金：《运用差异分析方法研究马克思的学说》，《马克思主义、列宁主义研究》（人大复印）2005 年第 3 期。

周宏：《西方马克思主义意识形态理论的逻辑进程》，《马克思主义、列宁主义研究》（人大复印）2004 年第 4 期。

卢炜：《马克思对"人的价值"之类命题的批判》，《马克思主义、列宁主义研究》（人大复印）2005 年第 2 期。

陈荣富、朱晓卫：《科学精神的永恒丰碑——读马克思、恩格斯著作中的"序"和"跋"》，《马克思主义、列宁主义研究》（人大复印）2005 年第 3 期。

陈建斌：《试论马克思关于人的本质异化与人的解放的学说》，《湘潭大学学报》1994 年第 3 期。

鲁克俭：《"古典古代"等于"奴隶社会"吗？——重新解读马克思的"古代生产方式"》，《哲学动态》2007 年第 4 期。

张奎良：《实践的唯物主义者即共产主义者——对马克思学说一个命题的考察》，《学术月刊》2004 年第 4 期。

朱志勇、甘宗郊：《马克思审视人的本质的双重纬度》，《社会科学战线》2004 年第 3 期。

秦闯：《论马克思对"地域性社会主义的扬弃"》，《学术界》1994 年第 6 期。

沈湘平等：《简析"人的根本就是人本身"对思想政治教育的启示意义》，《思想理论教育导刊》2006 年第 1 期。

陈振明：《"西方马克思主义"社会主义观述评》，《福建学刊》1997 年第 2 期。

张楚廷：《全面发展即个性发展——重温马克思全面发展学说的启示》，《北京大学教育评论》2004 年第 2 期。

邹广文：《马克思的现代性视野及其当代启示》，《中国人民大学学报》2004 年第 5 期。

张盾：《从反现代性角度重新解读马克思异化理论》，《人文杂志》2004 年第 5 期。

李炳炎：《促进人的全面而自由发展：社会主义经济改革的基本原则》，《马克思主义研究》2006 年第 3 期。

宋书声、王锡君、王学东：《马克思恩格斯著作中表述未来社会所有制的几个概念辨析》，《求是》1995 年第 18 期。

王永山：《论马克思思想进程中的"费尔巴哈派"阶段》，《苏州大学学报》2003 年第 4 期。

王金福：《马克思对费尔巴哈哲学的信仰与清算》，《马克思主义、列宁主义研究》（人大复印）2005 年第 2 期。

赵曜：《论马克思主义和社会主义》，《当代世界与社会主义》2005 年第 5 期。

汤文曙：《论马克思关于共产主义的本原性阐述》，《当代世界与社会主义》2005 年第 5 期。

丛大川：《"实践的人道主义"辩——纪念马克思〈1844 年经济学哲学手稿〉150 周年》，《南京社会科学》1994 年第 3 期。

张一兵：《赫斯：人本经济异化理论逻辑的初始呈现》，《福建论坛》（文史哲版）1998 年第 5 期。

沈真、梁志学:《费希特与马克思》,《中国社会科学》1995 年第 6 期。

陈先达:《论马克思主义的生命力》,《思想理论教育导论》2003 年第 2 期。

[美] 莫里斯·迈斯纳著,俞可平译:《重新思考马克思主义对资本主义的批判》,《战略与管理》1994 年第 5 期。

杨木:《"五种社会形态"说对马克思"经济的社会形态"的误读》,《甘肃理论学刊》2005 年第 1 期。

阎怀兰:《从席勒到马克思》,《南京邮电学院学报》(社会科学版) 2005 年第 4 期。

杨家友:《自由的人如何实现?——席勒与马克思的回答比较》,《武汉理工大学学报》2007 年第 5 期。

李亚军:《论席勒的"游戏冲动"说所蕴涵的审美人类学思想》,《中国学术研究》2008 年第 1 期。

彭萍:《审美与人的全面发展》,《株洲工学院学报》2006 年第 3 期。

陈桂生:《"美育"辨析》,《杭州师范学院学报》2004 年第 1 期。

符号:《马克思主义与费尔巴哈的唯物论》,《人民网·读书论坛》http：//www. people. com. cn/GB/14738/25835/2064631. html。

吴敏:《马克思与梵蒂冈的情缘》,《中国选举与治理网站》http：//www. chinaelections. org/newsinfo. asp？newsid＝98898。

摩罗:《马丁·路德·金的梦想》,《读书》2000 年第 4 期。

《不喜欢葡萄酒的人永远不会有出息——马克思对葡萄酒的评价》,葡萄酒论坛,http：//www. xici. net/u15348638/d81459303. htm。

《马克思与德国古典哲学的渊源》,复旦大学开设的课程《哲学原典导读 http：//ariesxyq. ycool. com/post. 1664711. html。

张敏:《20 世纪的无神论与基督信仰》,http：//www. xici. net/b15937/d581996. htm。

杨鹏:《马克思主义的犹太教渊源》,http：//www. zmw. cn/bbs/thread-65250-1-1. html。

万斌、金利安：《马克思恩格斯对资本主义兴起与宗教改革互动关系的基本论述》，《浙江社会科学》2006 年第 1 期。

宋惠昌：《五四时期个性解放思潮的历史价值》，《学习时报》2004 年 5 月 3 日。

宋惠昌：《五四运动与个性解放》，《中国党政干部论坛》2007 年第 5 期。

杨金海：《〈共产党宣言〉与中华民族的百年命运》，2008 年 6 月 29 日在中央党校崇学山庄的演讲。

杨金海、胡永钦：《〈共产党宣言〉在中国的翻译、出版和传播》，此文为"中国科学社会主义学会"主办的《科学社会主义》杂志 1998 年"纪念《共产党宣言》发表一百五十周年"特刊。

彭平一、汪建华：《五四时期中国接受马克思主义的心理认同基础》，《湘潭师范学院学报（社会科学版）》2002 年第 1 期。

杨同斌、陈美兰：《马克思的个性自由思想及其当代价值》，《连云港师范高等专科学校学报》2006 年第 1 期。

董健、王彬彬、张光芒：《启蒙在中国的百年遭遇》，《炎黄春秋》2008 年第 9 期。

许全兴：《当代中国需要个性解放》，《现代哲学》2001 年第 1 期。

张红岩：《人本主义的马克思——弗洛姆的〈马克思关于人的概念〉解读》，《云南财贸学院学报》（社会科学版）2007 年第 2 期。

孙承叔：《关于资本的哲学思考——读〈1857—1858 年经济学手稿〉》，《东南学术》2005 年第 2 期。

王凤才：《"西方马克思主义"是什么?》《学习时报》2004 年 6 月 7 日。

王奇生：《取径东洋转道入内——留日学生与马克思主义在中国的传播》，《中共党史研究》1989 年第 6 期。

赵京：《社会民主主义与中国的未来》，《民主中国》1990 年 4 月号。

冯天瑜：《唯物史观在中国的早期传播及其遭遇》，《中国社会科学》2008 年第 1 期。

齐卫平：《唯物史观在中国的早期传播》，《探索与争鸣》1987 年第 6 期。

王列平：《20 世纪初〈共产党宣言〉在中国传播始末》，《党史纵览》2007 年第 2 期。

卢毅：《章门弟子与近代个性解放思潮》，《北方论丛》2006 年第 2 期。

李俊远：《毛泽东何时读陈望道译的〈共产党宣言〉》，《广东农工商职业技术学院学报》2001 年第 4 期。

董德刚：《什么是马克思主义的核心》，《学习时报》2008 年 6 月 2 日。

张鑫：《关于西方马克思主义的几点思考》，《北京科技大学学报》2003 年第 4 期。

季国清：《马克思主义的人本化在中国悄然兴起》，《哈尔滨师专学报》1999 年第 5 期。

佚名：《西方马克思主义产生的历史契机》，http://www. studa. net/Marxism/080803/16363120. html。

梁树发：《梅洛·庞蒂的"存在主义的马克思主义"》，《江苏行政学院学报》2004 年第 1 期。

许崇正：《人的全面发展：马克思主义经济学的创新发展》，《光明日报》2007 年 7 月 3 日。

顾明远：《终身学习与人的全面发展》，《北京师范大学学报》（社会科学版）2008 年第 6 期。

何爱国：《人的依赖、独立与自由发展：马克思主义发展史观解读》，《史学理论研究》2007 年第 3 期。

王宗光：《马克思主义教育思想的新境界》，《文汇报》2003 年 1 月 14 日。

赵纯心：《认真学习马克思主义关于人的全面发展学说》，《广西师范大学学报》（哲学社会科学版）1983 年第 2 期。

陈金芳：《马克思、恩格斯、列宁论人的全面发展》，第八届（2005）暨第七届全国人学研讨会论文集。

李正元：《马克思恩格斯教育思想及其在中国的发展》，《甘肃社会科学》2008 年第 6 期。

张一兵：《文献学与马克思主义哲学经典》，《文汇读书周报》2006 年 2

月 14 日。

徐春：《马恩论人的自由全面发展》，《学习时报》2007 年 10 月 15 日。

孙余余：《马克思"自由个性"理念探析》，《山东师范大学学报》2008 年第 4 期。

杨兆山：《教育学的"个性"概念》，《中国教育学刊》1996 年第 4 期。

殷真、刘荣荣：《解读马克思主义的最高命题》，《北京日报》2004 年 5 月 24 日。

姜义华：《人的尊严：启蒙运动的重新定位——世界化现代化进程中的中国文化变迁》，《复旦学报》（社会科学版）2003 年第 5 期。

杨芳：《马克思关于人的全面发展理论与我国教育目的》，《信阳师范学院》1997 年第 1 期。

何小陆、肖卫东：《"人的全面发展"和"人的自由全面发展"——对我国教育目的和人才培养方式的反思》，《教育导刊》2006 年第 6 期。

吴成年：《新文化运动的原动力：个性解放》，《江苏行政学院学报》2004 年第 4 期。

韩辉：《从希腊神话谈西方民族个性解放精神》，《河南师范大学学报》1996 年第 4 期。

谭献民：《个性解放在现代中国的历史演变》，《湖南师大社会科学学报》1989 年第 4 期。

李桂梅：《试论五四时期个性解放思想的特征》，《道德与文明》2002 年第 3 期。

夏云超：《对五四时期个性解放问题的反思》，《湖南大学学报》1995 年第 1 期。

（四）硕、博士毕业论文

王盛辉：《马克思共产主义革命实现方式理论评析》，山东师范大学，2006 年。

段玉恩：《马克思恩格斯对资本主义的剖析》，山东师范大学，2004 年。

钱正武：《世界历史视野中的资本主义与社会主义》，合肥工业大学，2002年。

雷骥：《现代思想政治教育教育的人性基础研究》，山东师范大学，2007年。

周荣华：《马克思的个性解放思想及其在中国的实践》，硕士毕业论文2006年4月。

张荣生：《市场经济与个性解放》，硕士毕业论文2000年4月。

邱国成：《古代希腊的个人与自由》，天津师范大学，2006年5月。

阮清：《中国个性解放之路》，中共中央党校，2001年5月。

徐绍刚：《个性解放新论》，中共中央党校，2000年6月。

魏伟：《西方个体主义的价值目标与马克思的人类解放》，安徽大学，2007年4月。

邱光政：《马克思"自由个性"理念研究》，西南大学，2007年6月。

孙余余：《马克思的"自由个性"理念及其当代意义》，2008年6月。

黄伟：《马克思自由个性学说研究》，西南政法大学，2007年6月。

后　记

　　常听人说年龄越大，活的也就越来越快，对此作者虽不至于不以为意，却也乐得自在逍遥。然某夜醒来，忽然体会到这句话的真意——白马过隙，时光老人已经在不知不觉间又走过了两个年轮，距我毕业竟然马上两年了！不由得心中一惊，洗一把脸，打开窗户，呼一口新鲜的空气，看看东边马上就要起来的高楼，不由得涌上一番触动。回头想想，这两年由于倦怠的原因，除了博士论文以外，竟然再也找不出一篇值得自己骄傲的作品。两年前，为能够写出她而激动、兴奋不已；两年后，想到的还是她！这对人对物而言，到底是幸福还是悲哀！不禁汗颜！

　　两年前，我在博士论文后记里面写道："研究本身已经不像是在写作，更像是与伟人在某种程度上的沟通，渗透了他的思想，触摸着他的灵魂，在与他的对话中反思过去，审视现实，展望未来。而这种眷恋好像不会因为一篇论文的写作完成而割断一样，反倒是有一种磁石般的吸引力把我的心引向一种幽静，引向伟人的灵魂。或许学术的魅力就在于此吧！我很早就持有这样一种观点，文章不是写出来的，而恰如古人所说，文章本天成，妙手偶得之，这自然不是说命运会毫无理由地青睐于你，只有那首先把自己的热情投入到自己的事业中，坚持永不放弃的精神，并敢于承担灵感可能一生不会到来的风险；只有那首先抱着要忍受一生清贫的生活，不为世俗的喧嚣和欲望所侵扰，并敢于有信念坚守自己的那份执著；只有那首先能够坦然面对世人对伊的不解、鄙视甚至忽视，并做好"你生之前悠悠千载已逝，未来还有有千年沉寂的期待"大无畏般的准备，上帝才有可能让那智慧的光芒在某一瞬间于你的灵魂闪现。"这段话是毕业时候作者意气风发、斗志昂扬的学术宣言，更是对未来学术追求的一种承诺。两年后，当我再想起这段话，不禁暗自羞愧。工作以来，面对外界的诸多诱惑，原先那种宁静的心被打破了，心灵深处被一丝丝的浮躁所占据。学术那种磁石般的吸引力减弱了，有一段时间甚至对学术也出现了怀疑、疑虑的情绪，伟人的灵魂也好像离我越来越远，以致于就要触摸不到一般……今天，我再次拿起她，以一个读者的身份再去阅读那时的我，再回想当年作论文时的酸甜苦辣，更加能感受到这种改变……

不过改变也是相对的，求学期间苦读原著，寻根摘句，以求论证。然对其中所要论述的主题，实际上是缺乏感性认知的。工作以来，更加直接地面对生活、面对实践。虽然有一段时间的懈怠，但是当我再拿起她，回过头来阅读她，发现自己已经少了当时那种自诩天下文章唯此第一的狂野之气，多出的是对当时文章主题更深的体悟，以及文章在论证方面存在的更多不足之处，在我看来，文章主题有了更为广阔和更为深厚的研究前景，在一些章节论证上也做了修订。所以，这两年我要忏悔，但是更要感谢这两年。陆游说："古人学问无遗力，少壮工夫老始成。纸上得来终觉浅，绝知此事要躬行。"我虽不至于老，但是或许正是因为这两年的工作实践才使我有了这一番更为深刻的认识，摆脱了一份激情，收获一份沉稳，这大概是这两年来我的主要收获吧！经过进一步思考，我把博士论文做了一些修改，然后将其出版，作为我人生或者学术历程中的又一个阶段性标志。然因能力有限，文章有诸多不足之处，也恳请学界前辈多多给予批评指正，督促盛辉继续努力，在学术路上更进一步。

我虽天性愚笨，但运气甚好。无论是求学期间还是工作以后，总会遇到很多好老师、好朋友，他们能够容忍我的缺点，给予我很多无私的支持和帮助，在此盛辉谨表达对他们的感激之情：

感谢导师许庆朴教授。自从2003年成为许老师门下弟子后，许老师对我总是谆谆教导、耳提面命，使我受益匪浅。先生执著于学术的那份情结、追求真理的精神、严谨细致的治学态度更是在无形中感染着我。先生不但引领我走上了学术这条路，更是对我行进的每一步寄予了殷切的期望、倾注了大量的心血。

感谢山东师大政治与国际关系学院（马克思主义学院）的各位领导和老师。无论是在上学期间、还是工作以后，无论是在学习钻研、还是日常生活中，我一直受到老师们给予的无私关心、帮助、提携和影响。李焕明教授、李爱华教授、马永庆教授、韩玉贵教授、李小虎教授、万光侠教授、王法学教授、肖德武教授、高继文教授、张福记教授、崔永杰教授、刘德军教授、赛晓序教授、董振平教授、王宏教授等等都是教我多年的先生，他们虽然专业不同、性格不同、学术观点不一，但是共同拥有的那份对学术的热诚、严谨与执著，生活中对人的真诚、友善与谦和以及展现出的师者风范、至诚高节，始终影响着、教育着我：学品如人品，做事先做人！尤其要感谢李爱华教授，李老师在百忙之中通读了本书的初稿，提出了许多指导性意见，并在我请求之下欣然为本书做序，不仅对我研究的主题作了高屋建瓴的阐发，而且使我对"自由个性"有了更深的理解，也进一步认识到了本书的不足。在此谨向李老师表达我最为诚挚的谢意！

感谢南京师范大学博士生导师俞良早教授、山东大学博士生导师周向军教授、曲阜师范大学博士生导师李安增教授，谢谢你们对我论文的肯定评价以及提出的宝贵意见和鼓励。学生先以此书回报老师，定不辜负老师厚望，在学术之路上不断前行！

感谢我的几位师兄、师姐。师兄陈家付、沈大光、秦正为、史家亮，师姐刘芳老师对本文的写作也给予了很多鼓励和支持。对各位师兄师姐的关怀和帮助，在此盛辉致以最诚挚的感谢！

感谢我的家人……

在本书的写作过程中，我参考了大量前辈、同仁的成果，作了大量的摘要，对此，本文均在注释和参考文献中一一列出，并表示由衷的感谢！同时，也恳请各位专家同仁对本书加以批评指正，我的电子邮箱是wangshenghui6666@126. com。

本书的出版得到了人民出版社的大力支持，尤其是郓中建先生、陈鹏鸣先生给予了很多关怀和指导。两位先生在读了我的书稿以后，提出了许多一针见血的意见，令我思路大开。尤其是郓中建先生，按照郓老师的意见做了修改以后，感觉论证更加严谨，主题更加鲜明，观点更为稳妥。谨此，向郓中建先生和陈鹏鸣先生表达我最为诚挚的谢意！同时也向帮我校对、排版的各位编辑老师表达我的感谢！

人生历程都是分阶段的，在不同的阶段总是会留下点什么。博士论文中我写道："人生之中有很多选择，既然我选择了学术，或者说，学术选择了我，那么我理应要秉承读书人'为天地立心、为生民立命、为往圣继绝学、为万世开太平'的抱负去做真学问、绘真文章。"今天我要说，学术之道路漫漫，莫让此心再彷惶。雄关漫道真如铁，而今迈步绣华章。把博士论文修改以后出版，既是对朋友们表示感谢，也是对理想的一个承诺，更是对自己的警醒！是为记！

王盛辉

2011 年 6 月，于泉城端木齐庐

责任编辑:陈鹏鸣
封面设计:肖　辉

图书在版编目(CIP)数据

"自由个性"及其历史生成研究——基于马克思恩格斯文本整体
　解读的新视角/王盛辉 著. -北京:人民出版社,2011.8
(青年学术丛书)
ISBN 978－7－01－010121－7

Ⅰ.①自…　Ⅱ.①王…　Ⅲ.①马克思主义-自由观-研究-
　Ⅳ.①A811.63

中国版本图书馆 CIP 数据核字(2011)第 154776 号

"自由个性"及其历史生成研究

ZIYOU GEXING JIQI LISHI SHENGCHENG YANJIU

——基于马克思恩格斯文本整体解读的新视角

王盛辉　著

人民出版社 出版发行
(100706　北京朝阳门内大街166号)

北京市文林印务有限公司印刷　新华书店经销

2011 年 8 月第 1 版　2011 年 8 月北京第 1 次印刷
开本:700 毫米×1000 毫米 1/16
印张:29　字数:420 千字

ISBN 978－7－01－010121－7　定价:60.00 元

邮购地址 100706　北京朝阳门内大街166号
人民东方图书销售中心　电话 (010)65250042　65289539